한국성결교회 백년사

One Hundred Year History of
the Korea Holiness Church

1907~2007

한국성결교회 백년사

예 수 교 대 한 성 결 교 회
성 결 교 회 와 역 사 연 구 소

2019년 5월 10일 초판 1쇄 인쇄
2019년 5월 15일 초판 1쇄 발행

발　간	윤 기 순	(총회장)
편　찬	김 원 교	(편찬위원장)
지 은 이 (대표 집필)	정 상 운	(성결교회와 역사연구소장)
펴 낸 이	예수교대한성결교회 백년사 편찬위원회	

이 책은 올해로 성결교회와 역사연구소 개소 20주년을 맞이하여 한국성결교회 100주년 기념으로
(주) 금비 회장 고병헌 박사께서 조성한 정상운 교수 지정연구. 출판기금에 의해서 발행되었습니다.

발행인　정상운, 윤상문
디자인　표소영, 박진경
발행처　성결교회와 역사연구소 / 킹덤북스

등록　제2009-29호(2009년 10월 19일)
주소　경기도 용인시 기흥구 동백동 622-2
문의　전화 031-275-0196　팩스 031-275-0296

ISBN 979-11-5886-168-1 (03230)

Copyright ⓒ 2019 정상운
이 책은 저작권법에 따라 보호받는 저작물이므로 무단전재와 복제를 금지하며
이 책의 내용의 전부 또는 일부를 이용하려면 반드시 저작권자와 킹덤북스의
서면 동의를 받아야 합니다.

※ 잘못된 책은 구입하신 곳에서 교환하여 드립니다.
※ 책 가격은 표지 뒷면에 있습니다.

킹덤북스　킹덤북스(Kingdom Books)는 문서사역을 통해 하나님의 나라를
Kingdom Books　확장하고, 한국 교회와 세계 교회를 섬기고자 설립된 출판사입니다.

한국성결교회 백년사

One Hundred Year History of the Korea Holiness Church

1907~2007

대표 집필 **정상운**
성결교회와 역사연구소

예수교대한성결교회 　 킹덤북스

발간사

　구령열이 불타는 정빈과 김상준의 복음 전도의 열정으로 시작된 예수교대한성결교회가 성결교회의 사명과 신조와 특색을 지키며 성경적 복음신앙의 전통을 계승하여 온 100주년을 기념하여 『한국성결교회 백년사』를 편찬하여 발행하게 됨을 먼저 하나님께 감사와 영광을 돌립니다.

　『한국성결교회 백년사』의 편찬 작업은 예수교대한성결교회가 100주년을 맞이하던 2007년 '예성비전프로젝트' 10대 사업 중 하나였습니다. 2007년 100주년을 기념한 지 벌써 10여 년이라는 시간이 지나면서 백년사 편찬을 더 이상 지체할 수 없어 2017년 12월 '한국성결교회 백년사 역사편찬위원회'를 구성하여 편찬 작업에 들어갔습니다. 역사의 기록을 편찬하여 기록물로 남긴다는 것은 과거를 돌아봄으로써 올바른 역사 인식과 더 밝은 미래와 더 큰 소망과 비전을 품고 나아갈 수 있는 귀중한 작업입니다.

『한국성결교회 백년사』의 발간은 성결교회의 뿌리와 나무가 무엇인지, 그리고 현 세대와 다음 세대가 비전을 품고 완성시킬 성결인의 신앙의 역할과 사명이 무엇인지 올바르게 인식시켜주는 하나의 '네비게이션'과 같이 방향과 사명을 인식하게 할 것입니다.

한국성결교회는 자생적 개척교단으로서 한국교회의 큰 자랑과 성결인의 자부심이 되게 하였습니다. 한국성결교회의 선교 100년 동안의 역사적 발자취를 통해 현실의 정확한 선교적 판단과 성결교회의 미래를 예견하면서 다음 세대를 위한 선교적 비전과 성결교회의 본래의 목적과 사명을 재확립 시키는 계기가 되어야 할 것입니다.

지난 100년의 역사적 사건들을 책 한 권에 담아낸다는 것이 다소 무리한 점이 있지만, 본서가 예수교대한성결교회와 한국교회의 진리운동과 성장에 크게 보탬이 되리라 확신하며 기대합니다.

예수교대한성결교회의 초심을 다시 한 번 기억할 수 있도록 본서를 발간하기까지 협력과 격려를 아끼지 않은 김원교 편찬위원장님, 교단을 사랑하는 마음과 믿음으로 본인의 연구지정기금(연구소)으로 발간을 도맡을 뿐만 아니라 백년사 집필을 위해서 혼신의 힘을 다해 옥고를 쓰신 대표 집필자 정상운 집필

위원장님께 진심으로 감사를 드립니다. 그리고 집필위원님들과 간사들, 편찬과 감수를 맡으신 위원님들, 기도와 물질로 후원해 주신 예수교대한성결교회 산하 모든 성결인 가족들에게 진심으로 총회를 대표하여 감사를 드리며 이 책을 하나님께 바칩니다.

예수교대한성결교회 총회장

윤기순 목사

편찬사

1907년, 영적인 여명을 맞이하는 극동의 한 작은 나라. 그 곳에 성결과 사중복음의 횃불을 높이 들고 나타난 정빈, 김상준 두 청년의 신앙적인 용기와 결단 위에 우리 한국성결교회가 세워진지 벌써 100여년의 시간이 흘렀습니다. 긴 시간 동안 파편화 되어 있던 수많은 역사적 기록들과 자료들이 금번 출판되는 『한국성결교회 백년사』를 통해 드디어 하나로 정리되고 엮어지는 감격의 순간을 맞이하게 되었습니다.

그동안 교단의 역사에 대해 정리된 기록이 필요하다는 여러 성결인들의 요구에 부응하기 위해 교단 차원에서 성결교회의 통사를 집필하려는 시도가 있었으나, 인력과 재정의 문제로 성과를 거두지 못하는 안타까움이 있었습니다. 그러던 차에 제96회 총회가 백년사 편찬 등 4대 정책을 의결하면서 백년사 편찬을 다시금 추진하게 되었습니다. 총회장 재임 시 공약을 이제야 이행하게 되었음에 송구스러운 마음을 감출 길 없습니다. 그럼에도 불구하고 교단 역사에 한 획을 긋게 될 이 뜻깊은 사업의 결실을 위해 그동안 기도로 성원해 주시고 기다려 주신 모든 분들에게 깊은 감사를 드리며, 어려운 상황 속에서도 끝까지 포기하지 않게 하신 존귀하신 하나님께 영광을 돌립니다.

금번 『한국성결교회 백년사』 편찬을 통해 지난 100년 동안 수많은 선배 성결인들의 눈물과 헌신이 가득 담긴 사랑의 수고와 믿음의 역사를 생생히 들여다 보고, 그 가운데서 일하신 살아계신 하나님의 영광과 한국성결교회에 맡겨 주신 복음의 유산을 재확인하며, 이를 계승 발전시키는 계기가 마련되기를 기대합니다.

『한국성결교회 백년사』가 출판되어 나오기까지 관심을 가지고 격려해주셨던 제97회 총회장 윤기순 목사님과 교단 총무 이강춘 목사님, 재정으로 후원해 주신 교회들과 장로님들께 깊은 존경과 감사를 드립니다.

특별히 가르침의 사역 중에도 대표 집필자로 연구와 집필에 희생을 아끼지 않으신 성결대 역사신학 교수 정상운 박사님과 집필위원으로 수고하신 강명국 박사님, 김택진 박사님, 이광열 박사님, 김상식 박사님, 전상욱 박사님, 안을수 박사님, 김기헌 목사님, 황성환 목사님께 깊은 감사를 드립니다. 출판에 필요한 재정 전액을 감당해 주신 성결대학교 성결교회 역사연구소장 정상운 박사님의 헌신에 깊은 감동을 받습니다. 그리고 실무 간사 윤형석 목사님과 강슬기 전도사님의 수고에도 감사의 마음을 전합니다.

아무쪼록 『한국성결교회 백년사』를 통해 예성의 전국교회 목회자와 신학생과 평신도들이 자신의 정체성을 재확인하고 교단에 대한 긍지과 사명을 새롭게 느끼며 다지는 계기가 되기를 간절히 기도합니다.

감사합니다.

편찬위원장 **김원교** 목사

서 문

　한국성결교회는 이 땅에 평양대부흥운동의 불길이 거세게 일어나던 해인 1907년에 한국인 두 전도자 정빈과 김상준에 의해 시작되었습니다. 외국선교사 주도의 교파형 선교로 시작된 장로교, 감리교와 달리 자생적 개척을 통하여 이 땅에 뿌리를 내린 한국성결교회는 올해로 한세기를 넘어 112년이라는 장족의 역사를 맞이하게 되었습니다. 창립 100주년 해인 2007년을 기해 출간되지 못한 아쉬움이 남아있지만 그래도 어려운 여건 속에서 늦게나마 올해 『한국성결교회 백년사』가 나온 것은 여간 감사하고 다행스러운 일이 아닐 수 없습니다. 이 모두가 다 하나님의 은혜로 이 모든 영광을 먼저 하나님께 돌립니다.

　본서는 지난 일백년 역사(history)에서 사중복음 전파의 사명을 가진 한국성결교회와 함께하신 하나님의 역사(works)를 기록한 역사서술입니다. 이 책을 읽다보면 우리 앞서 자랑스런 성결인으로 살아간 신앙 선배들의 수고와 애씀 그리고 그들의 헌신과 희생을 배우게 되고, 또한 하나님 앞에 불충했던 지난 날의 실수를 통해 역사적 반성과 아울러 새로운 다짐을 하는 우리 자신을 발견할 것입니다.

곤잘레스가 말한 것과 같이, 과거 역사는 아직도 우리들 속에 살아 있어서 우리들에게 영향을 미치고, 오늘을 살아가는 우리들에게 기독교 메시지를 이해하는 내용을 결정지으므로 과거 역사를 이해함 없이 자기 자신을 이해할 수 없고, 또한 나아갈 방향도 정할 수 없습니다. 바라기는 본서를 통해 지난 날 우리 과거 역사를 이해하는 것으로 끝나지 않고 현실 문제에 대한 바른 인식과 함께 미래의 새로운 비전과 방향을 제시받는 소중한 계기가 주어지기를 소망합니다.

백년사 집필의 방향은 다음의 4가지로 정해 전체적인 통일을 꾀하려고 노력하였습니다.

첫째, 예성의 신학적 정체성(神學的 正體性)으로 칼빈주의와 대조적으로 웨슬리 알미니안 입장에서 19세기 성결운동의 신학적 배경과 역사적 맥락을 동양선교회 관련하여 규명하고자 했습니다.

둘째, 예성의 정통성(正統性)으로 성서적 순복음인 사중복음 전파를 위해 1907년 시작한 초기 성결교회의 정체성을 계승한 교단이 예수교대한성결교회임을 확인하고자 했습니다.

셋째, 예성의 주체성(主體性)으로 종래의 선교사 입장의 역사서술을 지양하고 한국성결교회 입장에서 주체적으로 지나간 역사를 기록하는데 주안점을 두고자 했습니다.

넷째, 예성의 미래 지향성(未來 指向性)으로 지난 과거에 대한 단순 미화보다는 역사적 자기 반성과 함께 균형과 화합 그리고 다음 한 세기를 위한 비전 제시와 역할 규명을 꾀하고자 했습니다.

그러나 이러한 4가지 집필 방향을 가지고 의욕을 가지고 시작했으나 그 결과는 제한된 시간과 열악한 환경 속에서 내용이나 역사 서술에 있어서 미흡한 점이 많이 있음을 자성합니다. 그러나 이러한 부족한 미완의 부분들은 다음 세대의 교단 역사 집필에서 해결할 과제로 남겨두고, 본서가 한권의 책으로 나오기까지 수고한 모든 분들께 지면이지만 감사의 말씀을 드리고자 합니다.

이전부터 백년사 집필자로 부족한 사람을 임명하여 성결교회 역사 연구에 매진하도록 지정하신 강의구, 신화석 두분 증경총회장님과 연구소 이사장으로 오랫동안 섬기며 헌신하신 오희동, 위광필, 이봉준 목사님, 부이사장과 총무로 수고하신 김선기 목사님,

김준섭 사장님, 서종로 장로님, 최종인 목사님, 류우열 목사님, 전승환 목사님, 안을수 목사님, 황성환 목사님, 김택진 교수님께도 감사드립니다. 바쁜 중에서도 저를 도와 시간을 내어 집필에 참여한 강명국, 김기헌, 김상식, 김택진, 안을수, 이광열, 전상욱, 황성환 위원님들께 감사드립니다. 그리고 본서가 나오도록 격려해주신 편찬위원회와 실무를 지원해준 총회 관계자 분들과 이강춘 총무님, 그리고 본서를 발간하도록 총회장 공약으로 결정해 이끌어 준 김원교 증경총회장님과 윤기순 총회장님 두 분께도 깊은 감사를 드립니다. 또한 조병창 목사님, 이철용 목사님을 비롯한 자문위원님들과 편찬위원님들께도 감사를 드립니다. 이 모두가 하나님의 은혜이며 사랑의 간섭입니다. 그리고 늘 높은 경륜과 한결같은 사랑으로 제 부족함을 채워주시고 본서가 나오도록 저와 연구소 저작 활동을 위해 연구, 출판기금을 따로 지정해 주신 ㈜금비 고병헌 회장님께 깊은 감사를 드립니다. 신속한 행정 처리를 위해 협력한 윤동철 총장님과 직원선생님들 그리고 짧은 시간 성심을 다해 출판을 맡아준 킹덤북스(Kingdom Books) 대표 윤상문 목사님과 스텝진들, 또한 실무를 위해 애써주신 윤형석, 강슬기 간사에게 감사함을 전하며, 교정을 해주신 조회경 교수님께 감사드립니다. 교단 산하 어르신 선, 후배 동역자님들, 모든 교회 성도님들과도 출판의 기쁨을 함께 나누고자 합니다.

모쪼록, 한국성결교회 100주년과 올해로 성결교회와 역사연구소 개소 20주년 기념으로 발간된 『한국성결교회 백년사』를 통해 우리 예성교단이 과거로부터 오늘, 미래에 이르기까지 하나님과 세계, 이 민족과 한국교회 앞에 역동적으로 일하며 새 역사를 만들어가는 소망스런 교단으로 거듭나는 계기가 있기를 간절히 바라는 마음으로 기도합니다.

수리산 기슭에서

2019년 5월

지은이(대표 집필/성결교회와 역사연구소장) **정상운**

목차

발간사 _윤기순 ... 4
편찬사 _김원교 ... 7
서 문 _정상운 ... 10

제1장 한국성결교회의 역사적 배경

I. 요한 웨슬리의 부흥운동과 19세기 성결운동 ... 25
가. 요한 웨슬리(John Wesley)의 부흥운동 ... 25
나. 19세기 북미성결운동 ... 36
  1. 19세기 성결부흥운동 ... 36
  2. 19세기 말 새로운 성결교파들의 형성 ... 48
    가) 만국성결연맹 및 기도동맹(IHUPL) ... 48
    나) 기독교연합선교회(C&MA) ... 57

II. 동양선교회(OMS)의 태동과 발전 ... 65
가. 1900년 전후 일본교회의 상황 ... 65
나. 동양선교회 초기 시작시대(1901-1904년) ... 70
  1. 중앙복음전도관 ... 72
  2. 동경성서학원 ... 76
다. 동양선교회 조직시대(1904-1917년) ... 82
  1. 동양선교회 조직 ... 82
  2. 성교단 사건(聖教團 事件) ... 85
  3. 일본성교회(日本聖教會) ... 89
라. 동양선교회 16개 신앙개조 ... 92

III. 1907년 한국성결교회 설립 전후의 국내 상황과 한국교회 ... 98
가. 개신교 전래 이전의 시대적 상황 ... 98
나. 개신교의 전래와 선교활동 ... 102
다. 1907년 한국교회의 대부흥운동 ... 111

제2장 동양선교회 복음전도관 시대 (1907-1921년)

I. 복음전도관의 태동 124
가. 복음전도관의 설립 124
1. 정빈과 김상준의 일본 유학과 귀국 125
2. 경성 복음전도관의 설립 128
3. 동양선교회 복음전도관의 초기 전도활동 ... 131
4. 정빈과 김상준의 신학사상 133
   - 가) 정빈의 신학사상 133
     1) 십자가 구원의 복음 133
     2) 사중복음 강조 134
     3) 구습에 대한 개화사상 138
   - 나) 김상준의 신학사상 142
     1)『黙示錄 講義』와 전천년설의 재림론 ... 142
     2)『四重敎理』와 사중복음 146
     3)『但以理書 講議』 152

나. 초기 전도관의 활동(1907-1910년) 154
1. 전도관 활동 154
2. 초기 성별회 156
3. 복음전도관의 출판사업 157
   - 가) 초기의 찬송가들 158
   - 나)『부표관쥬 신약젼서』의 발행 159

II. 동양선교회 복음전도관의 발전 161
가. 토마스 감독의 입국 161
나. 경성성서학원의 설립 163
1. 성서학원 설립의 배경 163
2. 남녀공학제 실시 168
3. 경성성서학원 교과과정 170

다. 복음전도관의 성장 172
1. 제1회 목사 안수 172
2. 지방전도관의 설립과 전도활동 173
   - 가) 복음전도관의 설립과 현황 173
   - 나) 복음전도관의 전도활동(1911-1916년) ... 175

    1) 각 지방 복음전도관의 활동 175
        ① 무교정복음전도관 175
        ② 진남포복음전도관 176
        ③ 개성복음전도관 177
        ④ 규암복음전도관 178
        ⑤ 은산복음전도관 179
        ⑥ 아현복음전도관 180
        ⑦ 철원복음전도관 180
        ⑧ 김천복음전도관 181
        ⑨ 경안복음전도관 182
        ⑩ 경주복음전도관 183
        ⑪ 홍산복음전도관 184
    2) 전도부인의 양성과 사역 184
    3) 부흥회(성별회) 188
  다) 복음전도관과 3·1운동 190
    1) 독립운동에 가담한 성결교회 192
    2) 독립운동의 참여자들 193
        ① 김상준 193
        ② 강시영 194
        ③ 김응조 194
        ④ 백신영 195
        ⑤ 한도숙 197
        ⑥ 김기삼 198
        ⑦ 이상철 199

 제3장 **조선예수교 동양선교회 성결교회 시대**
(1921-1936년)

I. 성결교회의 교단 조직과 발전 203
  가. 한국성결교회 교회제도의 변화 203
    1. 만국성결연맹과 동양선교회의 감독제 (1910년-1920년) 204
    2. 간담회(1921-1924년) 209
    3. 동양선교회성결교회와 이사회 제도 211
  나. 복음전도관 체제에서 성결교회로 교단전환 216
  다. 연회 조직과 자치선언, 총회구성 218

    1. 연회조직과 자치선언 218
    2. 총회조직 222
  라. 각 기관의 조직 및 활동 224
    1. 주일학교 224
    2. 부인회 228
    3. 성우청년회 231
    4. 지방전도대 232
    5. 시장전도대 234
  마. 경성성서학원의 발전 236
  바. 각 지역교회의 발전 238
  사. 만주의 선교활동 245
  아. 제3회 총회와 교단의 분열(하나님의 교회, 1936년) 248

II. 일제에 의한 성결교회의 수난(1938-1943년) 253
  가. 일제의 신사참배 강요와 한국교회 말살정책 254
  나. 성결교회의 대응 및 순교 257
  다. 경성신학교 승격 264
  라. 신사참배와 황민화 침략전쟁에 대한 부일 행보 265
  마. 교역자 검속 및 교단의 강제해산 270

제4장 기독교대한성결교회 시대 (1945-1961년)

I. 8.15 해방과 성결교회의 재건(1945년-50년) 277
  가. 해방과 한국교회 재건 277
    1. 해방 후 미군정의 종교정책 277
    2. 북한교회의 재건운동 280
    3. 남한교회의 재건운동 288
      가) 조선기독교단의 교회재건운동 288
      나) 감리교단의 교회재건운동 291
      다) 장로교단 중심으로 추진된 교회재건운동 292
  나. 성결교회의 재건 297
    1. 1945년 제1회 재흥총회와 '대의제도' 297
    2. 성결교회의 교회건물의 재건 301
      가) 다시 찾은 성결교회 건물 302

나) 적산불하(敵産拂下)로 세워진 교회들　　　　　　　305
　　　다) 해방 후 신설된 교회들　　　　　　　　　　　　　310
　다. 해방과 한국성결교회의 새로운 복구　　　　　　　　313
　　1. 교단 명칭 변경　　　　　　　　　　　　　　　　　　313
　　2. 신학교 개교 및 학교명 개칭　　　　　　　　　　　　314
　　3. 『活泉』의 복간　　　　　　　　　　　　　　　　　　316
　　4. 신생부인회 개칭　　　　　　　　　　　　　　　　　318
　라. 교단 헌법의 개정　　　　　　　　　　　　　　　　319
　마. 동양선교회 복귀와 관계 설정　　　　　　　　　　　325
　　1. 동양선교회 선교사의 복귀　　　　　　　　　　　　　325
　　2. 동양선교회와의 관계 설정　　　　　　　　　　　　　328

II. 6·25전쟁과 성결교회(1950-54년) 332
　가. 6·25전쟁과 한국교회의 수난 332
　　1. 한국교회의 '공산주의' 인식　　　　　　　　　　　　332
　　2. 6·25전쟁과 한국교회 수난　　　　　　　　　　　　337
　　3. 한국교회의 전쟁지원 활동　　　　　　　　　　　　　341
　나. 성결교 지도자들의 납북 350
　다. 공산당에 의한 순교 353
　라. 부산 피난총회와 신학교 353
　　1. 부산 피난총회　　　　　　　　　　　　　　　　　　353
　　2. 피난신학교　　　　　　　　　　　　　　　　　　　357
　마. 총회산하 각 기관 활동 358
　　1. 복음전도대　　　　　　　　　　　　　　　　　　　359
　　2. 십자군전도대　　　　　　　　　　　　　　　　　　360
　바. 최정원 목사의 임마누엘교회 사건 362
　사. 동양선교회의 교단지원과 구호 활동 367
　　1. 세계 구호 단체의 창구 역할을 통한 한국교회 지원　　368
　　2. 구호 활동의 참여　　　　　　　　　　　　　　　　　370
　　3. 외국 구호 단체와 긴밀한 관계 유지를 통한 지원　　　373

III. 6·25 이후 성결교회 재흥(1954-60년) 376
　가. 제9회 총회와 헌법개정(1955년) 376
　나. 성결교회의 재흥 379
　다. 희년기념사업 382
　라. 수복 후 각 기관의 활동 389
　　1. 전국장로회　　　　　　　　　　　　　　　　　　　389

2. 성결교회 신생부인회 　　　　　　　　　　　　391
　　3. 청년회 전국연합회 　　　　　　　　　　　　　395
　　4. 교회학교 전국연합회 　　　　　　　　　　　　400
　　5. 각종 사회사업 활동 　　　　　　　　　　　　　403
　　6. 군 선교활동과 군목 　　　　　　　　　　　　　406
　마. 사이비종교와 성결교회의 대처 　　　　　　　　　408
　바. 교육사업 　　　　　　　　　　　　　　　　　　412
　　1. 여자성경전문학교 설치와 지방성경학교 　　　　412
　　2. 일반학교 설립과 기독교 교육 　　　　　　　　416

제5장 예수교대한성결교회 시대
(1961-2007년)

I. 교단 분립과 예수교대한성결교회 설립 (1961-1965년) 　　421
　가. 1960년대 한국 사회와 교회의 상황 　　　　　　　421
　　1. 한국 사회의 상황 　　　　　　　　　　　　　　421
　　2. 한국교회의 재차 분열 　　　　　　　　　　　　424
　나. 성결교회 교단 분열의 원인 　　　　　　　　　　　425
　　1. 성결교회와 연합기관 　　　　　　　　　　　　425
　　　가) NCC(National Council of Church) 　　　　　426
　　　나) NAE(National Association of Evangelical) 　430
　　2. 성결교회 안에서 NCC와 NAE의 대립 　　　　　433
　다. 예성과 기성의 분열 　　　　　　　　　　　　　　438
　　1. 제15회 총회 　　　　　　　　　　　　　　　　438
　　2. 제16회 총회와 복음진리동지회(보수동지회) 　　441
　　3. 보수총회 　　　　　　　　　　　　　　　　　448
　　4. 합동총회 　　　　　　　　　　　　　　　　　454
　라. 예수교대한성결교회 　　　　　　　　　　　　　　461
　마. 성결교신학교 개교 　　　　　　　　　　　　　　467
　　1. 신학교 개교와 김응조 목사 　　　　　　　　　　467
　　2. 신학교 건축과 홍대실 권사 　　　　　　　　　　471

II. 교단 성장과 발전(1965-2007년) 　　　　　　　　　　477
　가. 예성교단 내의 '예지예정' 논쟁 　　　　　　　　　477

1. 논쟁의 배경 ... 477
   2. 1973년 예성과 혁신의 분립 ... 481
   3. 1988년 예성과 혁신의 합동 ... 483
  나. 성결신학교 안양캠퍼스 이전과 김응조 목사 소천 ... 484
  다. 예성 80주년 기념관 봉헌 ... 486
  라. 예성선교대회와 2.2.1 운동 ... 488
   1. 대회 개최의 의의 ... 488
   2. 대회 목적 ... 489
   3. 대회 진행 ... 491
   4. 이후의 성과 ... 491
  마. '95 AWF 및 성결인의 세계대회 ... 492
   1. 대회 개최의 의의 ... 493
   2. 대회 목적 ... 494
   3. 대회 조직 및 진행 ... 495
    가) AWF('95 AWF Quadrennial Conference) ... 495
    나) 성결인의 세계대회(World Congress of The Sungkyul Church) ... 496
   4. 이후의 성과 ... 497
  바. 한국성결교회연합회 결성(2001년) ... 498
  사. 82차 총회와 여목사안수안 통과 ... 500
  아. 예수교대한성결교회 100주년 기념성회 ... 504

Ⅲ. 성결교회 백주년과 21세기 비전 ... 517
  가. 100년 성결교회 유산과 역사적 평가 ... 518
   1. 사중복음과 웨슬리 신학에 대한 신학적 평가 ... 518
   2. 성결교회 성장에 대한 목회적 평가 ... 519
   3. 성결운동에 대한 평가 ... 519
   4. 성결교회와 복음 선교에 대한 평가 ... 520
   5. 교단 분립과 일치에 대한 평가 ... 520
  나. 21세기 새로운 변화와 성결교회의 사명 ... 521

부록 1 예수교대한성결교회 역대 총회장 현황 ... 526
부록 2 예수교대한성결교회 역대 장로 부총회장 현황 ... 529
부록 3 예수교대한성결교회 역대 총무 현황 ... 531
부록 4 창립자 정빈(鄭彬)의 생애와 사상(정상운) ... 532

대표 집필자, 집필위원 소개 ... 591
참고 문헌 ... 599

한국성결교회 백년사
100th
One Hundred Year History of
the Korea Holiness Church
1907~2007

제1장

한국성결교회의 역사적 배경

제1장

한국성결교회의 역사적 배경

I. 요한 웨슬리의 부흥운동과 19세기 성결운동

가. 요한 웨슬리(John Wesley)의 부흥운동

한국성결교회의 신학적 정체성은 18세기 웨슬리의 부흥운동 으로부터 시작된 웨슬리안 성결운동의 전통에서 시작 되었다.[1] 영국에서 요한 웨슬리(J. Wesley)를 통해 일어난 부흥 운동은 18세기 영국 국교회에 대한 갱신운동이었다. 18세기 초반의 영국은 산업혁명이 발생하면서 세계를 주도할 경제대국으로 급성장하는 한편, 신대륙에서의 식민지 경쟁에서도 주도권을 차지했다. 그러나 종교적으로는 심각한 영적 침체에 빠졌다. 당시의 영국 국교회는 경건

※ 본고의 제 1장은 정상운, 『한국성결교회사(1)』 (서울: 도서출판 은성, 1997)을 수정, 요약, 보완하였음을 밝힌다.
1   정상운, 『한국성결교회사(1)』 (서울: 도서출판 은성, 1997), 232.

의 실상이 없고 태만하다는 비판에 직면해 있었다. 목사들의 설교는 기독교의 교리 보다는 실천이 없고 공론에 불과한 윤리적 측면에만 치우쳤으며², 이러한 영국국교회의 타락과 부패의 세속화 현상은 사회에도 그대로 반영되었다.

영국의 사회적 상황은 산업혁명의 발흥으로 인해 영적인 가치 기준을 중시하던 사회에서 물질만능주의와 실용주의가 우선시되는 사회로 변화하였다. 산업혁명의 변천 시기로 자본 지주가 득세하였고, 빈부의 격차는 극심하였다. 또한 노동자와 농민은 착취당하고 음주, 방탕, 싸움, 강도, 절도, 살상, 매춘 등 사회적 타락상이 극심하던 시기였다. 각 도시들이 성장하고 상업이 발달함에 따라 인구는 증가되었지만, 종교의 진흥과 도덕의 개선이 뒤따라오지 못하였다. 경찰의 통제도 지극히 무력하였기 때문에 런던과 버밍엄에서 폭동이 자주 일어났고 폭도들은 집들을 방화하고 감옥 문을 열며 약탈과 강도짓을 마음대로 자행하였다. 노예매매는 국가의 지도자들에 의해 장려되었다. 그 결과 기독교는 급격히 영향력을 상실하고 도덕적 수준이 저하되었다.³

사상적으로는 이신론(理神論)이 1700년을 전후하여 유럽 전역

2　李明稙, 『朝鮮 耶蘇敎 東洋宣敎會 聖潔敎會 略史』(京城: 東洋宣敎會 聖潔敎會 出版部, 1929), 4. 이하 『略史』로 줄임.

3　기독교교양과목위원회, 『이야기교회사』(안양: 성결대학교 출판부, 2009), 135-36.

을 휩쓸고 있었다. 자연신론은 일종의 자연종교 체계로서 초월적 신을 상정하되, 그 신은 창조주일 뿐 세상에는 관심을 가지거나 관여하지 않으며, 우주나 세계는 그 자체의 운명에 일임되어 있다고 보았다. 또한 하나님의 계시나 기적 등의 초월적인 능력은 존재할 수 없는 것으로서 부정되었다. 즉 그리스도의 신성과 속죄를 부정하는 합리주의가 정통주의 신학계에 침투하여 기독교는 종교사상 중 하나에 불과한 것처럼 보이게 되었다.[4]

이러한 도덕적 타락을 정화할 능력을 교회마저 상실하면서 종교적·영적으로 침체에 빠져있었던 18세기 영국 사회에 커다란 전환기가 찾아왔다. 신앙의 부흥과 교회의 진흥, 윤리 도덕의 실행과 사회 개량운동 등 놀라운 영적 부흥운동의 중심 인물은 바로 웨슬리였다. 그는 영국 링컨션 주 엡워드(Epworth)의 목사관에서 성공회 주교인 아버지 사무엘 웨슬리(Samuel Wesley)와 경건한 어머니 수산나 웨슬리의 19남매 중 열다섯 번째 자녀로 태어났다. 어려서는 아버지로부터 엄격하고 철저한 신앙 훈련을, 어머니로부터는 헬라어, 라틴어, 프랑스어를 배웠다. 그는 옥스퍼드 대학 처치칼리지를 졸업하고 1726년 링컨칼리지 연구원을 지내면서 아버지 교

---

4 Ibid.,

회에서 부제로 일하였다.[5]

1728년 9월 사제 서품을 받은 웨슬리는 1729년 옥스퍼드대학교로 돌아와 동생인 찰스 웨슬리를 비롯한 몇 명의 학우와 신성클럽(Holy Club)을 만들어 당시의 혼탁하고 퇴폐적인 영국사회 속에서 엄격한 규율을 지키며 사회봉사 활동에 힘을 썼다. 그로 인해 웨슬리는 이때부터 '엄격한 규율 준수자들'이란 뜻의 메소디스트(Methodist)라 불리게 되었다. 그는 1735년 찰스 웨슬리와 영국 해외 전도회의 파송을 받아 미국의 조지아 주로 선교를 떠났으나 실패하고 2년 뒤 귀국했다.[6]

그는 조지아 선교 여행 때 경험하게 된 모라비아 교도들의 독특한 신앙관과, 영국 런던에서 만난 피터 뵐러(Peter Boeler)라는 모라비안 목사와의 교제를 통하여 구원에 있어서 성령의 순간적 역사와 구원의 확신, 이신칭의 신앙에 대한 새로운 통찰을 얻게 되었다. 그러던 중, 웨슬리는 1738년 5월 24일 런던 시내 올더스게잇 거리에서 열린 모라비안 집회에 참석하는 도중 '이상하게 마음이 뜨거워지는 체험'을 하게 되었다. 웨슬리는 그 순간 오랜 기간 고민해왔던 회의와 불안이 일시에 사라지고, 죄와 사망의 법으로부터 구원 받았

---

5 이성주, 『웨슬리神學』(서울: 성광문화사, 1988), 100-36.
6 Ibid.

다는 강한 확신을 갖게 되었다.[7]

그러나 올더스게잇의 체험을 통해 구원의 확신을 받고 기쁨과 감격을 맛보긴 하였지만, 그는 여전히 모라비안들이 일반적으로 가지고 있었던 계속적인 기쁨과 평화와 자신감을 가질 수 없었다. 인간의 힘으로는 끌어낼 수 없는 놀라운 사랑의 감정이 자신의 내부로부터 분출되어 나오는 체험을 하였음에도, 모라비안들이 가르치는 '모든 불안과 의심으로부터 완전히 해방 받는 상태'를 맛볼 수는 없었던 것이다.

이러한 혼란을 종식하기 위해, 웨슬리는 올더스게잇 체험이 있은 지 20여일 후 모라비안 교도들을 만나러 독일로 향했다.[8] 그는 독일에서 마리앤본(Marienbon), 헤른후트(Hermhut) 등 모라비안 교도들이 집단으로 모여 사는 마을을 방문하여 그들과의 교류를 통해 마음속에 남아있던 불안과 의심을 정복하고, 앞으로의 독자적인 신앙 노선과 선교 방향을 분명히 설정하며 복음전파의 선두에 설 수 있게 되었다.

영국으로 돌아온 웨슬리는 자신이 확립하게 된 '믿음으로 의롭다 함을 받는' 신앙을 더욱 공고히 하고 전파하기 위하여 그가 묵

---

7 기독교대한성결교회 역사편찬위원회, 『한국성결교회사』(서울: 기독교대한성결교회 출판부, 1992), 10.

8 Wesley, John, *The Journals of Rev. John Wesley*, A.M. edited by Nehemiah Curnock. 8 vols. (London: The Epworth Press, 1738). May 26; May 27; June 7. 이하 *Journals* 로 줄임.

고 있던 후튼(James Hutton)의 가정에서 기도와 성경공부, 회원들 간의 신앙적 교제를 위한 작은 모임을 시작하였다. 후에 패터래인(Fetter Lane) 신도회로 불리워지게 되는 이 모임에서, 오순절 마가의 다락방 에서와 같은 성령의 역사가 나타나기 시작하였다. 1739년 1월 1일 철야예배에서 웨슬리와 찰스(Charles), 횟필드(George Whitefield, 1714-1770)를 포함한 70여 명의 형제들이 모인 가운데 성령의 강력한 임재가 나타났다.[9] 이후 웨슬리의 설교에는 능력이 나타나서 그가 설교할 때에 사람들이 회개하며 성령 받는 역사가 나타나기 시작하였다.

　웨슬리의 사역은 브리스톨(Bristol)로 확장되었다. 웨슬리보다 먼저 성령의 충만함을 받고 부흥사역을 하던 횟필드는, 부흥운동을 통하여 얻게 된 새신자들을 조직하고 육성하는 일을 위해 신성클럽의 회원으로서 각별히 친한 사이였던 웨슬리에게 브리스톨로 와서 신도회를 인도해 주기를 요청하게 되었다. 처음에 웨슬리는 횟필드가 교회 밖에서 전도활동을 한다는 점을 탐탁지 않게 여겼으나, 야외집회에 실제로 참여하면서 예수님의 산상설교와 같이 수많은 군중에게 설교하기 위해서는 야외집회가 필요하다는 점을 인

9　*Journals*, January 1, 1739.

정하게 되었다.[10] 그는 1739년 브리스톨에 도착하여 신자들을 조직하고 지도하는 한편, 영국 국교회의 압력과 배척에 맞서 야외집회를 더욱 힘차게 추진하며 본격적인 노방 설교를 시작하게 되었다. 웨슬리의 능력있는 사역에 힘입어 브리스톨에서 짧은 기간 동안 거대한 부흥의 역사가 일어났다. 웨슬리의 부흥운동은 점차 확대되어 새로운 신도회를 조직하는 결과를 낳았고, 이러한 신도회는 1739년 5월에 그들 자신의 집회 장소를 위해 땅을 매입하고 건물을 지음으로서 최초의 신도회 회관이 브리스톨에 서게 되었다. 그리고 1744년 6월 25일부터 5일 동안 최초의 신도회 대회를 개최함으로써 조직적으로 발전해 나갔다.[11] 웨슬리가 '전세계는 나의 교구'를 외치며 거리로 나가 대중에게 설교하기 시작한 이래 그는 이러한 거리 설교를 하루에 4-5차례씩, 평생 4만 2천 회나 하였다. 또한 1747년에는 아일랜드, 1751년에는 스코틀랜드를 각각 방문하여 설교하였고, 1760년에는 북미에 선교사를 파송하기도 하였다. 웨슬리는 이러한 선교의 과업을 달성하기 위해 매년 약 12,800 km, 평생 약 40만km의 거리를 여행하였다. 이러한 웨슬리의 부흥운동은 당시 수많은 사람들에게 과거의 죄악된 생활에서 탈출하여

---

10 Robert G. Tuttle, Jr., *John Wesley, His Life and Theology* (Michigan: Zondervan Pulishing House, 1978), 256.
11 이성주,『웨슬리神學』, 100-36.

커다란 회심을 일으키는 영적인 변화의 계기를 마련해주었다.

이처럼 놀라운 부흥사역을 가능케 하였던 웨슬리 신학의 중심은 온전한 '성화'와 그리스도인의 '완전'에 대한 교리를 강조하는 성결운동에 있었다.[12] 그는 종교개혁자들의 사상을 견지하면서 어느 한쪽의 극단에 치우치지 않으려 하여, '성화'라는 중세의 전통과 '신앙'이라는 종교개혁의 전통으로 균형을 이룬 종합적인 신학적 토대 위에 서 있기를 원했다. 웨슬리는 초대 교회 교부들 중에 이그나티우스(Ignatius)와 사이루스(Ephraem Syrus), 클레멘트(Clement), 마카리우스(Macarius) 등의 문헌연구와 그 밖의 프란시스(Francis), 토마스 아켐피스(Thomas A Kempis) 같은 카톨릭 신비주의 전통들을 통하여 성서의 중요한 주제가 성화에 있다는 것을 인식하였다.[13] 그동안 성화의 교리는 종교개혁자들이 충분히 취급하지도 못하고, 또한 강조하지도 못하여 간과된 교리였는데, 이를 웨슬리가 재발견하여 강조한 것이다.

웨슬리는 중생을 성화의 첫 단계로 보았다. 이것을 그는 초기성화로 보았는데, 중생 때로부터 점진적인 성화가 시작된다는 것이다. 성화를 타락한 하나님의 형상의 회복으로 보는 점에 있어서 웨

---

12 기독교대한성결교회 역사편찬위원회,『한국성결교회사』, 10.
13 Albert C. Outler, ed., *John Wesley* (New York: Oxford University Press, 1964), ix.

슬리는 칼빈(Calvin)과 동일한 견해를 가지고 있었다. 그러나 칼빈과 더불어 루터(Luther)나 쯔빙글리(Zwingli)와 같은 종교개혁자들이 현세에서의 온전한 성화를 인정하지 않았던 것에 반해 웨슬리는 온전한 성화가 가능하다고 주장하였다. 즉 구원이 하나님의 은총으로만 가능하고, 또한 완성된다는 점에서 웨슬리는 종교개혁자들과 전적으로 그 의견을 같이 하였지만, 성화 과정의 성격에 있어서는 서로 이해를 달리하고 있었던 것이다. 웨슬리는 구원을 중생이라는 일회적 사건으로만 보지 않았으며 하나님의 은총의 역사로 인해 중생 체험 이후 자신의 무능과 자기 안에 아직도 남아있는 죄를 깨닫고 믿음으로 받는 "제2의 축복(Second Blessing)", "제2의 은총(Second Blessing)", 또는 "온전한 구원(Full Salvation)", "그리스도인의 완전(Christian Perfection)"이라 불리는 두 번째 은총의 경험이 가능함을 주장했다.[14]

웨슬리의 성결론에 따르면 신자가 경험하는 구원의 과정은 첫째, 회심 또는 중생이고 둘째는 그리스도인의 완전 또는 성결이다. 첫째 체험에서 신자는 그의 자범죄를 사함 받는다. 그러나 아담의 타락 이후 유전된 죄성(罪性)은 남아있는데, 이는 제 이차적 축복인

---

14 정상운, "세속화시대의 성결신학", 『한국기독교와 역사』16집(한국기독교역사학회, 2002), 13.

성결의 은혜에 의해 제거 받는다는 것이다.[15] 그는 중생 이후에 오는 또 하나의 순간적인 체험인 "온전한 성화(Entire Sanctification)"[16]를 주장함에 있어 "완전한 사랑(Percect love)", "그리스도인의 완전(Christian Perfection)"이라는 용어를 자주 사용하였는데, 이 완전이라는 용어로 인해 그의 사상에 동조하지 않는 많은 이들로부터 비난과 질책이 담긴 비평을 받게 되었다.[17]

그러나 웨슬리에게 있어서 그리스도인의 완전은 절대적 의미의 완전, 즉 다시 타락하여 죄를 지을 가능성이 전혀 없는 '죄 없는 완전(sinless perfection)'[18]은 아니었다. 웨슬리는 완전의 교리에 대해서 자신이 저술한 『그리스도인의 완전에 관한 평이한 해설(A Plain Account of Christian Perfection)』을 통해 이를 분명하게 설명하였다.

> 모든 거룩한 사람은 성서적 의미에서 완전한 사람이다. 그렇지만 우리는 절대적 의미의 완전은 이 지상에는 없다는 것을 알고 있다. 더 이상 계속적으로 발전할 여지가 없는 최고 등급으로서의 완전은 없는 것이다. 어떤 사람이 아무리 높은 수준에 도달했더라도 아무리 훌륭

---

15 배본철, 『세계 교회사』(서울: 도서출판영성네트워크, 2009), 433.
16 정상운, 『한국성결교회사(1)』, 19.
17 Ibid., 19.
18 배본철, 『세계 교회사』, 433.

하게 완전해졌더라도 그는 계속해서 은혜 안에서 성장해나가야 한다. 다시 말해서 그의 구원자 되시는 하나님의 사랑과 그를 아는 지식에서 매일 전진해야 되는 것이다.[19]

이처럼 웨슬리의 완전은 상대적인 개념으로 하나님 사랑과 이웃 사랑의 완전한 사랑이며, 최고 수준의 성숙한 신앙의 단계를 의미하는 것이다. 웨슬리는 현세에서 온전한 성화를 체득한 자도 무지나 실수로부터 오는 잘못에서 벗어날 수 없으며 죄의 가능성 가운데 언제나 놓여 있다는 사실을 인식하며, 실수와 죄를 구별하여 비자발적 실수는 죄에 포함 시키지 않음으로써 완전 개념을 확립하였다. 결국 웨슬리가 말하고자 한 온전한 성화, 또는 완전은 독립적이거나 자력적인 완전이 아닌 신 의존적인 발전 지향의 완전이었던 것이다.

주지하듯이 웨슬리의 부흥운동에 있어서 핵심적인 원동력이 되었던 것은 바로 이러한 성화의 교리에서 비롯된 성결운동이었다고 볼 수 있다. 웨슬리는 올더스게잇의 체험 이후 죄인은 죄에 대한 죄책에서 용서받을 뿐 아니라, 죄의 부재성에서 온전히 씻음을 받아야 한다는 성화의 교리를 신학적으로 정립하고, 이를 강조하고

---

19 *Sermons* Ⅱ, 151(Christian Perfection).

전파하는 것을 자신의 특별한 시대적 사명으로 여겼다.[20] 이처럼 그의 성결운동은 올더스게잇의 체험을 기점으로 하여 불붙기 시작했으며, 이후로 지속적으로 부흥 확대되기에 이르렀다. 따라서 웨슬리 신학의 영향을 받은 감리교, 구세군, 나사렛 등의 교단들은 일반적으로 성결의 교리를 강조하는 경향이 두드러지게 되었다. 이처럼 웨슬리의 성결운동의 영향을 받은 현대 기독교 내의 많은 교단들은 이러한 신학적 유산을 토대로 웨슬리적인 성결과 그리스도인의 완전의 교리를 주장하고 있으며, 한국성결교회 또한 바로 이러한 웨슬리의 성화 교리에 근거를 둔 성결운동에 그 신학적 기원을 두고 있는 것이다.

나. 19세기 북미성결운동

1. 19세기 성결부흥운동

한국의 성결교회는 그 신학적 기원을 감리교회와 마찬가지로 웨슬리 신학에 두고 있다. 따라서 웨슬리 부흥운동과 한국성결 교회는 신학적 맥락에서 보면 동일선상에 서 있다고도 볼 수 있으나, 성결교회는 웨슬리 계통의 감리교회와는 또 다른 사명을 띠고 새

---

20   Robert Z. Chiles, *Theological Transition in American Methodism: 1790-1935* (Nashville: Abingdon Press, 1965), 38.

롭게 설립되었다는 사실에 주목할 필요가 있다. 그것은 한국성결교회는 18세기 웨슬리의 신학적 유산을 그대로 전승하지 않고, 웨슬리 부흥운동의 영향 아래 19세기의 미국교회의 특수 상황 가운데 일어난 성결운동의 다양한 내용들로 형성된 신학적 배경과 강조점들을 가지고 있다.[21]

19세기의 미국의 성결 부흥운동은 미국 감리교 내부에서 전개되었다. 19세기 초 미국에서는 새로운 신앙이 잉태되고 배양되는 분위기가 여러 요소들로 결합되어 미국의 토착화 운동으로 나타났지만, 그 중에서도 특히 주목할 만 한 점은 자유교회(Free Church) 및 종교다원주의(Religious Pluralism)의 발전과 1800년대 이후 미국을 휩쓸었던 제2차 대각성이라는 부흥운동(The Second Great Awakening: 1790-1840년)의 영합이었다. 특별히 개척지에서 다양한 종류의 종교적 혁신을 위한 통로였던 신앙 부흥운동은 인격적이고 개인적인 종교경험을 강조했으며 그것은 전통적 교리의 정박지(碇泊地)를 파고 들어갔다.[22]

미국의 감리교는 이미 1738년 이후부터 뉴욕(New york)과 볼티모어(Baltimore) 등지에서 세워지고 있었으며, 웨슬리의 아일랜

---

21 정상운, 『한국성결교회사(Ⅰ)』, 12.
22 George C. Bedell, Leo Sandon, Jr. and Charles T. Wellborn, *Religion in America* (New york: Macmillan Publishing Co., 1982), 188.

드(Ireland)선교 당시 그의 설교를 통해 회심을 경험한 뒤 미국 뉴욕에 정착하여 살고 있던 필립 엠베리(Philip Embury), 바바라 뤼클(Barbara Ruyckle) 등 몇몇 이민자들에 의해 1768년에는 존 스트리트(John Steet)에 미국 최초의 감리교회가 건설되었다.[23] 1784년, 웨슬리는 미국에 거주하는 감리교도들을 위해 영국 국교회 사제인 토마스 콕(Thomas Coke)을 '감리사(Superintendent)'로 안수하였으며, 평신도 설교자였던 프랜시스 애즈베리(Francis Asbury)도 감리사로 세울 것을 명령하였다.[24]

이처럼 18세기 영국에서 시작된 웨슬리의 성결부흥운동이 미국으로 전파되면서, 웨슬리의 성화의 교리는 웨슬리가 미국으로 파송한 설교자들에 의해서 끊임없이 강조되어왔다. 초기 지도자들은 웨슬리가 강조한 그리스도인의 완전에 역점을 두었다. 영국령 북미주의 최초의 감리교 설교자인 웹(Thomas Webb)은 성화의 필요성을 말하였으며, 애즈베리(Francis Asbury) 또한 웨슬리의 성결론을 완벽하게 따르고 있었다.[25] 그러나 19세기에 들어오면서부터 감리교에서는 점차적으로 성화에 대한 관심과 열정이 퇴조되기 시작

---

23 기독교대한성결교회 역사편찬위원회, 『한국성결교회사』, 11.
24 Ibid., 11.
25 Vinson Synan, *The Holiness-Pentecostal Movement in the United States* (Grand Rapids: William B. Eerdmans Publishing Company, 1971), 20.

했다. 전통적인 감리교 부흥운동과 성화된 기독교인의 경험은 그 당시 교회 내에서 거의 용납되지 않았다. 그리스도인의 완전(完全)이 비감리교 부흥사들에 의해 선포되고 있음에도, 그 본거지에 해당하는 감리교 내부에서는 오히려 냉대를 받는 아이러니한 현상이 발생하였던 것이다.

감리교 내부에서 성화 교리에 대한 관심의 퇴조를 보여주는 또 하나의 예는 감리교 『교리 장정』(Discipline)에서 웨슬리의 '기독교인의 완전'의 문구 삭제였다. 본래 감리교의 교리장정에는 이 문구가 포함되어 있어 설교자들이 이것을 반드시 설교해야 하였으나, 1812년부터 별책으로 출판한다는 이유로 이 문구를 교리장정에서 삭제하였다. 교리장정에서 '기독교인의 완전'이 빠지고 별책으로도 출판되지 않은 것은 이 교리가 감리교 내에서 강조되지 못하고 있었다는 사실을 방증하는 것이었다.[26] 당시 감리교는 개척지에서 회심을 이루기 위한 복음의 일차적 요구에 적극적으로 대응하였고, 이차적 양육의 측면을 무시하였다. 개종을 성취하기 위한 복음의 설교에 모든 전력을 쏟음으로써 기독 신자의 계속적인 양육이라는 측면에는 관심을 기울이지 못하였던 것이다.[27]

---

26 정상운, 『한국성결교회사(1)』, 30.
27 Ibid., 30.

이러한 상황 속에서 미국 감리교회에 재차 성결운동을 강조하는 조류가 형성되었다. 19세기 초에 일어난 성결운동의 시작을 명확하게 어느 해, 어느 사건으로 결론 내릴 수가 없으나, 1819년 메사추세츠(Massachusetts)에 있는 웰프리트(Welfleet)의 한 천막집회에서 놀라운 성결의 역사가 일어났다. 뉴 잉글랜드(New England)의 뛰어난 설교자로 알려진 메리트(Timothy Merritt)는 집회에 참석한 이들에게 성결의 은혜를 체험케 하였다. 그는 성도들에게 성결의 은혜를 받게 하고, 그 은혜 중에 성장할 수 있도록 많은 노력을 다하였다.

이러한 목적으로 그가 1825년에 저술한 『기독교인 입문서』(The Christian's Manual: a Treatise on Christian Perfection with Directions for Obtaining That State)와 감리교 내 성결의 부흥운동을 위해 1839년 출간한 『기독교인 완전에 대한 안내서』(The Guide to Christian Perfection)는 이후에 발생할 성결운동에 대한 선구자적 역할을 하였다.[28] 이 책은 첫 번째 이슈로서 미국 부흥운동의 전통 내에 고군분투한 새로운 세력의 현존을 알렸으며, 이후의 편집자들에 의해 감리교 울타리 안에서 일어난 성결부흥운동의 유력한 기관지가 되었다.

---

28   Abel Stevens, *A Compendious History of American Methodism* (New York: Calton and Porter, 1863), 371.

이후의 성결운동은 뉴욕시의 한 감리교 평신도들의 모임에서 점화되었다. 사라 랭크포드(Sarah Warrall Lankford)가 1835년 성결의 경험을 한 이후 자신의 집 응접실을 제공하여 시작한 '여성들을 위한 감리교 기도모임(Methodist prayer meetings for women)'은 훗날 '성결의 촉진을 위한 화요모임'이라는 연합집회로 발전하여 온전한 성화의 교리와 체험을 전파하는 성결운동의 본산지가 되었다.

이 모임을 대중적으로 발전시킨 것은 사라 랭크포드의 자매인 푀베 파머(Phoebe Palmer)였다. 랭크포드는 파머에게 자신이 시작한 기도 모임의 지도자를 제안하였고, 파머는 자신의 성화에 대한 경험과 가르침을 토대로 이 모임을 주도적으로 이끌어 나갔다. 그녀가 가진 성화의 체험은 다른 사람들에게 회심의 확신을 가져다 주었고, 화요모임이 성장됨에 따라 초기 기독교 성자들에게 나타난 완전을 성취하는 방법을 듣기 위해 점점 더 많은 사람들이 그녀의 집으로 모여들었다. 1839년에 이르러 이 모임은 남성과 여성, 다른 교단의 신자들에게까지 개방되었으며 모임의 참석자 중에는 교수, 평신도, 설교자 및 여러 교파의 주교와 목사 등이 포함되어 있었다. 파머는 이 모임을 통해 미국 성결부흥운동의 주요 인물이 되었다.[29] 그녀가 발행한 『성결의 안내』(Guide to Holiness) 잡지의 정

---

29 Donald W. Dayton, *Theological Roots of Pentecostalism* (Peabody: Hendrick son Publishers, 1994), 65.

기 독자가 1873년 4만 명을 육박할 정도였다.[30]

파머는 어린 시절 자매인 랭크포드 부인과 함께 감리교에서 자라났다. 이러한 성장 배경은 그녀가 웨슬리의 신학적 영향을 받았으며, 웨슬리안의 전통과 신앙적 영향권 아래 있음을 보여준다. 그러나 그녀는 웨슬리의 성결론을 그대로 답습하지 않고 그것을 자신만의 신학으로 발전시켜나갔다. 일반적으로 제단신학(Altar Theology)이라 불리는 파머의 성결론은 그녀 개인의 성화의 경험과 성서적 이해를 바탕으로 성결을 '제단 앞에 자신을 드리는 것'이라는 성경적 은유로 해석함으로서 "제단(Altar)" 혹은 "제단신학"이라는 용어를 발전시킨 것에서 비롯되었다.

파머는 십자가에 달리신 그리스도가 제단이며, 성전의 제단은 대 제단(great Alter)이신 그리스도를 대표하는 것이라고 보았다. 성경에서는 제단이 제물을 거룩하게 하며(마 23:19), 제단에 닿는 것을 무엇이든 거룩하다고 기록(히 13:10)되어 있는데, 그녀에 따르면 이것이 바로 새 계약의 핵심이며 아버지의 약속이었다. 따라서 성화는 오랜 과정을 거쳐야만 이루어지는 것이 아니라, 바로 우리 자신을 제단에 바치는 그 순간의 결단에 의해 이루어진다는 것이었

---

30 서울신학대학교 성결교회역사연구소, 『한국성결교회100년사』 (서울: 기독교대한성결교회 출판부, 2007), 8.

다.³¹ 다시 말해 우리가 우리 자신을 제단의 제물로 바치면 그리스도께서 그 제물을 거룩하게 하심으로서 성결을 체험할 수 있다는 것이다.

> 하나님을 위한 희생적인 섬김을 위하여 끊임없이 헌신하려는 단 하나의 목적으로 자신을 제단위에 놓은 모든 사람에게 … 그는 불이 내려오도록 하실 것이다. … 기다리는 모든 영혼을 위해 그는 이것을 행하시는 데에 지체하지 않으실 것이다. 왜냐하면 그는 우리를 기다리고 계시기 때문이다. 그리고 제단 위에 희생제물을 올려놓는 순간에 거룩하게 하고 태워버리는 불을 주실 것이다.³²

또한 파머는 "성령세례"를 온전한 성화, 기독교인의 완전과 동일시하였다. 웨슬리의 온전한 성화, 기독교인의 완전, 성결 등이 오순절적 용어인 성령세례로 발전하여 이해되는 이러한 변화는, 웨슬리의 성화 교리가 미국적인 상황에서 오순절적인 헌신과 능력으로 전환되는 과정을 보여주는 것이었다.³³ 파머가 그녀의 설교

---

31 Ibid.
32 Richard Wheatly, *The Life and Letters of Mrs. Phoebe Palmer* (New York: W. C. Palmer, Jr., 1876), 176.
33 정상운, 『한국성결교회사(1)』, 34.

와 저술을 통하여 이해하고 정립해나갔던 "성결-오순절 운동(Holiness-Pentecostal Movement)"의 시작과 관련되는 개념들은 이후 19세기 미국 성결운동가들에게 큰 신앙적 영향을 주었다.

파머의 성결론이 19세기 웨슬리안의 성결론을 대표할 수 있는가 하는 것에는 다소 논란의 여지가 있다.[34] 하지만 그녀가 19세기 미국교회 내의 성결부흥운동을 일으킨 주요한 인물 중에 하나인 것은 틀림없는 사실이다. 이처럼 파머의 신학은 미국 19세기 초반 성결운동의 기원으로서 중요한 전기와 토대를 마련해주었으며, 그녀가 주도한 화요성결집회는 교회 안팎에서 성결 모임의 전형이 되어 19세기 미국 성결운동의 '캠프집회' 전통에도 직접적인 영향을 주었다. 제인스(Edmund S. Janes), 햄라인(Leonidas L. Hamline), 페크(Jesse T. Peck), 심프슨(Matthew Simpson)과 같은 감리교의 지도자급 목사와 감독 등 수많은 성결 지도자들이 이 집회를 통해 배출되었다.

파머의 성결운동은 이후 19세기 후반 웨슬리안 성결운동의 중심이 된 '기독교인의 성결촉진 고양을 위한 전국 천막집회 연합회(The National Camp Meeting Association for the Promotion of Holiness)'로 계승되었다. 한국성결교회의 직접적인 배경이 된 이 단체는 남

34　Ibid., 35.

북전쟁 이후 미국의 감리교 목사 우드에 의해 시작되었다. 우드(J. A. Wood)는 장로교 신자로서 웨슬리의 성결론에 매력을 느껴 감리교 목사가 된 인물이었다.[35] 그는 감리교에서 성결의 복음이 점차 약화 되어가고 있는 것에 안타까움을 느끼고, 감리교의 부흥에 큰 영향을 주었던 '천막집회'를 재개하여 쇠퇴해가는 성결의 메시지를 회복시켜야 한다고 생각하였다.

천막집회는 19세기 초 제임스 맥그리디(James McGready)로부터 시작되어 침례교와 감리교에 의해 약 1840년대까지 지속되고 있었다.[36] 당시 천막집회는 수천 명의 사람들을 회개시키며 침례교와 감리교가 서부 변경지역과 남부에서 지배적인 교단으로 성장하는 데 크게 기여하였다. 남북전쟁에서 패배한 남부 측 교회의 감독들은 감리교의 여러 신앙적 전통 중 천막집회의 상실에 대하여 깊이 통탄하며 성화에 대한 재강조를 요청하기 시작하였다.

천막집회로 상징되는 부흥운동의 회복만이 시대를 치유할 수 있을 것으로 믿고 있었던 대다수의 보수적인 감리교인들과 마찬가지로, 우드 또한 성결운동의 회복을 위해 다시금 천막집회를 개최해야 할 것을 확신하였다.[37] 우드를 통해 성결을 체험했던 드레이크

---

35 박명수, 『초기 한국성결교회사』 (서울: 대한기독교서회, 2001), 19.
36 정상운, 『한국성결교회사(1)』, 38.
37 George G. Smith, *The History of Georgia Methodism from 1786 to 1866* (Atlanta: n. p., 1913),

부인은 그의 생각에 동의하여 자신의 집을 개방하는 한편 성결운동이 시작된다면 천막집회를 위한 비용의 절반을 부담할 것을 자진해서 약속하였다.

우드(J. A. Wood)는 이 아이디어를 뉴저지 감리교 위원회의 오스본(William B. Osborn) 목사와 나누었다. 그리고 오스본 목사는 이에 열성적으로 동참하여 1867년 이 문제를 인스킵(John Inskip) 목사에게 제기하기 위해 뉴욕으로 출발하였다. 인스킵을 만난 오스본 목사는 "나는 하나님께서 우리에게 성결천막집회를 개최하라고 말씀하시는 것을 느낄 수 있습니다"라고 말했다. 오스본의 제안은 인스킵의 동의를 얻어냈고, 그들은 이 문제를 토의하기 위해 성결운동의 제안자들을 초대했다. 그들은 천막집회 장소를 뉴저지의 바인랜드(Vineland)로 결정했고, 일시는 1867년 7월 17일 수요일에서 7월 19일 금요일까지 개최할 것을 결의하였다.[38] 또한 위원회는 그들 스스로 '기독교인의 성결촉진 고양을 위한 전국 천막집회 연합회'라 이름하였고 회장으로 인스킵 목사를 선출하였다. 이 연합회는 19세기 후반 웨슬리안 성결운동의 중심이 되었다.[39]

이 운동의 성공을 위해, 연합회의 창시자들은 단 하나의 목적만을 가

396-98.
38 J. A. Wood, *Autography of Rev. J. A. Wood* (Chicago: Christian Witness Co., 1904), 73-74.
39 Synan, *The Holiness-Pentecostal Movement in the United States*, 36.

져야 한다고 생각했다. 따라서 그들은 집회에서 성결 이외에는 어떤 메시지도 제시되지 않도록 하였다. 무디(D. L. Moody)의 부흥운동이 불신자 대중들을 상대로 한 전도운동이라면, 이 집회는 기존 신자들을 상대로 한 은혜운동이었다.[40] 1867년 7월 17일 바인랜드(Vineland) 천막집회를 위해 수천 명의 인파가 남부 뉴저지(New Jersey)의 소나무가 있는 평범한 곳에 놓인 찰스 랜디스(Charles Landies)의 모델마을에 몰려들었고, 10일의 집회기간 동안 그들은 기독교의 성결의 주제에 대한 설교와 권고를 조직위원회의 위원들과 심프슨(Mattew Simpson) 감독에 의해서 듣게 되었다.

이처럼 1867년 바인랜드에서 일어난 연합회의 결성은 19세기 미국 웨슬리안 성결운동의 공식적인 시작으로 간주되었다. 다음해 펜실베니아의 만하임(Manheim)에서 열린 2차 '전국천막집회'는 300명 이상의 교역자와 2만 5천여명 이상의 신자들이 참여하여 대성황을 이루었다. 성결집회가 계속 발전해나가자 회장이었던 인스킵 목사는 개교회의 목회를 포기하고 전적으로 이 일에 뛰어들었다. 그가 성결집회를 이끄는 부흥사로 활동하기 시작한 1871년 한해에만 600여회의 집회가 열렸고 약 1,200명의 회심자와 3,700명의 성결 체험자를 얻을 수 있었다. 이후 집회는 라운드 레이크

---

40 박명수, 『초기 한국성결교회사』, 20.

(Round Lake)와 뉴욕 및 다른 도시에서도 개최되었고, 1867년부터 1883년까지 총 52번의 집회가 열렸다.

이후에도 성결운동은 확산을 거듭하여 1887년까지 전국적으로 67개의 성결집회를 위한 캠프장소가 마련되었고, 11개의 천막집회장소가 생겨났다.[41] 1888년에는 전국적 규모의 연합회가 3개, 미국 전역에 걸친 지역 연합회가 26개, 캐나다에 2개가 형성되었다. 1887년에 전국성결연합회에 등록한 206명의 부흥사는 1891년에는 304명으로 증가하였다. 또한 파머 여사의 화요성결집회와 같은 주중집회도 전국적으로 널리 확산되었다. 1891년에는 대부분 가정에서 열리는 354개 이상의 주중집회가 있는 것으로 전국성결연합회에 보고되었다.[42] 이처럼 19세기 후반의 웨슬리안 성결운동은 수많은 새로운 성결 교파들을 형성하였으며, 한국성결교회 또한 19세기 말에 일어난 성결운동의 영향권 아래에서 형성된 교단이라 할 수 있다.

2. 19세기 말 새로운 성결교파들의 형성

가) 만국성결연맹 및 기도동맹(IHUPL)

---

41 기독교대한성결교회 역사편찬위원회, 『한국성결교회사』, 15.
42 Peters, *Christian Perfection and American Methodism*, 138.

19세기 말 성결운동 단체의 대부분 교회들은 역사적인 웨슬리적 신학 전통에 충실하였다. 그들은 신앙과 관습에 있어서 웨슬리적이었고, 교회의 창시자들은 주로 감리교 목사들이었으며, 그들의 원래 회원들은 감리교의 성결운동에서 개종한 자들이었다. 따라서 이 교단들의 대다수는 엄격한 칼빈주의 교리들을 거부하고 회개, 신앙, 그리고 성결 및 그리스도인의 완전에 대한 웨슬리의 견해를 절대적으로 지지하였다.[43]

1870년부터 1885년을 거치는 동안 인스킵을 비롯하여 많은 성결파 부흥사들은 미국 전역을 순회하면서 대대적인 성결부흥 집회를 인도하였다. 이에 영향을 받은 지방 교역자들은 전국연합회를 본따서 각 지역별로 지역연합회를 구성하였다. 처음에는 동부지역에서 시작된 지역연합회가 1870년대와 80년대를 거치면서 중서부 · 남부 · 남서부 · 서부로 확산되었다. 이처럼 성결운동이 미국 전역에 확산되고 다양한 교파의 사람들이 회원으로 영입되면서, 성결운동의 지도권은 초기 감리교 지도자들의 손에서 각 지역의 지도자들에게로 이양되었다. 1870년대 절정을 이루었던 전국성결연합회의 성결운동도 새로운 국면에 접어들게 되었다.

성결운동이 활기를 더해갈수록 전국성결연합회와 지방성결 연

---

43 기독교대한성결교회 역사편찬위원회, 『한국성결교회사』 17.

합회의 분화도 가속화되었다. 지방성결연합회는 전국성결 연합회와는 달리 타교파의 부흥사들 및 제2의 은혜를 향유하고 있는 사람들과도 친교를 가지며 중생과 성결뿐만 아니라 재림과 신유를 강조하였다. 또한 이 무렵 성결집회를 통해 성결의 은혜를 체험한 사람들이 기존교회와 마찰을 일으키는 일이 점차 잦아지게 되면서 성결운동 지도자들이 이들을 양육하고 성결의 은혜를 지속적으로 유지하게 할 수 있도록 별도의 성결집회를 요구하는 일이 발생하였다. 감리교도들이 절대적 비중을 차지하고 있었던 전국성결연합회는 이러한 개별적 모임을 자제하였으나, 부흥사의 구성이 감리교인으로 제한되어 있지 않았던 지방성결연합회는 이러한 모임을 계속 발전시켜 나갔다.

와너(D. S. Warner)를 위시한 몇몇 지방성결연합회 지도자들은 기성 교회의 반대에 직면하면서, 교파적인 교권제도가 아닌 진실한 '하나님의 교회', 즉 새로운 신약성서의 교회를 만들기를 희망하였다.[44] 성결운동이 전국적으로 확산되면서 점차 초교파적인 모임으로 발전되었고, 상대적으로 성결운동에 대한 감리교 지도자의 규제가 강화되면서 마찰을 빚게 되자, 이들에 의해 새로운 교단을 만들고자 하는 시도가 일어났다. 감리교를 적극적으로 비판하고

---

44 Myung Soo Park, "Concepts of Holiness in American Evangelicalism: 1835-1915" (Ph. D. Dissertation, Boston University, 1992), 123.

성결파 사람들에게 감리교를 떠나 새로운 성결단체를 만들자고 주장했던 이들은 감리교나 기존 교파 속에서는 성결운동을 할 수 없다고 판단하고 탈퇴를 선언한 후 인디애나에 독자적인 '하나님의 교회'를 만들었다.

이러한 문제를 다루기 위해 1885년 시카고에서 개최된 제1차 성결총회(General Holiness Assembly)에서, 지방 성결연합회의 교역자들에 의해 제기된 새로운 독립성결교단의 설립 인준에 대한 요청이 전국성결연합회에 의해 반대를 받게 되자 미국 전역에는 수많은 성결단체들이 독자적으로 조직되기 시작하였다. 이에 1893년과 1900년 사이에만 무려 23개의 성결 종파들이 발생되었다.[45] 그러나 1894년 감리교 총회의 결의에 의해 성결집회가 불법이 되면서, 감리교회를 떠나지 않고 그 안에서 갱신 운동을 지속하고자 하였던 웨슬리안 성결운동가들은 전통적인 웨슬리안의 가르침을 유지하고자 하는 감리교회의 주류에 의해 결국 추방되었다.

소위 추방파(Put-outline)로 불리는 교단 가운데 가장 대표적인 것이 나사렛교회와 만국성결교회이다. 이 중 한국성결교회와 더욱 밀접한 관계가 있는 웨슬리안 성결단체로는 1897년 9월에 마틴

---
45 박명수, 『초기 한국성결교회사』, 26.

(Martin Wells Knapp, 1853-1910)이 세스 리스(Seth Cook Rees)와 더불어 조직한 '만국성결연맹과 기도동맹(I.H.U.P.L)'[46]을 들 수 있다. 나사렛 교회가 전국성결연합회의 성격을 충실하게 따라가는 단체였다면, 만국성결연맹은 그에 비해 좀 더 급진적인 노선을 갖고 있었다.[47] 이들로 인해 이후에는 기존 감리교회와는 차별성을 가진 새로운 교회 조직과 신학적 배경의 성결운동의 양상이 나타나게 되었다.[48]

만국성결연맹은 웨슬리안 성결운동의 전통에 서 있지만, 19세기 말의 미국복음주의 운동의 전반적인 흐름에 깊은 영향을 받았다.[49] 만국성결연맹과 기도동맹의 조직을 주도한 냎은 감리교 목사로서 활동하던 1882년, 웨슬리안 성결운동의 지도자이며 선교운동에 큰 영향을 미친 윌리엄 테일러(William Taylor)의 집회를 통하여 은혜를 받고 성결의 체험을 한 후, 1886년부터는 일반목회를 그

---

46 만국성결연맹과 기도동맹(I. H. U. P. L)은 1900년에 와서 만국사도성결연맹(International Apostolic Holiness Union)으로, 1905년에는 만국사도성결(International Apostolic Holiness)로 개명되었다. 1913년에는 만국사도성결교회(International Apostolic Holiness Church)로 불렸고, 1922년에는 세계기독교회, 오순절국제선교회, 순례자교회와 합동하여 만국성결교회(International Holiness Church)로 개칭하였다. 1925년에는 필그림 성결교회(Pilgrim Holiness Church)로 명칭을 변경하였으나, 1968년에는 웨슬리안 감리교회와 병합하여 현재는 웨슬리안 교회(Wesleyan Church)로 부른다(정상운, 『한국성결교회사(1)』, 50).
47 박명수, 『초기 한국성결교회사』, 83-84.
48 서울신학대학교 성결교회역사연구소, 『한국성결교회 100년사』, 23.
49 박명수, 『초기 한국성결교회사』, 84.

만두고 전임 부흥사로서 부흥운동에 전념하였다.[50] 그는 출판사역에도 관심을 기울여 출판사를 만든 후, 자신을 포함한 성결운동가들이 저술한 성결에 관한 책과 잡지를 간행하였다. 냎이 간행한 잡지 The Revivalist는 성결운동의 중요한 언론매체가 되었으며, 그의 출판소와 성서학교는 웨슬리안 성결운동의 센터가 되었다. 1897년 초에 냎은 오순절성결연맹과 기도동맹(Pentecostal Holiness Union and Prayer League)이라는 단체를 조직하였고, 이는 후에 만국성결연맹의 출범으로 이어졌다.

1897년 만국성결연맹과 기도동맹이 조직되자 리스는 회장이 되었고, 냎은 부회장이 되었다.[51] 퀘이커 출신의 성결부흥사였던 리스는 1888년 미시간의 래이진 밸리(Raisin Valley)에서 목회를 할 동안, 그리스도인과 선교사 동맹(Christian and Missionary Alliance)의 미시건 협조처(Michigan Auxiliary)의 회장으로 봉사하며 설립자인 심프슨(Albert B. Simpson)에게 큰 영향을 받았다. 심프슨과 리스는 세계 선교 및 그리스도의 전천년 재림과 신유에 대해 큰 강조점을 두었다는 점에서 서로 유사한 공통점을 갖고 있었다. 리스는 웨슬리안 성결부흥사와의 관계로 인해 1866년 냎의 집회에 초청을 받았으며,

---

50　Ibid., 87.
51　Thomas, Paul Westphal and Paul William, *The Days of Our Pilgrimage: The History of the Pilgrim Holiness Church* (Marion: The Wesley Press, 1976), 12-14.

이것이 계기가 되어 1897년에 같이 만국성결연맹을 조직하게 되었다.

지금까지 살펴본 바, 만국성결연맹의 특징을 다음과 같이 정리할 수 있다.[52]

첫째, 만국성결연맹은 웨슬리안 성결운동이었다.

만국성결연맹이 주장한 성결론은 냅의 베스트셀러인 『내주 하시는 그리스도』, 『애굽에서 가나안으로』, 『이중적 치유』 등에 잘 묘사되어 있다. 이 책들을 통해 냅은 성결이란 그리스도께서 왕으로 내주하시는 것이라고 설명하고, 인간 영혼의 치유를 위해서는 칭의와 성화가 필요하다고 주장하며 전형적인 웨슬리안의 성결론을 반복하였다. 또한 웨슬리안 성결론을 이스라엘 백성이 애굽에서 가나안으로 들어가는 것에 비유하여 홍해 바다를 건너는 것은 중생으로, 광야는 중생 이후의 상태로, 요단강을 건너는 것은 온전한 성결로 각각 설명하였다.

둘째, 만국성결연맹은 중생, 성결, 신유 재림을 순복음(Full Gospel)[53]으로 여기고 이를 강조하였다.

---

52   박명수, 『초기 한국성결교회사』, 104-14.
53   북미 오순절 협회(Pentaecostal Fellowship of North America)의 교리선언 속에서 '구원, 성화(성령세례), 신유, 재림'이라는 사중 유형의 네가지 테마는 19세기 말 성결-오순절운동에서의 교단별 신학적 차이에도 불구하고 '온전한 복음(Full Gospel or Whole Gospel)'이라는 용어로 강조되었다. '사중복음'이라는 용어를 최초로 사용한 이는 심프슨으로, 그는 1887년 올드 오챠드(Old Orchard) 총회의 첫 번째 설교에서 '사중복음(The Fourth Gospel)'이라는 제목으로 설교하며 이 용어를 처음

이들은 웨슬리가 가르친 중생과 성결의 도리를 강조하면서도, 동시에 당시에 고조하고 있는 순복음도 보존하기를 원했다. 신유의 체험은 19세기 성결운동에서 많이 발생하던 현상으로, 특히 죄의 회개를 강조하는 성결부흥집회에서 나타나는 경우가 많았다. 또한 냅은 피켓(Pickett)과 가드비(W. Godbey) 등의 영향으로 전천년설을 받아들여 그리스도의 육체적 재림은 성서의 중요한 가르침들 중의 하나이며, 순복음을 전하기 위해서는 재림의 복음을 무시하지 말아야 한다고 주장하였다. 또한 만국성결연맹과 기도동맹의 초기 역사에서 리스가 끼친 영향은 전천년설과 신유사상이 만국성결연맹과 기도동맹에 자연스럽게 수용되는 결과를 낳았다.[54] 따라서 이들은 웨슬리안 성결운동으로부터 오순절 운동까지의 다리 역할을 담당하며 중생과 성결이라는 웨슬리안 이중 구원에 더하여 신유와 전천년적 재림을 가르쳤으며, 이러한 내용으로 인해 급진적인 웨슬리안 성결운동으로 간주되었다.[55]

셋째, 만국성결연맹은 소외된 사람들을 위한 선교를 강조하였다.

언급하였다. 후에 동양선교회 초대 총재 나카다 쥬지(中田重治)는 타교회 신자들이 '온전한 복음'에 대한 용어사용을 오해하자 심프슨의 사중복음을 차용하여 명칭을 변경하였다(정상운, 『사중복음』 (안양: 성결교회와 역사연구소, 2010), 21.

54 정상운, "사중복음과 한국성결교회의 신학적 배경," 『한국기독교와 역사』 제8호, 1998, 247.

55 A. M. Hills, *A Hero of Faith and Prayer: Life of Rev. Martin Wells Knapp* (Cincinnati: Mrs. M. W. Knapp, 1902), 130-57.

19세기 당시에는 많은 미국의 도시들이 산업화되면서 일자리를 구하기 위해 밀려든 가난한 사람들이 술, 마약, 환락 등에 빠져들고 있었고, 도시는 범죄의 온상이 되고 말았다. 19세기 말과 20세기 초의 성결운동은 바로 이들을 주요 선교대상으로 삼았다. 특히 리스는 슬럼(도시빈민 거주지)·선원·감옥·도심지역·병원·노방의 6개 전도대를 구성하고, 기존 교회가 관심을 갖지 않는 지역을 찾아다니며 복음을 전하여 천 명 이상의 불신자를 그리스도에게로 인도했다.

넷째, 만국성결연맹은 교권주의를 거부하고 성도들의 순수한 공동체를 지향하였다.

이들은 교회가 근본적으로 인간의 제도에 영향을 받는 것이 아니라 성령의 인도하심과 말씀에 의해 움직인다는 믿음에 따라, 기존 감리교회가 교역자들의 행동을 규제한 것과는 달리 멤버들의 행동을 그들의 양심에 맡기고 자유롭게 보장하였다. 만국성결연맹과 기도동맹의 초기 헌법을 고찰해보면 이 연맹이 신자들의 형제애적 연합으로서 기성 교회 조직 자체를 반대하는 것이 아니라, 신자들의 영적 생활의 증진 즉 성결을 위한 단체임을 말하고 있음을 알 수 있다.[56]

---

56   정상운, "사중복음과 한국성결교회의 신학적 배경," 248.

다섯째, 만국성결연맹은 선교 지향적인 단체였다.

세계복음화(World Evangelization)는 만국성결연맹이 만들어진 중요한 목적 가운데 하나였다. 이들은 특히 복음이 미치지 못한 미지의 오지 선교에 깊은 관심을 가지고 있었다. 내프는 1900년에 '하나님의 성서학교와 선교사 훈련원'(God's Bible School and Missionary Traning Home)을 설립하여 선교사 양성에 힘을 기울였다.

만국성결연맹은 카우만(Charles E. Cowman)의 동양선교회(Oriental Missionary Society) 설립에도 깊은 영향을 주었다. 평소 신앙잡지 『부흥사』(The Revivalist)를 구독하였던 카우만은 냎을 찾아가서 일본 선교에 대한 자신의 소명에 대해 상담을 받기도 하였다. 이후 만국성결연맹은 동양선교회 초기 설립과정에서 신앙잡지를 통해 세계 전역에서 선교기금을 모금하여 동양선교회를 재정적으로 후원하는 공헌을 남기기도 하였다.

나) 기독교연합선교회(C&MA)

한국성결교회의 태동에 있어서 모체 역할을 하였던 동양선교회는 만국성결교회뿐만 아니라 기독교연합선교회로부터도 적지 않은 영향을 받았다.

기독교연합선교회(Christian and Missionary Alliance)는 1881년 칼빈주의 목회자였던 알버트 심프슨(Albert B. Simpson)이 조직한 복

음성막(Gospel Tabernacle)에 그 기원을 두고 있다. 심프슨은 캐나다 프린스 에드워드(Prince Edward)의 베이뷰(Bayview)에서 1843년 12월 15일 제임스 심프슨(James Simpson)의 넷째 아들로 태어났다. 그는 장로교회의 장로였던 부친의 가르침에 따라 유아 때부터 청교도적인 신앙교육을 받으며 성장하였다.[57]

신학 공부를 위해 낙스(Knox) 대학에 입학한 그는 대학시절에 유아들은 세례를 받아야 한다는 유아세례 옹호와 또한 세례는 침수례가 아닌 관수례의 약례를 받아야 한다는 논문을 썼다. 1866년에 학교를 졸업한 이후 그는 토론토에 거주하는 마가렛 헨리(Margaret L. Henry)와 결혼하였으며, 캐나다 낙스(Knox) 장로교회로 부임하여 8년간의 사역 가운데 교회부흥을 크게 일으켰다.[58]

그러나 캐나다의 추운 날씨로 인하여 그의 건강은 악화되었고, 주변 지인들의 조언에 따라 켄터키(Kentucky)의 루이빌(Louisville)에 세워져 있던 체스트너트(Chestnut)가 교회로 사역지를 옮기게 되었다. 1874년에 시작된 이곳에서의 목회는 약 6년간 계속되었다. 이 시기의 목회사역 기간 동안 그는 대학교에서 배운 칼빈주의의 엄격하고 폐쇄적인 구조의 가르침에 대하여 재고하게 되었다. 심프

57　Ibid., 251.
58　Ibid., 252.

슨은 하나님을 갈망하며 기도하고, 성경을 공부하는 중에 캠페인을 위해 전국을 여행하던 복음 전도팀 휘틀(Major Whittle)과 복음송 가수 블리스(R. Bliss)를 만나 교제하게 되었다. 이 만남 이후 그는 처음으로 종교적 각성과 동시에 대중전도를 지향하게 되었다.[59]

또한 심프슨은 루이빌에서 생활하는 동안 그 지역의 소외된 자들의 대중전도의 필요성을 인지할 뿐만 아니라 세계 선교에 대한 비전을 갖게 되었다.[60] 그는 이곳에서 성결의 체험을 가졌는데, 그는 죄의 시각에 대한 또 다른 깊은 경험으로부터 예수 그리스도는 성결의 은혜를 베푸시는 주님이심에 대해 분명한 확신을 갖게 되었다. 그때는 중생을 경험한 지 15년이 되는 해였다.[61] 이후 그는 1880년에 뉴욕으로부터 초청을 받았다. 버챠드(Burchard) 박사가 '13번가 교회'(Thirteenth Street Church)를 사직하자, 그 교회 제직들이 심프슨을 그의 후임자로 확신하여 그를 청빙하게 되었던 것이다. 그는 뉴욕에 와서 The Gospel in All Lands라는 선교잡지를 출간하였다.

뉴욕에서의 목회사역에도 불구하고 직접 심프슨의 마음을 짓누

59　Ibid.
60　A. E. Thomson, A. B, Simpson - *His Life and Work* (Harrisburg: Christian Publication, 1960), 3-37.
61　A. B. Simpson, *The Four-Fold Gospel* (New York: Christian Alliance Publishing Co., 1925), 6.

르는 것이 있었는데, 그것은 그가 칼빈주의 목회자로서 전과 다르게 신유 체험의 강조와 약례 대신 침수례를 주장할 뿐더러, 유아세례를 반대하는 자신의 행동이 장로교회 교리와 상충된다는 점이 교회 제직들과 마찰을 일으키게 될 것이라는 우려와 소외되고 버림받은 빈민층 대중의 전도에 대한 책임감의 발동이었다.[62] 그는 대중 복음전도의 개인적 염원을 이루기 위해서는 전통적인 틀에서 탈피하여 신앙으로 새로운 일을 시작해야 함을 깨닫고, 2년 후에 자진하여 교회를 사임하였다.[63] 장로교를 이탈한 후 몇 주일이 지난 뒤 심프슨은 17명의 창단 멤버와 함께 모임을 조직 하여 44번가 가까이 8번가 동쪽에 위치한 건물에 정착하였는데, 이것이 복음성막(Gospel Tabernacle)의 출발이었다. 이 조직은 기독교연합선교회(Christian and Missionary Alliance, 약칭 C&MA)로 발전되어 오늘에 이르고 있다.

1882년에 심프슨은 성서훈련원(Bible Training School)을 설립하였고, 후에 나약(Nyack)으로 옮겼는데 이 성서학교는 북미 최초의 성서학교가 되었다. 이는 평신도의 세계 선교를 위한 훈련을 목적으로 세워졌다. 심프슨은 허드슨 테일러(Hudson Taylor), 앤드류 머레

---

62 정상운, 『사중복음』, 148.
63 Charles Edwin Jones, *A Guide to the Study of the Holiness Movement* (Metuchen: the Scarecrow Press, 1974), 498.

이(Andrew Murray)의 선교 방법론에 영향을 받아 '하나님께서 믿음을 통하여 그들의 필요를 채우실 것이다'라는 신앙선교(Faith Mission)의 원칙 아래 학력이 다소 떨어지는 복음전파에 대한 선교적 열정이 있는 평신도들을 선발하여 성경에 대한 철저한 교육을 시킨 후에 선교사로 활동하게 하였다.[64] 1887년에는 해외에 선교사를 파송하기 위한 평신도 중심의 선교 단체인 기독교인 동맹(Christian Alliance)과 복음주의 선교사동맹(Evangelical Missionary Alliance)이 설립되었다.[65] 이 두단체는 1897년에 공식적으로 기독교연합선교회(Christian and Missionary Alliance)으로 통합되었다.

기독교연합선교회의 신학적 특성은 동양선교회의 신학 정립에 지대한 영향을 미쳤다. 그 첫 번째는 '사중복음'의 강조에서 찾아볼 수 있다. 19세기 말 오순절 운동에서 특징적으로 쓰여지던 용어는 'Full Gospel(순복음)'으로, 이는 '구원 · 성화(성령세례) · 신유 · 재림'이라는 사중유형의 4가지 테마를 함축하는 표현이었다. 교회들마다 각기 신학적인 차이를 나타내면서도, '순복음'(Full Gospel or Whole Gospel)은 성결-오순절 운동으로부터 유래된 각 교단(교회)들에서 강조되었다.

---

64 정상운, "사중복음과 한국성결교회의 신학적 배경," 255.
65 Keith Bailey, *Bringing Back the King* (Nayack: Christian and Missioanary Alliance, 1988), 3-7.

1887년 심프슨은 올드 오챠드에서 열린 총회의 설교에서 '사중복음'(The Fourfold Gospel)이라는 말씀을 전하며 처음으로 사중복음이라는 용어를 사용하였다.[66] 그는 사중복음이란 그리스도께서 우리에게 제공하시는 축복을 가장 완전한 방법으로 요약한 것이라고 강조하며,[67] 그리스도께서 우리의 구세주요, 성케 하시는 자요 치료자시며, 재림의 왕임을 가르쳐주었다.[68]

두 번째는 그리스도인과 선교사동맹이 교리적 입장으로 채택한 세대주의적 전천년설이었다. 1886년 여름, 심프슨은 기존의 성결 체험을 추구하는 천막집회를 벗어나 보다 성숙한 삶과 세계 선교를 가르치는 여름 집회를 올드 오챠드 야영지에서 개최했다. 그 당시 블랙스톤은 시카고의 성경 강사 중 한 사람으로서 예수님의 재림(전천년설)을 주요 내용으로 피력하였다.[69] 집회 마지막 날 그는 세계의 복음 확장과 예수 재림에 대한 상호적 관계를 설교하였고, 이것은 심프슨과 참가자들을 감동시켜 '그리스도인 동맹'(The Christian Alliance)과 '복음주의 선교사 동맹'(Evangelical Missionary Alliance)을 창립하게 한 주요한 요인이 되었다.[70] 심프슨은 세

---

66 The Word, *The Work and The World*, September, 1887, Supplement, 48f.
67 Bailey, *Bringing Back the King*, 46.
68 A. B. Simpson, *The Four-fold Gospel* (Harrisburg: Christian Publication, 1887), 4.
69 Bailey, *Bringing Back the King*, 72.
70 정상운, "사중복음과 한국성결교회의 신학적 배경," 258.

계 복음화를 그리스도의 재림과 관련시켜, 세계 선교 사역의 완수를 주의 재림을 위한 핵심적인 요소로 생각했다. 따라서 세대주의적인 전천년설을 수용한 심프슨은 임박한 종말의식을 갖게 되었고, 이것은 전 세계에 황급히 복음을 전해야 한다는 선교적 열정으로 이어졌다. 따라서 심프슨은 기존 교파와 다르게 기성교인의 확보 또는 현지 토착교회의 설립방법보다도 선교의 주목적을 오로지 직접적으로 복음전파 하는 것에 우선을 두었다. 이러한 생각은 그로 하여금 새로운 교파의 설립보다는 세계 선교에 더욱 주력하게 하였고, 그의 주요 사역도 전천년 재림을 설교하는 것으로 집중되었다.[71]

세 번째는 신유의 강조였다. 심프슨의 신유 체험은 신유가 사도시대를 마지막으로 종결되었다는 장로교단의 교리와 상충되는 것이었다. 이 일로 인해 심프슨은 동역자들로 부터 비난을 받게 되었고, '13번가 장로교회'를 사임하게 되었다. 이로부터 그는 진부하고 형식적인 장로교를 떠나 자유로운 성령의 역사에 모든 것을 위탁하는 새로운 사역을 시작하였다.[72] 심프슨은 신유 사역에서 믿음의 기초는 그리스도의 속죄라는 것을 가르쳤다. 그는 만약 질병이

---

71 Ibid., 255.
72 정상운, 『사중복음』 99-100.

인간의 타락으로 온다면 그것은 구원자에 의하여 원상태가 될 수 있음을 주장하였으며, 이것의 결론을 이사야서 53장 4~5절, 마태복음 8장 17절, 시편 103장 2~3절, 출애굽기 15장 25~26절과 같은 성경구절 들로부터 이끌어냈다.[73] 따라서 그는 예수 그리스도의 생애를 바탕으로 신유론을 주장하며, 아담의 타락으로 인하여 죄와 질병이 이 땅에 들어온 것이라면 그리스도의 사역으로 말미암아 그리스도의 부활을 통한 사죄와 신유의 가능성이 주어졌음을 말하고 있다.[74]

이처럼 사중복음, 세대주의적 전천년설, 신유에 대한 심프슨의 강조는 1894년 그가 강사로 초청받아 설교한 집회에서 선교사로 헌신할 것을 결단하게 된 카우만에게도 깊은 감명을 가져다 주었다. 따라서 한국성결교회 신학은 19세기 말 웨슬리 신학의 맥락에 선 복음주의적인 신학의 전통을 가진 만국성결연맹과 기도동맹, 그리고 기독교연합선교회 등의 미국 성결운동이 동양선교회를 통해 반영되고 전수된 것이라 정의할 수 있다.[75]

---

73 Sawin, "The Fourfold Gospel," 12.
74 정상운, "사중복음과 한국성결교회의 신학적 배경," 261.
75 Ibid., 267.

Ⅱ. 동양선교회(OMS)의 태동과 발전

평양대부흥운동으로 성령의 역사가 끓어오르던 해인 1907년, 조선 땅 한복판인 경성에서 '동양선교회 복음전도관'이란 간판을 걸고 순복음(純福音)이라 불리운 사중복음을 전함으로써 이 땅에 한국성결교회가 창립되었다. 자생적 개척으로 시작된 한국성결교회는 동양선교회(Oriental Missionary Society, 약칭 OMS)가 동양선교를 위해 설립한 동경성서학원을 졸업하고 귀국한 정빈과 김상준 두 전도자에 의해 시작되었다. 따라서 초기 한국성결교회를 포괄적으로 이해하기 위해서는 동양선교회에 대한 이해가 선행 되어야 한다.

가. 1900년 전후 일본교회의 상황

개신교보다 일찍 천주교는 사비에르(Frencis Xavier, 1506-1552)가 1549년 일본에 상륙하였고, 1612년 현지 통치자들(native rulers)의 박해를 받을 때에는 상당한 지역에 걸쳐서 포교에 성공한 결과를 갖게 되었다.[76] 개신교가 일본에서 처음 시작한 것은 미·일 조약이

---

* 본고의 제2장은 정상운, 『성결교회 역사총론』 개정판 (안양: 성결교회와 역사연구소, 2012), 19-41을 전재, 보완하였음을 밝힌다.

맺어진 1858년부터 비롯된다.[77] 사와 마사히코(澤正彦)는 이에 대하여 다음과 같이 말한다.

> 1854년에 일본은 250년간의 쇄국정책에 종지부를 찍고 미국과 화친조약을 체결하였으며, 1858년에는 해리스(Harris)가 방문해 미일수호통상조약을 체결하게 되었다. 이 조약에는, "일본에 있는 미국인 스스로가 그 나라의 종교를 믿고, 예배당(교회)을 거류지에 건립해도 된다"고 규정하고 있다. 이와 동시에 일본인에게는 기독교가 종래와 같이 금지되어 있으나 나가사키에서의 후미에(踏)는 앞으로 폐지한다고 통고되었다. 이와 같이 일본의 개국과 함께 일본에서의 기독교 예배의 길이 처음으로 열렸다.[78]

따라서 일본에서의 개신교 출발점은 일본이 250년간 쇄국정책을 풀고 개화정책을 밟은 1850년대 에도(江戶)말기 때부터 시작되었다.[79] 도꾸가와 막부(德川幕府)의 기독교금지정책을 그대로 인계하고 있던 메이지 정부는 구미열강의 압력에 의하여 1873년 기리시단 (

---

76 Williston Walker, *A History of the Christian Church* (New York; Charles Scribner's Sons, 1969), 380.
77 사와 마사히코, 『일본기독교사』 (서울: 대한기독교서회, 1995), 20.
78 Ibid., 27.
79 에도시대(1600-1867년)는 메이지시대(1867-1911년), 다이쇼시대(1912-1926년)로 변천되었다.

切支丹: 천주교) 금제고찰(禁制高)을 철폐하게 되었다.[80] 그러나 메이지 정부의 금지령 해제는 기독교를 공인하는 법령이 아니었다. 정부의 기본철학은 한마디로 표현하자면 화혼양재 (和魂洋才)라 할 수 있다. 화혼양재의 '혼'은 화하고, 재는 양이다. 즉 정신(魂)은 일본 전통의 천황제, 또는 동양도덕을 가지고, 기술(才)은 서양에서 구하여 근대화를 추진한다는 이중의 모순된 철학의 혼합이었다. 한편 메이지 정부의 서양인에 관한 관심은 서양 세계의 기초를 이루고 있는 정신(기독교)에 있는 것이 아니라 그 결과인 서양의 정치제도나 물질적 번영에 있었다.[81] 기독교는 조약 개정과 선진 자본주의 제국에의 대항으로 취하게 된 서구화 정책과 문명개화의 물결을 타고 급속히 발전하였다. 그러나 헌법 및 교육칙어 발포에 의하여 천황제 이데올로기가 완성되면서 격렬하게 기독교를 배격하였고 교회는 극도의 침체를 계속하였다.[82]

일본에 최초의 개신교 선교사가 전도를 시작한 것은 1859년(安定 6년)이었으나, 최초의 개신교회가 세워진 것은 그때로부터 13년 뒤인 1872년으로 기독교 금지령이 철폐되기 한 해 전 일이었다.[83]

---

80 한석희, 『일제의 종교침략사』, 김승태역 (서울: 기독교문사, 1990), 75.
81 사와 마사히고, 『일본기독교사』, 28.
82 한석희, 『일제의 종교침략사』, 75.
83 山崎鷺夫, 千代崎秀雄, 『日本ホーリネス教団史』(東京; 日本ホーリネス教団, 昭和 四十五年), 4.

이 교회는 요코하마 예수공회(耶蘇公會)로 불려졌다. 그러나 일본의 개신교는 1890년을 전후로 해서 점차 교파교회가 되면서 그 형태가 정비되기 시작했다. 그들은 주로 미국이나 영국의 선교회와 관련을 갖고 있었기 때문에 그 모태가 되는 교회의 교파적 성격을 답습하였다. 그러나 당시의 일본교회가 교파적 형태를 갖추고 있다 하여도, 천황제 국가의 지배원리가 종교적 이데올로기로 맞부딪치고 있었고, 신교의 자유, 종교분리가 확립되지 않는 불안정한 때였다.[84]

사와 마사히코는 일본 개신교가 메이지유신 이래 비교적 순조롭게 성장을 가져왔음에도 불구하고 신교의 자유를 얻은 1889년을 경계로 교세가 확장 되지 못한 이유에 대해 다음과 같이 말한다.

> 기독교인이 법적 근거를 가지고 공인되었다는 해석은 1889년 헌법에 있는 신교,(信敎) 유였지만 이것마저 교육칙어(敎育勅語, 천황제 절대철학의 표본)와의 관련 때문에 기독교인은 묵인이나 공인과 함께 천황제 추종을 대전제로 해서만이 그 존재가 허용되기에 이르렀다.[85]

---

84 도히 아키오,『일본기독교사』김수진 역 (서울: 기독교문사, 1991), 133.
85 사와 마사히코,『일본기독교사』 29.

일본에서 초기 선교사들은 보수적인 순복음신앙의 소유자 들로 부흥운동의 주자들이었다. 따라서 1887년까지의 기독교 전파의 역사는 부흥운동적인 것이었다.[86] 그러나 독일의 자유주의 신신학(新神學)이 들어와 조합기독교회의 목사들인 아베(安磯雄), 요코이(橫井小植), 가네모리(金森通論)가 신앙을 버리고 정치계로 빠진 것을 시작으로 하여 일반교회에서는 성서신앙을 중요시 않게 되는 경향이 눈에 띄게 일어났다.[87] 1895년 10월 일본 조합교회는 나라대회(奈良大會)를 개최하여 대회선언문을 발표하였는데, 이 선언문에는 신신학에 의한 자유주의 입장을 갖는 사람들도 포용하는 내용을 담고 있었다. 당시 홍고유미죠(本鄕町)교회의 에비나(海老名正)와 후지미쵸(富王見町)교회의 우에무라(植村正) 사이에 신신학 인정의 문제를 놓고 벌인 논쟁 등으로 인해 1900년경 기독교의 발전은 답보 상태가 계속되었다.[88] 그러나 1900년대에 들어와 겨우 교세를 회복하여, 1901년 긴자(銀座), 교바시(京橋)의 여러 교회에서 일어나서 요꼬하마(橫濱), 오오사까(大阪), 교오또오(京都)로 급속히 확대된 부흥의 분위기로 20세기 대거 전도가 활발히 전개되

---

86 山崎鷲夫, 千代崎秀雄,『日本ホ-リネス教団史』4.
87 Ibid.,
88 Ibid., 4-5.

었다.[89]

나. 동양선교회 초기 시작시대(1901-1904년)

일본의 개신교회는 1890년을 전후로 해서 점차 교파교회가 되면서 그 형태를 정비하였다. 그들은 주로 미국이나 영국의 선교회와 관계가 있기 때문에 그 모태가 되는 교회의 교파적 형태를 답습하였다.[90] 따라서 대부분의 교파들은 유럽과 미국으로부터 직접 들어온 기독교의 이해와 실천을 주장하면서 외국 선교회의 지배를 받거나 원조에 의존하였다.[91] 도히 아키오는 다소 도식적이지만 일본의 교단과 선교회들을 다음과 같이 분류하고 있다.

1) 복음주의적 교리를 주장하는 교파: 일본 복음 루터교회와 그외의 루터파 교회, 일본 침례교회, 일본 미보(美普)교회, 복음교회, 일본 기독동포교회,

2) 자유주의적 기독교를 주장하는 교파: 유니테리언협회, 보급(普及)복음교회, 일본 동인(同仁)기독교회.

---

89 한석희, 『일제의 종교침략사』, 75.
90 도히 아키오, 『일본기독교사』, 133.
91 Ibid., 152.

3) 순복음(역주: 현재 한국의 순복음계통과는 다름)을 주창하는 교파: 동양선교회 성결교회, 일본 자유감리교회, 나사렛교회, 제7일 안식일예수재림교회 일본 아라이안스교회, 일본 오순절교회, 하나님의 교회, 일본전도대.

4) 무교파주의를 주창하는 교파 기독교회(제자파), 일본 크리스천교회 일본 동맹기독협회,

5) 독자적인 기독교 이해와 실천을 주창하는 교파: 구세군, 기독우회(基督友會)[92]

이 가운데 순복음을 주창하는 선교 단체로 시작하여 이후에 독특한 경로를 통해 동양선교회 성결교회라는 교파로 형성된 단체가 동양선교회이다. 동양선교회는 미국과 영국의 교파적 선교회 조직과 직접적 관계를 갖지 않고, 일본인 나카다 쥬지(中田重治)와 미국인 카우만(C. E. Cowman)등이 일본 동경에서 새로 중앙복음전도관이란 선교회를 1901년에 조직함으로 시작되었다.[93]

---

92 Ibid.,
93 정상운, 『한국성결교회사(1)』, 56.

1. 중앙복음전도관

카우만은 처음에는 인도로 가서 복음을 전하려고 계획하였다.[94] 그러나 부인의 건강이 인도 기후에 견딜 수 없다는 진찰결과를 받고 하나님의 때를 기다리며 에반스톤(Evanston)의 개렛신학교(Garret Theological School)의 특별과정과 무디성서학원(Moody Bible Institute)을 다니며 신학수업과 함께 선교의 꿈을 키워갔다.[95] 무디성서학원에서 일본유학생 나카다 쥬지목사를 만나 일본 선교에 대한 요청을 받는 중에 1900년 8월 11일 드디어 일본 선교의 소명을 받았다.[96] 카우만과 그의 부인 레티 카우만(Lettie B. Cowman)은 오로지 하나님만 의존한 채 1901년 2월 1일 샌프란시스코항을 떠나 21일 항해 끝에 요코하마 항에 입항하였다.[97] 2월 22일 차이나호에서 내린 카우만 부부는 나카다 쥬지의 마중을 받고, 지난 4년간의 서신왕래에서 나눴던 전도협력의 준비를 실행으로 옮기는 독립전도를 하게 되었다.[98] 카우만과 나카다는 동경 시내의 간다(Kanda)구역의 진보초(Jinbo-Cho)에 이층건물을 세내었다.[99] 이곳은 포장마차

---

94 Ibid.,
95 Lettie B. Cowman, *Charles E. Cowman: Missionary Warrior* (L.A.: OMS Press, 1946), 86.
96 Ibid., 95 (Called to Japan, August 11,1900. 10:30 A.M.)
97 Ibid., 121-22.
98 山崎鷲夫, 千代崎秀雄, 『日本ホーリネス教団史』, 1.
99 John J. Merwin, "The Early Development of the Oriental Missionary Society, 1991-1917." 『神學과 宣教』제10집, (1985); 271.

거리로 지금의 동경당(東京堂) 서점의 뒤 주위에 열칸(十間) 정도의 이층건물이 위치한 장소였다.[100] 카우만은 이 건물의 임대를 위해 시카고를 출발하기 전에 성서학원 건립을 위해 써달라던 240달러를 일년 분 집세 세금으로 지불하여 개수하였다. 동년 4월 1일 이들은 일본의 수도인 동경에서 중앙복음전도관(中央福音傳道館)을 개관하면서 동양에서 선교의 첫걸음을 내딛게 되었다. 다음의 글과 같이 중앙복음전도관은 밤에는 전도집회의 장소로 사용되었으나, 낮에도 성서학원으로 쓰였다.

> 이 해 4월 1일이 개교일, 학교가 더럽혀져 있었기 때문에 빨간 페인트를 칠하고, 2층의 양쪽 날개 부분에서는 카우만 부부와 남자의 기숙사로 각각 사용하고, 아래층에는 나카다 부부의 주거와 성서학교의 교실로, 밤에는 그것이 전도관으로 쉽게 바뀌었다. 카우만에 의하면, 최초의 학생은 4명, 그러나 2, 3개월 내에 10명으로 늘어났다.[101]

처음 시작할 때는 경제적인 어려움으로 인하여 한 건물을 여러 용도로 밖에 쓸 수 없었다.[102] 그런데 중앙(中央)이란 이름에 걸맞지 않

---

100 山崎鷲夫, 千代崎秀雄, 『日本ホーリネス敎団史』 2.
101 Ibid.,
102 정상운, 『한국성결교회사(1)』 59.

게 지부도 없이 중앙이란 명칭을 사용하였다. 명칭이 상당히 과장된 것은 신앙적 기량이 크고 또한 동경의 중앙에 복음전도관을 시작하였기 때문인 것 같다. 1905년이 되서야 서서히 중앙복음전도관은 아사쿠사 전도관을 지부로 가지면서 동경에서 서서히 활동범위를 넓힐 수가 있었다.[103] 중앙복음전도관이란 명칭을 통하여 처음 출발할 때의 최초 방침이 초교파적인 영혼 구원을 위한 선교 단체에서 비롯되었음을 다음의 글은 보여 준다.

전도관의 최초의 방침

중앙복음전도관이라는 이름이 전해주는 것을 통하여, 처음에는 오로지 교파를 초월한 영혼 구원 전도의 하나의 시초적인 움직임이 있었고, 지방에 전도관을 설치하며, 교회의 불모지와 복음의 불모지에 설치하는 것이 최초의 방침이었다.[104]

최초의 지방전도관은 1901년 가을에 야마까다현(山形) 다께오까(岡)에 세워졌다. 다께오까는 당시 오꾸바네(娛羽) 철도의 종점

103　山崎鷲夫, 千代崎秀雄,『日本ホ-リネス教団史』2-3.
104　Ibid., 34.

으로 일본에서 복음이 전해지지 않은 곳이었다.[105] 교파를 초월하여 중앙복음전도관을 통해 복음이 우쓰노미야(宇都宮), 야마가타켄(山系圖), 신조(新庄), 야치(谷地), 시즈오카켄(靜岡), 이즈한또(伊豆半島)까지 전해졌다. 간다(神田) 전도관은 연중무휴로 전도집회를 계속 열었고, 일요일 오후에는 성별회(聖別會)를 중심으로 운동을 계속 하였다.[106]

옛날 산파학교에서 시작한 최초의 전도관은 집회장 내부에 붉은 천에 흰 색으로 "그리스도 예수가 죄인을 구하시기 위해 세상에 오셨다"든가, 아니면 "예수 그리스도의 피로 모든 죄를 사하셨다"는 히브리어 문자를 헝겊에 수놓아 강단 뒤에 장막처럼 늘어놓았고, 마치 이것은 보는 사람들로 하여금 구세군의 집회당과 같은 느낌을 가져다주었다.[107] 집회 때에는 둥근 북과 탬버린을 자주 사용하였고, 1904년경에는 적극적으로 악기(바이올린, 트럼펫)와 합창을 활용했다.

1905년 2월 건국기념일에는 간다미도요초(神田美土代町)에 YMCA 건물을 빌려서 "성서적 순복음대회(聖書的 純福音大會)를 열었고, 당시 '광고'에 나타난 것처럼 아주 용장(勇壯)하며, 쾌활한 복

---

105 Ibid., 3.
106 Ibid., 34.
107 山崎鷺夫, 千代崎秀雄, 『日本ホーリネス教団史』 35.

음창가(福音唱歌)와 복음창가대의 합창 그리고 바이올린 연주, 피아노 합주, 창가독창, 기타합창, 천마비파(薩摩耗慧), 손풍금, 하모니카 연주 등 다양한 악기를 사용하며 음악을 복음전도의 유용한 도구로 사용하였다.[108] 복음전도관 집회의 내용에는 복음 전도회(福音傳道會), 성결집회(聖潔集會), 기독재림회(基督再臨會), 신유집회(神癒集會) 라는 사중복음(四重福音)을 명백히 나타내고 있다.[109]

2. 동경성서학원

앞서 살펴본 바와 같이 동경성서학원(Tokyo Bible Institute)은 따로 독립된 건물을 가지지 못하고, 1901년 4월에 개설한 중앙복음전도관 건물을 학교 교실로 병용하였다.[110] 10칸 정도의 낡은 이층집 건물 각층에는 방이 두개 씩 있었는데 일층에는 나카다 목사의 사택과 성서학원의 교실로 그리고 이층에는 카우만 부부 사택과 수양생들의 기숙사로 사용하는 등 가족적 분위기의 소규모의 학교로서 출발하였다.

복음전도관과 함께 성서학원으로 한 건물을 두 용도로 사용한

---

108 Ibid.
109 Ibid.
110 Edward & Esther Erny, *No Guarantee But God* (Greenwood: The Oriental Missionary Society, 1986), 13.

것은 경제적인 어려움이 주된 요인이었으나, 복음전도를 통한 영혼구원과 전도자 양성이라는 이중목표를 실현하기 위해서였다.[111] 처음에는 동경성서학원 간판은 붙이지 않았고, 다만 좁은 입구 위에 큰 글자로 "예수교 전도관 / 매일 밤 예배 / 누구나 환영(Jesus Doctrine Mission Hall / Services Every Night / Every Welcome" 간판을 걸었다.[112]

1901년 당시 동경의 인구는 거의 300만 명이었으며, 매우 혼잡한 도시였다.[113] 인구밀집 도시인 동경 한복판에 세워진 성서학교에 처음으로 5명의 학생이 등록하였으나, 2~3개월 만에 10명으로 되었다.[114] 초기의 교사진은 카우만과 나카다 외에 박스톤(Berclay Fowell Buxton) 선교사 가정에서 성경을 연구하고 있던 사사오(笹尾)가 신학교수로, 박스톤 전도대 음악 지휘자인 미다니(三谷種吉)가 음악교수로 같은 해 가을에 합세하였고, 1902년 8월 카우만의 요청에 따라 킬보른(E. A. Kilborune)이 전신기사직을 사임하고 일본으로 건너와 합세하였다.[115] 1903년(明治 36年)에는 예일대학 출신인 다께다(武田協吉)가 가세하여 조직신학을 담당했는데, 동년 1월

---

111 정상운, 『한국성결교회사(1)』 60-61.
112 Edward & Esther Erny, *No Guarantee But God*, 13.
113 Ibid., 11.
114 山崎鷲夫, 千代崎秀雄, 『日本ホ-リネス教団史』 2.
115 『略史』 9.

의 『불의 혀(焰の舌)』에 의하면 수양자는 남자 21명, 여자 6명으로 총 27명으로 늘어나게 되었다. 1904년 10월 31일에 헌당식이 행해지고, 그 전의 장소인 간다(神田)에서 가시와기(柏木)로 이전하였다.[116] 이때 카우만은 6월 레티 카우만의 심장질병으로 인해 미국으로 귀환하여 치료와 모금을 하고 있었기 때문에 일본에 있지 않았다.[117] 캠퍼스는 요도바시 가시와기(Kashwagi Yodobashi) 4번가에 위치하였는데, 그 곳에서는 90명에서 110명까지의 남녀 학생들을 수용할 수 있는 기숙사 뿐만 아니라, 강의실, 도서관 그리고 식당까지 가지게 되었다. 이후에 그들은 선교사들과 나카다 가족을 위한 사택을 지었다.[118]

동경성서학원은 가시와끼로 이전한 뒤에 대대적으로 수양생 모집 광고를 하였는데, 일정한 입학 시기가 없이 수시로 헌신자들을 받아들였다. 대체로 수양생들은 처음 들어와 두 달간 적응기간을 통과한 후 약 2년간의 수양과정을 거쳤는데, 졸업생들에게는 졸업증서도 주지 않았다.[119]

동경성서학원은 매일 밤 야간 전도회와 주간 성서학교의 수업

---

116 Ibid., 11. 37-38.
117 Merwin, "The Early Development of the Oriental Missionary Society, 1991-1917." 278.
118 Robert D. Wood, *In These Mortal Hands: The Story of the Oriental Missionary Society, the First 50 Years* (Greenwood: OMS International, 1983), 52.
119 山崎鸞夫, 千代崎秀雄, 『日本ホーリネス教団史』 46.

으로 하루 종일 사람들의 출입이 끊어지지 않았다.[120] 매일 저녁 집회는 오후 7시에 시작되었는데, 모인 군중들 부근에서 노방연설을 하였다. 매주 일요일에는 오전 8시에 일본어로 성서수업, 9시 30분에는 영어설교, 주일학교 일본어로 오후 1시에 그리고 2시부터 4시까지는 일본어로 성결집회가 진행되었다. 야간집회는 일본어로 마련되었다. 따라서 수양생들은 주로 오전에는 학과공부를 하고, 오후에는 시장과 거리에 나가 노방전도와 개인 전도를 하였고, 저녁에는 전도집회에 참여하였다. 동경성서학원에서 가르쳤던 주요 과목은 '여호수아기', 신약은 디모데 전·후서', '성서신학', '웨슬리의 기독자 완전' 그리고 매일 1시간씩 필수로 주어진 '영어', '창가(음악)'이었고, 1909년에는 오전 8시 30분부터 11시까지 1과목당 50분씩 3과목을 가르쳤는데 교과목은 '고린도 전·후서', '성서신학 (이상은 나카다 목사 담당), '창세기', '묵시록 강의', '성결(사사오 목사 담당), '사도행전', 개인 전도(다니구찌 교수)가 있었고, 11시부터는 음악과 영어를 매일 가르쳤다.[121] 이처럼 초기 시작부터 성서학원의 교육은 신학교육기관이 아닌 복음전도 훈련의 성서학원을 지향하여[122] 과목은 주로 성경만 배웠고, 전도 실습을 강조하였다.

---

120 Ibid., 26.
121 『焰の舌』 38호(1909. 5. 10.), 8; 이응호, 『한국성결교회사1,2』에서 재인용.
122 정상운, 『한국성결교회사(1)』, 64.

성서학교는 신학교가 아니라 하나님의 학교로 하나님의 말씀, 성서만을 공부하는 곳입니다. 교과서는 성서 외에 따로 없습니다. 주해자는 성령 자신입니다. 이 학교의 학생은 매일 밤 전도관에 있어서 멸망할 영혼을 위해 개인적으로 회개를 권하며 개인적 전도법을 훈련하였습니다. 또 생도는 매년 적어도 한 두 번 복음전도대에 참가하여 일본국 곳곳에 가서 현지 전도를 배웠습니다. 학생들이란 남녀를 가리지 않고 진실로 새롭게 거듭나는 사람으로 장래 간접, 직접 사역하는 것을 하나님으로부터 소명받은 사람이라면 누구라도 들어올 수 있습니다. 물론 자비입니다.[123]

특정 교파에 상관없이 건전한 교단이면 누구나 성서를 하나님의 말씀으로 받아들인 사람들은 입학이 허용되었고, 졸업 후에도 초교파적으로 사역이 가능하였다.[124] 이것은 19세기말에 북미에서 세워진 대부분의 성경학교들과 같이 신앙선교운동의 훈련센터로서의 특징을 보여주고 있고, 이것은 한국에서 설립된 초기 경성성서학원에도 동일한 양상으로 나타나고 있다.[125] 특별히 동경성서학원에서는 성결

---

123 동경성서학원의 학생들의 일과는 주일(일요일)을 제외하고 매일 오전 9시부터 12시까지 성서강의를 받고, 오후에는 선택으로 영어, 창가, 오르간을 배우고, 매일 저녁에는 중앙복음전도관에서 개최하는 전도 집회에 출석하고 전도설교를 하였고, 개인 전도 시간을 가졌다. 『焰の舌』 285호(1911. 4. 25.), 3. 참조.
124 『焰の舌』 285호(1911. 4. 25.), 4.
125 Mrs. Thomas, "A Day in a Missionary Life," *The Way of Holiness* (Feb. 1914), 4; 박명수, "경성성

운동(Holiness Movement)에서 공통적으로 나타나는 일련의 유형들 가운데 4가지 교리적 테마로 나타나는 사중유형인 구원과 성결, 신유, 재림을 강조하였다.[126] 이것은 온전한 복음(Full Gospel, 오히려 초기 일본과 한국에서는 '순복음으로 잘못 번역되어 알려짐) 또는 사중복음(四重福音)으로 불리었다. 19세기 기독교 연합선교회(C&MA)의 창시자인 심프슨(A. B. Simpson)의 저서 Four-fold Gospel에서도 강조되는 사중유형은 대체적으로 성결-오순절운동의 복잡한 발전과정의 마지막 단계이며, 정점으로 이해되었다.[127]

나카다 목사는 사중복음(四重の福音)을 자신이 동경성서학원 초기부터 전파하고, 가르친 내용의 핵심적 부분으로 생각하였다.[128] 동경성서학원은 1905년을 전후로 하여 기존의 일본 전도자 지망생뿐만 아니라, 동양 여러 나라 즉, 조선, 중국학생들도 받아들여 함께 수양을 시켰다. 조선 사람으로는 정빈과 김상준이 1905년 한국인 최초로 입학하게 되었다.

서학원 초기역사연구," (제16회 성결교회역사연구소 정기세미나 자료집), 19에서 재인용.
126 정빈, "성서학원 형편," 『그리스도신문』 1908년 3월 8일자.
127 Donald W. Dayton, *Theological Roots of Pentecostalism* (Peabody: Hendrickson Publishers, 1994), 22.
128 米田勇 編, 『中田重治典集』全 3券(東京: 中田重治典集刊行會, 明治50年), 第1券: 365.

다. 동양선교회 조직시대(1904-1917년)

1. 동양선교회 조직

중앙복음전도관과 동경성서학원을 통한 초기 시작시대는 점차 시간이 흐름에 따라 새로운 교단적인 상태를 향한 운동의 시초로 나아갔다.[129] 앞서 살펴 본 바와 같이 1901년 나카다와 카우만 선교사 부부가 일본 동경에 복음전도관과 성서학원을 세운지 얼마 되지 않아 점차 일본인 전도자와 킬보른이 합류하므로 전도활동이 활발히 일어나게 되었다.[130]

초기 복음전도관에서 좀 더 조직적으로 발전된 행정체제를 갖춘 선교회 체제가 필요하게 되었는데, 이에 부응하여 1905년 11월 동경에서 설립된 것이 동양선교회(OMS)였다.

동양선교회 조직을 통해 창립멤버들은 한국인, 중국인도 집회에 참가했기 때문에 널리 동양 각 지역에 전도할 것을 계획하였다.[131] 동양선교회는 이름 그대로 일본에서 전개하던 성결운동을 앞으로 동양 여러 나라에서도 전개할 것을 목적으로 한데서 연유가

---

129 Merwin, "The OMS and its Founders in Relation to the Holiness Movement,"『神學과 宣教』第9輯(1984): 279.
130 정상운,『한국성결교회사(1)』, 66.
131 도히 아키오,『일본기독교사』, 153.

되었다. 나카다 목사는 동양선교회의 조직을 끝내고 성결운동에 총 매진할 것을 일본 전국에 선포하였고, 동양선교회의 성격을 밝히기 위해 1905년 12월 2일자로 '동양선교회란 무엇인가'의 글을 통해 다음과 같이 말하고 있다.

> 동양선교회는 동양 모든 나라에 순복음을 전하기 위하여, 나라 안 팎의 성도들로 조성된 단체입니다. 종래의 성서학원과 그리고 각처의 복음전도관은 본회에 부속하여 있습니다. 일본, 또는 외국에 있는 어떤 단체 또는 교회를 대표하는 것이 아니고, 완전히 독립한 단체입니다. 본회의 목적은 일본을 시작으로 동양 모든 나라의 교화(敎化)로 그리스도의 신부되는 거룩한 교회를 세우는 것입니다. 즉 주의 재림에 대한 준비입니다. 이를 위해 사중복음을 전하여 구원, 성결, 주의 재림, 신유를 말합니다.[132]

동양선교회는 이사회 조직을 두어 전도관, 성서학원 운영, 성서 배부와 축호전도 등 사무를 총괄하게 하였다.[133] 따라서 1905년 11월에 섭외와 회계는 카우만 부부와 킬보른이 맡고, 성서학원 원장

---

132 『焰の舌』 144호(1905. 11. 28.), 1.
133 Merwin, "The OMS and its Founders in Relation to the Holiness Movement," 329.

은 사사오 목사, 전도(Evanglism)의 일은 나카다가 맡게 되었다.[134]

동양선교회는 점차로 부흥 발전의 일로에 서자 각지에 있는 복음전도관의 발전과 통일을 위해 좀 더 효율적인 조직체계를 요하였다.[135] 이에 1908년 4월 선교회 기구의 조직 개편이 행해져 초대 총리로 나카다 쥬지를 선출하였다. 당시 동양선교회 조직개편의 내용은 다음과 같다.

협의원 : 카우만 부부, 나카다 쥬우지, 사사오 데츠 사부로우, 킬보른(5인) |

총 리 : 나카다 쥬우지

부총리 : 사사오 데츠 사부로우

회 계 : 카우만, 킬보른

순회전도자 : 아키야마 유고로(秋山田五郎)[136]

따라서 동양선교회는 선교회조직 개편된 다음 달부터 성서학원과 복음전도관에 관한 사무는 총리가 취급하고, 협의원의 결의에

134　小出忍, 編著, 『ホ-リネスの 群略史』 (東京: ホ-リネスの 群, 昭和 49), 14.
135　정상운, 『한국성결교회사(1)』, 67.
136　山崎鷲夫, 千代崎秀雄, 『日本ホ-リネス教団史』, 42.

의해 처리하는 행정 체계를 가지게 되었다.[137] 새롭게 편성한 임원 조직 가운데에는 도우또우의 오가사와라 전도(小笠原傳道), 차전(車田)의 전신원전도(電信員傳道), 이노 우에이지조(井上伊之助)의 대만 원주민전도, 아베시다로(安倍千太郞)의 폐결핵 병원전도(病院傳道), 구치(好地由太郞)의 감옥전도 등 다양한 특수선교에 대한 조직을 갖고 있었다. 동양선교회는 초기 선교 때부터 선교의 다양한 패턴을 가지고 일본인들에게 접근하며, 독특한 신앙 체험과 함께 전도에 박차를 가하였다.[138] 동경성서학원은 카우만 부부, 킬보른, 나카다. 사사오 등을 포함하여 11명의 교수들이 담당하였다.[139] 동양선교회는 전국 17개소에 복음전도관을 개설하고 있었고, 그 이듬해부터는 연회를 개최하였다.[140]

2. 성교단 사건(聖敎團 事件)

일본에서의 1910년까지 동양선교회에서 차지하는 카우만의 정치적 위상은 나카다 쥬지에 비해서는 열세였다. 그것은 1905년 초기 조직 때와는 달리 1908년 복음전도관의 발전과 통일을 위해 조

137　Ibid.
138　Ibid.
139　小出忍,『ホ-リネスの 群略史』14-15.
140　도히 아키오,『일본기독교사』153.(17개소 복음전도관을 말할 때는 1907년 정빈과 김상준이 설립한 조선 경성의 복음전도관을 포함한 숫자를 말한다.)

직 개편을 했을 때 동양선교회 총리로 나카다 쥬지, 그리고 부총리에는 사사오 목사가 선출되는 등 미국 선교사들이 제외된 일본인 체제로 바뀌었기 때문이다. 따라서 1905년과 같이 협의회 체제의 공동운영이었으나, 수장(首長)은 카우만이 아닌 나카다 쥬지였다.[141] 그러나 조직개편을 통해, 동양선교회가 일본인 중심 체제로 전환되었지만, 여전히 경제적인 실권은 카우만과 킬보른에게 있었다. 카우만과 킬보른은 동양선교회 기관지인 *Eletric Messages*와 만국성결연맹 및 기도동맹의 *Revialist*를 통해 동양선교회를 알리고 구미신도들로부터 선교헌금을 답지하였다.[142] 당시의 Revialist는 해외선교사들에게 보내는 선교헌금을 모으는 주요한 수단이 되었고,[143] 선교기금은 아프리카 기금과 일본기금으로 구분되어 있었다.[144] 1909년부터 1910년 사이 카우만 부부와 킬보른은 미국에서 한국 경성에 성서학원을 건립하려고 모금운동을 하였다. 카우만과 킬보른은 나카다의 허락 없이 미국선교 단체로서 동양선교회를 합병시키고자 하여 공식적으로 1910년 11월 10일 일리노이주의 시카고에서 동양선교회를 등록시켰다. 명칭도 일본에서의 조직과 마

---

141 鄭祥雲, 『聖潔敎會와 歷史硏究(Ⅱ)』 (서울: 이레서원, 1999), 135.
142 Ibid.
143 C. O. Moulton, "Brother and Sister Moulton," *God's Revivalist* (April 17, 1902), 9.
144 Melvin E. Dieter and Lee M. Hainses, Jr., *The Days of Our Pilgrimage; The History of the Pilgrim Holiness Church* (Marion: The Wesley Press, 1976), 45.

찬가지였으나 미국조직(U. S. A. organization) 임원명부에는 나카다와 사사오가 빠져있었다. 대신 미국에서의 동양선교회 임원 조직 명부에는 카우만 부부와 킬보른이 등재되어 있다.[145] 이후로 동양선교회 초대 총리가 카우만으로 지금까지도 잘못 알려지게 된 것은 시카고에서 행한 카우만의 이 일로부터 연유된다. 1911년 4월 23일 일본으로 돌아온 카우만과 킬보른은 얼마 지나지 않은 5월 달에 서울로 가서 그 곳에 땅을 매입하기 위해 떠났다. 나카다 총재의 권위와 동양선교회 기금사용의 질서를 무시하는 이러한 성급한 행보는 결국 나카다와의 갈등으로 나타나게 되었다.[146]

1911년 10월 동양선교회의 전도 방침과 관리상의 문제로 카우만과 나카다 사이에 의견이 상충되었고, 급기야는 나카다 목사는 동양선교회를 떠나서 새로운 교단인 일본성교단(日本聖教團)을 만드는 결과로 까지 내딛게 되었다.[147] 같은 해 10월 25일 발행한『불의 혀(焰の舌)』제297호에 보면 일본성교단(聖教團)에 촉구하는 나카다의 말이 당시의 상황을 잘 드러내 주고 있다.

> 나는 요즈음 동양선교회에서 나왔다. 그 이유는 미국의 형제들과

---

145 Merwin, "The Oriental Missionary Society Holiness Church in Japan, 1901-1983," 105.
146 鄭祥雲,『聖潔教會와 歷史研究(Ⅱ)』, 136.
147 도히 아키오,『일본기독교사』, 154.

> 일본의 공동사업이라고 하는 해석을 두고 근본적인 차이가 있음을 알고, 십년간 관계해 온 신자들을 인도한 정신을 가지고 14일 기꺼이 나오게 된 데는 다음과 같다. 여기에서 분명히 말해 두지만, 이것은 결코 외국을 배척하는 생각에서 일어난 것은 아니다. 십년간 주장해 온 사업의 성질, 또한 발전하는 속에서 숨겨져 있는 것이 있다. (중략) 요즈음 나는 요도바시 교회와 신전교회의 신자들과 함께 성교단을 조직하였다. 예를 들어 이름을 일본성교단 오도바시 교회라고 하였다.[148]

분열은 1개월 만에 끝이 났고, 동양선교회는 본부와 지부를 완전히 나누어 일본지부 활동을 모두 일본인 교역자에게 위임하는 것으로 하여 끝이 났다.[149] 성교단 사건으로 인해 나카다 쥬지는 일본인이 자주적으로 전도하기 위해서는 교인을 갖고 있는 교회를 설립하지 않으면 안된다고 생각하게 되었다. 이와는 달리 사사오 목사는 1913년 4월부터 선교회를 떠나서 자유스럽게 순회전도에 나섰다. 사사오는 나카다의 방법 중에 선교회가 교단이 된다는 사실을 알고, 이것이 초기 선교회의 근본취지가 아니라는 것을 확신하고 있었다.[150] 또한, 나카다의 동역자였던 와다나베(渡邊善太)도

---

148 山崎鴛夫, 千代崎秀雄, 『日本ホ-リネス教団史』, 47-48.
149 정상운, 『한국성결교회사(1)』, 69.
150 Ibid., 68.

성교단(聖教團) 사건으로 인해 그의 곁을 떠나게 되었다.[151] 동양선교회는 1913년 선교회 조직을 다시 구성하였는데, 총리로 카우만이 선출되고, 일반 전도 사역에는 레티 카우만, 킬보른, 나카다 그리고 사사오가 맡게 되었는데, 사사오는 동양선교회 및 성서학원 교수직을 곧 사임하고[152] 일본 각지의 순회전도자로 나섰다.[153]

동양선교회는 1914년 4월부터 일본 각지에 분산되어 있는 복음전도관을 동양선교회 지부로 부르고, 1910년부터 진행되어 온 지방전도운동에 박차를 가했다. 선교회 잡지 *Oriental Missionary Standard*를 통해 동년에는 구미에 흩어져 있는 동양선교회 후원자들이 보내오는 전도비를 통해 일본전역의 46부·현(시·도)중의 28개 부·현을 가가호호 방문해서 쪽복음과 전도지를 배부하였다. 1917년에는 나머지 19개 부·현까지 모두 전도 계획을 실천에 옮기는 성공을 거두게 되었다. 지방전도대 운동은 이후에 한국에서도 재현되었다.

3. 일본성교회(日本聖教會)

동양선교회는 처음부터 교육사업과 사회사업에 손을 대지 않고

---

151 도히 아키오, 『일본기독교사』, 154.
152 小出忍, 19-20.
153 山崎鷲夫, 千代崎秀雄, 『日本ホーリネス教団史』, 52.

구령제일의 전도사업에 주력하였다.[154] 이것은 동양선교회가 당초 전도를 위한 조직체로서의 교회조직이 아니었기 때문이었다. 각지에 전도관이 있었고, 전도자도 상주해 있었지만 일요일 집회는 오후에만 행하였고 다른 교파교인들이 모여도 그것은 신앙훈련을 위한 것으로 보였다.

그러나 전도관에서 기독교를 접하고 다른 교회에 출석을 해도 그 기독교에 대한 이해와 집회방법이 다르기 때문에 의문을 품은 사람들도 적지 않았다.[155] 일본 전역에 걸친 지방전도운동으로 1911년에 27개 고장에 소재지를 둔 복음전도관이 1917년에는 46개소로 늘어났다.[156] 이처럼 지방전도대의 활동이 일단락되고, 각 현의 주요한 지점에 전도를 개시하게 되자 정식으로 교회조직이 필요하게 되었다.[157] 나카다는 자신들의 기독교를 표명하고 그것을 통해 교인들을 지도하기 위해서는 교회조직이 필요하다는 결론에 도달하자 마침내 1917년에 동양선교회 성교회를 조직하였다.[158] 일본성교회 설립은 1917년 10월 25일부터 성서학원 강당을 회장(會場)으로 하여 동양선교회 대회가 열려서 나카다를 중심으로 하여

---

154 Ibid., 59.
155 도히 아키오, 『일본기독교사』, 154.
156 山崎鷲夫, 千代崎秀雄, 『日本ホーリネス教団史』, 46.
157 Ibid., 61.
158 도히 아키오, 『일본기독교사』, 154.

킬보른, 아끼야마, 유우고로오, 탄바 헤이자부로우 등의 설교가 있었다. 또한 250여 명이 모여 요도바시 교회에서 연합예배를 드리고, 47세 나이에 최초로 일본 성결교회의 감독이 된 나카다 쥬지의 안수식이 거행되었다. 마지막 날인 21일에는 성서학원 중앙 정원에 있는 침례못에서 30여명의 합동 세례식도 가졌다.[159] 성교회는 감독제도였고, 감독국에 의해서 모든 사업일체가 운영되었다. 감독국의 서기는 쿠루마다 아끼즈끼(車田秋次), 회계 야마자끼 테에지(山崎 亭治)가 임명되었다. 그 후 5년마다 목회자와 교인들이 모이는 총회, 매년 목회자가 모이는 연회 및 5개 부회에서 교회정치를 시행하였다.[160] 그리고 '동양선교회 명칭을 일본성교회 앞에 명시하는 것은 교회가 자급할 때까지 계속되었다.[161]

일본성교회가 동양선교회에서 정치적으로 자치의 길을 걸어 나가자, 동양선교회는 1921년 동양선교회의 본부를 한국 경성으로 옮겼다.[162] 일본성교회는 나카다의 지도아래 강력한 결속을 다지며, 동양선교회의 보조가 1920년 후반에 가서 정체되자, 이것을 계기

159　山崎鷲夫, 千代崎秀雄,『日本ホ-リネス敎団史』61.
160　도히 아키오,『일본기독교사』154.
161　山崎鷲夫, 千代崎秀雄,『日本ホ-リネス敎団史』62.
162　Edward & Esther Erny, 57. "In 1931, when the OMS church in Japan became entirely self-supporting, the headquarters of the Society was moved to Korea." 이 글에서 1931년은 1921년으로 고쳐져야 한다.

로 해서 제 10회 연회(1928. 4)는 일제히 목사 생활비 보조금을 폐지하고, 동양선교회로부터 독립하여 경제적인 자급의 길을 걷게 되었다.[163]

라. 동양선교회 16개 신앙개조(個條)

조선 예수교 동양선교회 성결교회는 1925년에 16개 신앙개조를 성서학원과 모든 교회와 신도들에게 가르쳐 영원토록 지키는 신경(信經)으로 공포하였다.

제1절 하나님

하나님은 오직 한 분이시니 진실하시고 영원하신 분이시며 권능과 지혜와 자비가 무한하시고 유형무형의 만물을 창조하시고 보호하시는 분이시며 성부와 성자와 성령 삼위일체의 제1위이시다.

제2절 예수 그리스도

성자는 성부의 말씀이시니 곧 영원하시고 진실하신 하나님이시며 성부와 더불어 일체이시다. 복된 동정녀의 몸에 순결한 두 가지 성품

---

163   도히 아키오, 『일본기독교사』 314-16.

을 가지셨으니 곧 신성과 인성인데, 이 두 가지 성품은 결코 분리할 수 없다. 이로서 참 하나님도 되시고 참 사람도 되신 그리스도로서 십자가에 못 박혀 고난을 받고 죽으시고 장사하였으나 이것으로 하나님과 사람 사이에 화목제물이 되어 인류의 자범죄를 사하실 뿐만 아니라 유전하여 내려오는 원죄까지 구속하시고 또 죽음에서 부활하셔서 전에 가지셨던 몸에 완전한 인성을 가지시고 승천하셨다.

제3절 성령

성령은 성부와 성자께로부터 나오신 1위이시니 그 본체와 능력과 위엄과 영광이 아버지와 아들로 더불어 하나이시며 영원하신 하나님이시다.

제4절 성경은 구원하기에 충분함

성경은 구원함에 필요한 모든 조건을 기록한 책이다. 그러므로 무엇이든지 성경에 기록되지 않고 증명하지 않은 것은 마땅히 믿을 교리가 아니며 또한 구원함에 합당치 않은 줄로 인정해야 한다. 성경은 구약과 신약인데 이는 공회에서 펴낸 책이니 영원히 의심할 것이 없는 책이다.

제5절 원죄

원죄는 아담이 범죄함으로 말미암아 모든 사람에게 유전된 육의 성질이니 모든 사람이 본심의 정의를 떠나 항상 죄악으로 가도록 하는 것이다.

제6절 자유의지

아담이 범죄한 이래로 사람이 자기의 힘과 노력으로 마음을 돌이켜 믿음에 이를 수도 없고 하나님을 공경하지도 못할 처지에 이르렀다. 그러므로 만일 하나님께서 그리스도를 우리에게 은혜로 주시지 않으시면 선을 행하고자 할 때에 우리와 함께 계시지 않으시며 우리에게는 능력이 없음으로 하나님께서 기뻐하시고 받으실만한 선을 행하지 못할 것이다. 하나님께서 예수 그리스도를 값없이 주셨으니 그를 믿고 안 믿는 것은 사람이 자유롭게 정하는 것이다.

제7절 칭의

사람이 하나님 앞에 옳다함을 얻는 것은 우리의 선행과 공로로는 안 되고 오직 예수 그리스도의 공로가 우리의 믿음으로 말미암아 의롭다 하심을 얻나니 이것이 명백한 교리도 되고 마음에 진정한 안심도 얻는다.

제8절 성결

완전한 성결이라 함은 그리스도로 말미암아 성령의 세례를 받음이니, 곧 거듭난 후에 믿음으로 순간에 받을 경험이다. 또한 완전한 성결은 원죄에서 정결하게 씻음과 그 사람을 성스럽게 구별하여 하나님의 뜻을 이룰 능력을 주신다.

제9절 칭의 후 범죄

사람이 의롭다함을 받은 후에 죄를 범하는 것이 모두 성령을 거역하는 죄는 아니고 또 다시 사함을 받지 못할 죄도 아니다. 그러므로 범죄한 자에게 회개를 권고해야 한다. 또 사람이 이미 성령을 받은 후에 그 은혜를 배반하고 죄에 빠질 수도 있다. 그러나 하나님의 은혜로 능히 다시 일어나서 죄사함을 받을 수 있다. 혹은 이와 같은 죄는 회개하여도 다시 사함을 받지 못한다는 말과 또는 성령을 받은 후에는 죄를 범할 수 없다는 말은 책망을 받을 말이다.

제10절 교회

교회는 하나님께 부름을 받아 세상과 분리하고 예수 그리스도를 자기의 구주로 받아 믿는 산 신앙을 가진 자들이 모여 조직된 것이다. 교회의 사명은 순복음을 본국과 외국에 전하는 것이니, 모든 죄에서 구원함과 신유가 주와 재림하신 후 천년왕국을 건설하심이다.

제11절 성례

그리스도께서 세우신 거룩한 예식은 다만 신자된 것을 표하는 것뿐만 아니라 하나님의 은혜와 우리 신자에게 거룩하신 뜻으로 은연중에 역사하시는 표다. 이것을 통해 우리의 신앙이 더욱 새롭고 굳세고 견고하게 되니, 그러므로 이 예식은 겉으로 사람에게 보이려고 할 것은 아니지만 신자로는 마땅히 지켜야할 예식이니 누구든지 만일 이 예식을 합당하게 받으면 유익하되 합당하지 못하게 받으면 고린도전서 11장 29절에 기록한 말씀과 같이 죄가 된다.

제12절 세례

세례는 신자가 성령의 역사로 그 심령이 거듭난 것을 표시하는 예식이니 이 예식을 집행하되 성경에 의하여 침례로 해야 한다. 그러나 부득이한 경우에는 약식으로도 할 수 있다.

제13절 성찬

성찬은 그리스도의 살과 피를 그가 재림하실 때까지 기념하기 위하여 세우신 예식인데, 누구든지 신앙과 정결한 양심으로 떡과 포도즙을 먹고 마시면 신령 상 큰 유익이 될 것이다. 이 성례는 그리스도께서 피로 우리를 구속하심과 그의 살로 우리의 영혼에 자양이 되는 것을 표시하는 것이다.

제14절 신유

성경에 병을 고치는 교리가 기록되어 있음은 우리가 믿는 것이다. 마가복음 16장 17-18절과 야고보서 5장 14-15절의 말씀대로 하나님의 자녀들은 신앙으로 기도하여 병 고침을 받을 특권이 있다. 그러나 이대로 하지 못하고 의약을 의지하는 자에 대하여 비평도 하지 말 것이다.

제15절 재림

주께서 육신을 가지시고 친히 천년시대 전에 재림하실 일이 절박함을 우리가 믿으니 주께서 생각하지 아니한 때에 공중에 오시기는 성도들을 영접하실 일과 그 성도들과 같이 지상에 임하실 일을 구별해야 한다. 또한 지상에 임하시기 전에 이스라엘 사람들이 한곳에 모이고 거짓 그리스도가 나타난 후에 오셔서 천년왕국을 건설할 것이다.

제16절 운명

우리 주 예수 그리스도의 구원을 참으로 아는 모든 자는 그리스도와 함께 그 영원한 나라에서 그 영원한 영광에 참예할 것이니, 성도들은 심판을 면하고 영원한 쾌락을 누리고 회개하지 아니한 죄인들은 심판을 받아 영원히 정죄함과 형벌과 고통을 받을 것이다.[164]

III. 1907년 한국성결교회 설립 전후의 국내 상황과 한국교회

가. 개신교 전래 이전의 시대적 상황

개신교가 전래되기 전 19세기의 조선은 체제를 위협하는 대내외적 도전에 직면해 있었다. 조선 후기의 중흥을 이끌었던 정조의 죽음 이후 조선 왕조의 몰락은 가시화되었다. 1805년 정순왕후의 사망으로 순조가 친정(親政)을 실시하게 되면서 노론 벽파가 실각하고 안동 김씨에 의한 세도정치가 본격적으로 시작되었다. 집권자의 가문이 정권을 독점하는 세도정권(勢道政權)은 헌종(1834-1849)대에는 외척 풍양 조씨 가문이, 1849년 철종 즉위 이후에는 다시 안동 김씨 가문이 번갈아 권력을

---

164 『略史』 10-15.

잡으며 계속 유지되었다.

왕권을 정권으로부터 배제시킨 세도정권은 이들의 작폐를 견제할 세력이 없는 조건 아래서 개혁의지를 상실하고 반 역사성을 철저히 드러내어 삼정문란(三政紊亂)으로 표현되는 수탈정책이 절정에 이르렀다. 집권 세력은 공공연히 관직 및 수령직을 팔았고 관직을 산 수령들은 백성을 착취하여 그것을 벌충하였다. 이와 같은 관료들의 부정에 편승하여 아전들의 농간질 또한 미치지 않는 데가 없었다.[165]

세도정권의 악정과 수탈정책에 대하여 민중은 어느 때보다 적극적인 저항으로 맞섰다. 1811년 홍경래 난으로 불리는 평안도 농민전쟁을 필두로 농민을 주축으로 하여 천민과 몰락한 양반들까지 가세한 민란이 전국적으로 폭발했다.[166] 이렇듯 사회가 극도로 불안하고 위기의식이 날로 고조되는 상황에서 1863년 고종이 즉위하게 되면서 12살의 어린 그를 대신하여 아버지인 흥선대원군이 실권을 장악하고 정치를 주도하게 되었다.

대원군은 기존 정치의 문제를 타개하고 부강한 왕조국가를 만들려는 목표를 가지고 광범위한 정치·사회적 개혁을 추진하고자

165　이만열, 『한국 기독교와 민족운동』 (서울: 보성, 1986), 29-30.
166　강만길, 『한국근대사』 (서울: 창작과 비평사, 1984), 37.

하였다. 그는 외척 세력이 저지르는 전횡을 억압하고 남북노소의 사색 당파를 고루 등용하는 한편 양반의 소굴인 서원을 철폐하는 등의 과단성 있는 개혁으로 왕권을 강화시키고자 하였다. 그러나 이러한 왕권강화·내정개혁의 추진과는 달리, 대외정책은 기존과 큰 변화가 없이 청국·일본 간의 사대교린 관계를 유지해나갔다.

19세기 후반 서양 국가들의 진출이 점차 노골적으로 변해가면서 조선은 열강의 각축장으로 변모해가고 있었고, 지속되는 서양의 통상요구는 대원군을 외부에서 압박해오고 있었다. 1864년경 러시아가 육로로 조선과의 통상을 요구하자 대원군 정권은 이에 대한 대비책을 마련해야 했다. 대원군은 국내에서 활동 중이던 프랑스 선교사들을 활용하여 러시아의 진출을 견제하려 하였다. 그러나 기존의 외교론의 원칙에서 벗어나는 서양과의 접촉은 대원군에게 큰 정치적 부담이었다. 결국 프랑스 주교와의 협상은 결렬되었고, 이 과정에서 병인박해가 일어나 많은 천주교 신자들이 처형되었다. 병인박해를 계기로 발발한 병인양요는 대원군으로 하여금 서양 열강에 대한 불신을 심화시켜 강경한 척사 정책을 시행하게 되는 계기를 마련하였다.

서양국가에 대한 통상 거부는 대원군 하야시까지 계속되었다. 그러나 서양의 무력침공 가능성은 여전히 엄존하고 있었고, 일본은 청국에 대한 조선의 사대관계를 부정함으로서 그들의 세력을 한반도에 더욱 확장하려 하였다. 동아시아 정세의 이러한 변화가 조선에 대외적 위기로 작용하면서, 대원군의 실각 이후 고종은 점차 밀어닥치는 외세를 견디지 못하고 쇄국 정책을 포기하고 문호를 개방하였다. 일본은 군함을 출동시켜 부산과 인천에서 무력시위를 벌인 후, 1786년 군함을 강화도로 파견하여 조약 체결을 요구하였다. 고종은 일본과 조일수호조규를 체결함으로서 마침내 개항의 길에 들어섰다. 그러나 개항을 위한 주체적 준비가 갖추어지지 못한 상황에서 혼란은 더욱 가중되어 갔다.[167]

이처럼 19세기의 조선은 역사상 가장 암울한 국가적 비운의 위기를 맞이하고 있었다. 이는 종래의 봉건적 신분 질서의 해체, 대원군의 쇄국정책과 천주교 박해, 서세동점의 야욕으로 가득찬 열강들의 통상요구, 그리고 개화와 자주 주권의 열망이 복잡하게 점철된 혼란의 시대였다. 19세기 격동기를 보내며 조선의 백성들은 국권회복과 근대화를 위한 원동력으로서 개화와 부국강병의 새로운 정신적 지주를 갈망하였다. 이러한 시대의 요구에 부응하여 혜성같이 나타난 것이 바로 선교사들을 통해 소개되고 전파된 개신교였다.

---

167 김영재, 『한국교회사』 (서울: 도서출판 이레서원, 2004), 65.

나. 개신교의 전래와 선교활동

최초의 개신교 선교는 1885년 미국 선교사들에 의해 시작된 것으로 알려져있다. 그러나 언더우드(Underwood)가 언급한 바[168]와 같이 사실상 언제부터 한국에서 개신교 선교가 시작되었는지는 명확하게 날짜를 결정하기란 쉽지 않다. 이는 그들이 도착하기 이전부터 여러 경로를 통하여 조선 땅에 복음이 전래되고 있었기 때문이었다.

한반도에 기독교가 전래된 것은 통념상 19세기 말쯤 선교사들의 입국을 그 기점으로 두고 있으나, 한국 근대사를 거슬러 올라가 통일신라시대 전후 기독교, 즉 경교의 한국 접촉의 가능성에 대하여도 폭넓은 이해가 필요하다. 635년 경 당 태종의 재위기간에 중국에 전래된 네스토리우스파는 특유의 전도 열정을 바탕으로 대진사를 비롯하여 중국 각지에 경교 교회당을 세우며 당나라 전역으로 확산되었다. 당시 당나라와 동맹을 맺으며 정치적 밀월 관계를 유지하던 통일신라 또한 당의 선진문화와 기술을 흡수하는 과정에서 이러한 경교의 영향을 받았던 것으로 보이며, 1956년 불국사 경내에서 나타난 라틴 형태의 석제(石製)십자가, 마리아 상 등이 발견

---

168 H. G. Underwood, *The Call of Korea* (New York: Fleming. H. Revell., Com, 1908), 134.

되었다.[169]

처음으로 한반도에 온 개신교 선교사는 독일인 선교사 칼 프리드리히 아우구스토 귀츨라프(Karl Friedrich August Gutzlaff)였다. 어린 시절 경건주의의 영향을 받고 자라난 그는 1818년 슈테틴에서 선교에 대한 설교를 듣고 선교사로 헌신하기로 결심하였다. 이후 1826년 목사안수를 받은 그는 자바와 태국을 거쳐 1831년 마카오로 선교지를 옮겨 본격적인 중국 선교를 시작하였다. 이어서 그 다음해인 1832년에는 조선 선교를 목적으로 영국 동인도회사 소속 서양 선박인 로드 앰허스트(Lord Amherst)호를 타고 7월 17일 조선 연안 황해도 백령도 부근에 도착하게 되었다. 그는 조선 국왕에게 통상을 요구하는 청원서에 한문성경 2권을 함께 보내고, 서울에서 회신을 기다리는 동안 조선인들과 접촉을 시작하며 성경 및 의약품을 나눠주며 전도를 시작하였다. 그러나 그의 선교활동은 조정으로부터 통상 불가의 회신을 받고 8월 11일 조선을 떠나게 됨으로서 한달 여 만에 끝나게 되었다.

귀츨라프가 조선을 방문한 지 30년 후, 그 다음으로 조선을 찾아온 선교사는 영국 웨일즈 출신의 토마스(Jermain Thomas)였다. 그는 중국 선교를 하던 중 조선 천주교인 두 사람을 만나 조선어를

---

169 경교의 한반도 전래 가능성에 대한 자세한 내용은 정상운, 『쉽게 풀어쓴 한국교회사』, 서울: 소망플러스, 2016을 참고하라.

배우며 조선에 대한 선교의 계획을 품게 되었다. 1865년 토마스 선교사는 다량의 한문성경과 전도지를 가지고 황해도 연안에 도착하여 두 달 반 동안 우리말을 배우고 한문 성경을 나누어주며 복음을 전하였다. 1866년 미국상선 제너럴 셔먼(General Sherman)호를 타고 다시 조선을 찾은 토마스는 대동강 유역을 항해하며 구경나온 조선인들에게 성경과 전도문서를 나누어주며 전도하였다. 그러나 통상요구를 거절하는 정부로 인해 평양성 군사들과의 물리적인 충돌이 벌어져 배는 불에 태워지고 토마스 선교사는 참수되었다. 그러나 토마스 선교사의 순교는 복음의 씨앗이 되어 그를 참수한 박춘권은 그가 건넨 성경책을 주워 읽다가 예수를 영접하였고, 성경책을 뜯어 벽지로 사용하였던 박영식은 벽에 보이는 말씀을 읽는 가운데 감동을 받아 회개하게 되었다. 박춘권의 조카 이영태도 벽에 바른 성경 내용에 감동되어 예수를 영접한 후 초기 한글성경 번역작업에 크게 기여하게 되었다.[170]

이후에는 스코틀랜드 연합장로교회 출신의 매킨타이어(John MacIntyre)와 존 로스(John Ross) 등에 의하여 1874년 이후 성경 번역과 발행 및 전파사업이 시작되었다. 로스는 의주 상인 이응찬과 조선인 몇몇의 도움으로 1878년 봄까지 요한복음과 마가복음을

170　정상운, 『쉽게 풀어쓴 한국교회사』 (서울: 소망플러스, 2016), 103-27.

번역할 수 있었다. 번역은 1886년까지 계속되어 1879년에는 신약 번역이 일단 완성되었으며, 이응찬·서상륜·백홍준 이외에도 성경을 배우기 위해 선교사를 찾은 다수의 이들이 번역자로 합세하여 성경 번역에 착수한지 만 10년만인 1887년에 신약전서인 『예수성교전셔』를 출간하게 되었다. 이는 한국인 개종자들과 권서인을 통해 상당수가 국내에 유입되었다.[171]

성경을 일찍이 우리말로 번역한 것은 기독교의 본질을 파악하는 한편, 복음을 주체적으로 수용하는데 있어서 결정적인 도움을 주었다. 성경 번역에 앞장섰던 1879년 백홍준과 이응찬을 비롯한 4명의 한국인들은 매킨타이어로부터 세례를 받고 한국 개신교 최초의 신앙 공동체를 형성하였다. 이들 초기 개신교도들과 권서인(勸書人)들은 성경을 짊어지고 마을마다 들어가 복음의 씨앗을 뿌렸고, 백홍준, 서상륜 등의 열정적인 전도를 통해 선교사가 들어오기 전인 1880년대 초 이미 만주와 한반도에는 국내 최초의 자생교회인 의주 신앙 공동체와 한국 교회의 요람으로 불리는 소래 신앙 공동체 등 여러 개신교 공동체가 세워질 수 있었다. 이처럼 성서 중심적인 특성과 자발적 복음전도는 이후 초기 한국교회의 한 전형

---

171 한국기독교사연구회, 『한국 기독교의 역사 Ⅰ』(서울: 기독교문사, 1992), 148.

으로 자리 잡았다.[172]

한편, 조선이 문호를 개방하면서 선교사의 파송에도 본격적으로 박차가 가해졌다. 대원군이 실각하자, 고종은 점차 밀어닥치는 외세를 견디지 못하고 쇄국 정책을 포기하고 문호를 개방하였다. 그로 인하여 여러 나라의 개신교 선교부에도 한국 선교의 문이 열리게 되었다. 1876년, 일본과 외교적 수교를 맺도록 강요당한 것을 시작으로 조선의 조정은 세계 열강의 사절들을 맞이하여 서방의 여러 국가들과 연달아 통상수교조약을 맺었다. 1882년에 미합중국과, 1884년에는 영국, 독일, 이탈리아, 러시아와, 1886년에는 프랑스, 오스트리아, 벨기에, 덴마크와 수교하고 우호 조약을 맺었다.

이 중 한국에 선교사를 최초로 파견한 나라는 미국이었다. 당시 미국에서는 18세기 말 제 2차 대각성운동(The Second Great Awakening)이 일어났고, 그것에 따른 일련의 종교적 열정으로 해외 선교열이 고조되었다. 제 2차 대각성운동을 통해 여러 교단에서 선교회가 창립되었고, 신학교와 기독교 대학을 설립하는데 있어 큰 영향을 주었다. 또한 남북전쟁 이후 부흥사 무디(Dwight L. Moody)가 부흥 운동을 주도하였다. 1880년대에 이르러서는 신학교에 재학중인 신학생들 사이에서 선교부흥운동에 대한 열기가 치솟았고, 그로 인해 '전국

172　Ibid., 154-55.

신학교동맹'(The American Inter-Seminary Alliance)이 생기기도 하였다.[173]

이러한 해외선교열의 결과는 선교사 파송으로 이어졌다. 이 시기 한국 선교를 위한 노력은 여러 방법으로 시도되고 있었다. 일본과 중국에 파견된 미국 선교사들은 본국의 선교본부에 의료와 교육이 중심이 된 한국 선교의 필요성을 강조하고 있었다. 현지 선교사들 뿐 아니라 일본에서 성서번역에 매진하고 있던 이수정은 서양의 선교사들이 직접 한국으로 가서 선교사업을 시작해주기를 바라는 호소문을 선교잡지에 기고하기도 하였다.[174]

교계의 언론 또한 기관지를 통해 선교의 필요성을 강조하였다. 감리교회 기관지 *The Christian Advocate*와 해외선교부 기관지인 *The Gospel in All Land* 등은 한국선교의 필요성을 강조하며 선교사들의 호소문을 게재하였다. 이 무렵 일본주재 감리교회 선교사 매클레이 목사(Robert Samuel Maclay, 麥利加)는 가우처(John Franklin Goucher, 1845-1922)의 요청으로 선교의 가능성 여부를 탐문하고자 1884년 6월 말 약 2주간 한국을 방문하게 되었다. 이 과정에서 일본에서 이미 몇 차례 만난 바 있는 김옥균을 통해 한국에서 병원과

---

173   Ibid., 174.
174   Ibid., 176.

학교사업을 시작하기를 요청하는 탄원서를 고종에게 제출[175]하여 마침내 허가를 받아내었다.[176]

이러한 매클레이의 선구적 노력으로 조선에는 교육과 의료를 통한 선교사업의 문이 열렸다. 당시 의료선교사로 중국에 체류하고 있던 알렌(H. N. Allen)이 1884년 9월 20일 제물포에 도착함으로서 한국에 상주하게 된 최초의 개신교 선교사가 되었다.[177] 이어 미 북장로회와 감리회(혹은 북감리회) 소속의 개신교 선교사 언더우드(H. G. Underwood, 元杜尤, 1859-1916)와 아펜젤러(Henry Gerhart Appenzeller, 1885-1950)가 한국 땅에 첫 발을 내디딘 것은 1885년 4월 5일 이었다. 이어 1885년 말에는 영국 성공회, 1892년에는 미국 남장로회, 1896년에는 미국 남감리회, 1898년에는 캐나다 장로회가 각각 선교의 문을 열었다. 이밖에도 1904년에는 안식교회, 1908년 구세군과 1907년 성결교회의 모체인 동양선교회의 선교가 시작되었고, 1898년에는 러시아 정교회의 진출이 있었다.[178] 이처럼 19세기 말 20세기 초 한국 땅에는 새로운 교파와 교회들의 전래가 줄을 잇기 시작하였다.

175　Robert S. Maclay, "Korea's permit to Christianity," *MRW,* 1896, Apr., 289.
176　한국기독교사연구회, 『한국 기독교의 역사』, 178.
177　Ibid., 180.
178　Ibid., 190-91.

주지하듯이 초기 개신교의 선교는 조선 정부의 보수적인 태도와 사회의 전반적인 분위기 때문에 복음 전도와 교회설립이라는 직접적인 복음전도 보다는, 학교와 병원사업을 통한 간접선교방식을 취해야 했다. 1885년 4월 광혜원(廣惠院)을 시작으로 1888년 보구녀관(保救女舘), 1894년 세브란스 병원 및 진료소들이 들어섰고, 1886년의 배재학당(培材學堂), 언더우드 학당과 이화여학당, 1887년 정동여학당 등의 근대 기독교 학교들이 세워졌다. 이처럼 소외당한 민중을 대상으로 선교사들이 펼쳤던 의료 및 교육 사업으로 인하여 기독교에 대해 가지고 있던 그릇된 선입관이 해소되고 개신교에 대한 배타적인 분위기도 상당히 사라지게 되면서 복음전도의 큰 효과를 볼 수 있었다.[179]

선교사들이 활동을 시작한 초기에는 선교가 주로 도성을 중심으로 이루어졌다. 그러나 성례를 행하고 교회를 조직할 선교사나 목사를 기다리는 미조직 교회들이 황해도의 소래, 의주와 정주, 강계 등지에서 점차 확산되자, 선교사들은 본거지를 떠나 선교영역을 전국으로 확장해야 할 필요성을 느끼게 되었다. 이에 1887년 가을에는 언더우드 선교사가, 1888년에는 아펜젤러가 각각 순회전도의 길을 떠났고, 1891년 마펫(S. A. Moffett)과 게일(J. S. Gale)목사

---

179 Ibid., 194.

가 평양, 의주, 만주의 봉천까지 여행하며 전도하였다. 이들은 가는 곳마다 복음을 전하는 한편 이미 설립된 교회를 방문하여 격려하였다. 또한 그들은 여정 중에 환자를 치료하기도 하고 기독교 서적 및 의약품을 판매하였으며 세례를 베풀기도 하였다.[180] 선교사들은 가마나 말을 이용하기도 했지만 대개는 계절을 불문하고 도보로 여행하였다. 이러한 선교사들의 열정과 수고를 통해 복음이 널리 퍼졌고 여러 지역에 믿는 자들의 무리가 형성되어 교회가 설립되기에 이르렀다.

한편, 전도의 영역이 점차 확대되면서 선교사들과 지나친 경쟁의식과 불화의 정신이 선교에 막대한 지장을 초래할 가능성이 제기되었다.[181] 그리하여 노력의 중복과 불필요한 경쟁을 막기 위해 선교지역의 분할이 전개되었다. 북장로회는 평안도·황해·경기·충북·경북을, 남장로회는 충남·전북·전남·제주를 호주 장로회는 경남을, 캐나다 장로회는 함남·함북을, 미감리회는 경기·충북·강원·황해·평안도를, 남감리회는 경기·강원·함남을 분할하여 맡았다. 이것이 바로 교계예양(教界禮讓)으로 불리는 '선교지역 분할협정'이었다. 이러한 선교지역 분할은 한반도 전역에 복음이 전파되는 데 적지 않은 영향을 주었으며, 대

---

180 백낙준, 『한국개신교사』 (서울: 연세대학교출판부, 1973), 191-92.
181 한국기독교역사연구소, 『한국 기독교의 역사 Ⅰ』, 176-217.

부흥운동이 전국적으로 확산되는 데에도 크게 기여하였다.

복음 전파에 효과적인 전통적 선교방식이었던 문서선교 또한 선교사들에 의해 활발하게 이루어졌다. 국내에 입국한 선교사들은 의료와 교육사업 외에도 성경 번역에 즉각 착수하였다. 이들의 노력으로 성경뿐만 아니라 찬송가와 기타 기독교 교리 및 전도문서들, 교파적 배경을 가진 각종 정기 간행물들이 한글로 인쇄되어 나왔다. 특히 성서의 한글 번역을 위해 언더우드와 아펜젤러를 비롯한 장·감 양 교파의 선교사들로 구성된 상임성서위원회(Permanent Bible Committee)는 한국 성서 단일화 전통의 계기를 마련하며 교파 연합 정신의 진일보를 이룩하였다.[182] 이처럼 각 교파의 열성적인 선교정책에 힘입어 1897년부터 1907년 대부흥이 일어나기까지의 기간은 교회의 발흥기로서 교세가 폭발적으로 급증하였다.[183]

다. 1907년 한국교회의 대부흥운동

한국성결교회의 역사가 시작된 1907년은 평양대부흥운동을 기점으로 한반도 전역이 성령의 불길에 휩싸였던 역사적인 해이기

---

182 배본철, 『한국교회사』 (서울:도서출판 영성네트워크, 2009), 71.
183 한국기독교역사연구소, 『한국기독교의 역사 I 』 253-54.

도 하였다. 부흥운동의 시초는 1903년 원산에서 열린 기도회가 원류가 되었다. 원산지역에서 활동하였던 감리교 선교사들은 중국의 여선교사 화이트(M. C. White)의 내한에 맞춰 기도회를 가졌다. 당시 원산에서 사역하던 캐나다 출신 여선교사 맥컬리(L. H. McCully)의 인도로 원산의 여러 선교사들(A. Carroll, Knowles, J. Hounsel)과 성도들이 모여 8월 24일부터 한 주간 특별 기도를 드리며 성경공부를 하는 중 성령의 임재를 체험하게 되었다. 이 모임은 장로교 선교사와 동아기독교(침례교)의 인사, 일부 한국 교인들까지 참석한 연합기도회 모임으로 발전하였다.

이 모임에서 의료선교사로 남감리회에 소속되어 있던 캐나다 출신의 하디(R. A. Hardie)선교사는 선교사로서의 무력함을 회개하는 통회의 기도를 하였다. 그는 지난 3년간 강원도 등지에서 나름의 노력을 하였으나 아무런 결실을 낼 수 없었던 자신의 무능함을 털어놓으며, 그 실패의 근원이 본인의 신앙적인 허물, 즉 백인으로서의 우월의식과 권위주의에 있었음을 고백하였다. 이러한 하디 선교사의 회개는 이날 기도회에 참석한 모든 성도들에게 은혜가 되었고, 하디 선교사 자신에게는 성령의 놀라운 역사를 체험하는 계기가 되었다. 이 기도는 여러 해 동안 한국 전역을 휩쓸었던 부

흥운동을 태동시키는 직접적인 원인이 되었다.[184]

1904년에는 원산에서 초교파적인 사경회가 열렸다. 사경회는 1890년 한국에 파송된 선교사들이 채택한 네비우스 선교정책(Nevius Mission Plan)과 더불어 시작된 것으로 성경공부, 기도, 전도, 전도집회로 특징되는 일종의 신앙훈련방식이었다. 1주일, 2주일, 혹은 1개월 동안 열리는 사경회에서는 오전에 성경공부를 하고, 정오에 기도하고, 오후에는 나가 전도하고 저녁에는 전도한 사람을 대상으로 전도집회가 열렸다. 청일전쟁 이후 북부지역에서는 어느 다른 곳보다도 사경회 운동이 활발하게 일어났다. 말씀을 깊이 연구하고 기도에 힘을 모으며 전도를 실천하고 저녁에 은혜를 받는 사경회는 영적대각성운동의 초석이었다.[185] 이 사경회에서 장로교 선교사 롭(A. F. Robb)[186] 이 성령을 충만히 받고 여러 날 동안 금식 통회하며 길을 걸으면서도 기도를 끊이지 아니했으며, 장로교의 전계은과 감리교의 정춘수 또한 거리에서 성령의 은사를 선포하였다.

원산에서 시작된 성령의 역사는 평양으로 전해졌다. 평양 주재

---

184 J. S. Ryang, *Southern Methodism in Korea: Thirtieth Anniversary* (Seoul: Methodist Episcopal Church, 1929), 51.
185 박용규, 『평양대부흥이야기』 (서울: 생명의 말씀사, 2005), 27-31.
186 William Scott, *Canadians in Korea, Toronto: 1975*, 55; 전택부, 『한국교회 발전사』 (서울: 대한 기독교 출판사, 1987), 159-60.

선교사들은 원산에서 있었던 사경회를 평양에서도 시작하기로 하고 1906년 8월 하디(Hardie) 박사를 강사로 초청하여 설교를 들으며 성령을 구하였다. 평양에서 선교사들의 사경회가 있은 후 북장로교 선교부는 연차선교부회를 위해 서울에서 모였다. 이때 마침 재한선교부를 순방하고 있었던 존슨(H. A. Johnson)목사는 이 집회에서 웨일즈와 인도에서 일어난 신앙 부흥소식을 전하여 주었다. 이 보고를 들은 교인들은 자신의 교회에도 동일한 은혜를 주시기를 간구하며 길선주 장로를 따라 새벽기도회를 열고 성령의 충만한 은혜를 구하였다.

그 후 부흥운동의 불길은 1907년 1월 6일부터 열린 평양 장대현교회의 부흥사경회에서 점화되었다. 이 해의 사경회는 첫날부터 1,500명의 장정이 모여들어 부인들은 앉을 자리도 없을 만큼 예년과 다른 분위기가 조성되었다. 이미 부흥사로 명성을 떨치고 있던 길선주(吉善宙, 1869~1935)가 인도한 장대현교회의 부흥사경회는 집회 첫날부터 성령의 역사가 강하게 나타났다. 1월 6일 주일 밤 장대현교회에 모인 1,500명의 신도 앞에서 길선주가 "맛을 잃은 말라빠진 사람들아"라고 설교할 때, 사람들은 보이지 않는 힘의 임재에 압도되어 큰 충격에 떨었다.[187] 이날 설교를 맡았던 길선

187　S. A. Moffett 資料, *An Educational Ministery in Korea*, 1907. 2. 14.

주 장로의 모습은 마치 광야에서 죄를 회개하라고 외쳤던 세례 요한의 모습이었으며, 죄를 자복하며 통회하는 참석교인들의 열기는 곧 초대교회 마가의 다락방에서 있었던 성령의 불길 바로 그것이었다.[188]

첫날부터 성령의 불길이 강하게 일어나기 시작한 평양사경회는 집회가 계속될수록 더욱 뜨거워졌다. 북장로회 소속의 블레어(W. N. Blair, 방위량) 선교사가 "너희는 그리스도의 몸이요 지체의 각 부분이다"라는 성경 말씀을 중심으로 신자와 신자, 외국인 선교사와 한국 성도 사이에 있었던 갈등과 반목이 사랑의 결핍으로 비롯되었음을 고백하며 설교하자, 통회의 소리가 다시금 장내를 뒤덮었다. 사랑의 화해의 공동체를 구현한 부흥의 열기는 집회 다음 날인 월요일로 이어지면서 더욱 고조되었다. 강단에 올라선 선교사 리(G. Lee)가 "나의 아버지여! 라고 외치자마자 교인들은 밀어닥치는 거대한 성령의 힘에 압도당하는 역사를 체험하였다. 이길함 선교사는 집회를 인도하던 중 교인들 가운데 누구든지 대표로 기도하라고 말하였으나, 나서는 사람이 많아 통성으로 기도하게 하였다. 그러자 온 성도가 성령의 능력에 사로잡혀 회개하고 눈물을 흘리며 기도하기를 새벽까지 계속하였다.

---

188 민경배, 『한국기독교회사』 (서울: 연세대학교출판부, 1993), 262-63.

선교사들은 뜻밖의 결과에 놀라 교인들의 반응이 순수한 것인지, 이러다가 정신을 잃는 사람이 생기는 건 아닌지 걱정하며 서로 의견을 나누었다. 그러나 결국 하나님께 성령을 부어주시라고 기도한대로 성령이 임하심으로 이해하고 교인들이 울며 소리치도록 내버려두었다.[189] 이처럼 '성령강림'이라는 신비적인 종교체험으로 나타난 부흥운동의 열기는 각기 성령의 충만함을 받아 각처로 돌아간 사람들에 의해 전국적으로 번져갔다.

이 부흥의 물결은 먼저 평양의 신학교로 밀려갔다. 신학교 이사회는 석 달 학기동안 매일 저녁 한 시간씩 특별기도회를 열기로 결정했다. 신학교는 4월 6일에 열린 부흥회에서 강력한 성령 체험의 현상을 경험하였으며 신학생들은 눈물을 흘리며 간증을 이어나갔다. 매큔(G. S. McCune, 尹山溫) 선교사는 "장차 한국교회의 목회자가 될 사람들은 성신의 불로 그들의 죄가 모두 태워져 버림을 체험하였다"라고 평가하였다.[190] 또한 숭덕학교 기도회에서 약 3백여명의 학생들이 통회 자복하며 죄를 뉘우쳤으며, 그 불길은 다시 감리교 학교의 학생들에게로 연결되어 교파의 벽을 허물고 격류처럼

---

189 김영재, 『한국교회사』, 126.
190 G. S. McCun, Opening Day at the Theological Seminary, *The Korea Mission Field*. Vol. 3, No. 6, 1907. 6, 89.

파급되었다.[191]

당시 평양에는 숭실대학을 위시하여 광성 · 숭실 · 숭덕학교 등 기독교 계열의 학교가 많았으며, 재학 중인 학생들의 수만도 약 2,500명에 달하였다. 부흥운동에 적극 참여한 학생들 가운데에서 집단적인 전도운동도 함께 전개되었다. 학생들은 수업 중단을 감안하면서까지 사경회와 기도회에 참석하였으며, 뿐만 아니라 매 주일마다 그룹을 만들어 평양의 시내 및 인근 촌락을 다니며 전도운동에 열심히 동참하였다.[192] 여성들 역시 여성도 만을 위한 특별 여자사경회에 참여하여 그 곳에서 받은 은사를 각자의 가정으로 연결시켜 가족 구성원들을 기독교 신앙으로 변화시키는 사례가 적지 않게 나타났다.[193]

이러한 부흥운동은 선교사들의 순회전도 및 지방교회 지도자들의 평양수련회 참가, 평양선교국의 지도자 파견 등을 경로로 확산되었다. 특히 평양 선교국에서는 평양선교구 소속의 선교사 및 한국인 지도자들을 각처에 보내어 부흥운동의 확산을 위하여 노력하였다. 이렇게 원산과 평양, 서울, 목포 등지에서 동시다발적으로 일어난 부흥운동은 교

---

191 한국기독교역사연구소, 『한국기독교의 역사 I 』 269-72.
192 "The Spirit among Pyeng Yang Students," *The Korea Mission Field*, Vol. 3, No. 6, 1907. 6, 65-67 참조.
193 서정민, "초기 한국교회 대부흥운동의 이해", 『한국기독교와 민족운동』 (서울: 종로서적, 1989), 253.

회와 신학교, 그리고 일반학교들을 거쳐 전국 방방곡곡에 전파되었다. 이상과 같은 부흥회의 열기는 심지어 중국에까지 알려지며 한반도와 가까운 지역에서 활동하던 중국인 목사들이 평양을 방문하여 부흥회를 직접 목도하고 돌아갔으며, 이후 중국의 부흥운동으로까지 연결되었다.[194]

1907년 한국의 대부흥운동은 성령의 역사에 의한 한국 교회의 '영적 중생'이었다. 당시 조선에서 활동하던 대부분의 선교사들은 19세기 후반 미국과 영국을 중심으로 일어난 부흥운동의 영향을 크게 받은 이들이었다. 특히 부흥운동을 주도했던 하디를 위시하여 그의 뒤를 이어 집회를 인도했던 저다인(J.L.Jerdine), 크램(W.G.Cram) 등은 남감리교 소속의 선교사로서, 웨슬리에 입각한 성결정신과 성령의 정결케 하는 역사를 강조하는 성결파들이었다. 이외에도 당시 해외 성결운동의 부흥사로 활동하던 프란손(F.Franson), 존스톤(H. A. Johnston), 고포스(Jonathan Gorforth) 등이 집회를 인도하며 1907년 대부흥운동에 직, 간접적인 영향을 미쳤다.[195]

이를 통해 초기 한국 기독교인들은 이제까지 기존의 종교에서 발견할 수 없는 기독교의 본질적 요소를 체험하게 되었다. 그것은

---

194 강명국, "1907년 대부흥운동이 한국교회의 신앙양태 형성에 끼친 영향 - 성령 체험의 역사를 중심으로 -," 성결대학교 박사 학위논문, 58.
195 박명수, 『한국교회 부흥운동 연구』 (서울: 한국기독교역사연구소, 2003), 48-54.

죄에 대한 가책과 성령의 임재를 통한 인격적이며 내재적인 신앙체험이었다. 한국교회는 사람들을 회개하게 하시는 성령의 크신 역사를 경험하게 되었으며, 이러한 회개는 공개적 죄의 자백(Poblic Confession)의 형태로 나타났다. 자백 속에서 밝혀진 죄들은 간음, 절도, 강도, 살인, 폭력 등 대개는 보편적인 것들이었다. 그러나 기존의 관념에서는 죄에 해당되지 않았던 술과 담배, 노름과 축첩, 종(노예), 우상, 아편 등의 죄목들이 기독교의 관점에서 새로운 죄로 인식되었다.

특히 부흥운동은 각기 다른 목적과 의도를 가지고 교회에 유입되었던 사람들이 거듭남을 경험하고 '진정한 기독교인'(real christian)이 되는 긍정적 변화를 이루어내었다. 초기 한국에 개신교가 유입될 당시에는 종교적 목적보다 사회·정치적 목적에서 기독교인이 되는 경우가 더 많았다. 일부 민중은 기독교 선교사들이 지녔던 치외법권적 특혜를 사용하여 자신의 생명과 재산을 보호하려 하거나, 혹은 기독교를 통한 출세 또는 부의 축적을 목적으로 개신교에 입교하였다. 반면 지식인들은 기독교를 통하여 유입된 서양의 민주주의를 한반도의 정치상황에 도입함으로써 근대적 시민사회체계를 구축하고자 하는 개혁의 한 방편으로써 개신교를 택하는 경향이 있었다. 구한말 민족주의 지식인들이 일제의 침략에 저항하는 민족운동의 한 가지 방편으로 기독교를 선택했던 사실도 이런 범주에 포함되는 것이었다. 그러나 부흥운동을 경험하면서, 이들은 회개-중생-성결-성화로 이어지는 영적인 각성과 신앙체험을 통해 참된 신자로 변화하였다.[196]

정리하자면, 19세기 부흥운동의 영향을 받은 선교사들이 전했던 성결의 복음을 토대로 시작된 대부흥운동은 죄에 대한 진정한 자백과 참 신자로서의 거듭남, 즉 성령의 능력에 의한 성결과 중생의 역사가 한국인들에게도 실제적으로 체험된 사건이었던 것이다.

---

196 강명국, "1907년 대부흥운동이 한국교회의 신앙양태 형성에 끼친 영향 - 성령 체험의 역사를 중심으로 - ," 158-60.

제2장

동양선교회 복음전도관 시대
(1907-1921년)

제2장

동양선교회 복음전도관 시대

(1907-1921년)

 1907년 한국성결교회가 우리나라 땅에서 복음전도관으로 처음으로 선교를 시작했다. 이후 교회 조직으로 교단의 형태를 갖추게 된 1921년까지의 기간을 복음전도관 시대라 칭한다. 복음전도관 시대에는 교파의 부흥과 성장을 위한 개교회중심의 사역을 하지 않고 오직 복음전도와 선교중심의 초교파적인 전도 사역에 집중했다.

 한국성결교회의 초기전통은 교세 확장이 아닌 선교우선 정책을 취하였다. 그래서 전도하고 회심한 많은 신자들을 이미 설립되어 있던 기성 교단 교회에 보내주었다.[1] 일제는 1905년 강제로 을사조약을 체결하여 국권을 침탈하고, 1910년에는 한일합방을 통해 우리나라의 주권

※ 본고의 제 2장은 정상운, 『성결교회 역사총론』(안양: 성결교회와 역사연구소, 2012), 45-107을 수정, 요약, 보완하였음을 밝힌다.
1 정상운, 『성결교회 역사연구(Ⅱ)』(서울: 도서출판 이레서원, 1999), 11.

을 강탈해갔다.[2] 일제는 총독을 파견하여 한국을 통치하기 시작하였으며 식민통치에 방해가 되는 기독교를 감시하고 박해하였다. 1906년 안창호가 세운 신민회는 인재를 육성, 자주독립을 위해 설립된 조직이었다. 그러나 일제의 탄압으로 신민회를 이끌던 김구, 안창호 등이 체포되어 실형을 선고받으며 신음하던 시기이기도 하였다.[3]

일본 동경성서학원에서 공부를 마친 정빈과 김상준은 1907년에 귀국하여 복음전도관을 세우며 전도를 시작하게 되었는데 초기 한국성결교회의 명칭은 "동양선교회 복음전도관"이었다.

I. 복음전도관의 태동

가. 복음전도관의 설립

카우만 부부와 나카다 쥬우지는 일본에서 동경복음전도관과 동경성서학원을 세우며 동양선교를 시작하게 되었다. 앞서 살펴본 바와 같이 동양선교회(The Oriental Missionary Society, 약칭은 OMS)는

---

2 배가례, 『성결교회 여성사』 (서울: 기성출판부, 1987), 115.
3 안수훈, 『한국성결교회성장사』 (L.A.: 기독교미주성결회 출판부, 1983), 166-67.

일본 동경에 동양선교회 본부를 두었다. 설립 목적은 다음과 같다: "本 宣敎會는 主 降生 一千九百一年 二月에 하나님의 明白한 使命과 聖神의 指示하심을 받아 일어난 團體인데, 그 目的은 東洋 모든 나라에 純福音을 傳하고자 함이라."⁴

동양선교회는 자립선교를 우선시하였고, 설립된 교회는 자립 자급하였다. 동양선교회는 1902년에 일본 동경에 동양선교라는 비전을 품고 동경성서학원(Tokyo Bible Training Institute)을 세웠고, 1904년 건물을 세우고 동양의 여러 나라의 학생들을 모아 가르치기 시작했다.⁵

1. 정빈과 김상준의 일본 유학과 귀국

1904년 정빈과 김상준은 일본에 건너갔다. *Electric Messages*의 기록에 따르면 "약 4년 전 (1904년) 정, 김이라 불리는 두 사람이 한국에서 성서학원을 듣고 온전한 구원을 갈망하여 우리에게 찾아왔다"고 기록하고 있다.⁶ *Electric Messages*의 「한국선교는 어떻게 시작되었는가?」에서 카우만 부인은 다음과 같이 기록했다.

4　李明稙, "福音主義," 『活泉』 258호, 1.
5　김성호, 『한국성결교회사』(서울: 기독교대한성결교회출판부, 1992), 143.
6　*Electric Messages* (Tokyo: Nov., 1908), 1.

4년 전(1904년) 김과 정씨 성을 가진 한국의 두 그리스도인이 성령의 감동을 받았다. 성령의 감동은 점점 커져서 몇시간 씩 통회와 눈물로 기도하였다. 그들의 마음은 가벼웠지만 안식을 찾지는 못했다. 그들은 거룩한 성결의 삶을 살기 위해 노력했다. 그러나 그 노력은 헛되었다. 어느날 우연히, 아니 필연적으로 하나님의 섭리 가운데 일본에서 막 귀국한 의사를 만나게 되었다. 그는 평소에 동경성서학원을 자주 방문한 사람이었다. 그는 동경성서학원의 가르침을 이들에게 전했다. 그들은 이곳에 오면 성령에 대해 들을 수 있는 것이라 생각했다. 그들은 부인과 어린 자녀들을 남겨두었다. 밤낮으로 여행하여 마침내 이곳에 도착하였다.[7]

우드(Wood)는 동경성서학원에서의 정빈과 김상준이 킬보른과의 첫 만남을 다음과 같이 기록하고 있다.

정빈과 김상준은 낯선 한국 전통복장을 입고 동경성서학원에 나타났다. 호기심에 어린 눈으로 선교사들과 일본 사람들이 뛰어나오자 한국인들은 웃으며 인사했다. 아무도 그들이 누구인지 알 수 없었는데 갑자기 한국 두 사람 중 한 사람이 큰 웃음을 지으며 "할렐루야!" 소리치자 킬보른이

---

7   Ibid., 1.

"아멘"으로 화답하였다. 곧 두 사람은 동경성서학원의 교수와 학생(중국인학생 1인 포함)이 되어 신학수업을 받기 시작했다.[8]

그렇게 공부가 시작된 정빈과 김상준은 어려운 언어의 장벽을 넘으며 성실하게 공부하였고, 성경에 대하여 점점 많은 것을 배울 수 있었다.

정빈은 신미양요(辛味洋擾)로 인해 천주교에 대한 박해가 한참일 때인 1873년경[9] 황해도 해주(海州)[10]에서 태어났다. 그는 8세 때 서당에서 학문을 배웠다. 외국어와 산술, 여러 학문까지 배웠다. 정빈은 학문에 대한 남다른 열의가 있어서 신학문을 습득하는 데에도 열심을 내었다. 「달편지」에 이러한 내용이 소상히 기록되어 있다: "八歲부터 入學하야 漢文으로 始作하고 算術과 또다른 學術까지 硏究하고 자나깨나 이것들의게 종사하야 와스되."[11] 10살쯤에는 기독교로 입신, 교회에 나가 신앙 생활을 하였다.[12] 정빈은 1893년

8　Robert D. Wood, *In These Mortal Hands: The Story of the Oriental Missionary Society the first 50 Years* (Greenwood: OMS International, Inc., 1983), 75.

9　「달편지」 1936년 3월 17일자(김영관, "쇼생은 행년 육십 여세에 온전히 아는 바는 오직 한아뿐이요, 숨님(성령님) 안으로 과거 삼십 년간을 도라보아.")

10　李明稙, 『朝鮮耶蘇敎 東洋宣敎會聖潔敎會 略史』(京城: 東洋宣敎會聖潔敎會 出版部, 1929), 145. 이하 『略史』로 줄임.

11　「달편지」 (1936년 3월 17일자)

12　Ibid.

에 선교사 모삼열(车三悅, Moore), 김영옥(金泳玉), 천광실(千光實) 등이 다니던 연동(蓮洞) 교회의 다녔다.[13] 이러한 이유로 인해 정빈은 이미 일본 유학을 떠나기 전에 어느 정도 성경을 알고 있었다.[14] 「그리스도 신문」에 정빈은 자신이 그동안 배워왔던 성경지식을 다음과 같이 기술하고 있다.

> 나도 밋는 날브터 오늘까지 新約은 사오 편을 보와셔 舊約보다 매우 갓갑게 지내여 왓사외다. … 예수를 자기 쥬로 아는 쟈면 이 몃 가지는(救援, 聖潔, 神癒, 再臨의 四重福音을 말함) 발셔 그 흉중에 예산한 거신즉 실상은 (朝鮮에서) 드른 거시 업사외다.[15]

2. 경성 복음전도관의 설립

1907년 5월 2일 동경성서학원을 졸업한 정빈과 김상준은 조선 경성으로 귀국하였다. 선교사들이 돌아간 뒤 2주 동안 곧바로 전도를 시작하여 경성 염곡에 다 쓰러져가는 집을 세 내어 1907년 5월 30일 '동양선교회 복음전도관(東洋宣敎會 福音傳道館)'을 세워[16] 전

---

13 車載明, 『朝鮮예수敎長老會史記』(京城:新門內敎會堂, 1928), 20.
14 *The Oriental Missionary Standard*, Dec. 1915, vol. 14, No. 2, 2.
15 『그리스도 신문』 1906년 5월 10일.
16 정상운, 『성결교회 역사총론』, 146.

도를 시작하였다. 이로써 이 땅에 한국성결교회가 첫 출발을 하게 되었는데 외국인 선교사의 주도로 교파형 선교를 시작한 장로교, 감리교와 달리 자국인의 주도로 설립된 한국성결교회는 자생적 개척 교단이라는 특성을 갖게 되었다.

정빈과 김상준이 귀국 당시에 동양선교회 선교사 카우만과 킬보른이 입국하였다. 그러나 이들은 조선이 선교 사역지로서 과연 합당한가에 대한 가능성을 확인하고자 하는 목적을 가지고 왔을 뿐 선교기지나 조선 선교를 하겠다는 결정적인 의지는 아직 가지고 있지 않았다. 왜냐하면 그들은 조선 선교보다는 일본 선교에 더 깊은 관심을 가지고 있었고, 아직 일본에서도 동양선교회가 완전히 자립하는 상태가 아니었기 때문이었다. 동양선교회(OMS)가 조선 선교에 주도적이라기보다는 정빈과 김상준이 도리어 주도적이었다. 정빈은 일본 동경성서학원에서 수학할 때 일본에서와 같이 조선에서도 선교의 열매가 맺히는 꿈을 꾸며 계속해서 조선에서의 선교 필요성에 대해 동양선교회에 요청한 바 있었다. 이러한 점 때문에 감리교신학대학교의 송길섭 교수는 한국성결교회에 대해 다음과 같은 평가를 내리고 있다.

한국성결교회의 전신인 복음전도관은 1907년 5월 30일에 정빈, 김상준 두 사람이 일본 동경 성서 학원을 졸업하고 귀국하면서 세웠다. 이들은 서울 종로 염곡동에 있는 헌 집을 임시로 세를 얻어서 동양선교회 복음전도관이란 간판을 걸고 전도하기 시작한 것이다. 이들은 선교사가 들어오기를 기다리지 않았던 것이다. 동족에 대한 선교는 동족의 힘으로 한다는 뜨거운 소명감에 불탄 자생적 교회 수립의 길을 예비했던 것이다. … 정, 김 두 사람이 복음전도관을 세우고 전도를 시작할 때 이들은 두 가지 선교 원칙을 세웠다. 하나는 새 교단을 만들려는 것보다는 그들이 받은 바 신앙 체험을 아직도 복음을 받아들이지 않은 동족에게 전하려는 것이었고, 또 하나는 직접적인 전도, 즉 노방 전도였던 것이다.[17]

카우만과 킬보른이 동경에서 발행한 동양선교회(OMS)의 기관지이자 교단 소식을 담은 *Electric Messages*에서도 1908년 한국을 방문한 후 쓴 글에서 정빈과 김상준의 전도관 개설이 성공적이었음을 기록하고 있다.

> Two years ago they returned to their own land and opened a mission which had gone successfully forward.[18]

17　宋吉燮, 『韓國神學思想史』(서울 : 大韓基督敎出版社, 1987), 170.
18　*Electric Messages* (November, 1908), Vol. 7., No. 2, 1.

3. 동양선교회 복음전도관의 초기 전도활동

정빈과 김상준은 일본 동경성서학원에서 배운 방법대로 복음을 전하였다.[19] 이들이 처음 가진 염곡에서의 집회는 어려움이 많았다. 이곳 저곳으로 옮겨 다니며 셋집도 제대로 얻지 못했다. 그러나 그러한 곤란 중에서도 복음을 전하기를 멈추지 않았다.[20] 이들의 전도방법은 당시에는 낯설고 생소한 노방전도로서 그 방법은 매우 단순했다.[21] 낮에는 나팔을 불고 북을 치며, 밤에는 등을 들고 찬송을 부르며 지나가는 사람들에게 "믿기만 하오! 믿기만 하오!" 외쳤다. 이들은 경성 온거리를 돌아다니며 사람들을 끌어 모았다. 최종적으로 전도관에 모여 복음을 전하였는데 거의 매일 전도집회를 개최하였다.[22] 마치 1970, 80년대 한국교회에서 여름성경학교를 시작하기 전에 북을 치며 동네 한바퀴를 돌며 아이들을 불러 모으며 전도하던 모습을 방불케 한다. 초기 당시에는 교파 중심의 교회가 아니였으므로 전도한 사람들을 인근 가까운 교회로 인도하였다. 이렇게 교회도 없이 독특한 노방전도방식으로 인해 세인들에게 남사

---

19 정빈은 『그리스도 신문』(1906)에 기고한 글에서 동경성서학원의 전도방식을 다음과 같이 소개하고 있다. "주일이면 남녀가 사처로 허여져 나가서 길에서 찬미하여 라발도 불어 사방으로 사람을 모화놋코 남녀가 차례로 연설한번식 돌녀가며 모든 사람에게 이갓치 전도하고"

20 『略史』, 51.

21 中央聖潔敎會 出版委員會, 『中央敎會 70年史』 (서울 : 中央聖潔敎會, 1978), 33.

22 『略史』, 51.

당패, 굿중패라는 조롱을 듣기까지 하였는데, 이들은 복음을 전하는 일에는 개가죽을 뒤집어 쓰는 일도 사양하지 않겠다는 정신으로 진격적으로 전도하였다.

1908년 겨울, 성령의 강력한 부흥 역사가 복음전도관에 일어났다. 경성 장안의 모든 교회와 교역자, 선교사들까지 참여하여 통회 자복하고 회개하여 성결의 은혜 체험을 하게 되었다. 같은 곳 평양에서도 대부흥 운동이 일어나 전국적으로 확산되고 있었다. 이렇게 부흥하게 되자 전도관의 장소는 몰려든 사람들로 인해서 비좁게 되었다. 그래서 구리개(銅峴, 현 무교동)에 동양선교회의 후원금으로 한옥을 구입하여 이전하였다. 동경성서학원을 함께 졸업하였던 이장하(李章夏), 김두엽(金斗燁)도 귀국하여 힘을 합쳐 전도하기 시작했다. 강태온(姜泰溫), 김혁준(金赫濬)은 진남포(鎭南浦)에 1908년 5월에 진남포전도관을 설립하였다.[23] 이듬해 1909년 6월 9일에는 경기도 개성에 개성 전도관이 세워졌다.[24] 토마스(John Thomas) 감독이 한국에 파송되기 전이었던 1907년부터 1910년까지 3년 동안 동양선교회의 외국인선교사의 도움없이 오직 한국인에 의하여 복음전도관(성결교회)이 3곳이나 설립되는 역사가 일어났다.

---

23 Ibid.
24 『略史』, 51.

4. 정빈과 김상준의 신학사상

가) 정빈의 신학사상

1) 십자가 구원의 복음

정빈이 가진 신학사상은 십자가 구원의 복음이었다. 그는 십자가 구원의 복음과 직접복음전도를 강조하였는데 이는 한국성결교회의 정체성이자 특징으로 이후 자리매김하게 되었다. 성결교단은 처음부터 교단중심의 선교정책을 세우지 않고, 선교, 전도본위의 선교정책을 세우고 전국에 목회 중심의 교회보다는 복음을 직접 전하는 선교 중심의 복음전도관을 중심으로 사역을 펼쳐 나갔다. 이러한 선교정책은 신앙 선교(Faith Mission) 정신의 근간이 되었다. 이러한 이유 때문에 10여 년 동안 선교 단체로 사역을 하다가 비로소 1921년 9월 조선 야소교 동양선교회 성결교회로 개칭하며 기성 교단의 체계를 갖추게 된 것이다. 동경성서학원에서 수학할 때 「그리스도 신문」에 기고한 글에서 그는 자신의 십자가 구원의 복음을 확실히 밝히고 있다: "이 글을 읽어야 십자가의 피가 자기와 엇더케 샹관되는 거슬 분명히 깨다를 거시오 주 예수께셔 우리 구원의 쥬가 되시고 영원한 약속의 쥬가 되시는 줄을 깨다를 거시오."[25]

---

25 鄭彬, "셩경 읽은 경험," 『그리스도 신문』, 1906년 5월 10일.

2) 사중복음 강조

처음 이 땅에서 출발할 때부터 사중복음을 강조한 성결교회는 중생과 성결을 매우 중요하게 여겼고, 신유의 역사와 재림을 사모하는 종말론적 신앙을 강조하였다. 영혼 구원을 최우선의 과제로 삼았던[26] 정빈은 동경유학 중 고국에 보내는 글에서 그동안 동경성서학원에서 배운 사중복음에 대하여 다음과 같이 설명하고 있다.

> 또한 이곳에서 믿는 目的에 第一 特別한 條目은 네 가지이니, 第一은 救援이요, 第二는 聖潔이요, 第三은 神癒(藥 아니 쓰고 祈禱만 하여 나음을 받는다고 함)요, 第四는 再臨이라는 것이 다른 敎會보다 다를 수 있소. 예수를 자기 主로 아는 자면 이 몇 가지는 벌써 그 흉중에 예산한 것인즉 실상은 들은 것이 없습니다.[27]

① 중생

정빈은 태극학회(太極學會)에 실린 '면면(面面) 그리스도'의 글에서 중생의 의미를 다음과 같이 설명하고 있다.

> 그런데 지금은 이 쟈유 두 글자를 모르는 사람이 업고 그 듕에라도

26　宋吉燮, 『韓國神學思想史』(서울 : 大韓基督敎出版社, 1987), 92.
27　鄭彬, "성서 학원 형편", 『그리스도 신문』, 1906년 3월 8일.

이 두 글자를 목마른듯시 사모하는 나라는 대개 아라사와 청국과 우리 한국이라. 이럼으로 아라사되 동쟈는 쟈유의 꿈을 꾸고 청국 쳐녀들은 자유의 노래를 부르고 한국은 오쳑 동자라도 쟈유를 바라는 사상이 간절함으로 사람 사람이 날마다 머리를 동편으로 돌니고 태평양에셔 건너오는 배만 기다리며 금번에난 혹 쟈유실은 배가 올가 하고 이갓치 渴望을 품엇도다. … 중략 … 그러나 만일 그 나라에셔 쟈유를 허락할지라도 그거시 온젼한 쟈유라고 하지 못타리니 이는 무타라 사람들이 다 죄를 가지고 잇는 연고요 죄인의게는 쟈유가 업느니 셩경 말씀에 내가 원하는 션은 행치 아니하고 원치 아니하는 악은 행하는도다(羅七○十九). … 중략 … 그런즉 참쟈유가 별한 곳에 잇는 것시 아니오 곳 하나님 말삼 속에 잇나니 구코져 할진대 곳 사람 사람의 발 합혜 잇는 거시라. 엇지 먼 곳까지 가리오. 이는 세상이 어리셕게 녁이고 낮게 보는 십자가에셔 흘닌 예수의 피가 사람 마음 가온대 비상한 능력을 행하야 죽은 쟈를 살니고 병든 쟈를 곳치고 마귀의 결박밧은 쟈들을 自由解放하나니.[28]

「달편지」[29]에셔는 중생에 관한 그의 사상을 분명히 알 수 있다.

---

28 太極學會, 『太極學報』, 第4號 (光武10), 41-43.
29 동아기독교 총부에서 개교회로 보냈던 초기 침례교회 교단 기관지이다.

> 져로 온전히 깨닷게 하시고 의심업게 하시고 그 우에 또 담대케 하심을 밧으온 거슨 죄인이 구쥬님의 높흐신 십자 공로뿐 밋으오면 누구던지 텬당으로 영접함을 밧으올 일 이것 한가지 온전히 아온 거시올시다.³⁰

1925년에 출간한 『朝鮮耶蘇教東洋宣教會 聖潔教會 教理及 條例』의 '칭의(稱義)'와 다음의 정빈의 중생관(重生觀)이 서로 일치함을 확인할 수 있다.

> 사람이 하나님 앞에 옳다 함을 얻는 것은 우리의 善行과 功勞로 얻을 수 없고, 오직 예수 그리스도의 功勞와 우리의 信仰으로 말미암아 義롭다 하심을 얻나니 이것이 明白한 教理도 되고 마음에 眞正한 安心도 얻는다.³¹

② 성결

정빈은 중생 후에 오는 오순절 성령의 불, 즉 성령 세례를 통해

---

30 「달편지」, 1936년 3월 17일.
31 吉寶崙, 『朝鮮耶蘇教 東洋宣教會 聖潔教會 教理及條例』(京城 : 東洋宣教會本部, 1925), 12. 이하 『教理及條例』로 줄임.

"적고 큰 모든 더러운 죄악(원죄에서 씻음)을 온전히 멸해야 함"³²을 설명한다. 이는 전통적인 오순절 계통 교단에서 말하는 2차 은혜를 뜻한다. 「그리스도 신문」에 나오는 그의 성결에 관한 글을 통해 쉽게 확인할 수 있다.

> 또 여긔서 밋는 사람의 특별히 배홀 대건사가 잇스니 곳 오순절 은혜라. 밋는 사람이 흔히 회개하는 은혜만 밧으면 족한 줄노 알고 이만 하엿스면 족히 텬국에 가겟다 하나 이는 만족지 못한 생각이라. 회긔하는 은혜만 밧으면 전 모양보다 좀다른 거시 잇기는 하나 그 마음 가온대 영원한 안식은 엇지 못하노니 이런 사람은 신심이 든든치 못하야 밋기 전보다 괴로운 형편은 더 만홀 터이오, 하나님과 종시 친근한 관계를 엇지 못하여 긔도를 할지라도 힘은 업스니 그럼으로 이 오순절에 예비하신 둘재 은혜를 밧아야 하나님과 갓가워져서 그의 깃브게 밧으시는 완전한 제물을 드릴 수가 잇고 성신의 불노 마음 가온대 적고 큰 모든 더러운 거슬 온전히 소멸하여 버린 후에 아름다운 새사람을 입을 수가 잇노니 그런 연후에야 영원한 안식에 드러가 정결한 생의 가운데 날을 보내는 즐거움이 잇슬 터이오, 영원한 기업을 내 거스로 든든히 바라는 마음이 잇슬 것이니 엇지 아름답지 아니하리오. 이

---

32 『그리스도 신문』, 1906년 5월 10일.

은혜는 우리 믿는 자의 데일 필요하고 크게 상관되는 대건사로 생각 하옵니다.[33]

정빈은 오순절 성결파의 인간 내면의 완전한 부패성의 소멸이 바로 성결의 은혜라고 여겼다. 특별히 동양선교회에서 성령의 능력, 성령세례로 표현되는 성결론은 만국사도성결연맹과 기도동맹이 주장했던 웨슬리안 성결론과 같은 것이다. 이것은 19세기 후반 미국 서부지역의 성결운동과 맥을 같이한다.[34] 『敎理及條例』에서 나오는 "完全한 聖潔이라 함은 그리스도로 말매암아 聖神의 洗禮를 밧음이니, 卽 거듭난 後에 信仰으로 瞬間밧을 經驗이니라."[35]는 성결론의 내용과 매우 같음을 확인할 수 있다. 정빈의 신유론과 재림론은 그 기록을 찾기 어려우나 동양선교회에서 발행한 『敎理及條例』에 나오는 중생, 성결론에 비추어 볼 때 동일한 강조점으로 같은 내용으로 보일 것으로 사료된다.

3) 구습에 대한 개화사상

정빈은 시대를 앞서가는 개화사상적 개혁안을 가지고 초기 한국성결교회를 이끌었다. 이 시대는 쇄국정책의 붕괴로 개화사상이

33　Ibid.
34　Ibid.
35　『敎理及條例』12.

몹시 강조되던 때였다.³⁶ 정빈은 「그리스도 신문」을 통해 구습 타파를 강력히 주장하였다.

> 우리는 구습이 되어 그리하고라도 예수만 잘 밋엇스면 쓰지 혹 이러케 생각들어 가나 외국을 와서 남의 풍속을 보고 그 일에 대해야 올코 그른 것과 이긔고 지는 형편을 비교하여보니 우리들의 이왕한 모든거시 다 지혜업는 일이오 또 첫째로 쥬의 뜻세도 합당치 아니하여이다.³⁷

더나아가 정빈은 현실적으로 교회에서 예배 시 남녀를 구분하여 사용하여 왔던 당시 교회 관습에 대해 과감히 휘장철폐론을 피력하였다.

> 또한 말삼은 다름 아니라 내가 이곳 와서 보니 성경 공부할 때나 긔도회로 모일 때나 남녀 학도들이 한 방안에 좌우로 갈라안고 긔도 찬미하고 그중에 깃븜을 엇은 쟈나 근심이 있는 쟈나 회중에 니러서고 혹 자복도 하고 혹 증거도 하면 여러 형뎨 자매가 듯고 그 중 근심 하는 쟈는 위하여 긔도하야 그 마음에 평안함을 엇도록 간절히 근구하고 또 깃븜으로 증거하는 쟈의게는 일시 찬송하야 그 밋음과 깃븜을 더욱 배양한즉 우리 갓흔 외국 사람의게까지 애정이 균일하게 밋

36　李萬烈, 『韓國基督敎文化運動史』 (서울: 대한 기독교 출판사, 1987), 44.
37　『그리스도 신문』, 1906년 3월 8일.

침으로 항상 위로함을 밧삽나이다. 이것을 보고 우리 교회의 형편을 생각하니 다른 곳은 널니 보지 못하엿슨즉 자셰히 아지 못하거니와 셔울노 말하야도 이런 풍속이 적고 또한 이때까지 회당 한복판에다가 휘장을 치고 내외를 불통하야 삼사년을 회당에 단녀도 어느 형뎨와 어느 자매지를 아지도 못하고 지내는 사람들이 만흐니 이러케 서로 막고 통하정이 업서셔야 애정이 생기며 교회가 엇지 진보될 수가 있소.[38]

정빈은 또한 유교적 남존여비사상을 구습으로 여겼다.[39] 그리고 개화된 일본과의 비교를 통해 앞으로 여성의 지위와 역할에 대해 조선이 나아갈 방향을 제시하고 있다.

일본은 동경 안에 실업에 종사하는 녀자만 삼십여만 명이라는대 금년 정월에 이곳 셩셔 학원에서 한쥬일 동안 전도할 일노 각처각지에셔 다 모혀 의론하엿는데 각기 그 디방을 좃차 그녀자들의게 전도하기로 결심하는 거슬 보니 우리나라 교회 갓흐면 엇지 이런 긔회가 있어서 수다한 령혼을 쥬압흐로 인도할 수 있겠소.[40]

---

38 Ibid.
39 『대한 그리스도인 회보』 1899년 2월 15일.
40 『그리스도 신문』 1906년 3월 8일.

정빈의 이러한 남존여비사상에 대한 개혁과 구습타파에 대한 선구적인 혁신 의지는 당시 시대에 큰 반향을 일으켰다. 이러한 정빈의 개혁사상으로 인해 1911년 3월 경성성서학원이 개원되었을 때 장로교, 감리교에서 찾아볼 수 없는 남녀공학제의 수업이 시행되었다. 남녀가 유별하던 시절 남자와 마찬가지로 여자도 교육의 균등한 기회를 주었다는 사실은 여러 가지로 사회에 큰 영향을 주게 되었다.

> 략1년 동안을 시내 전도관(市內傳道館)에서 十여명의 남녀 수양생을 모화서 교수하다가 一千九百十二年 三月에 죽첨뎡 三뎡목(竹添町三丁目) 三十伍번디에 신축중(新築中)이던 성서 학원이 고성(固成)되매 봉헌식(奉獻式)을 거행하고 신축 학원으로 이전하엿더라. 이때는 남녀 공학제(男女共學制)가 되야 남녀 학생이 한 강당(一講堂)에서 배호게 되니, 교실(敎室), 교수(敎授), 경제(經濟) 문뎨에는 유익되는 방면이 업지 아니하나, 남녀 지식 뎡도의 우열(優劣)의 차이가 현수(縣殊)하야 곤란한 점이 만핫고 또는 조선의 녀자들이 구가뎡 교육(舊家庭敎育)을 밧은 외에는 다른 교육이 업슴으로 … [41]

---

41   『略史』 34-35.

이처럼 정빈은 처음 출발부터 시대적으로 매우 앞서가는 개화사상을 가지고 있었다. 실제로 1912년부터 1922년까지의 경성성서학원의 졸업생 80명 중 22명이 여학생들이었다. 이들은 이후 전도부인으로 아직도 남녀가 유별하던 시절 여성전도에 큰 기여를 하게 되었다.

나) 김상준의 신학사상

김상준은 정빈과 달리 그가 남긴 저서를 통해 그의 신학사상을 엿볼 수 있다. 그의 대표적인 저서인 종말론 강의서인 『默示錄講義』, 『但以理書講議』(1932년)와 중생, 성결, 신유, 재림의 교리를 설명한 『四重教理』(1921년) 3권의 책은 그의 신학사상을 잘 대변해 주고 있다.

1) 『默示錄 講義』와 전천년설의 재림론

『默示錄 講義』는 동양선교회 출판부에서 발행이 되지 않고 김상준이 성결교회를 떠난 이후 '조선 야소교 감리회'에서 1918년 11월에 출간되었다.

> 自古 今에 聖書를 講解한 博士도 多고 黙示錄에도 特別히 專心研究한 者가 不少한 中에 愛我兄弟 金相濬君은 素以篤信好學으로 聖經을 熟讀하야 卓越한 識見과 聖潔한 當世에 兼備한 司役者이라. 多年

> 講演之暇에 聖神의 感應을 受하며 諸先生들의 博義를 參考하야 黙示
> 錄講義一編을 著述하였시니 彼의 明確한 證論과 對熙한 修理가 曲暢
> 旁通하야 可胃修學者의 羅針이오 迷津者의 慈筏이라.[42]

감리교의 걸출한 신학자라 일컫는 탁사(濯斯) 최병헌은 김상준의 학문적인 실력과 성경에 해박한 지식과 노력에 대하여 극찬하였다.[43] 그리고 김상준은 초기 한국 신학 형성의 선구자의 역할을 다한 최병헌과 친밀한 관계 속에 있었음을 알 수 있다.

김상준은 영해(靈解)가 가지는 주관적인 해석에 빠지는 오류를 피하기 위하여 미국의 신학자인 사이스 박사와 왓슨(G. D. Waston), 일본에서 가르침을 받았던 사사오 데쯔사부로우(笹尾鐵三郞) 목사[44] 등 8-9명의 영해 대가들의 주해서를 참고하였고, 원고 정리와 교정은 감리교의 김유순(金裕淳) 목사와 정달성(鄭達成) 전도사에게 맡겼다.[45]

---

42 金相濬,『黙示錄講義』(京城: 朝鮮耶蘇教監理會, 1918), 1-2. 이하 『黙講』으로 줄임.
43 『基督敎思想』 1971년 7월호, 156.
44 사사오 데쯔사브로우(笹尾鐵三郞, Tetsusaburo Sasao, 1868. 8 - 1914. 12.)목사는 캘리포니아에 있는 산호세 상과 대학(San Jose Commercial College)재학중 1887년 12월 30일에 불교에서 회심하여 그리스도인이 되었다. 벅스톤(Thomas F. Buxton)의 권유로 동경성서학원 교수가 되어 12년간 초기 동경성서학원의 가르침과 행정 책임을 맡았다. 1913년 4월 이후로부터 죽는 날까지 일본 전국 각지로 순회 전도를 한 헌신적인 전도자로, 일본 성결운동지도자 중의 한 사람이다. cf. John J. Merwin, "The Oriental Missionary Society Holiness Church in Japan, 1901-1983" (Diss., Fuller Theological Seminary, 1983), 57-63.
45 김유순 목사는 황해도 신천 출신으로 미국 남가주 성경전문대학과 테솔 감리교 신학교를 졸업한

> 예수의 血에 心을 관하며 聖靈의 光에 目을 醒하야 東西洋 靈的 大家 미국 사이스, 왓손 兩博士와 內地의 笹尾鐵三郞氏의 解說을 鈞採하야(世俗的 解說은 一竝除去하고) …崔炳憲先生의 序文의 勞와 金裕淳兄의 較閱의 勞와 鄭達成兄의 稿筆役의 勞를 茲에 厚謝함.[46]

김상준의 『黙示錄 講義』에 대해 김철손(金喆孫) 교수는 다음과 같이 평가했다.

> 우리나라에 있어서 최초로 계시록을 체계 있게 해설해 주는 분은 성결교회의 김상준 목사다. … 초창기의 출판물이기는 하나 신학 서적으로서의 격식은 다 갖추었으며 학적인 이론을 토대로 해서 굳은 신념을 가지고 자신 있게 계시록 전체를 풀이하였다.[47]

김상준은 전천년설을 주장하며 예수의 재림의 사건도 현재의 역사 안에서 점진적으로 발전되어 이루어 지는 것이 아니라 다음의 내용과 같이 순간적인 한 순간의 사건으로 이루어지는 것으로

뒤 1917년에 귀국하여 순회 부흥 목사로 사역하다가 1922년부터 평양 남산현 감리교회와 서울 북아현 감리교회 등을 거쳐 1948년에는 감리교 제9대 감독이 되었다. 정달성 전도사는 평남 평원 출신으로 1918년 경성성서학원을 졸업하고 강경 교회를 세웠다.

46 『黙講』, 4-5.
47 『基督敎思想』, 1917년 7월호, 156-57.

보았다.

或이 此璉은 곳 人이 福音을 廣布하면 惡魔가 漸次 力窮勢衰하야 恰然히 見縛함과 加히 될 事의 比喩라. 千年後再臨說을 主唱하는 스지 博士의 說하나 取信치 못할 說이니라. 何故이냐하면 原語에는 過去動詞(애오리쓰토, 텐쓰)니 곳 '執, 縛, 對' 三語의 意가 包含하였은 則 決코 漸次되는 것이 아니오, 瞬間內에 見縛하다는 意인 故라 하느니라.[48]

김상준은 이상과 같이 후천년설을 버리고 천년왕국 전에 예수께서 재림하시고, 이미 재림하시기 전에 모든 사건이 끝난 상태에서 새로운 역사 가운데서 시작할 것이라는 전천년설을 주장하였다.

『千年門』 예수께서 此地上에 再臨하사 以色列人과 및 前者에 被擧한 一般異邦의 聖徒와 한가지로 此全世를 統治하시며 王노릇하실 一千年間 …[49]

---

48 Ibid.
49 Ibid., 243.

2) 『四重敎理』와 사중복음

1921년에 출간된 『四重敎理』는 성결교 사중복음의 중요한 내용을 담은 책으로서 성결교 신학의 교리 근간을 세우는데 있어서 결정적인 역할을 하였다.[50] 김상준은 일본 유학 시절 동경성서학원에서 나카다 쥬우지를 비롯한 교수들에게 사중복음을 처음 접하게 되었다. 함께 일본에서 공부하였던 정빈은 이것에 대해 다음과 같이 말하고 있다.

> 동경성서학원은 6년 전에 창립한 거신데 교사는 미국 사람 킬보른 래호이돈니량 씨와 일본 사람 중전중치와 셰미철삼랑이니 학원의 교수하는 일은 이 두 사람이 주장하고 학도는 남녀 병호여 오신여인데 … 이곳서 밋는 목덕의 데일 특별한 됴목은 네 가지이니 데일은 구원이오, 데이는 성결이오, 데삼은 신유(약 아니 쓰고 긔도만 흐여 나음을 받는다 함)오, 데사는 재림이라는 것이 다른 교회보다 다르다.[51]

『四重敎理』 서문에서 김상준은 '사중교리'가 삼위일체 하나님께서 성경 중에 명백히 말씀하신 현시된 진리라고 말한다.

---

50 한영제, 『한국 기독교 문서 운동 100년』 (서울 : 기독교문사, 1987), 69. 이 책에 보면 다음과 같이 『四重敎理』를 설명하고 있다. '1921년 발행된 성결교 교리서, 저자 김상준(金相濬), 발행처 성서학원(聖書學院), 22.2×15.5cm, 한지, 85매, 등사본, 국한문 혼용, 내려쓰기.'

51 『그리스도 신문』 1906.

> 大槪 四重敎理란 者는 卽許多한 眞理中의 最切要한 四重의 敎理 니 卽 新生[52]과 聖潔과 再臨과 神癒 此四個가 是也라. 此四重敎理는 卽 三位神께서 明白히 聖經中에 言하사 顯示하신 眞理라.[53]

김상준은 중생(혹은 신생), 성결, 재림, 신유 순서로 다음과 같이 설명한다.

① 중생: 중생에 대해서는 신생명과 연관하여 신생이라고 달리 말한다.

> 罪人이 하루 아침에 그 罪로 퍼진 마음을 眞實하게 悔改하고 하나님께서 사람으로 주신 新生命의 주 예수를 自己의 救主로 받아들여 믿으면 하나님께서 또한 그 約束하신 말씀과 같이 그 靈魂에게 永遠한 生命을 주심이라.[54]

이는 동양선교회의 『敎理及 條例』와 같은 의미를 지니고 있다. '교리'의 7절인 '칭의(稱義)'에는 다음의 글이 기록되어 있다.

---

52 金相濬은 중생은 '신생(新生)'으로도 함께 구별없이 사용하였다. 3.
53 金相濬, 『四重敎理』(京城: 東洋宣敎會聖書學院, 1921), 1.
54 Ibid., 5.

> 사람이 하나님압해 올타함을 엇는 것은 우리의 善行과 功勞로는 엇을 수 업고 오직 예수 그리스도의 功勞와 우리의 信仰으로 말매암아 義롭다 하심을 엇나니 이것이 明白한 敎理도 되고 마암에 진정한 安心도 엇나니라.[55]

② 성결: 성결에 대한 정의를 다음과 같이 피력한다.

> 聖潔이라는 것은 위에서 陳述한 바와 같이 罪根[42] 卽 人間 內部에 殘在한 惡性(原罪)과 마음의 罪를 主의 寶血과 聖靈의 불로 씻어서 淨潔케 하고, 더러움이 없게 하며, 티끌이 없게 하는 것이다.[56]

김상준은 성결을 죄근(罪根), 인간 내부에 잔재한 악성(원죄)와 마음의 죄를 주의 보혈과 성령의 불로 씻어서 정결케함으로 정의하며 중생 후에 신앙으로 순간에 받을 경험으로서 원죄로부터의 정결과 하나님의 뜻을 이룰 능력받음으로 말하고 있는데 이러한 내용은 앞서 살펴 본 동양선교회 16개 신조 중 8번째 신조인 '성결'의 내용과 동일한 내용을 보이고 있다.[57]

---

55 『敎理及條例』 12.
56 Ibid., 74.
57 『略史』 13.

> 完全한 聖潔이라 함은 그리스도로 말매암아 聖神의 洗禮를 밧음이니 卽 거듭난 後에 信仰으로 瞬間에 밧을 經驗이니라. 또한 完全한 原理에서 淨潔케 씨슴과 其人을 聖別하야 하나님의 聖旨를 일울 能力을 주심이니라.[58]

③ 재림: 김상준은 재림을 '주께서 육신으로 재차 이 지상까지 강림하심'으로 정의하고 있다.[59] 앞서 살펴본 『黙示錄 講義』에서 나오는 전천년설의 재림론과 동일하다.

> 대개 再臨이란 것은 1900年前에 世上을 罪惡中에서 救援하시려고 成肉身하셔서 十字架에 못박혀 죽으셨다가 3日後에 復活하시고 500명의 弟子들이 보는 中에서 昇天하신 主예수(행 1:11)께서 우리들을 (擇한 者들만) 救援(괴로움을 면하게)하시려고 肉身으로 다시 降臨하시는 것(肉身이 靈體로 變한 그대로)이다.[60]

④ 신유: 신유(神癒)에 대해서는 "의료(醫療)를 쓰지 않고 다만

---

58 Ibid., 76.
59 Ibid., 46.
60 Ibid., 37-38.

믿음으로 기도하여 병고침을 받음"[61]이라고 정의한다.

> 信者가 病이 나거든 그 罪過를 깊이 살펴보아 悔改해야 됨을 認定하고, 祈禱하면 醫療를 쓰지 않더라도 主께서 주님의 能力으로 鬼神이 나가게 하고 罪過와 不治의 病을 勿論하고 한번 按手하심과 한 마디 말씀으로 完全히 낫게 함을 이른바 神癒라 한다.[62]

김상준은 『四重敎理』 '4중교리 제4 신유'란의 제6장 '신유가 과연 미신이뇨'에서 신유는 순전한 진리요, 결코 미신이 아님을 다음과 같이 밝힌다.

> 엇던 이가 말하기를 神癒를 밋는 것이 迷信이라 하니 大槪 神癒는 眞理요 決코 迷信이 아니올시다. 엇던 雜誌를 見한즉 日本에 天理敎와 黑任敎信徒等은 邪魔를 信仰하야 其魔能으로 疾病을 醫癒한다 하엿스나 此神癒는 其와 如한 邪魔의 能으로 함도 아니요 又迷信도 아니올시다. 萬一 只今은 末世라 異端과 거즛것들이 多出하야 主의 聖名(主의 거룩한 일홈)을 비러 가지고 邪能으로 病을 醫하는 이가 有할 것 갓흐면 … 중략 … 萬一 神癒가 迷信되면 救罪를 밋는 信도 (뿐

---

61 Ibid., 37-38.
62 Ibid., 65.

만 아니라 신성과 밋 성결을 밋는 밋음들도) 亦是 同一한 迷信이라고 할 수 밧게 업소이다.[63]

또한 김상준은 제7장 '신유란 거슨 의약을 절대적으로 금하는 것이뇨'에서 신유라는 것이 타물(他物)을 일절 의뢰하지 않고 하나님만 신뢰하며 의약을 사용하지 않고 치료의 은총을 받는 것이지만, 병든 자의 신앙에 따라서 의약을 사용하는 것도 죄가 되지 않음을 설명하고 있다.[64] 이러한 신유의 내용은 동양선교회 16개 신조 중 제14 신조(절) '신유'에 동일하게 나타나고 있다.

> 聖經에 病을 곳치는 敎理가 記載되어 있슴은 우리가 밋는바 - 라. 마가 十六章 十七 -十八節과 야고보 伍章 十四-十伍節의 말삼대로 하나님의 子女들이 信仰으로 祈禱하야 病곳침을 밧을 特權이 잇나니라. 그러나 이대로 하지 못하고 醫藥을 依支하는 者의게 對하야 批評도 하지 말지니라.[65]

---

63 Ibid., 68.
64 Ibid., 74.
65 『略史』 14-15.

3) 『但以理書 講議』

김상준은 "단이리서 강해(但以理書講解)"를 『活泉』에 연재하였다. 1931년 8월호, 9월호부터 연재를 시작하여 1933년 8월, 9월호까지 게재하였으나 중간에 종재되면서[66] 완결하지는 못했다. 그 이유는 김상준이 병으로 그해 10월 주님께 부름을 받았기 때문이다. 그러나 다행히도 『活泉』에 기고하기 이전인 1932년에 122면으로 등사본 형식으로 된 책을 출간하였다("但以理書講解 終 金相濬牧師 著述").[67] 다음은 『但以理書 講議』의 목차로 전반부 '역사'(1-6장)와 후반부 '다니엘의 예언'(7-12장)으로 나뉘어져 있다.[68]

第一章 다니엘과 彼의 三友人의 傳記

第二章 느부갓네살의 巨象夢과 그 結果

第三章 다니엘의 三友人의 火中見投

第四章 느부갓네살의 大樹夢과 그 結果

第伍章 벨사살의 驕慢과 바벨논의 滅亡

第六章 다니엘의 獅穴의 見投함과 거기서 得救됨

第七章 獸의 異象

---

66 『活泉』 제129호, 130호, 46.
67 金相濬, 『但以理書講議』(1932), 112.
68 Ibid., 1.

第八章 牧羊과 牧山羊의 幻象

第九章 七十週의 五言

第十章 다니엘의 긔도와 榮耀의 幻象

第十一章 열왕의 一覽表[69]

第十二章 (原文에 內容 없음)[70]

이응호는 암울한 시대 상황에서 다니엘서 강의를 통하여 한국 교회와 성도들에게 소망을 희망을 주기 위함을 다음과 같이 밝히고 있다.

> 金相濬 牧師가 暫時도 누울 時間이 없는 復興講師 生活에서 이렇게 성경에서도 黙示的인 것을 골라 硏究한 것은 日帝의 총부리 아래에서 呻吟하는 韓國民族, 그리고 韓國敎會의 聖徒들을 慰勞하고 希望을 주어, 한편으로는 日帝를 詛呪하기 爲한 目的이 숨어있었던 것이다.[71]

김상준의 저서는 16세기 루터가 나타나서 카톨릭교회의 상부구

---

69 원 목차에 수록할 때 빠진 내용을 필자가 책의 본문 내용 중에서 다시 옮겨다 적음
70 金相濬, 『但以理書講議』, 1.
71 이응호, 『한국성결교회사 논집』 (서울: 성결교신학교, 1987), 117.

조의 잔해를 청산한 개혁의 토대 위에 칼빈이 신학적 기둥을 세운 것과 같이 정빈이 일구어왔던 초교파적인 선교 본위의 터 위에 사중복음이라는 한국성결교회 신학의 초석을 놓았다.[72] 특별히 김상준의 저술을 통한 전천년설 종말론 강조는 한국성결교회로 하여금 일제 강점기 일제의 폭정과 탄압을 감내하고 신사망령에 저항하는 힘을 제공하게 되었다.

나. 초기 전도관의 활동(1907-1910년)

1. 전도관 활동

1907년 5월 30일 성결교회 첫 창립모임에서 5명의 구도자가 나왔다. 정빈과 김상준은 일주일에 8번의 집회를 드렸고, 12번의 구령회를 가졌다. 이후 36명의 영혼을 구원하였다. 1907년 9월 동양선교회 본부에 다음과 같이 보고됐다.

> 한 자매는 이 달에 성결체험을 하였다. 빛과 성결이 새롭게 그녀의 마음에 왔기에 아주 기뻐하고 있다. 우리 사역에 동감하고 도쿄성서학교에 가기를 원했던 미션스쿨에 살고 있는 한 자매(박기반)는 학교에서 퇴학당

---

72 정상운, 『성결교회역사총론』 (안양: 성결교회와 역사연구소, 2012), 107.

하였다. 그녀를 위해 기도 바란다. 한 달 동안 8번의 성경공부와 기도회, 4번의 성결을 위한 집회, 12번의 구령회, 특별집회를 가졌다. 주께서 36명의 영혼을 허락하셨다. 우리는 한 달 동안 1,200부의 전도지를 배포하였다. 이제 성결을 구하는 3명의 그리스도인이 있다. 많은 마귀들이 우리 사역을 대항하고 있다. 저들과 우리를 위해 기도해 주기를 바란다."[73] 경성복음전도관은 복음전도를 위하여 열심히 전도 집회를 가졌고, 부지런히 사역을 하였다. 다음은 1908년 1월에 보고한 사역내용에서도 초기 복음전도관의 열정을 확인할 수 있다. "우리는 7번의 야외집회, 9번의 성경공부, 5번의 부흥회, 3번의 주일학교를 열었다. 기독교인집회는 12번, 기도회는 4번 개최하였다. 3000장 이상의 전도지가 배포되었고 16명이 회심했다. … 전도관을 연 이후 지난 6개월 동안 272명이 그리스도를 만났다.. 이들 대부분은 구원을 얻었을 줄 믿는다. 저들이 진정으로 구원받았는지는 알 수 없지만 하나님께서 많은 사람들의 심령에 뿌려진 씨앗을 사용하실 것을 믿는다. 일부는 다른 교회로 갔지만 그곳에서 이제 교인들이 되었다.[74]

초기 경성복음전도관은 정빈, 김상준, 이장하 동경성서학원을

---

73 *Electric Messages* (Tokyo: 1907. Otc.)
74 *Electric Messages* (Tokyo: 1908. Jan.)

졸업한 3인 중심으로 운영되었다. 세 명은 각자 역할을 분담하여 사역에 정진했다. 정빈은 매일 오전 성경공부를 가르쳤고, 이장하는 부흥사역을, 김상준도 정빈과 함께 말씀을 가르치며 사역을 하였다.[75] 1909년 3월 진남포 예배전도관에는 김혁준, 강태온 등이 전도하였는데 8명이 예수께 돌아오는 역사가, 인근마을에서도 10명이 더 전도되었다.[76] 1909년 12월 송도전도관에서는 박해 속에서도 성탄절에 모여 12명이 간증집회를 하였고 24명이 구령되는 역사가 일어났다. 추운 겨울이었음에도 불구하고 열 두 번의 옥외예배가 있었고 매 집회마다 40여 명이 참석하는 놀라운 일이 일어났다.[77] 이렇게 복음전도관은 전국 각지로 계속하여 늘어났고 전도의 열정은 폭발적으로 타오르게 되었다.

2. 초기 성별회

성별회(聖別會)는 성결교회만이 가지고 있었던 독특한 모임을 말한다. 이 모임은 보통집회, 예배와는 성격을 달리하였다. 성별회는 성결의 교리를 설교하여, 성결의 은혜를 받게 하는데 그 목적이 있었다. 이 모임을 통해 실천적으로 경험하게 하고, 경험한 은혜를

75　김성호, 『한국성결교회사』, 152.
76　*Electric Messages* (Tokyo: 1909. Apr.)
77　*Electric Messages* (Tokyo: 1909. Feb.)

간증하는 집회였다.⁷⁸ 성결의 은혜를 간구하고 은혜 주심을 경험하는 집회였다. 성별회는 초신자를 위한 집회가 아닌 중생의 경험을 하고 등록된 기존 신자를 위한 집회이며, 좀 더 높은 은혜인 성결, 즉 성령세례를 강조하는 집회였다.

초기 한국성결교회에서 성별회는 주로 주일 오후에 시행되었다. 성별회의 주된 설교 주제는 신유와 재림이었다. 그 구성은 주로 회개의 기도, 능력있는 말씀 증거, 그리고 성령세례를 간구하는 기도로 이루어졌다. 초기 성별회를 통하여 많은 영혼들이 통회 자복하는 역사와 함께 성결의 은혜를 받아서 능력받고 전도하는 영혼들이 폭발적으로 늘어나게 되었다.

3. 복음전도관의 출판사업

1906년 정빈 김상준의 뒤를 이어 동경성서학원에 입학한 사람은 바로 이장하였다. 그는 평안북도 의주 출신으로 일본어, 영어, 중국어에 능통한 사람이었다.⁷⁹ 그는 미국에 가려고 일본에 머물다가 나카다와 킬보른을 만났고, 당시 일본 교회에서 즐겨 쓰던 구원가와 복음송가의 찬송가들을 한글로 번역하였다. 드디어 우리말로

78　왓손, "특별한 성결의 집회", 『活泉』 제3권 8호, 13-14.
79　"The Bible School in Korea" *Electric Messages* (1909. 5. -1914) 참조.

번역된 1907년 11월 『복음가』가 발간되었다.[80] 이후에 부표관주 신약성경도 번역, 발행되며 관주성경의 효시가 되었다.

가) 초기의 찬송가들

선교사들의 활발한 선교활동으로 초기한국교회에는 많은 찬송가들이 번역되어 사용하기 시작하였다. 우리나라 최초의 찬송가는 감리교에서는 1892년 출판한 『찬미가』였다. 찬미가는 총 27장으로 가사만 기록된 당지로 만든 소형책자였다. 이 찬미가는 감리교에서만 사용되었는데 존스(George A. Jones)와 로드 와일러(Louise C. Rothweiler) 공동으로 편집한 찬송가였다.[81] 장로교는 1902년 『찬성시』를 만들어 사용하였다. 이후 1908년 장로교와 감리교가 연합하여 『찬송가』를 만들었다. 이후 구세군, 성공회 대한기독교회(침례교회)는 각기 교파에서 만든 찬송을 사용하였다.[82]

〈표 1〉 초기 성결교회에서 발행한 복음가들

발행년도	제목	출처	내용	기타
1907.11	복음가	일본 복음전도관에서 사용되던 구원의 노래 복음창가 번역	예수그리스도에 관한 신앙 고백과 간증, 시중복음	악보없이 가사만 쓰여진 찬송가

---

80 *Electric Messages* (1905. 5); 『略史』 189.
81 김성호, 『한국성결교회사』 179.
82 서울신학대학교 성결교회역사연구소, 『한국성결교회 100년사』 116.

1917.9.	곡조복음가 (161장) 1000부 발행	영미 성결찬송집에서 100여곡번역, 헤스롭 부부가 악보를 넣음	성결의 은혜	토마스 부인이 선별, 이장하가 번역함
1919.4.	신정곡조복음가 (211장)	곡조복음가에서 50곡 추가	곡조복음가 증보	카우만과 킬보른은 "동양에서 굴지한 만한 찬송가"로 격찬함

성결교단은 1907년 11월 『복음가』를 발행 사용하였다. 이 곡은 일본 복음전도관에서 『구원의 노래』와 『복음창가』를 번역 사용하였다. 내용은 예수 그리스도를 구주로 믿는다는 신앙 고백과 전도, 간증들이 주를 이루었다. 또한 성결교회의 사중복음을 내용으로 중생, 성결, 신유, 재림의 찬송이 실렸다. 이후 『곡조복음가』를 1917년 9월 발행하였다. 『곡조복음가』는 1917년 간행된 영미 성결찬송집(Magnificent Collection of Choicest Holiness Hymns)을 이장하와 토마스 부인이 160여곡을 추려 번역하여 만든 찬송가였다. 총 161장으로 된 『곡조복음가』를 1000부를 발행하였다. 헤스롭 부부가 악보를 만들어 넣었으며 내용은 성결의 은혜가 주를 이루었다.

2년 뒤인 1919년 4월 1일 기존의 『곡조복음가』에 50곡을 더 넣어 총 211장에 달하는 『신뎡곡됴복음가(新訂曲調福音歌)』를 발행하였다.

나)『부표관쥬 신약젼서』의 발행

1909년 11월에는 우리나라 최초의 한국 관주성경인 『관주신약전서』가 발행되었다. 이장하가 번역하였고, 동양선교회 카우만의 이름으로 정식 출간되었다. 이듬해인 1910년 동양선교회에서 발행한 관주 신약성경이 간행되었다.[83] 편집인은 카우만이며 발행인은 킬보른이었고, 인쇄지는 상해였다. 11×15cm 830면이었고, 성서번역위원회에서 《신약젼서》(1900)란 제목으로 번역, 발행하였다. 영어관주성경을 참고했다. 각 구절과 단어에 아라비아 숫자로 관주를 달았다. 여기에 12종류의 참고가 되는 부표를 넣었다. 부표의 의미가 담긴 성구는 붉은색 인쇄를 했다. 우리나라 최초의 부표관주성경이다. 이 책은 관주기호를 표시한 성경(Reference Bible)이다. 일종의 관주성경이었다. 우리나라 최초의 관주성경은 1910년 동양선교회 선교사 카우만이 상해에서 출판한 〈부표관쥬신약전서〉(附表貫珠新約全書: Marked New Testament Reference)가 처음이다. 이 성경은 국반판(菊半版) 830면으로 되어 있으며, 본문 위에 관주기호를 아라비아 숫자로 표기하였으며 장(章)마다 다시 1부터 시작하였다.

  이것은 부표(附表. Mark)를 사용하였다. '부표'란 그림으로 성구 내용을 설명하는 것이다. 예를 들면 죄는 붉게 '罪'라고 표시하였고, 심판은 저울 모양으로, 회개는 화살 모양의 그림 등을 그려 넣

---

83 이응호,『한국성결교회사 논집』 403-4.

어 읽기 편하게 되어 있다.

<표 2> 부표의 뜻과 의미

표시	뜻,의미	표시	뜻,의미	표시	뜻,의미	표시	뜻,의미
죄(罪)	"죄"	악수 (握手)	"사죄"	등불	간증 (干證)	왕관	"재림"
저울	"심판"	십자가	"구원"	닻	"보호"	나뭇잎	"신유"
화살	"회개"	비둘기	"구원에 대한 믿음"	血	"성결"		

II. 동양선교회 복음전도관의 발전

가. 토마스 감독의 입국

정빈과 김상준은 동경성서학원에서 유학을 하면서 조선에도 이와 같은 교육 기관을 세우고자 하는 마음을 가지고 있었다. 그래서 그들은 일본에서 동시에 귀국하자 마음에 품고 있었던 생각을 실천에 옮겼다. 실천에 대한 결과로 1907년 5월 3일 경성 염곡에 '복음전도관(福音傳道館)'을 설립하고, 그 곳에서 아침마다 성서교실을 시작하였다. 또한 이들은 전도관의 설립과 함께 기숙사를 지어서 성서학원을 운영하고자 하였다.[84]

---

84 "Korea an the full Gospel", *Electric Messages* (Tokyo: June, 1907), 4

동양선교회가 조선 경성에서 성서학원을 세운다는 소식을 들은 미국인 성도가 4,000불의 헌금을 하였고, 이 헌금이 성서학원의 밑거름이 되었다. 정빈과 김상준은 학생을 모아서 매일 아침마다 성경을 가르쳤다. 이 성경공부반이 매우 활성화되고 부흥되는 모습을 지켜본 카우만은 조선에 하나님께서 이미 성서학원 개설을 계획하여 열어 놓으신 것으로 확신하였다.[85]

따라서 동양선교회는 조선에 성서학원을 설립하는데 초점을 맞추었고, 토착 사역을 하는 것이 보다 효과적이며 성결계통의 성서학원이 없음을 절감하여 성서학원의 설립에 대한 당위성을 강조하였다.[86] 하지만 성서학원을 체계적으로 운영할 수 있는 책임자가 필요하였다. 그래서 동양선교회는 조선에서 체계적으로 성서학원을 책임지고 운영할 선교사를 찾기 시작하였다.

동양선교회 선교사들은 종종 영국을 방문하였는데, 1905년에 카우만은 영국 스타 홀 선교대회에 참석하였고 그 곳에서 웨슬리안 성결운동의 지도자들을 만났다. 이후 1907년 영국을 방문할 때에 동양선교회의 사역을 알렸다. 1908년에는 킬보른이 영국 맨체스터 스타 홀(Star Hall) 선교대회에 참석하였다. 이때 킬보른이 토마

---

85 "Our Visit to Korea", *Electric Messages* (Tokyo: November, 1908), 3.
86 "The Bible school in Korea", *Electric Messages* (Tokyo: October, 1909), 11.

스(John Thomas) 목사의 집에 머물면서 킬보른은 조선에 대한 상황을 설명하고 경험있는 선교사를 찾고 있다고 말한다. 조선에 있는 전도인들의 수준도 상당히 높았으며, 어느 정도 복음이 전파되어 있는 상태이기 때문에 중견 선교사가 필요하다고 하였다. 토마스 목사는 기도하는 가운데 조선에서의 복음 사역이 자신이 맡아야할 일이라는 사명과 부르심을 받아 조선에 가기로 작정한다.[87]

그러나 토마스 목사가 작정하였다고 해서 조선으로 바로 출발한 것은 아니었다. 그는 사역을 위해서 후원자를 모집하고 후원을 받아야만 했다. 약 1년 동안 후원과 모금운동을 벌인 후 1910년 4월 16일 영국을 떠나 1910년 11월 12일에 경성에 도착하여 조선 동양선교회 1대 감독으로 부임하였다.

나. 경성성서학원의 설립

1. 성서학원 설립의 배경

경성성서학원은 동경성서학원의 영향을 받아 설립된 전도자 양성기관이다. 동경성서학원은 교단 교역자를 양성하는 기관이기보다는 전도와 선교를 위한 양성훈련 기관이었다. 사실 이것은 19세기 말 북미지역에 세

---

[87] 토마스 목사는 스타홀 선교회의 책임자로 있으면서 성서학원을 운영하였던 경험이 있다. 박명수, "한국 기독교와 역사: 경성성서학원의 초기역사(1907-1921): 183-84.

워진 성서학교들과 같은 성격을 가지고 있으며, 경성성서학원도 같은 취지로 설립된 것이다.

19세기 말, 미국의 산업화에 따른 여러 가지 변화가 나타나면서 평신도 중심의 양육기관을 요청하였는데, 이것에 부응하여 설립된 기관이 심프슨(A. B. Simpson)에 의해 세워진 'Missionary Training Institute for Christian Evangelists' 성서학원이다.[88] 이 기관이 세워진 후, 무디(Dwight Lyman Moody)에 의해서 무디성서학원(Moody Bible Institute)이 설립되었다. 동양선교회의 설립자인 나카다 쥬지와 카우만은 무디성서학원을 졸업하였다. 그들은 일본에서 선교 사역을 시작하면서 무디성서학원과 같은 동경성서학원을 설립하였다.

경성성서학원도 같은 맥락에서 출발한다. 동경성서학원에서 수학한 정빈과 김상준도 졸업함과 동시에 고국으로 돌아와 나카다 쥬지와 카우만처럼, 성서학원과 복음전도관을 설립하여 선교에 앞장서는 모습을 보여주었다. 정빈과 김상준은 동경성서학원에서 유학을 마치고 조선으로 귀국을 할 무렵에 조선에도 동경성서학원과 같은 학교를 설립해달라고 동양선교회 본부에 요청을 하였다. 이들의 요청은 순복음을 조선에도 전하여 하나님의 사역자들을 양성하는 것이 하나님의 뜻이라고 굳게 믿고 있었기 때문이다.

---

88 이 기관은 오늘날 'Nyack College'로 발전하였다. Robert L. Niklaus, John S. Swain, Samuel J. Stoesz, *All for Jesus: Got at Work in the Christian and Missionary Alliance for More than 125*

> 그들의 성경 공부는 끝이 났다. 그들은 자기 조국에도 이와 같은 학교를 세우는 것이 하나님의 뜻이라 믿고 있으며, 꼭 이루어질 것이라는 확신을 가지고 기도하는 중에 조선으로 귀국하였다.[89]

동양선교회의 총리의 부인이었던 카우만 부인은 정빈과 김상준이 고국에 돌아가서 성결운동을 전개하면 반드시 성공할 것이라며 확신과 희망을 가지고 있음을 전하고 있다.[90]

동양선교회는 조선의 끊임없는 요청에 의해 '경성성서학원'의 설립을 받아들였고, 토마스 목사를 감독으로 파송하였다. 토마스 목사를 감독으로 파송한 이유는 성서학원을 체계적으로 운영할 사람이 필요했기 때문이다. 또한 성결운동을 조선에 널리 일으키고, 사역자들을 양육·양성하는데도 그 목적이 있었다.[91]

또한 정빈과 김상준이 1905년 동경성서학원에서 유학을 한 후에 이장하, 김혁준, 강태은, 김두엽, 안동원, 이명직이 입학하여 유학을 하였고,[92] 동양선교회는 많은 조선인 학생들이 동경성서학원에서 유학을 하게 되자 한국에도 성서학원을 설립하여 한국에서

    Years(Amazon.com Kindle Edition) (Camp Hill, PA: Christian and Missionary Alliance), 57-60.
89 이응호, "문을 두드리는 이", 『이응호 박사 회갑 기념문집』 (서울: 성결교신학교 출판부, 1987), 306.
90 Lettie B. Cowman, *Missionary Warrior: Charles E. Cowman* (LA: OMS International, 1989), 306.
91 이응호, 『한국성결교회의 역사 2』 (서울: 성결문화사, 1992), 454.
92 『略史』 145-47.

이들을 교육시키는 것이 현실적으로 유리하다고 판단하였다.

정빈과 김상준이 조선으로 귀국한 이후에 전도관을 시작하면서 곧바로 성경공부반을 시작하였는데, 동양선교회가 조선에 성서학원을 세운다는 소식을 들은 미국의 한 성도가 1908년 8월 4천불의 헌금을 하였다.[93]

카우만 부부는 성서학원 건물을 마련하기 위해서 1908년 9월 조선에 방문하였는데, 이들 부부가 이미 성경공부반이 활성화 되어 있음을 보고 놀라움을 금치 못한다. 정빈과 김상준은 염곡에 전도관을 세워서 그 곳에서 성경공부반을 운영하고 있었다. 하지만 그 곳은 장소가 비좁았다. 이때 카우만은 전도관을 구리개의 좀 더 넓은 장소로 옮겼는데 이곳은 약 150명이 앉을 수 있는 넓은 장소였다. 그러나 이 장소도 한시적인 것이어서 동양선교회는 전도관을 위한 대지를 더 알아보았고, 성서학원의 부지도 알아보았다.

성서학원은 동양선교회의 준비와 기대보다 더 빨리 성장하였다.[94] 성서학원의 학생들은 40-50명 사이였는데, 실제로 입학하기를 원하는 학생들은 더 많았다. 하지만 기숙사 시설이 없었기에 입

---

93 박명수, "한국 기독교와 역사: 경성성서학원의 초기 역사(1907-1921)" (한국 기독교 역사연구소, 2000), 178-179.
94 성서학원에 학생이 증가하였고, 60여명이 공부하고 있다고 보고한다. 한국의 전도자들은 지금의 장소로 수용할 수 있는 학생수가 초과 하기 때문에 더 넓은 장소를 구해달라는 요청이 있었다. "Korean Bible School", *Electric Messages* (Tokyo: January, 1909), 10.

학을 허가할 수 없었다. 따라서 성서학원으로 사용할 건물을 마련하는 것이 최우선이었다.

성서학원의 건물을 알아보며 시간이 지나가는 동안 조선은 일본에 합병될 위기를 맞이하고 있었다. 이런 위기 속에서 성서학원은 위축되는 모습을 보이지 않았다. 오히려 조선 민족이 어려울 때에 하나님께서 도와주시며 구속사역의 주역으로서 사용될 것이라고 말하면서 성서학원의 필요성을 더욱 강조하고 있었다. 이런 어려운 상황과 환경에 처해 있었지만 전도관의 성경공부반은 매일 진행이 되었다. 동양선교회는 조선이 아시아의 선교 중심지가 될 것이라며 *Electric Messages*지에 성경학원을 이곳에 빠르게 설립해야 한다며, 건물 설립을 위한 구체적인 비용을 계산하여 광고했다.[95]

토마스 목사가 조선에 온 후에도 성서학원은 무교정전도관에서 '성서반'으로 계속 모였다. 1911년 3월 경성 무교정전도관 안에 임시 성서학원을 설립하는데, 이명직의 『약사』에 따르면 이것을 경성 성서학원의 공식적인 시작으로 간주하여 창립된 해로 간주한다.[96]

카우만 선교사는 서울에 성서학원을 세우기 위해서 백방으로

---

95 Ibid., 3
96 『略史』 34, 189.

부지를 알아보고 다닌다. 하지만 학교를 세우려고 부지를 매입 한다는 소식을 들은 사람들이 가격을 배로 불리는 등 부지 매입이 실패로 돌아갔다.

그러나 뜻하지 않은 곳에서 경성성서학원의 장소가 확보가 되었다.[97] 그 장소는 약 200년 동안 한 가문의 소유였는데, 이곳은 서울 시내를 한 눈에 내려다 볼 수 있는 언덕 위에 있는 아름다운 나무로 덮여 있는 곳이었다.[98] 장소를 정하고 건축 공사가 시작되었는데, 공사 책임은 킬보른의 아들 에드윈 킬보른(Edwin Kilbourne)에게 맡겼다. 1911년 성서학원이 개원되었지만, 공식적으로 성서학원의 첫걸음인 개원 집회가 1911년 9월 20일부터 29일까지 개최되었다. 개원 집회의 강사는 맥퍼슨(Jesse Mcpherson)이었다.

경성성서학원은 원장에는 토마스 선교사, 교수에는 정빈과 이장하를 세웠으며, 10여 명의 학생들을 모집하여 수업을 시작했다.

2. 남녀공학제 실시

경성성서학원의 큰 특징 중의 하나는 남녀공학제를 실시한 것이다. 전반적인 목회사역과 전도 사역을 남성으로만 한정하는 전

---

97 이 장소는 애오개 마루턱 현 아현동이다. 정상운, 『성결교회 역사총론』 (안양: 성결교회와 역사연구소, 2004), 144-45.
98 Charles E. Cowman, *God's Prescription for our Sanctification* (LA, OMS International, 1921), 37.

통적인 교육풍토를 받아들이지 않음으로 여성사역에 대한 개방적인 입장을 취했다. 이러한 입장을 취하는 이유는 앞서 살펴본 바와 같이 19세기 말 성서학원 운동 가운데 일본에서 여성들에게도 학업을 연마할 수 있는 기회를 제공한 동경성서학원의 교육제도와 1907년 한국성결교회를 창립한 정빈의 개화사상과 관련이 있다.[99] 정빈은 당시 조선에 있는 교회들이 휘장을 치고 남자와 여자를 구분하는 유교적인 방식에 대하여 반대 입장을 내세웠으며, 남자와 여자의 구분이 없어야지만 교회가 성장해 나갈 수 있다는 입장을 1906년 「그리스도 신문」을 통하여 피력했다.[100]

남성과 여성에 대한 차별이 없어야 하는 것은 하나님 나라 확장을 위한 사역을 위해서는 동일하며 동등한 교육의 기회가 제공되어져야 한다는 생각에서 비롯된 것이다. 실제로 경성성서학원은 1912년부터 1920년까지 63명의 졸업생들 중에 여학생이 19명이나 되었으며(44%), 1920년대에는 남학생과의 비율이 비슷하거나 더 많은 통계를 보여주고 있다.[101] 이러한 흐름으로 보아 경성성서학원은 남녀의 차별을 두지 않고 전도자를 양성하는 기관이라는 분명한 태도를 볼 수 있다.

99　정상운, 『성결교회 역사총론』, 155.
100　정상운, 『성결교회와 역사연구(2)』 (서울: 이레서원, 1997), 94.
101　『活泉』 47-50, 정상운, 『성결교회 역사총론』, 155-156에서 재인용.

3. 경성성서학원 교과과정

경성성서학원의 특징은 성경을 모든 과목의 기초로 삼는 점에 있었다. 그래서 성경을 창세기부터 요한계시록에 이르기까지 모두 가르쳤다. 경성성서학원의 성경공부는 기존 신학교에서 가르치는 이론에 입각한 신학교육을 지양하였기 때문에, 성경을 철저하게 가르쳐서 통달하게 만들고, 그것으로 현장에서 실제적으로 사용하고 적용할 수 있는 실천적인 모습을 강조한다. 이것은 지식습득 뿐만 아니라 개인 생활에 적용하는 공부가 되었으며, 특별히 모든 것이 '성령세례'라는 관점에서 해석되었다.[102] 왜냐하면 성령세례를 통한 성결의 체험이 실제적으로 모든 사역을 감당할 수 있는 원동력이 되기 때문이다. 또한 모든 교리의 기초를 성경에 두고 있음을 강조한다.

> 성서학원은 동양선교회 교역자 양성의 기관인데, 교과서(敎科書)는 오직 신약과 구약으로 하야…[103]

이와 같이 성경 강조의 정신은 한국성결교회가 성경적 복음주의로

---

102 박명수, "경성성서학원의 초기역사(1907-1921)"『한국기독교와 역사』제12호(2000. 3), 176-77.
103 『活泉』33-34, 정상운,『성결교회 역사총론』152에서 재인용.

써 바른 복음을 전하는 교단으로 자리 잡게 하였다.

경성성서학원의 교과과정 중 또 다른 특징은 전도 실습을 중요시 하는데 있다. 사실 목회 실습보다 전도 실습을 중요시하는 이유는 정빈과 김상준이 처음 출발부터 염곡교회가 아닌 '염곡 복음전도관'이라고 칭하는데서 찾아볼 수 있다.[104] 초기 복음전도관의 모습은 '성경공부반'을 통해 오전에는 성경공부를 하고, 오후에는 노방전도를, 저녁에는 전도한 이들을 데리고 성별회를 하였는데, 이것은 이론과 실천을 병행하여 현장교육까지 담당하는 '종합 교육 과정'이었다. 이것은 학생들을 실제적인 사역자로 만드는 중요한 과정이었다.

또 다른 교과 과정으로는 음악교육이 있었다. 동경성서학원에서 수학한 이장하는 이미 일본 유학시절부터 찬송가를 번역하여 한국에서 전도를 한 사실이 있다. 사실 근대복음주의 운동이 찬송가와 더불어 발전한 것을 인지하고 있었던 것이다. 그래서 경성성서학원의 원장이었던 토마스 목사와 여 선교사 옥스(Oakes)가 찬송가 교육을 담당하였으며 초기부터 찬송가 교육을 철저하게 시켜 노방 전도 시, 찬송가를 함께 사용하도록 했다. 그 밖의 교과 과정으로는 일본어, 주일학교 교사를 위한 과정 등이 매일 운영되었다.

---

104 정상운, 『성결교회와 역사연구(1)』 (서울: 이레서원, 1997), 83.

다. 복음전도관의 성장

조선이 성공적인 선교지로 알려지면서 동양선교회는 한국의 사역을 더욱더 확장시켜나갔다. 한국을 동양선교회의 중심지로 자리매김하고자 하는 계획들은 더욱더 구체화되어 성서학원을 확장하는 노력들로 나타났다. 이러한 노력들은 내·외적으로 나타난다.

1. 제1회 목사 안수

1914년 4월 22일 복음전도관은 김상준, 이장하, 강태은, 이명직, 이명헌을 제1회 목사로 장립하여 안수식을 거행했다. 그러나 이것은 장로교와 감리교를 놓고 비교했을 때 약 20년이나 늦은 일이었다. 목사 안수를 받은 자들은 모두 동경성서학원과 경성성서학원에서 졸업한 자들로서 최소 2년에서 최고 7년의 전도활동과 복음 사역에 경험이 있는 자들이었다.

복음전도관 창립 이후 빠르게 목사 안수식을 거행할 수 있었지만, 7년이라는 세월이 흐른 뒤 비로소 목사 안수식이 거행된 이유는 복음전도관이 본래 전도에만 뜻을 둔 기관이었으므로 교역자에 대한 구체적인 제도가 마련되어 있지 않았기 때문이었다. 목사안수식 이전에는 다만 "전도사", "전도인"이라는 칭호로 불려졌다.[105] 왓슨과 킬보른, 그리고 토마스 목사는 김상준, 이장하, 강태은, 이명직, 이명헌에게 첫 목사 안수를 베풀었다.[106]

2. 지방전도관의 설립과 전도활동

동양선교회는 복음전도관을 중심으로 선교지역을 전국으로 확대해 나갔다. 선교지역을 확대하면서 두 가지를 염두에 두었는데, 첫째, 미전도 지역에 복음을 전하는 것이며, 둘째, 전도된 지역이라 할지라도 순복음이 들어가지 않았다면 그 곳에서 순복음을 전하는데 목적을 두었다.[107]

가) 복음전도관의 설립과 현황

1907년 무교정 전도관을 시작하여 1929년까지 74개의 교회가 각 지방에 설립되면서 복음전파 사역에 박차를 가하게 되었다. 아래 표는 중앙전도관을 시작으로 1929년까지 설립된 각 지방 전도관의 현황표이다.

---

105 이응호, 『한국성결교회의 역사 2』, 514.
106 Ibid., 518.
107 박명수, 『초기 한국성결교회사』 (서울: 대한기독교서회, 2001), 243.

〈표 3〉 교회 설립 순서[108]

연 도	교 회 명
1907년	무교뎡교회
1908년	진남포교회
1909년	개성교회
1913년	규암교회, 아현교회
1914년	은산교회, 김천교회
1915년	경안교회, 경주교회, 흥산교회, 철원교회
1916년	금천리교회
1917년	동두천교회, 안성교회
1918년	동래교회, 인천교회, 강경교회, 밀양교회
1919년	봉림교회, 양성교회, 부산교회
1920년	삼천포교회, 대뎐교회, 통영교회, 군위교회, 독립문교회, 평택교회, 함열교회
1921년	산성교회, 석동리교회, 야목리교회, 삼랑진교회, 동막교회, 부강교회, 언주리교회, 초동교회
1922년	북청교회, 의흥교회, 어포리교회, 예원리교회, 평산교회
1923년	대구교회, 청량리교회, 금당리교회
1924년	함흥교회, 흥원교회, 진주교회, 체부동교회
1925년	비안교회, 룐정교회, 회녕교회, 됴치원교회, 목포교회, 강릉교회, 평양교회
1926년	사리원교회, 죽전리교회, 삽교교회
1927년	범평교회, 청진교회, 신의주교회, 동경교회, 신공덕리교회
1928년	수원교회, 홍성교회, 개운성교회
1929년	웅긔교회, 청주교회, 상주교회, 리리교회, 애지현교회, 신북청교회, 서대문전도관, 압해도교회, 김해교희

108 『略史』 143-44.

나) 복음전도관의 전도활동(1911-1916년)

1) 각 지방 복음전도관의 활동

① 무교정복음전도관

1907년 5월 30일, 정빈과 김상준이 경성 종로 염곡에 집 몇 칸을 세내어 '동양선교회 복음전도관'이라는 간판을 달고 조선에서의 개척 사역에 들어갈 때 무교정(염곡)복음전도관은 시작되었다.

정빈과 김상준의 사역에 호기심으로 전도관에 발을 들였던 사람들은 하나님의 진리가 드러나는 성경 강의와 은혜의 간증을 듣고 전도관에 모이지 않을 수가 없었다. 또한 이명헌과 원세성, 박용희, 배선표, 여조사 원경신 등이 연동교회 조사들이었음에도 불구하고 동양선교회로 옮겨온 이유도 정빈과 김상준을 통해 받은 은혜 때문이었다.[109]

무교정복음전도관(현 중앙성결교회)에는 날이 갈수록 충만한 은혜 가운데 부흥의 불길이 나타났다. 이 부흥의 불길은 서울과 주변의 다른 교회들에게 영향을 미치게 되었다. 부흥과 성장의 은혜가 가득했던 무교

---

109 1907년 정빈이 일본에서 귀국하여 무교정복음전도관을 세웠을 때, 많은 연동교회 성도들이 참석하였다. 연동교회에는 신분상의 갈등이 있었는데, 양반 출신들의 반발로 천한 계급의 사람들과 함께 교육을 받을 수 없다며 양반 계층 100명이 갈라져 나와서 묘동교회를 설립하였다. 이런 상황 속에서 연동교회를 떠나 복음전도관으로 옮겨 왔던 성도들도 있었다. 『略史』 53; 연동교회, 『연동교회 80년사』, 40-41.

정 전도관은 새로운 장소로 옮겨야 했으며, 우여곡절 끝에 새로운 장소를 구하게 되었다. 그리고 이곳의 이름을 "신성결장막"(New Holiness Tabernacle)이라고 불렀다.[110] 사실 복음전도관은 미전도 사람들에게 복음을 전하는 일에도 열심이었지만, 궁극적인 목표는 성결한 성도를 양육하는 일이었다.

무교정복음전도관은 1912년 카우만 총리의 부인 레티 카우만이 친아버지에게 물려 받은 유산 일만 환을 헌금하여 전도관을 신축하였다.[111]

② 진남포복음전도관

진남포는 평안남도에 위치에 있으며, 이 지역의 유일한 개항장이다. 외국인의 내왕과 무역을 위해 개방된 곳이었기 때문에 많은 사람들이 오가는 곳이었다. 따라서 동양선교회는 염곡에 복음전도관이 세워진 지 1년 후인 1908년, 동경성서학원 출신인 강태온과 김혁준을 통해서 진남포 전도관을 설립하였다.

이 지역의 복음 사역은 김상준이 자신의 고향을 방문해서 사역한 것이 시초가 되었다. 그 당시 전도인들은 미전도 사람들에게 복

---

110 "Korean Reaching Out for God", *Electric Messages* (May, 1909), 1-2.
111 『略史』 55.

음을 전하기 전에 먼저 자신들의 가족을 구원하는 일에 큰 관심을 가졌기 때문에, 김상준도 고향인 평안남도 용강을 방문하여 전도했던 것이다.[112] 평안남도 용강은 초기에 전도관 사역자들을 많이 배출한 지역이기도 하다.

강태온과 김혁준이 동경성서학원을 졸업한 후 고국에 돌아오면서 본격적으로 교회가 시작되었다. 부모 형제들에게 복음을 전하고, 추운 날씨 가운데서도 주변 마을을 순회하면서 전도하였다.

하지만 진남포 사역은 성공을 거두지 못하였고 강태온을 송도 전도관으로 전임시킨 후 1909년 6월에 전도관을 폐지시켰다. 그러나 중요한 요충지에 교회가 없다고 판단하여 1911년 김혁준과 김두엽을 재차 파송하였지만 또다시 실패로 돌아가자 결국 폐지할 수밖에 없었다. 그러나 1929년, 지리상으로 교회가 꼭 필요한 곳이었기에 박정훈을 파송하여 다시금 교회를 세웠다.[113]

③ 개성복음전도관

개성복음전도관은 1909년 5월 강태온과 김두엽을 파송하여 개성에 세워졌다. 이곳은 무교정과 진남포 전도관에 이어 세워진 3번

112　박명수,『초기 한국성결교회사』, 245-46.
113　『略史』, 56-57.

째 전도관으로서 경기도 내의 3대 읍 가운데 우선시 되는 선교 요충지역이었다.[114] 이 지역은 이미 감리교와 구세군이 선교를 하고 있는 지역이었는데, 이들과 연합 사역을 하였다. 1910년에는 킬보른과 토마스 선교사가 방문하여 연합집회를 하기도 하였다.[115]

사실 개성에서의 사역들 때문에 일본이 식민통치를 위해서 기독교를 제압해야겠다는 생각을 하게 되었는데, 그 이유는 개성이 '백만 구령운동'의 본거지이기 때문이다. 개성에서 부흥의 열기가 확산되자 일본의 관심 표적이 되었으며, 그 결과 전도활동은 위축되었다. 하지만 *Electric Messages*에 따르면 전도자들은 어려운 상황에서도 열심히 복음을 전하였으며, 복음 전파를 위해 기도해줄 것을 부탁하고 있다.[116] 또한 개성복음전도관은 설날과 같은 한국의 큰 명절을 복음 전도의 기회로 삼아 이때를 전후로 특별집회를 열었다.

④ 규암복음전도관

규암복음전도관은 충청과 호남 지방에 가장 먼저 설립된 교회이며, 동양선교회가 다섯 번째로 세운 전도관이다. 1912년 7월 26

---

114 Ibid., 58-59.0
115 "Our Visit to Songdo", *Electric Messages* (December, 1910), 3.
116 "The Lord's Doing in Korea", *Electric Messages* (September, 1912), 7-8.

일에 설립되었으며, 충청과 호남 지방의 '성결운동'의 거점 교회가 되었다.[117] 규암복음전도관은 경성성서학원 출신인 박제원이 경성의 양반 출신인 김성기와 함께 충남 부여 규암에 개척한 전도관이다. 1914년부터는 이명직 목사가 주임 전도자로 사역하였다.

⑤ 은산복음전도관

은산복음전도관은 규암복음전도관이 복음 사역을 확장하기 위하여 애쓴 결과로 세워졌다. 규암복음전도관은 규암에서 10리 떨어진 은산[118]이라는 곳에 가서 장날이 될 때마다 복음을 전하였다. 그래서 거리가 멀어도 은산에서 규암 전도관까지 출석하는 신자들이 생겨나게 되었다. 은산복음전도관은 1914년 8월 1일 김석준에 의해 규암복음전도관에서 붙여준 3가족 10여 명으로 시작되었다. 은산전도관의 초대 교역자는 김석준이고 여교역자는 최홍은(1914년), 전성운(1915년)이다.[119]

---

117 이응호, 『한국성결교회의 역사 2』, 484-85.
118 은산은 은산 별신 굿으로도 유명하며, 그 당시 전국적으로 유명한 장터였기에 장날이 되면 약 5~8천명이 모이는 중심지였다.
119 『略史』, 65.

⑥ 아현복음전도관

아현복음전도관은 경성성서학원 강당에서 비롯되었다. 아현 전도관의 설립 동기에 대하여 이명직 목사는 "경성 시내에 교회 배치상 가장 적당한 곳이며 성서학원 학생들의 목회와 전도의 실지 수양상에 필요가 있으므로 1913년 9월 성서학원 강당을 임시 예배당으로 사용하고 수양생 중 강시영, 김석준 양인으로 예배를 시작하였는데 첫 번째 예배에 수 십명의 사람이 모여 경건히 예배를 드리게 되었더라."[120]고 설명한다.

아현복음전도관의 초대 교역자는 강시영이였으며, 그 뒤를 이어 주임 교역자가 된 사람이 김상준, 이명직이다. 아현 전도관의 당시 신도수는 150명이며, 세례 교인은 50명이었으며[121], 1925년에는 약 100여 명을 수용할 수 있는 35평의 예배당을 지어 입당 예배를 드렸다.

⑦ 철원복음전도관

철원은 강원도 내에서 큰 지역이었기에 강원도의 복음화를 위해서 먼저 철원으로의 진출이 필요했다. 따라서 1914년 11월에 배선표를 파

---

120 Ibid., 59-61.
121 Ibid., 62.

송하였다. 초기에는 집 한 채를 매입하여 예배처로 사용하다가 1915년 4월에 교회를 새로 건축하였다.

배선표는 무교정전도관의 전도부인이었던 박기반과 결혼하였는데 박기반은 오르간 연주를 하며 학생들에게 노래를 가르쳤다. 박기반의 달란트를 가지고 주일학교 사역에 박차를 가하였다. 하지만 배선표의 아내가 병약하여 사역을 감당하기가 여의치 않자, 곽진근 전도부인을 파송하였다. 배선표와 곽진근의 둘의 호흡이 잘 맞아 전도관에 큰 부흥을 일으켰으며, 특히 곽진근은 집집마다 돌아다니며 가정집에서 기도회를 인도하였다.[122] 배선표는 일본인에게도 복음을 전하였다.

⑧ 김천복음전도관

1914년 8월에 박제원과 김준규가 김천전도관 개척을 시작하였다. 초가 4칸을 사서 사역을 시작하였는데, 1915년 이후 교인이 점차 늘어나서 시장 한복판에 새로 전도관을 건축하고 1920년에는 남산정으로 옮겼다.

김천 전도관은 신유의 은혜로 큰 부흥이 나타난 곳이다. 성도 가운데 김의용은 백일동안 자신의 집에서 새벽마다 기도를 하던 중

122　박명수, 『초기 한국성결교회사』, 269-70.

굳센 믿음을 통하여 신유의 은혜를 받는다.[123] 김의용의 친척 중 한 사람이 늑막염으로 오랫동안 고생하는 가운데 더 이상 의학으로 치료할 가망이 없어 죽게 되었다. 그런데 김의용이 한번 기도하자 병이 낫게 되는 일이 있었다. 또한 그의 부친도 생명이 위독한 가운데 있었지만 기도를 통하여 치유받는 일이 일어났다.

이 일을 통하여 성도들이 감동하여 기도회를 열었고, 기도를 하는 중에 신유의 은혜를 입은 사람이 10여 명, 신자의 수는 100여 명에 이르게 되었다. 하지만 교회 집사가 되면 죽는다는 유언비어를 퍼트리면서 교회가 어려움을 겪었지만 1928년 이후 다시 부흥 중에 있다.[124]

⑨ 경안복음전도관

경안전도관은 박은애라는 부인이 자신의 고향 경안에 전도관을 세워달라는 요청에 의해서 설립되었다. 박은애의 전도관 설립 요청과 함께 나영은 전도부인이 그 지역을 살피러 내려왔다. 이 지역은 산간지역으로 미신이 많은 곳이었다. 따라서 이곳은 영적 전쟁이 치열한 곳이었다.[125]

---

123 『略史』 67.
124 Ibid., 68.
125 장수를 가져다주는 칠성단, 홍역으로부터 아이들을 지켜주는 동자상, 가정을 지켜주는 관운장이

박은애와 나영은의 전도 사역을 통해서 수십 명의 교인이 모여 1915년 5월에 교회를 설립한 후 10여년 동안 부흥의 역사가 일어났다. 여교역자의 남자 문제 때문에 큰 비난을 받게 되는 사건이 있었지만, 김정호와 박용성 두 교역자가 덕을 세우고 뜨겁게 전도함으로 전도관은 다시 성장하고 있다.

⑩ 경주복음전도관

경주전도관의 설립을 위해서 규암전도관을 개척한 이력이 있는 박제원이 1915년 6월에 파송되었다. 박제원은 예배처를 얻어 13명의 구도자와 함께 8월 1일 주일에 첫 예배를 드렸다.

박제원에게는 주일학교 사역에 대한 달란트가 있었다. 따라서 주일학교를 조직하고 어린아이들을 말씀으로 양육하여 큰 성과를 이뤘다. 하지만 경성에 와서 연회를 보고 돌아왔을 때 주일학교가 해산되는 일이 발생하였다. 그 이유는 부모가 아이들을 기생으로 팔았기 때문이었다.[126]

있었으며, 그 지역 주민들은 이들 신에게 제사를 지냈다. 박명수,『초기 한국성결교회사』, 273-74.
126 『略史』, 71.

⑪ 홍산복음전도관

　동양선교회는 김석준과 전성운 그리고 규암의 사역자였던 이명직을 홍산에서 전도하도록 하였다. 홍산 주변의 마을들은 복음을 한 번도 들어보지 못했던 지역이었기에, 동양선교회의 선교 방향과도 부합하는 지역이었다. 1915년 8월 2일 동양선교회는 정식으로 홍산전도관의 전도사를 임명하였다. 홍산전도관으로 파송받은 전성운은 빌린 세집에서 전도관을 개척을 시작하였는데 1916년 11월 18일에 현재 예배당 자리를 사서 수리하여 사용하고 있다. 전성운은 홍산에서 사역을 하는 동안 여교역자의 파송을 요청하게 되었는데, 이 요청에 따라 최재은이 파송되었다.[127]

2) 전도부인의 양성과 사역

　전통적으로 한국에서는 여성들에 대한 긍정적인 태도를 가지고 있지 않았다. 성별의 구분이 있었고 여성들에 대한 교육의 필요성도 느끼지 못할 정도였다. 하지만 한국에 들어온 선교사들의 사역을 살펴보면 선교사 남편들과 함께 동역하며 여성으로서 한 자리를 담당하며 사역자로 일하는 모습을 볼 수 있다. 동양선교회의 창립자인 카우만의 아내가 남편 카우만을 도와 동양선교회를 이끌

127　Ibid., 72-73.

어 나간 경우와 같이, 동양선교회의 한국 사역을 책임졌던 토마스 부부의 경우도 마찬가지였다. 또한 동양선교회 선교사였던 옥스는 한국에 와서 브릭스 선교사와 결혼하여 함께 동역하는 아름다운 모습도 보여주었다.

하지만 한국여인들은 남자들의 속박과 관습 속에서 노예처럼 살아갔다. 여성 사역에 대해 중요하게 생각을 하고 있었던 동양선교회의 관점에서 바라볼 때 한국여인들의 모습은 매우 비참하였다. 따라서 동양선교회에서는 이렇게 비참한 현실 속에서 살고있는 한국 여성들에게 예수 그리스도를 전파하고 구원받게 하여 전도부인(Bible Women)의 사역을 맡겼다. 여성의 교육은 필요없다는 전통적인 입장을 지니고 있던 한국의 문화에서는 있을 수 없는 일이었지만 전도부인의 사역을 맡기기 위해 성서학원이 필요하였다. 따라서 성서학원은 시작부터 여성 사역자의 양성이라는 분명한 목적을 가지고 있었다.

또한 여성들에게 복음을 전파하기 위해서는 전도부인의 양육이 필요하였다. 왜냐하면 당시에는 '남녀칠세부동석'이라는 유교적인 전통을 가지고 있었기 때문에 남성이 여성에게 접근할 방법이 없었다. 따라서 여성들에게 복음을 전하기 위해서는 여성이 여성에게 접근하여 전도하는 방법이 필요하였다.[128] 따라서 동양선교회는 그 시작부터 한국의 여성들에게 선교할 수 있는 방법으로서 전도부인 양성에 힘을 기울였다.[129] 당시 여성 사역을 담당했던 옥스(Annie Oakes) 선교사는 다음과 같이 말한다.[130]

> 여성들은 한국에서 그리스도의 복음을 전파하는데 중요한 역할을 담당한다. 왜냐하면 전도부인 없다면 토착전도와 교육은 불가능하기 때문이다. 전도자들이 집회를 통하여 사람들에게 복음을 전하였을지라도 전도부인들이 여성들을 방문하여 집회에 초청하지 않으면 헛수고가 되기 때문이다. (중략) 한국에 사는 여성들에게 순복음을 전파할 수 있도록 훈련하여 파송하는 일에 최선을 다하고 있다.

전통적인 유교 문화에 사로잡혀 있던 젊은 여성들은 외출이 어려웠다. 따라서 그들이 복음을 접할 수 있는 유일한 길은 전도부인들이었다. 여성들에게 전하는 복음은 예수 그리스도를 믿으면 남성과 여성 구분없이 모두가 구원을 받을 수 있고, 예수 그리스도께서 성별 구분

---

[128] 경성성서학원이 남녀공학제를 실시한 것은 일본에서 여성들에게도 남성들과 마찬가지로 학업의 기회를 부여한 동경성서학원의 교육제도와 1907년 동경성서학원을 졸업한 성결교 창립의 주역이었던 정빈의 개화사상에서 비롯되었다. 정상운, 『성결교회 역사총론』, 302-3.

[129] E. A. Kilbourne, "Korea and the Full Gospel", *Electric Messages* (June 1907).

[130] Annie Oakes, "Women's Work in Our Mission Stations, Korea", *The Oriental Missionary Standard* (November 1915), 8.

없이 우리의 죄를 위하여 십자가를 지시고 못박혀 죽으셨다는 것이다. 여성들이 남성들과 똑같이 구원을 받을 수 있다는 소식은 당시에는 굉장히 놀라운 사실이었다. 이 사실을 깨달은 여성들이 다른 이들에게 이 소식을 전하였고, 이 기독교는 기쁨의 삶을 제공하며 새로운 삶의 전환점이 되었다. 따라서 선교사들은 예수 그리스도의 복음이 여성들에게 진정한 해방을 가져다주는 복음이라고 전하였다.[131]

경성성서학원에서는 여성들의 교육의 열을 올리며 전도부인의 양성에 박차를 가했다. 그 결과로 앞서 살펴본 바와 같이 성서학원의 여성 졸업생들의 수가 증가하였고, 1927년에 이르러서 여성과 남성의 졸업 비율이 대등함에까지 이르게 되었다.

이렇게 경성성서학원에서 졸업한 여성들은 각 지방 전도관으로 파송되었고 예배의 보조, 심방, 성경 교육, 기도, 전도, 순회 및 집회 인도, 상담, 찬양 인도 한글 교육, 여성 교육, 전도지 배포 등의 일을 담당하였다.

1920년대에 들어서 한국성결교회는 부인회가 점차 확대되었고 1930년 초에 이르러 전국 각지에 부인회가 조직되는 파급효과와 함께 그 사역의 영역이 중요시되고 효율적으로 부인회가 운영되기 위해 '성결교회 부인회 연합회'가 조직이 되었다.

---

131 Lizzie Pearce, "Women's Work in the Orient", *The Oriental Missionary Standard* (January 1918), 14.

3) 부흥회(성별회)

1893년 선교사공의회에 따라 평안북도 지역의 장로교회들이 3번의 예배를 드리기 시작하면서 그것이 전국으로 퍼져 오늘에 이르렀다. 하지만 복음전도관은 주일에 3번의 예배 이외에 한 번을 더해서 4번의 예배 집회를 시행하였다.[132] 복음전도관의 최우선적 목표는 예수 그리스도를 믿지 않는 자들에게 복음을 전파하여 예수를 믿고 거듭나게 하는 것이다. 또한 성결의 복음을 전하는 것이 그들의 목표요, 사명이라고 생각했기에, 보다 더 높은 은혜, 곧 성결의 복음을 전하고자 성별회를 만들고 성결의 체험을 강조하였다.[133]

성별회는 주일 저녁시간에 이루어졌다. 성별회는 어느 복음전도관에서든지 개최되었고, 모든 연합집회, 지방회, 연회, 연차 수양대회 등에서 성별회는 항상 열렸다. 이같이 행해지는 성별회는 다른 교단과 달리 한국성결교회의 고유한 특징으로 보여지기도 했다.

성별회의 참석하는 대상은 주로 교회 성도들과 교역자들이 참석하기 쉬웠지만, 주된 대상은 야외 집회에서 전도하여 초청받아 인도되어 온 사람들이었다. 성별회로 초청되어 인도되어 온 사람

---

132 이응호, 『한국성결교회의 역사 2』, 400-1.
133 Merwin, "The OMS Holiness Church in Japan", 83.

들은 복음전도관의 전도자들이 밖에 나가서 북과 나팔소리에 맞추어 찬송을 부르며 길거리를 누비는 모습을 보고 궁금하여 찾아온 사람들이 대부분이었다. 이런 사람들에게 복음을 전도하여 예수 그리스도를 믿게 하였다.

사실 성결운동의 요람이라 할 수 있는 '동경성서학원'에서 학업을 연마한 정빈과 김상준, 그리고 이장하가 자신들이 체험하였던 성결의 체험을 '성별회'를 통해서 전개한 것이다. '성별회'는 당시 특별하고 이색적인 집회였으며, '성결의 은혜'를 체험할 것을 강조한 복음전도관의 성별회는 한국성결교회의 초기 부흥에 큰 공헌을 하였다.

정빈, 김상준, 이장하에 의해 '성결운동(순복음운동)'이 본격적으로 시작되었다. 이들의 성결운동은 밤에는 노방 전도로서 구령운동을 하였고, 낮에는 노방 전도를 통해 구원해 낸 사람들에게 성경을 가르쳤다. 그리고 주일 오전에는 전도관으로 모이는 성도들에게 예배를 통하여 하나님의 참된 진리를 깨닫도록 하고, 오후에는 다시 성도들을 모아서 '성별회'를 열어 '성결의 은혜'를 체험하도록 하였다.

성별회는 구리개로 전도관을 옮긴 1908년 후반부터 절정에 이르게 되었는데, 집회 때마다 성령의 놀라운 역사가 나타났다.

> 1908년 겨울, 성령의 부흥의 역사가 일어나는 때에 온 교회가 다 움직이게 되었으며, 모든 교회 교역자와 선교사들까지 참석하여 기도하는 중, 성령의 능력이 나타나는 때에 각각 저희 죄를 자복하고 거듭나게 하는 은혜와 성결의 역사를 체험한 후, 기쁨을 이기지 못하여 손뼉치며 찬양하고 굴레벗은 송아지와 같이 뛰게 하였더라.[134]

1911년 3월, '경성성서학원'이 설립되자 더욱 부흥이 일어났다. 성별회에 일어난 성령의 큰 역사로 인하여, 성별회는 복음전도관의 특징으로 자리 잡았으며, 장안에서는 큰 화제거리가 되었다.

당시 성별회의 주된 메시지는 중생, 성결, 신유, 재림의 사중 복음이었다. 재림의 복음을 전하여 사악한 죄를 회개하고 예수를 믿게 하였고, 중생과 성결의 2단계의 교리를 나누어 전파하고, 신유의 복음은 교리를 효과있게 전하는 수단이었다.[135]

다) 복음전도관과 3·1운동

한국에 민족운동이 일어나게 된 기본적인 원인과 배경은 일제의 주권탈취와 한국 강점에 따른 이유다. 일본은 제국주의 열강들

---

134 아현교회, 『아현교회70년사』 (서울: 아현교회, 1984), 100.
135 "The Oriental Missionary Standard" (November, 1916), 기독교대한성결교회 역사편찬위원회, 『한국성결교회사』 (서울: 기독교대한성결교회, 1992), 214에서 재인용.

의 묵인 속에서 1905년 11월 '을사늑약(을사5조약)'을 체결하여 한국의 주권을 빼앗았다. 이듬해 통감부를 설치하고 한국을 '보호국화'하여 식민통치의 기반을 마련한다. 이어 일제는 1910년 8월 한국을 완전히 강제병합하고 총독부를 설치하여 무단 식민통치에 착수하였다.

한국인의 자유와 권리는 박탈되고, 토지조사사업으로 약탈적 경제정책으로 생활의 터전인 농토마저 빼앗기고 소작농으로 전락했다. 우민정책(愚民政策), 동화정책(同化政策)을 목적으로 한 식민지 교육정책과 민족 차별정책 때문에 한국인들의 불만이 팽배한 그때, 한국인들 사이에는 기회만 오면 독립해야 한다는 공감대가 형성되었다.

종교에 대한 일제의 기본 정책은 회유와 이용, 그리고 탄압과 박멸이었다. 일본은 식민통치에 유리한 방향으로 종교를 이용하거나 회유를 하였는데, 이에 방해가 되거나 저항할 경우에는 탄압과 박멸을 하는 정책을 구사했다. 일제는 세계의 이목 때문에 한국인들의 종교의 자유를 완전히 박탈하지는 못했지만, 민족적 성향이 짙은 종교에 대해 음해와 박멸을 기도하였다. 하지만 일제의 종교탄압은 민족적 종교 세력의 성장을 가져왔고, 기독교 민족운동의 배경이 되었다.

1) 독립운동에 가담한 성결교회

3·1운동이 한국 민족의 거족적인 운동으로서 종교 간의 주도적 역할을 한 사람들이 기독교인들이었음은 주지의 사실이다. 3·1운동은 일제에게 마구잡이로 토지를 수탈당한 농민들이 노서아(露西亞, 러시아)와 만주로 이민가는 이민 대열의 참상이 원인이었다. 또한, 1919년 3월 1일에 '3·1 운동'이 일어나도록 이끈 것은 미국 윌슨 대통령의 '민족 자결주의'에 고무된 저항과 고종 황제의 붕어 때문이었다. 여러 가지 원인으로 일어난 3·1운동에 교회들이 대거 참가하여 독립운동에 주도적 역할을 하였다.

교회가 주도적 역할을 하게 된 것은, 교회가 일제로부터 핍박을 많이 받은 연유도 있지만 전국적 조직을 가지고 유기적으로 상호 연락을 할 수 있었기 때문이었다.

하지만 독립운동으로 인한 피해는 예상외로 컸다. 3월 1일부터 4월 말까지 이 운동으로 인해 장로교회 측의 피해는 복역자 830명, 태형을 받은 자가 826명이며, 사망자가 45명, 교회가 파괴된 곳이 32곳, 악형을 받은 자가 173명이나 되었다. 장로교 뿐 아니라 감리교인들도 많은 인원들이 만세 운동에 동참하였다가 수감이 되었는데 그 수가 740명이나 되었다.[136]

---

136 정상운, 『성결교회 역사총론』, 165-67.

이처럼 장로교회와 감리교회의 교인들이 독립운동에 참가하였다가 수감된 자가 많은데 비해, 동양선교회 복음전도관 (성결교회) 측은 3·1운동에 참가한 이가 극히 미미하였다. 일반 통계에도 없고, 독립운동을 하였다는 실증도 별로 없다. 하지만 이것은 근본적으로 민족운동에 대한 성결교회의 비정치화 태도에도 기인하는 점도 없지 않다. 종교와 세속사회를 구분하는 신앙 가운데 민족운동과 같은 세속적인 문제에 교회가 직접적으로 참여하는 것은 바람직하지 못하다는 생각이 지배적이었기 때문이다. 3·1운동으로 인한 장·감교회들의 피해가 컸던 것에 비해 성결교회의 피해는 미미한 편이었지만, 개인적으로나마 참여한 사례가 많이 나타나고 있다.[137]

2) 독립운동의 참여자들
① 김상준

김상준 목사가 성결교회를 떠난 지 2년 뒤인 1919년 3월 1일을 기해 '조선의 독립국임과 조선의 자주민'을 선언하는 거국적인 독립을 위한 투쟁의 불길이 전국에서 일어났다. 3·1운동의 불길이 전국에서 일어나자, 그는 부흥전도의 일을 잠시 접어두고 밀양으

---

137 Ibid., 167.

로 갔다. 그 곳에서 경성성서학원 사감과 아현교회 주임 교역자를 거친 밀양교회 주임 교역자인 강시영 전도사와 함께 용강에서 내려온 애국지사들이 3·1운동을 모의하고, 봉기할 때 참여하여 조국의 독립을 위해 투쟁하였다.[138]

② 강시영

강시영 전도사는 1915년에 성서학원을 졸업하고 아현교회 주임과 성서학원 사감이 되었고, 김천 복음전도관의 주임교역자 직을 겸직하였다. 또한 1918년 밀양에 사역의 범위를 넓혀 개척한 결과 밀양 복음전도관을 설립하고 주임이 되었다. 강전도사는 밀양 복음전도관에서 사역하는 중에 3·1운동을 맞게 되었는데, 김상준 목사와 함께 만세 운동에 참여하였다가 평양 형무소에 압송되어 수감되었으나 경성성서학원장의 신원 보증으로 출옥하였다.

③ 김응조

3·1 운동으로 인해 서울의 학교들(중학교 이상)은 모두 수업이 진행이 되지 않았다. 경성성서학원도 예외는 아니었다. 그러나 경성성서학원은 학생이 50여 명 밖에 되지 않았고, 학생 전원이 기숙

---

138   Ibid., 168.

사에 들어있기 때문에 경찰의 특별한 주목거리가 되었다. 그래서 3월 3일 월요일부터 휴교에 들어갔다.

이때에 김응조 목사는 기숙사에서 나와서 고향으로 내려가기로 하였는데, 독립선언문을 가지고 고향으로 향했다. 고향 영덕에 도착하자마자 경찰에 끌려가서 수색을 받고 '병곡 주재소'에 구금이 되었다. 이렇게 구금이 되던 날이 장날이라, 어디서 그렇게 군중들이 모였는지 일본 경찰도 막지 못하고 있기 때문에 '만세 운동'은 더욱 고조되었다. 급기야 시위 군중들은 일본 관청들을 습격하였는데, 이 급보를 받은 대구 일본 주둔병이 출동해왔다. 시위 군중은 해산되고 사상자도 많이 나왔으며 수백 명이 체포되었는데, 김응조 목사는 이때의 시위의 주동자로 몰리어 대구형무소로 이감되었다. 하지만 5개월 후 대구법정에서 김응조 목사에게 언도 공판이 4년 구형이 되었지만, 폭행에는 가담하지 않았다는 증거가 주재소 구류로 증명되어 1년 6개월 형이 언도되고 수감생활을 하다가, 1920년 7월 15일에 출옥하였다.

④ 백신영

백신영은 서울에서 정신여학교를 졸업하고, 1917년 경성성서학원을 7회로 졸업하고, 개성교회에서 사역하다가 1918년 휴직하였다. 그 후 그녀의 모교인 정신여학교의 교사로 부름을 받아 학생들을 가르쳤지만 그녀의 마음을 사로잡고 있었던 것은 오직 독립운동뿐이었다. 당시 고등교육을 받은 여성은 모두 국권회복, 남녀평등이라는 과제를 안고 사명감에 불타 있었다. 그녀는 애국지사들의 옥바라지와 그 가족의 구휼을 목적으로 1919년에 조직된 혈성애국부인회(血誠愛國婦人會)가 처음 활약할 당시부터 깊게 관여하였다. 1919년 10월 19일 정신여학교 안에 살고 있는 미국인 선교사 천미례의 2층 방에서 17명이 모여 대조선애국부인회(大朝鮮愛國婦人會)와 혈성애국부인회가 연합하여 대한애국부인회(大韓愛國婦人會)를 결성했다. 두 부인회를 통합한 것은 여성의 활동이 활발치 못하고, 애국부인회의 활동범위를 전국적 규모로 확대시켜 여성항일운동을 활성화시키고자 하는 김마리아의 생각에서 발전되었다. 백신영은 김 마리아가 회장이 되고, 황 에스더가 총무로 선출될 때 결사대장으로 임명되었다. 그러나 11월 28일 동료인 교사 오현주의 배신으로 애국부인회가 검거 당할 때 피검되어 1920년 6월 대구 지방법원에서 제령(制令) 위반 및 출판법 위반으로 징역 1년형을 언도받고 항소하였으나 역시 같은 형을 언도받아 다시 상고하고 경성 서대문 경찰서로 이감되었다. 경성고등법원에서도 역시 1921년 5월에 징역 1년이 언도되어 결국 1년 6개월 만에 재판이 끝나 실제의 감옥생활은 2년 6개월 하였다. 출감 후 그녀는 남은 여생을 민족을 위해 복음 전파하며, 성결교 전국부인회를 조직하여 강경, 강

릉교회를 섬기다가 1950년 9월 22일 주님께 부름을 받았다.[139]

⑤ 한도숙

한도숙은 엄격한 유교 가정에서 태어났으며, 유교 전통에서 여성의 미덕이라고 하는 삼종지도(三從之道)를 부모로부터 배우면서 자랐다. 1913년 봄에 감리교 신흥식 목사로부터 세례를 받고 교회 내에 세워진 사립여학교인 광명학교에서 공부하게 되었다. 1919년 3월 1일은 한도숙이 18살이 되는 해로 졸업을 21일 앞둔 때였다. 양대의 사립여숙에는 임영신이 초대 선생이었는데 한도숙과 황형숙, 민원숙이 임영신 선생의 총애를 받았다. 2월 28일에 양대 여학교에 함태영이 임영신 선생을 찾아와 독립선언서를 전해주자, 3월 2일 아침 임선생은 교회 친지 서용란의 집으로 세 여학생을 불러 밤을 세워 등사한 선언문을 보여주고 거사를 함께 계획하였다. 임선생이 진주로 떠난 후, 한도숙을 비롯한 학생들은 10여일 동안 낮에 공부하고, 밤에 모여 태극기를 만들었다.

드디어 이들은 1919년 3월 20일 천안 입장의 장날을 택해 독립 만세를 거사하였다. 한도숙 외 2명은 오전 10시 전교생에게 태극기를 나눠주고 행렬을 지어 앞장을 섰다. 순식간에 만세 시위자들

---

139 Ibid., 169-72.

이 천여명으로 늘어났으며, 천안 만세사건으로 한도숙외 2명의 여학생은 '천안의 3숙'으로 전국에 알려졌다. 주모자로 체포된 3숙은 공주 감옥에서 3주일 만에 판결을 받고 1년형이 내려 복역을 하다가 음력 섣달그믐께 모범수로 가출옥하였는데, 1년 옥중생활 중에 한도숙은 유관순을 만났다. 한도숙은 감방 생활에서 기도하던 중, 그녀의 애국심은 불쌍한 영혼을 인도하는 신앙심으로 바뀌었고, 이때 하나님께 헌신할 것을 다짐하였다. 출옥 후 그녀는 경성성서학원에 입학하여 졸업하고, 블랙(Miss Emulla Black) 여 선교사와 함께 영남 일대의 교회를 순회하며 전도 사역을 감당하였다.[140]

⑥ 김기삼

1941년 경성성서학원을 졸업하여 목사가 된 김기삼은, 경성성서학원 입학 전인 3·1운동 때에 민족참여운동을 하였다. 그는 3·1운동 만세사건에 가담하여 출판법, 보안법 위반 죄목으로 부산 형무소에서 1년 6개월의 옥고를 치뤘다. 김기삼은 1918년 9월 박제원을 파송하여 설립된 동래 교회를 중심으로 독립운동을 전개하며 우리 민족의 시대적 요구를 수용하고 사회문화적 선교를 실

---

140   Ibid., 172-73.

행하였다.[141]

⑦ 이상철

이상철 목사는 『活泉』 서기를 맡아 창간과 실무의 역할을 맡고, 1923년 경성성서학원 교수로도 봉직한 사람으로서 초기 성결교회 발전에 큰 일익을 감당하였다. 그는 1919년 3·1운동이 전국으로 확산되자, 현풍, 고령의 장날을 택해 독립만세운동을 일으켰다. 그리고 상해 임시정부 공채모집위원, 대구 달성군 교통사무지국장으로 조직적인 항일운동을 펼쳤다.

그는 1920년 8월 이두산과 함께 최급경고문(最急警告文), 경고문, 일본물품 불매고지서, 납세거절 포고문, 독립공채 모집에 관한 인정서, 독립청원서 등을 작성하고 이를 등사하여 대구, 달성, 고령 일원에 유출했다. 그리고 워싱턴 국제회의에 대한인은 일본제국주의 식민지 압제에서 벗어나 하루 속히 독립을 열망하므로 미국정부가 대한인의 독립을 지원해 줄 것에 대한 청원서를 대구의 미국인 부헤리 선교사, 경성의 카우만 선교사, 허인수 선교사 등에게 보냄으로 대한인의 독립의지를 표명하기도 하였다.[142]

---

141 Ibid., 173-74.
142 Ibid., 174-75.

제3장

조선예수교 동양선교회 성결교회 시대

(1921-1943년)

조선예수교 동양선교회 성결교회 시대
(1921-1943년)

I. 성결교회의 교단 조직과 발전

가. 한국성결교회 교회제도의 변화

한국성결교회는 동양선교회의 직·간접 영향을 받으면서 교회 제도를 발전시켜 나갔다. 앞서 언급한 것과 같이 한국성결교회는 처음부터 강력한 복음전도 정신을 표방한 선교 단체에서 출발하였다. 동양선교회와 만국성결연맹 두 선교 단체와 긴밀한 협력을 했음에도 한국성결교회는 법적 구속력을 갖지 않는 독립적 자치적 관계였다. 부연하자면 만국성결연맹과 동양선교회가 감독제도 즉, 감독과 총리라는 직제를 가지고 경성복음전도관을 협력과 지도, 감독하기는 하였어도 법적 구속력을 갖는 성격이 아니었다.

한국성결교회의 교회 정치 제도는 크게 볼 때 성공회 혹은 영국 감리교회의 감독제(bishop)와는 구별된 의미에서의 처음 '감독제'(superintendent)에서 시작하였다가 중간에 대의제도로 잠시 변경되기도 했지만 해방을 계기로 본격적인 대의제도로 변천하였다. 이 변천 과정에서 성결교회 중앙조직은 감독제도, 고문제도, 이사회, 총회, 이사장 제도를 거쳤다.

1. 만국성결연맹과 동양선교회의 감독제(1910년-1920년)

앞서 살펴본 바와 같이 체계적인 지원과 협력과 감독이 필요하여 동양선교회는 만국성결연맹에 한국에 정주하는 선교사의 내한을 요청했다. 1907년부터 1910년 11월까지는 한국에 정주하는 성결교계 선교사는 없었다. 정빈과 김상준의 요청으로 카우만과 킬보른이 한국을 자주 방문하여 협력하고 사역을 도왔지만 만족할 상황은 아니었다. 동양선교회 요청으로 존 토마스 감독이 내한했다.[1]

1910년 12월 10일 영국인 존 토마스(John Thomas) 선교사와 부인 에밀리 토마스(Emily Thomas)는 동양선교회 복음전도관 초대 감독(Superintendent)으로 부임하였다. 만국성결연합 소속의 선교사

---

1 서울신대 성결교회역사연구소, 『한국성결교회100년사』(서울: 기독교대한성결교회 출판부, 2007), 104.

부부인 이들은 동양선교회로 파송을 받아서[2] 킬보른 선교사와 손을 잡고 한국선교를 도왔다.[3] 킬보른과 토마스의 만남은 킬보른이 영국을 방문하면서부터 시작되었다. 킬보른이 한국 선교 사역의 막중함과 중요성을 토마스에게 알리면서 성서학원을 책임질 일꾼을 찾고 있다고 말했다. 이런 배경에서 동양선교회는 한국선교를 책임질 사람으로서 영국 웨일즈 출신 토마스(John Thomas)를 초청하였고 만국성결연맹이 그를 파송했다.[4]

원래 영국 도시선교 단체인 스타 홀 선교회(Star Hall)에서 5년 반 동안 사역한 토마스는 일본을 거쳐 한국에 도착하였다. 1911년 3월에 토마스는 경성 무교정전도관 안에 임시로 운영된 성서학원 원장이 되었다. 이는 사실상 경성성서학원의 공식적 시작이었다.[5] 1912년 10월 8일에 토마스 감독은 한국에 전도관을 더 세울 수 있

---

2 기독교대한성결교회 역사편찬위원회, 『韓國聖潔敎會史』(서울: 기독교대한성결교회 출판부, 1992), 154.

3 Ibid., 48.

4 Merwin, "The OMS Holiness Church in Japan": 129.
일본의 경우 1917년 일본성결교회가 동양선교회로부터 독립해서 독립교단을 형성했을 때 나카다는 감독(bishop)이라고 불려졌다. 나카다는 1894년 감리교 목사로 안수를 받고 2년 후 시카고를 향했다. 그는 무디성서학원의 감리교 목사인 혼다 요이찌의 영향을 크게 받았다. 나카다는 무디성서학원에서 같은 감리교인인 카우만을 만났다. 이후 일본에서 나카다는 감독(bishop)이 되었는데 자신은 이것에 대해서 감리교적인 의미의 감독(bishop)이 아니라 총리(general superintendent)일 뿐이라고 설명했다. 그럼에도 불구하고 일상적으로 그는 감독(bishop)으로 불려졌다. 한국에서의 감독은 니카다와 같은 의미의 감독이 아니라 한국 지역을 담당하고 있는 감독(superintendent)의 의미였다.

5 『略史』 34, 189.

는지 여부를 판단하기 위해서 규암을 방문하기도 했다.[6] 이런 외부적 일들 외에도 감독은 내부의 문제도 관여하였다. 1914년 9월 30일에 정빈이 김상준을 비판하는 11개 조문을 성서학원 칠판에 써 붙이고 킬보른 총리에게 송사했던 일이 있었는데 킬보른은 서로 화해하라고 권면했다.[7] 1919년 3.1운동 직후 토마스 감독은 한국에 새로운 전도관을 더 건립하기 위해 새로운 장소를 물색하려고 강경에 갔다. 그 곳에 갔다가 그는 독립운동가로 오해를 받고 일본 헌병에게 구타를 당했다. 이 사건은 국제적인 사건으로 큰 관심을 불러 일으켰다. 영국과 일본 그리고 조선총독부가 협상을 한 결과 일제는 토마스에게 보상을 했고 결국 토마스는 이 일로 귀국하게 되었다.[8] 토마스는 그것에 대한 피해 보상금 가운데 일부를 건축헌금으로 내어 놓았다. 이 헌금으로 강경교회는 1923년에 새로운 건물을 마련하게 되었다.[9]

   토마스 초대 감독이 헌신적인 노력을 했지만 그의 사역은 한계가 있었다. 토마스 감독이 한국에서 한국어를 배워서 설교를 할 수 있었던 것으로 전해지나 여전히 언어는 선교의 장애였다. 그래

---

6 서울신대 성결교회역사연구소, 『한국성결교회 100년사』, 91.
7 Ibid., 109.
8 박명수, 『초기한국성결교회사』 (서울: 대한기독교서회, 2001), 373-80.
9 이는 강경교회 담임목사인 이헌영 목사의 아들 이신복 목사의 증언이다. 서울신대 성결교회역사연구소, 『한국성결교회100년사』, 94에서 재인용.

서 통역에 의존할 수밖에 없는 상황에서 통역사의 역할이 중요했다. 토마스의 통역은 영어, 중국어, 일본어를 구사했던 이장하가 맡았다. 당시 이런 문제에 대해 이명직 목사는 감독의 역할과 통역의 문제를 다음과 같이 지적했다.

> 토마스는 나이 이미 늙은고로 조선어를 배우되 능치못하므로 처리상 곤란한 일이 많았음은 무슨 일이든지 직접하지 못하고 반드시 통역을 쓰게 됨이라 당시로 말하면 아직 헌법이 없었고, 정치회의도 없었고, 오직 감독이 만사를 결재하되 통역을 썼으니 조선인의 사정과 심리를 잘 이해하지 못하는 관계상 실정이 많았느니라[10]

이명직 목사에 따르면 선교 단체의 감독제는 헌법이 없는 상황에서 구속력이 없었지만 한편으로 만사를 감독이 결정하는 일이 빚어진 것이다. 이 시기의 감독제를 기술하면서 한가지 간과할 수 없는 일은 토마스가 복음전도관의 감독으로 부임해 있는 동안에도 동양선교회 총리인 킬보른이 복음전도관의 일에 관여한 일이 있었다. 중요한 일이 있으면 일본의 킬보른이 내한해서 함께 결정하곤 했다. 성서학원 신축과 같은 문제는 동양선교부 본부가 직접 참여

---

10 Mrs. John Thomas, "Three years After," *Eletric Messages* (may 1913), 5.

했다.[11]

나사렛 교단에서 목사안수를 받았던 헤슬롭(William H. Heslop)이 제2대 감독으로 부임했다. 그는 1916년 당시 영국에서 안식년을 마친 토마스와 함께 내한하여 토마스 감독이 맡던 성서학원장직을 계승했다. 헤슬롭은 3·1운동에 직접 관여하지는 않았지만 이 운동으로 투옥된 복음전도관 사역자들과 성서학원생을 석방시키는 일을 하였다. 특히 김상준과 강시영을 평양형무소에서 중형에 처한다는 소식을 듣고 평양에 갔던 헤슬롭은 이들의 석방교섭을 위해서 신원보증을 하고서 수감 중인 그들을 석방시켰다.[12] 1920년 10월 1일에 헤슬롭은 3·1운동에 연루된 학생들 모두가 낙오하지 않고 졸업할 수 있도록 도왔다. 이 운동에 연루된 신학생 김응조도 이때에 졸업했다. 당시 헤슬롭의 통역을 맡은 이는 최석모 전도사였다.[13] 그는 일찍이 한성 영어학원에서 공부하여 영어 실력을 구비했다. 본래 구세군 신자였던 그가 복음전도관에서 은혜를 받은 후 성서학원에 입학하였다. 최석모는 통역을 하면서 교단 정치의 주역으로 나서기보다는 이명직 목사를 도와서 동양선교회와 한국교

---

11 서울신대 성결교회역사연구소, 『한국성결교회 100년사』, 105.
12 송기식, "강시영: 백절불굴의 신앙인," 『성결교회인물전』 1집, 556.
13 『略史』 62.

회 사이를 중재하는 일을 맡았다.[14] 헤슬롭 감독은 1921년 2월 부인의 병으로 조선을 떠나게 되었다. 그 후 그는 미국 나사렛교회에서 목회를 하였고, 나중에는 나사렛 계통의 대학인 올리벳 나사렛 대학의 학장이 되었다. 헤슬롭 감독이 한국을 떠난 후에 최석모는 동양선교회 최고 지휘 감독기관이었던 총무부의 임명을 받고서 이명헌, 이명직과 함께 고문 회원이 되어 성결교회의 정치에 참여하게 되었다.

한국성결교회의 초기 복음전도관 시대에는 교단체제가 아니라서 특별한 지방 교회조직이 없었다. 그리고 교단헌법도 없었기 때문에 동양선교회 감독이 여러 지방을 직접 순회하면서 복음전도와 치리를 했다. 그런 의미에서 이 시기에는 이명직 목사가 지적한 대로 복음전도관의 정치 제도의 핵심은 감독이었고 그 감독의 통역을 맡은 이도 영향력을 행사할 수 있었다.[15]

2. 간담회(1921-1924년)

1921년 9월에는 복음전도관이 기성교단 조직인 교회로 전환되면서 목회적으로 교회조직이 필요했다.

---

14 Ibid., 62.
15 서울신대 성결교회역사연구소, 『한국성결교회100년사』, 105에서 재인용.

1921년 초 킬보른 총리가 감독으로 부임하면서 복음전도관을 지도하면서 교회제도에 변화를 주었다. 즉 킬보른 총리는 감독직을 수행하면서 감독의 자문역으로 고문회를 신설하였다.[16] 이 제도가 도입된 요인에 대해서 이명직은 다음과 같이 밝히고 있다.

> 1921년 9월에 킬보른 총리가 조선에 주재(駐在)하여 교회정치를 섭행(攝行)함에 당하야 과거에 감독들이 통역 한사람만 신용하고 일하다가 여러 가지로 실패된 일이라든지 또는 교회 발전상으로 보든지 시대의 취향으로 보아 조선인을 제외하고 오직 전제(專制)로 만사에 당하는 것이 득책(得策)이 아님을 헤아려 교회를 조직하는 동시에 본부에 고문회를 두게 되었으니...[17]

이명직의 언급에 따르면 이 제도가 신설된 요인은 선교현장에서 일어난 문제를 포함하여 전반적인 일들에 대해서 감독의 일방적 결정에 따른 조선인의 소외문제, 통역사를 통한 소통의 부재, 교파교회로 전환하려는 시대적 변화 등이었다. 고문제 회원은 선출방식이 아니라 동양선교회 최고 지휘 감독기관이었던 총부무에서

---

16 서울신대 성결교회역사연구소, 『한국성결교회 100년사』 169.
17 『略史』 18.

임명받은 자들이었다. 그렇지만 이 고문회 제도를 통해서 비록 제한적이기는 했지만 성결교회 지도자들에게 성결교회 정치에 직접 참여할 수 있는 길이 열리게 되었다.[18] 1921-1922년 기간 동안 고문회 회장은 동양선교회 킬보른 총리가 맡았고, 고문으로는 이명직, 이명헌, 뿌릭스 부인이 임명을 받았다. 1923년부터 우두수가 고문으로 추가되었다.[19]

3. 동양선교회성결교회와 이사회 제도

동양선교회 부총재인 킬보른 총리가 고문회 제도를 신설하여 성결교회 지도자들을 정치제도에 참여시켰다. 그렇지만 얼마 지나지 않아 이 고문회 제도는 폐지되고 새로운 이사회 제도가 도입되었다. 또한 이사회 제도 도입을 계기로 한국성결교회는 헌법에 준하는 동양선교회 『敎理及條例』를 발표하여 교회치리의 근간을 마련하였다.

이사회 제도는 동양선교회 총리가 죽고 킬보른이 그 후임이 되는 과정에서 도입되었다. 카우만 총리는 나카다와 경성성서학원 설립문제로 갈등을 빚은 적이 있었다. 카우만은 경성성서학원 설

18　Ibid., 16-18.
19　허명섭, "한국성결교회 제도의 변천과정," 116, 표3를 참고.

립을 위해서 오랫동안 모금을 계속해왔고 그 돈으로 1911년 성서학원을 세웠다. 이 일을 계기로 나카다와 카우만 사이에 심각한 갈등을 빚었다. 나카다가 나중에 다시 돌아 오기는 했지만 동양선교회를 탈퇴해서 1911년 10월 성교단(聖敎團)까지 만들 정도였다. 나카다가 카우만과 갈등을 빚은 이유는 카우만의 이런 행동이 동양선교회 회장인 자신을 무시한 행동이라고 여겼기 때문이다. 또한 나카다는 한국에 대규모로 성서학원을 설립하는 것을 반대했던 것으로 보인다.[20] 결국 카우만은 성서학원 부지를 매입하는 일로 과로하고 일본에서 나카다 목사와의 불편한 관계로 건강이 악화되어 귀국했다. 카우만은 1924년 9월 24일 로스앤젤레스에서 별세했다.[21] 카우만의 유고로 인하여 생긴 공석을 채우기 위해서 킬보른이 1924년 2월에 미국으로 귀국했다. 이 과정에서 이사회 제도는 도입되었다.[22] 1924년 이사장은 킬보른(Earnest A. Kiboulrne)의 세 자녀들 가운데 아들 버드 킬보른(Edwin Lawson (Bud) Kilbourne)이 맡았다. 이후 이사장은 해리 웃스(Harry F. Woods), 폴 헤인스(Paul E. Haines)가 역임했다.

---

20 서울신대 성결교회역사연구소, 『한국성결교회 100년사』, 49.
21 David Shavit, *The United States in Asia: A Historical Dictionary* (New York: Green Press, 1990), 112; Mrs. Lettie B. Cowman, *Charles E. Cowman Missionary Warrior* (Los Angeles: The Oriental Missionary Society, 1928) 참고.
22 킬보른이 카우만의 유고로 비운 공석을 채우기 위해서 1924년 2월에 미국으로 귀국했다고 서울신대 성결교회역사연구소, 『한국성결교회100년사』, 170에 밝힌다.

그동안 운영되어온 감독제와 감독의 자문기관이었던 고문회 제도가 폐지되고 그 대신 이사회제도가 도입됨으로써 성결교회는 감독 중심의 일인 체제에서 이사들이 참여하는 협의체의 시대를 맞았다. 이 제도는 성결교회 지도자들이 현실 정치에 직접 참여한다는 측면에서 긍정적인 평가를 받았다. 이 제도 도입을 두고서 이명직 목사는 "우리 동양선교회에서 이사제(理事制)를 채용하게 된 것은 실로 진보적이며 이상적이라고 할 수 있느니라"라고 평가했다.[23] 그런데 이사를 선임하는 방식은 성결교회 구성원들이 선출한 것이 아니라 동양선교회 총본부에서 일방적으로 임명한 것이었다. 그런 면에서 성결교회 지도자들이 중앙정치에 참여하는 길이 열렸지만 동양선교회 총본부의 임명을 받아야만 했다. 그래서 이 시기의 이사회 제도는 의사결정 기구로서 분명한 한계가 있을 수밖에 없었다.

그럼에도 불구하고 당시 이사회는 법적으론 성결교회의 최고 기관이었다. 이사회 회장은 조선 주재 총무원이 맡았으며 연 2회 모였다. 이사회는 연회를 소집할 뿐만 아니라 회기를 조정할 수 있었다. 또한 이사회는 교역자의 임명권과 추천한 자를 시취하고 안수를 줄 수 있었다. 이렇게 이사회는 막강한 권한을 행사할 수 있

---

23 『略史』 23.

었다.[24] 이사회 막강한 권한은 동양선교회 총본부에서 비롯되었다. 왜냐하면 이사회를 총본부에서 임명하기 때문이었다. 이사회 제도 기간에 지방회는 매년 열렸고 연회는 2년에 한 번 열렸다.[25] 선교사 중심의 이사회가 막강한 권한을 행사하면서 자치권을 주장하는 한국성결교회와 동양선교부 총본부 간에 갈등이 시간이 흐름에 따라 점증되었다.

이사회제도가 신설된 후 한국성결교회는 1925년 3월에 '동양선교회 성결교회 교리와 조례'가 제정, 발표되어 교회 정치의 근간을 만들었다. 그동안 한국성결교회는 1921년 9월에 그 체제를 교파조직으로 전환하기는 했지만 제대로 된 치리규정을 마련하지 못했다. 1925년 3월에 『敎理及條例』가 공포되면서 성결교회는 사실상 최초로 헌법에 준하는 통치규정을 갖게 되었다. 물론 당시 일제의 종교정책을 고려하면 헌법에 준하는 규정이 이미 존재하고 있었다고 쉽게 추정할 수 있다. 왜냐하면 일제의 종교정책을 규정한 '종교의 선교에 관한규칙"(통감부령 제45호), '포교규칙"(조선총독부령 제18호) "개정포교규칙'(조선총독부령 제59호) 등 포교하고자 하는 단체는 교리나 장정들을 규정한 종훈(헌법)을 첨부하여 포교계 또

---

24 Ibid., 19.
25 『헌법』(1936), 67-69.

는 포교허가서를 제출해야 했다. 한국성결교회가 공식적으로 발표한 최초의 통치규정은 1925년의 『敎理及條例』라 말할 수 있다. 이 『敎理及條例』는 모두 2편, 1예문, 10장 57절, 147조, 39항으로 이루어졌다. 이는 한 교파를 치리하고 지도하기에 손색이 없는 것이었다. 제1편 교리편에서는 교회의 정치를 제정하는 이유, 동양선교회의 기원과 목적, 그리고 신앙개조(교리) 등을 규정하고 있으며, 제2편 정치편에서는 정치기관, 지방교회, 봉사론 등을 기술하고 있다.

한국성결교회는 1931년부터 이사회 제도를 강화하였다.[26] 1936년 이사국 내에 상무이사와 순회이사 제도를 신설하였고, 최석모와 곽재근을 각각 임명했다. 이사회는 이사회장, 상무이사, 순회이사로 구성된다. 이후 헤인스 감독과 지일, 이명직, 이건, 최석모, 박현명이 상무이사였다. 순회이사는 강시영(영남), 이문현(호남), 김응조(중부), 박형순(서부), 강송수(함남북), 이정원(만주)이었다.[27] 1936년 성결교회가 중대한 시련을 맞으면서 이사회가 마련한 조치였다. 이사들이 이전에는 개교회를 순회하였는데 그 사역을 순회이사가 맡게 된 것이다. 순회이사는 각 지방마다 한명씩 선정되었다. 이 순회이사제도는 순회목사를 순회이사로 격상하여 지방교

---

26 "이사국 내규," 『活泉』 (1930년 1월호), 57-59.
27 서울신대 성결교회역사연구소, 『한국성결교회100년사』, 292, 표1 참고.

회의 통제를 한층 더 강화한 제도였다.[28] 이후 순회이사 제도는 일제 강점기 선교사들이 추방당한 후 1940년 10월 22일 소집된 임시연회에서 폐지되었다.[29]

나. 복음전도관 체제에서 성결교회로 교단전환

한국 최초의 복음전도관인 무교정복음전도관의 설립 이후 약 14년 동안 한국성결교회는 괄목할만한 성장을 이루었다. 특별한 교회조직 없이 사중복음을 전하는 일에 주력하였음에도 불구하고 중앙과 지역 복음전도관이 총 33개소로 확장되었고, 정치제도와 행정제도가 마련되어 자연스럽게 교회의 형태를 취하게 되었다. 이에 따라 1921년 9월에 교단 명칭을 '조선 야소교 동양선교회 성결교회'(1921-1946)라 칭하고 교회체제로 전환하여 정식 교단으로 발돋움하기에 이르렀다.[30] 모든 교회정치는 동양선교회 총리가 전체를 관장하고, 그 하부조직으로 고문회를 두어 의견을 청취하는 형태의 조직이었다. 이는 감독의 자문역으로 고문회를 신설하는

---

28 "근고,"『活泉』(1936년 10월호), 전면 속표지.
  순회이사는 초기에는 지방의 개교회를 순회만 하다가 1937년 4월에 열린 이사회에서 개교회를 겸임하도록했다.
29 허명섭, 한국성결교회 제도의 변천과정, 120;서울신대 성결교회역사연구소,『한국성결교회100년사』317에서 1939년 상무이사와 순회이사 구분이 폐지되었다고 기술되었다.
30 鄭祥雲,『聖潔敎會와 歷史硏究(1)』(서울 : 이레서원. 1997), 184.

등 감독정치의 폐해, 교회의 발전, 시대의 흐름 등을 반영한 조치였으며, 선교사들 속에 한국인들도 참여하는 계기가 되었다.

1924년 2월 킬보른(E. A. Kilbourne) 감독이 미국으로 귀국하게 되자 감독의 직명과 고문제도를 폐지하고 이사회 제도를 채택하여 최고의 정치기관으로 전환함에 따라 고문회는 이사회로 변경되었다. 이사는 교단의 최고 정치기구인 동양선교회 본부에서 임명했으며 이사장이 법적으로 최고 책임자가 되었다. 이사회는 감리목사를 임명하고 총무부에 보고하였으며 이사회와 감리목사의 협의 하에 전국 성결교회 남녀 교역자들의 인사이동을 결정하고 발표 (주임전도사 · 부임전도사 · 전도부인으로 임명)하였다. 이러한 이사회 제도에 대하여 이명직목사는 "우리 동양선교회에서 이사제를 채용하게 된 것은 실로 진보적이며, 이상적이라고 할 수 있다."[31]고 평가하였다. 이처럼 성결교회의 이사회 제도를 통해 정치 일선에 한국인 교역자들이 나서게 되었다. 그러나 여전히 이사회의 이사장은 동양선교회 파송 선교사들이었다.

31　"이사회 조직," 『活泉』 (1923년 3월호), 56.

<표 4> 1924-1929년의 이사회 조직

년도	이사장	이사명단
1924	E. A. Kilbourne 길보륜(吉寶崙)	이명직. 이명헌. 부릭스. 최석모. Harry Woods
1925	Harry Woods 우두수(禹斗洙)	이명직. 이명헌. 부릭스. 최석모.
1926		이명직. 이명헌. 최석모. P. Haines(許仁洙)
1927		
1928		
1929		허인수. 이명직. 최석모. 곽재근

또한 선교사중심의 이사회는 한국인 교역자 중심의 교역자회 뿐 아니라 이후 조직된 연회의 모든 기능을 감독, 통솔하였다. 이로 인해 성결교회는 교단 조직 후 10년간은 정치적으로 교단 조직의 기능형태를 갖추게 되었으나, 선교사의 절대적인 권한 아래 모든 일들을 지배받게 되었다.[32]

다. 연회 조직과 자치선언, 총회구성

1. 연회조직과 자치선언

한국성결교회 교회정치제도는 1910년 감독제로부터 시작되어 이사회로 도약하였고, 1921년부터 연회제도로 정착되어 갔다. 교단이 조직된 1921년 4월부터 교회 발전의 유익을 위한 목적으로 1

---

32 정상운, 『성결교회 역사총론』(안양: 성결교회와 역사연구소, 2010), 193.

년에 한번씩 간담회가 시작되었다. 비정치조직인 교역자 간담회는 1924년에 교역자회로 발전되었다. 이후 1929년 2월 26일부터 3월 3일까지 제1회 연회가 경성성서학원에서 개최되어 "조선 야소교 동양선교회 연회를 헌법상으로 승인함"이라는 동양선교회 카우만(C. E. Cowman) 총리의 연회 재가에 따라 '연회법'이 공포되었다.

레티 카우만(Lettie B. Cowman) 여사와 킬보른 부총리가 참석한 한국성결교회 제1회 연회는 경성성서학원에서 개최되었다. 초대 의장에 우드(Harry F. Woods) 선교사, 부의장에 박영순목사, 서기 이상철목사, 부서기 이건목사가 선출되었다. 목사 19인을 정회원, 안수받지 못한 남자 전도사 48인을 준회원으로 하여 교회법을 제정하고 중앙사무국을 설치하였다. 또한 각 교회의 남자집사 대표 1인으로 평신도회를 조직함으로서 교역자 중심체제에서 평신도와의 공동협력체제로의 바람직한 전환이 시작되었다.[33]

연회는 교단으로의 조직과 구령활동의 건강성을 확인시키는 뚜렷한 변화의 때였다. 각종 보고들이 연회를 통하여 알려지면서 현재 한국성결교회의 현황과 미래를 가늠할 수 있었기 때문이다. 특히 성결교회가 지향하는 전도의 진행도를 파악할 수 있었다. 그리고 지방 감리구역들이 재조정과 확대편성되면서 조직과 인사에 한

---

33 "조선예수교동양선교회 성결교회연회회법," 『活泉』(1929년 2월호), 52-54.

국 교역자들도 관여하게 되었다. 연회가 회수를 거듭할수록 조직이 강화되었다. 한국인 이사들이 증가하고 교단의 주요 보직에 임명되면서 역할도 다양해졌다. 물론 동양선교회 총무부의 인사 임명권은 여전하였다. 그러나 선교사들이 해마다 중국으로 사역지를 옮겨가면서 점점 더 본부 구성원이나 성서학원 교수진도 한국인 교역자들이 다수 맡게 되었다.

연회가 시작되었으나 자치와 자립의 걸음은 매우 완만하였다. 한국성결교회의 연회는 교역자회와 마찬가지로 독자적인 행정 능력을 갖지 못하였다.[34] 자치는 자급이 밑바탕 되지 않고는 이룰 수 없는 일이다. 그러나 설립된 지 22년때 되던 1929년 당시 본 교단 교세는 64개 교회였으나 한 교회도 재정 자립을 하지 못하고 있었다. 이에 평신도 지위 향상과 활동을 장려하고자 '성결교회 연회 평신도 규정'을 제정 공포하며 평신도 운동이 활성화된 결과 8개 교회가 자급하게 되었다.[35] 그리하여 주일성수와 십일조가 강화되었고, 또한 주일학교 활동을 독려하면서 주일학교 교사 양성공과가 『活泉』을 통하여 전개되었다.[36]

---

34 정상운, 『성결교회 역사총론』, 190.
35 "성결교회 제1회 연회에 대하여," 『活泉』(1929년 3월호), 1-2; "제1회 연회에서 본 신도등의 자급에 대한 각성," 『活泉』(1929년 4월호), 1-2; "장막터를 넓히라," 『活泉』(1929년 6월호), 1-2.
36 『活泉』(1929년 6월호), 51-54; 『活泉』(1929년 7월호), 49-52; 『活泉』(1929년 8월호), 49-54에 연하여 제10장에 걸쳐 주일학교 운영안을 발표하였다.

1930년에 들어오면서 교회수가 점점 더 증가하고 한국인 교역자가 늘어남으로써 한국인 교역자의 역할과 책임이 요구되자, 종래의 동양선교회라는 선교사 중심의 중앙집권적 정치제도를 탈피하고자 하는 민족 주체적 의식이 한국인 교역자를 중심으로 교단 저변에 확산되기 시작하였다.[37] 결국 1933년 4월 11일 오후 2시에 경성성서학원 강당에서 역사적인 제1회 총회가 개회되었다. 이 제1회 총회는 한국인에 의한 자치를 의미하였으며, 이 자리에서 '조선 예수교 동양선교회 성결교회 임시약법'이 공포되었다.

하나님의 크신 能力과 넓으신 사랑과 깊으신 恩惠를 讚頌하야마지 않나니 우리 朝鮮에 純福音이 傳播된지 이미 二十有伍年이라 지금까지 宣敎本部의 유지를 받아 여기까지 發展됨은 眞實노 感謝하는 바니라. 이제는 우리가 自立하지 않으면 아니 될 것은 年會를 組織 後 西個星霜의 訓練을 받고 또한 覺惡를 가지고 왔도다. 一般 敎會와 敎役者 諸位는 悲壯한 決心과 膽大한 勇氣로 前進하기를 希望하며 이에 우리는 信仰 우에 서서 朝鮮 耶蘇敎 東洋宣敎會 聖潔敎會 憲法 第三編과 第四編과 附錄 第一章으로 第伍章까지를 廢止하고 自治를 宣言함.

一千九百三十二年 三月 二十六日

37　정상운, 『성결교회 역사총론』, 193.

朝鮮 耶蘇教 東洋宣教會 聖潔教 理事會

許仁守. 李明稙. 崔錫模. 郭載根[38]

정빈, 김상준 두 사람의 한국인에 의해 시작된 본 교단은 마침내 26년 만에 한국인에 의한 자치적 교단으로 발전하게 되었다. 임원을 비롯한 각 부 부장이 선출되었고, 성결교회규칙(헌법)을 통과시켰으며, 각 부에서 상정한 많은 안건을 찬반 토의를 통해 처리하는 등 의회제도가 점차 확립되어 갔다.

2. 총회조직

1933년 4월 12일에 경성성서학원에서 열린 제1회 총회는 교회 통치의 최고 권위로서 총회를 인정하였으며, 총회 조직을 목사 대표와 평신도 대표로 구성하였다.[39] 특히 이사회는 총회에서 선거한 7명의 이사로 조직하고 이사회의 사무처리와 의사결정은 5인 이상의 결의로 규정함으로써 과거 이사장의 독점적 절대 권한을 제한하는 정치제도의 변화를 가져왔다.

1회 총회장으로는 이명직 목사를, 부총회장으로 곽재근 목사를

---

38 『朝鮮耶蘇教 東洋宣教會 聖潔教會 第四會 年會會議錄』(1932), 31-32.
39 정상운, 『성결교회 역사총론』, 194.

각각 선출하였다. 총회장으로 피선된 이명직 목사가 개회사를 통해 "조선에 1천 교회를 목적하고 돌진 하는 것이 이번 총회의 목적이라"고 밝혔듯이, 이 자치 선언 이후 일년 만에 개척 신설된 교회가 50교회, 신 세례인이 2천명이었으며, 구도자가 1만 5천 명에 달하였고, 신축한 교회당이 13교회, 주일학생이 3천여 명이나 되었다.

그러나 그 후 제3회 총회를 끝으로 다시 이사회로 회귀하여 총무부 아래 속하게 되었고 재차 제1회 연회로 모이게 되었다. 총회가 의회제도라면 연회는 감독정치 제도로서 성결교회는 다시 감독정치체제로 회귀한 것이다. 한국성결교회는 이 제도로 회귀하기 일 년 전인 1935년에 자급과 자치에 대해 전국교회를 향하여 강조, 피력하였으나 이를 관철시키지 못하고 1936년 사건을 계기로 다시 감독정치로 돌아갔다.

자립에 있어서 경제적 재정의 어려움은 극복할 수 없었던 커다란 장애물이었다. 당시 한국성결교회의 재정적인 부분은 전적으로 동양선교회에 의존하고 있었다. 이 의존도는 한국인 교역자들에게 자연스러울 정도로 당연히 받아야 하는 것이었는데, 그것은 교단 초기 때부터 재정지원을 동양선교회가 하였기 때문이었다. 따라서 대부분의 교회가 경제자립에 대한 의욕은 높았으나 일제 당시 어려운 경제적 상황 속에서 하루 아침 쉽게 선교사들의 경제적 지원에 대한 의존을 떨칠 만큼 재정자립의 여건이 형성되지 않았다. 또한 교역자의 임지 이동 기간이 짧고, 한곳에 계속 정착되지 않았기 때문에 재정 자립방안을 교회적으로 모색하고 구축하지 못한 점이 재정자립을 할 수 없는 어려운 구조에 놓이게 하였다.

이러한 열악한 재정으로 인하여 결국 정치적 자치의 표상인 총회로 계속 이어가지 못하고 연회로 회귀하여 과거와 같이 파송 감독정치 제도에 만족해야 했고, 선교사 중심의 수직적인 명령하달 체제로 돌아가게 되었다. 1936년에 개정 공포된 '조선예수교동양선교회 성결교회 헌법'은 이러한 상황을 잘 드러내 주고 있다.

라. 각 기관의 조직 및 활동

1. 주일학교

1920년 초까지 성결교회에서는 체계적인 주일학교 운동이 전혀 이루어지지 못하고 있었다. 반면 장로교와 감리교는 이미 1905년에 결성된 재한복음주의 선교사연합공의회(GCEMK) 내에 주일학교위원회를 구성할 정도로 일찍부터 주일학교 운동에 관심을 갖고 노력을 하였다. 그 결과로 1921년 제1회 조선주일학교대회를 계기로 이듬해 11월에는 조선주일학교 연합회를 결성하게 되었다.

이러한 상황 속에서 성결교회도 주일학교 교육의 중요성을 깨닫고, 주일학교운동을 체계화 시키는 일을 전개하였다. 1924년 2월

14일부터 20일 사이에 이명직 목사가 주도한 소아부흥회는 주일학교 운동의 중요한 발단이 되어 당시 아현교회 주일학교장 브릭스(Brigs) 부인의 노력으로 시작되었다. 어린이들은 소아부흥회를 통해 성령의 임재를 경험하며 새로운 기독교적 가치관을 배우며 익혀 나갔다. 어린이들도 어른들과 같은 정숙한 분위기 가운데 자신들의 죄를 뉘우쳤으며, 눈물을 흘리며 통성으로 기도하기도 하였다.

소아부흥회는 곧 경성성서학원생들과 성결교회 사역자들을 통해 전국교회로 파급되었고, 주일학교의 부흥을 주도하게 되었다. 변남성, 이준수, 장원초, 김정호, 이성봉 등이 소아부흥회와 전도집회의 강사로 크게 활동하였다.[40] 성결교회의 소아 부흥회를 통해 많은 어린이들이 예수 그리스도를 만나게 되었고, 이후 성결교회의 부흥과 성장에 기여하였다.

성결교회 이사회는 1925년 3월에 『敎理及條例』를 공포하여 주일학교 운동을 법제화하였다. 이후 1928년 3월 제5회 교역자회에서 신설된 주일학교 위원회에서는 주일학교 진흥을 위한 재원 마련, 주일학교 통계표 작성의 제도화, 교원양성소 설치 등을 통해 주일학교 운동의 체계화에 심혈을 기울였다.[41] 주일학교 위원회의 적

---

40 "동양선교회 소식함," 『기독신보』 (1926년 4월 7일자), 2.
41 "전 조선성결교회 직원 제위께," 『活泉』 (1928년 4월호), 앞 표지 후면.

극적인 활동에 힘입어 1929년에는 유년주일학교 어린이를 위한 한국교회 최초의 단계별 공과인 『주일학교 독본』 제1권이 발행되어 배포할 수 있었다.[42] 또한 1930년 제2회 연회에서는 주일학교 상무위원 1인을 두기로 결정함으로서 전국의 주일학교가 조직 및 행정의 통일을 기하는 동시에, 교사양성 및 어린이들의 심령부흥에 전적으로 헌신할 수 있는 통로도 마련하게 되었다. 체계적인 주일학교운동의 전개로 성결교회의 주일학교는 놀라운 성장을 경험하게 되었다.

〈표 5〉 주일학교운동의 교세현황[43]

	1928	1929	1930	1931	1932
학교수	50	54	74	/	165
직원수	447	604	758	/	1,160
학생수	4,221	5,930	7,719	8,027	13,040

1933년 성결교회 총회의 조직과 함께 성결교회의 주일학교 운동은 보다 체계적으로 발전할 수 있는 기틀을 갖추게 되었다. 이전의 주일학교부는 총회의 조직과 함께 교육부로 승격 개편되어 성결교회 교육을 이끌었다. 특히 교육부는 서부 및 중부지방회의 건

---

42 『活泉』(1929년 3월호), 광고란.
43 서울신학대학교 성결교회역사연구소, 『한국성결교회 100년사』, 283.

의를 받아들여 주일학교 진흥책을 마련하고 상설 기관의 설치 및 기관지의 발행, 교재 및 문서양식과 조직의 통일, 교사 강습과 아동집회를 위한 총무의 순회 등을 총회에 상정하기도 했다. 1934년 총회에서는 교육부에서 상정한 '주일학교 규칙통일안'이 결의되어 주일학교 행정에 통일성을 기할 수 있게 되었다.[44]

주일학교 교사들에 대한 교육과 훈련도 강화되어, 주일학교 교사강습회가 각 지방별로 활발하게 개최되었다. 특히 공덕교회의 신상균 전도사와 독립문교회의 강치봉 집사의 주도로 서울지역의 12개 교회 주일학교 교사들은 자발적으로 모여 경성 성결교회 유년주일학교 직원연합회(이하, 경성 주교연합회)를 결성하였다. 경성 주교연합회는 주일학교 교사부흥회 개최를 비롯해 교사들의 질적 향상과 신앙 발전에 도움을 줄 수 있는 다양한 연합모임을 가졌다.[45] 또한 1934년 9월 14일 창립총회에서는 주일학교 교사를 위한 교양지를 발간키로 결의하여 1935년 『主校指南』이 발간되었다.

한편 한국성결교회 주일학교운동의 큰 자랑인 소아부흥회도 주일학교의 필수 행사로 자리잡으며 각 교회에서 개최되었다. 많은 어린이들이 부흥회를 통해 중생을 경험하고 성령의 역사를 체험하

---

44 『제3회 총회회의록』(1934), 11.
45 이용신, "한국성결교회 기독교육사" (서울신학대학 목회대학원 논문, 1977), 25.

였다. 이 무렵 조선주일학교연합회가 활발히 전개하고 있었던 성
경학교운동에 대한 필요성도 제기되었다. 당시 강치봉 집사가 유
년주일학교 교사로 봉사하던 독립문교회 여름성경학교에서 어린
이 282명 중 74명이 예수를 믿기로 결심하는 사건이 일어나자[46], 성
결교회는 비로소 여름아동성경학교를 통한 주일학교운동에도 관
심을 갖게 되었다. 이후 어린이를 위한 여름성경학교는 소아부흥
회와 함께 점차 성결교회 주일학교운동의 중심으로 자리잡기 시작
하였다.

2. 부인회

성결교회 최초의 부인회는 1922년 독립문교회 부인기도회에서
비롯되었다. 전도부인들은 개교회 부인회의 조직 뿐 아니라 실제
적인 활동도 지도하며 부인회를 통한 성결운동의 확장에 크게 기
여하였다. 이들의 활약상이 『活泉』 등을 통해 알려지면서 부인회
운동은 전국적으로 확산되었다.

부인회 활동은 성미운동, 건축헌금 및 교회개척헌금을 비롯한
각종 헌금운동, 기도운동, 축호 및 노방전도 등의 전도운동에 이르
기까지 다양했다. 예를 들어 충남에 있는 대전교회 부인회원 50여

---

46 강치봉, "하기 아동성경학교를 마치고," 『活泉』 (1933년 12월호), 50-51.

명은 1년동안 3,177명에게 전도하여 986명의 결신자를 얻었고, 그 중에 106명이 교회에 꾸준히 출석하는 놀라운 열매를 거두었다.[47] 교회별 부인회 조직이 점차 증가하자, 성결교회 여성 지도자들은 전국부인연합회를 조직하는데 뜻을 모으고 1934년 9월 10일 아현교회에서 발기인대회를 가졌다. 또한 그해 9월 29일에는 성서학원에 모여 '성결교회 부인회 전국연합회'(이하 전국 부인회)를 결성하였다.[48]

초대회장으로 선출된 백신영 전도부인은 전국부인회 조직의 산파 역할을 했을 뿐 아니라 전국부인회가 일제에 의해 해산될 때까지 회장으로 일하였다. 또한 해방 후 전국부인회의 재건에도 견인차 역할을 하며 전국부인회의 발전에 크게 기여하였다. 회원은 평생회원으로서 20원을 헌금하고 종신토록 전국부인회 회원으로 봉사하겠다고 서약한 종신회원과 일반회원으로 각각 구분되었다. 이후 여교역자와 남교역자의 부인 모두 종신회원이 되는 회장의 건의에 따라 종신회원의 범위는 더욱 넓어지게 되었다.[49]

초기 전국부인회 활동은 성미를 모아 교회의 경비에 보탬이 되거나, 헌금을 모금하여 미자립 교회들에 재정을 지원하는 것이었

---

47 "대전교회 부인회의 근황", 『活泉』 (1929년 4월호), 5.
48 "부인회연합회 창립총회", 『活泉』 (1934년 10월호), 56.
49 "동선 부인연합회 제5회 총회회의록," 『기쁜소식』 (1939년 6월호), 12.

다. 일례로 1925년 대전 유천리교회에서는 예배당 신축을 위해 부인회가 결집되어 '성미운동'을 통해 예배당 건축과 자립 및 구제, 구령활동을 지원하기도 하였다.

이후 전국부인회의 활동은 그 영역이 더욱 확장되어 본 교단의 남만주선교와 형평사원 전도에도 크게 기여하였다. 전국부인회는 심양교회에서 사역하고 있는 이화춘 전도부인으로부터 그 곳의 어려운 사정을 접하고, 심양교회의 건축을 위해 힘을 모았다. 전국부인회의 첫 사업으로부터 얻은 총수입 1,590원 78전 중에서 901원 47전이 심양교회의 건축을 위해 사용되었다.[50] 또한 전국부인회는 성결교회가 특수전도사업으로 결의하여 전남 광주와 담양지역을 중심으로 전개되었던 전도 사역에도 동참하여, 성전건축에 5천원의 예산을 지원하였다.

또한 이들은 부인회 전문 신앙잡지로 1934년 11월부터 『기쁜소식』이라는 기관지를 발간하였다. 『기쁜소식』은 초기에는 본부의 지원으로 발간되었으나, 1938년 1월부터는 전국부인회가 직접 인쇄비를 부담하여 부인들의 신앙 발전과 지식 배양을 돕기도 하였다.[51]

한편, 전국부인회는 위로부터 임하는 새로운 능력을 받고 신령

---

50 "성결교회 부인연합회 제4회 총회의록," 10.
51 『제2회 연회회의록』(1937), 14.

한 지식을 계발하려는 목적에서 부인회 수양대회를 개최하였다. 전국부인회 최초의 수양대회는 1938년 4월 18일부터 성서학원에서 열렸으며, 대회 마지막 날에는 전국부인회 총회가 있었다. 수양회 집회는 부흥회처럼 새벽, 낮 사경회, 저녁 강설회로 구성되었으며 주된 내용은 사경법, 묵시록, 교리, 목회법, 교회사, 헌법 등이었다. 보통 한 주간의 수양대회에 800-900명이 참가했으며, 수십명의 장로교·감리교 여성들도 이에 동참하였다.[52]

3. 성우청년회

1934년 1월 21일 경북 김천 남산교회에서 청년 7인이 모여 발기모임을 갖고 '성우 청년회'를 조직하였다. 날로 사악하고 음란해가는 세상에서 회원 상호간의 신앙 향상과 미신자 전도에 주력, 회원 상호간의 친목 도모가 청년회 조직의 목적이었으며, 성우의 뜻은 신앙의 벗이라는 의미로 사용되었다. 성우청년회의 진지한 기도운동과 헌신적이고 실천적인 봉사는 돌격적인 복음 전도운동으로 이어졌다.

이들은 '성우기도단'이라는 이름으로 주일 밤 예배 후에 기도하던 중 모든 부끄러운 죄들을 통회자복하는 놀라운 부흥과 회개의 불길을 경험하게 되었다. 이후 이들은 주를 위한 사업이라면 물불

---

52 배가례, 『성결교회여성사』, 166-67.

을 가리지 않고 희생을 다하여 교회의 사업을 일으켰다. 이들은 교회 봉사를 위해 '성우철공소'를 차리고 자신들의 손으로 교회 종각과 철문을 만들기도 하는 등 헌신적인 봉사를 아끼지 않았다. 하루 일과를 마친 후에는 영혼구령을 위한 전도운동을 적극적으로 전개하여 다수동교회, 광천동교회, 대촌교회, 조마교회 등의 지교회를 설립하는 등 수많은 구령의 열매들을 맺게 되었다.[53]

이러한 성우청년회의 활동은 1937년 3월호 『活泉』에 황성주 목사가 '김천교회 성우 청년 활동기'란 제목으로 글을 기고함으로 전국에 보도되었다. 이에 도전받은 전국의 각 성결교회에서는 청년회가 조직되기 시작하였다. 이후 성결교회의 청년운동은 일제의 탄압으로 인한 한국교회의 수난기 속에서도 열정적인 부흥과 발전을 주도해나갔다.[54]

4. 지방전도대

지방전도대는 동양선교회가 1918년 말에 수립한 지방교회 설립운동과 함께 태동되었다. 지방교회설립운동이란 조선 13개도마다 각각 5개의 복음전도관을 세워 성결운동의 기지로 삼는다는 것이

53　황성주, "김천교회 성우회의 활동기," 『活泉』 (1937년 3월호), 44-46.
54　서울신학대학교 성결교회역사연구소, 『한국성결교회 100년사』 360.

었다. 이를 위해 본부에서는 지방전도대를 조직하여 경상도 지역에서부터 활동을 시작하였다. 동양선교회는 지방전도대 사역을 특히 중요하게 여겨 지방전도대의 대장을 동양선교회 선교사에게만 맡겼으며, 지방전도대 활동을 위한 후원을 요청하는 글을 기관지에 계속 게재하기도 하였다.[55]

지방전도대 운동은 한국의 모든 부락마다 복음을 전하고 각 가정마다 소책자나 전도지를 전해주는 운동이었다. 지방전도대의 대원들은 경성성서학원의 수양생들이거나, 전국 각 교회에서 신앙이 두텁고 교회봉사에 헌신적인 신자들로서 담임목사의 추천으로 본부에서 임명한 사람들이었다.[56] 지방전도대 대원들은 1926년 6-7월 동안 경상남도, 충청남북도, 경기도, 함경남도 원산 등지에서 개인전도, 노방전도, 그리고 천막집회 등을 통해 구원의 복음을 전하였고 수많은 영혼들을 결신시켰다.

복음을 위해 특별히 부름받은 지방전도대원들의 활약은 놀라웠다. 전국의 수많은 불신자들, 믿다가 낙심한 자들, 우상과 미신에 빠졌던 자들, 다른 종교를 신봉하던 자들이 그리스도를 영접하거나 새롭게 회복되는 역사들이 일어났다. 열렬한 불교신자임을 자

---

55 "OMS Activities," *The Oriental Missionary Standard* (June, 1923): 3; "The Village Campaign in Korea," *The Oriental Missionary Standard* (January, 1924): 1.
56 이응호, 『한국성결교회의 역사 3』, 33.

부하며 기독교를 배척하던 이들도 지방전도대 대원들을 통해 복음을 접하게 되면 즉시 그 자리에서 우상을 버리고 예수를 받아들이는 기적과도 같은 일들이 여러 차례 발생하였다.[57]

이처럼 지방전도대의 헌신적인 노력과 열성으로 한국 전역에 성결의 복음은 점차 그 지경을 넓혀가게 되었고, 갓 개척된 교회들이 성장의 발판을 마련하는 계기를 제공함으로써 성결교회가 발전하는 데에 크게 기여하였다.

5. 시장전도대

시장전도대는 1918년에 시작된 지방전도대의 눈부신 활동을 바탕으로 조직되었다. 본부에서는 조선의 특수한 상황에 맞추어 수많은 사람들이 생필품을 구매하기 위해 모여드는 각 지역의 5일장을 복음 전파의 좋은 기회로 삼고, 지방의 장날을 기준으로 지방을 옮겨 다니며 전도하는 시장전도대를 신설하게 되었다. 1926년 3월 제6회 연회에서 시장전도대를 조직하기로 결의하고, 그 책임자로 임종윤전도사를 임명하였다. 당시 한국에는 약 1,300여개의 장터가 있었는데, 전도는 시장 1개소에 대해 약 1개월을 한하여 노방전도, 개인 전도, 전도지를 배포하는 방법으로 이루어졌으며 첫 사역

---

57 "Report from Korean Village Workers," *The Oriental Missionary Standard* (October, 1924): 7.

지는 황해도로 결정되었다.[58]

『活泉』에 기록된 시장전도대의 사역과 활동은 초기 성결교회의 노방전도 모습과 크게 다르지 않았다. 성결교회는 초창기부터 직접 전도에 진력하며 북을 치고 나팔을 부는 등 사람들을 모으기 위해 갖은 방법을 동원하였다. 이와 같은 노방전도의 모습은 '야소교 활동의 신기록'이라고 평가될 만큼 열정적이었다. 1929년 연회에 보고된 바에 따르면, 시장전도대는 28개 장터에서 31,833명에게 복음을 전했고, 1,026명의 결심을 이끌어내며 놀라운 결과를 이뤄냈다.[59] 전도의 결과는 다음의 표를 통해 구체적으로 알 수 있다.[60]

〈표 6〉 시장전도대의 전도결과보고

전도	1922년	1932년
노방전도	219회	1,706회
노방전도 출석자	23,532명	192,315명
옥내전도 집회 수	616회	1,951회
옥내전도 참석자	미상	158,993명
순회전도	719회	미상
배부한 전도지	34,373장	121,456장
축호전도	28,680회	117,897회
성별회	미상	4,361회
성별회 참석자	미상	243,751명

---

58 "시장전도대 개시," 『活泉』 (1926년 8월호), 56.
59 『제1회 연회의사록』 (1929), 22.
60 이응호, 『한국성결교회의 역사 3』, 63.

마. 경성성서학원의 발전

3·1운동 이후 일제 총독부는 소위 문화통치를 표방하면서 사립학교 규칙을 개정하여 학교를 정비하려 하였다. 이 와중에 경성성서학원을 이끌어왔던 존 토마스 원장의 부재와 불미스런 스캔들 등으로 인해 경성성서학원은 운영상의 어려움에 직면하게 되었다. 이러한 난관을 타개하고 새로운 도약을 위한 발판을 마련하기 위한 목적으로 1920년 성서학원규칙(聖書學院規則)이 제정되어 비로소 체계적인 학원 운영이 이루어지게 되었다.[61]

1921년은 경성성서학원의 발전에 중요한 기틀이 마련된 시기였다. 외적으로는 4,000평 대지 위에 건평 1000평의 5층짜리 건물이 완공되었다. 신축건물은 400석 규모의 강당, 몇 개의 강의실, 80명을 수용할 수 있는 기숙사, 식당, 주방 등으로 구성되었다. 내적으로는 여러 제도상의 변화가 모색되었다. 3월에는 성서학원 내에서 발생한 이성 간의 스캔들과 신축건물의 완공으로 인한 학습공간의 확보로 기존 남녀 공학제와 부부 공학제를 폐지하고 남자부와 여자부를 분리하여 운영하게 되었다.

또한 1923년에는 학생감을 신설하였고 1927년에는 수양생의

---

61 서울신학대학교 성결교회역사연구소, 『한국성결교회100년사』, 209.

나이를 23세에서 25세로 조정하고 입학지원자의 입학 수속도 조정하였다. 1929년에는 부원장과 서기직을 신설하는 한편 이명직 목사가 원장 대리에 임명됨으로서 한국인에 의한 운영이 본격적으로 시작되었다. 교수진 또한 점점 한국인의 비중이 늘어나 1920년대에 들어 남자부는 대부분 한국인으로 구성되었다. 학생의 경우에는 여성이 거의 절반을 차지하였다. 1920년대 들어 여성들의 교육열이 높아지고 성결운동의 확장에 따라 주의 일에 헌신하는 여성의 수가 늘어난 결과였다.[62]

경성성서학원은 무엇보다 성서의 권위를 강조하며 고등비평을 앞세운 신신학에 반대하는 복음주의적 신학교육의 최전선에 서 있었다. 당시 한국교회는 성경의 영감을 부정하며 성경은 성령의 영감된 것이 아닌 다양한 자료들의 편집에 불과하다고 주장하며 성경의 권위를 무너뜨리려 하는 고등비평의 공격을 받고 있었다. 이에 대하여 이명직 목사를 비롯해 이건, 박현명 목사 등 경성성서학원 교수진들이 선봉에 서서 고등비평을 강하게 비판하는 일에 앞장섰다.

> 교과서는 오직 신약과 구약으로 하여 금일과 같이 소위 신신학이니 고등비평이니 하는 사단의 오묘로 말미암아 이단과 사설이 유행하

---

62 『略史』 47-50.

는 동시에 성경의 고귀한 가치를 묵살하고 하나님의 묵시하신 말씀됨을 부인하고자 하는 이 시대에서 성경은 우리 인류를 죄악에서 구원하시겠다는 언약 뿐 아니라 구원하는 능력이 있는 하나님의 묵시하신 말씀인 것을 천계에 의하여 체험하기를 고조하여 마지않는 것이 우리 성서학원 교수의 정신이 되었고, 이것을 의미하야 이름을 성서학원이라 하였느니라.[63]

이처럼 경성성서학원은 성경을 가장 중요한 교과목으로 강조 하였다. 이를 통해 경성성서학원의 정신은 자유주의 신학과 고등 비평을 반대하며 성서의 권위를 수호하는 복음주의적인 신학교육을 지향하였음을 알 수 있다.

바. 각 지역교회의 발전

동양선교회 복음전도관 시대의 선교의 거점이었던 복음전도관(1921년 이후 복음전도관 명칭에서 교회명칭으로 바뀌게 됨)은 서울·경기지역, 충남지역, 경북지역, 경남지역 등에 편중되어 있었다. 이에 성결교회는 기존지역의 성결운동을 더욱 확충하는 한편, 새로

---

63 Ibid., 33-34.

운 지역에 성결운동의 교두보를 마련하는데 총력을 기울이기 시작하였다.

서울에서는 무교정교회가 1920년 9월 지교회 설립운동을 벌이기로 결정하고, 무교정교회를 중심으로 서울을 4개 지역으로 나누어 행촌동교회(현 독립문교회), 체부동교회, 청량리교회 등을 설립하였다.[64] 경기도의 수원 지역에서도 이성봉 목사가 수원교회를 개척하여 놀라운 부흥을 이루었다.

충청남도에서는 1912년 규암교회 설립을 필두로 은산교회(1912), 홍산교회(1915), 금천리교회(1916), 강경교회(1918), 대전교회(1920) 등이 차례로 설립되면서 주변지역으로 성결운동이 널리 확산되었다. 새롭게 세워진 교회에서 은혜를 받은 이들은 고향 혹은 거주지 근처에 또다른 교회를 세워 나갔다. 이어 금당리교회(1923), 조치원교회(1925), 삽교교회(1926), 홍성읍교회(1928) 등도 성결교회의 성장에 동참하였다.[65]

한편 충청북도에서는 여메례[66]의 헌신으로 1921년 부강교회가 창설되면서 이후 충청북도지역 성결운동의 전진기지가 되었다. 이후 부강교회에서 은혜를 받은 오원석에 의해 죽전리교회가 설립되

---

64 "톄부동교회 력사," 『活泉』 (1929년 12월호), 49.
65 서울신학대학교 성결교회역사연구소, 『한국성결교회 100년사』, 189.
66 여메례는 1906년 개교한 근대식 학교인 진명여학교의 학감을 맡았고, 영어에 능통해 어전통역관

었고, 1929년에는 인천교회와 무교정교회에서 성공적인 사역 경험이 있는 김승만 목사에 의해 청주교회가 세워졌다.

이북지역은 1921년까지도 성결운동의 불모지나 다름없었다. 성결교회가 함경도에서 사역을 시작할 때는 이미 장로교 167개, 감리교 46개, 안식교 4개 교회들이 세워져 있었다.[67] 그럼에도 불구하고 함경남도 북청에 북청읍성결교회가 세워진 것을 신호로 성결운동은 놀랍게 파급되어갔다. 북청읍교회는 뜨거운 전도열로 복음전도대를 조직하여 계속적인 지교회나 기도처의 설립에 힘썼다. 이러한 노력에 힘입어 5월에는 읍내서리교회와 니망지리교회가 개척되었고, 이어 어포리교회(1922년), 나하대교회(1922년), 평산교회(1922년), 현금리교회(1923년)가 설립되었다.

북청지방의 놀라운 부흥이 일어나자 성결교회는 함남지방회를 창설하였다. 이후 성결운동은 함경도 전 지역으로 번져나가 함경 남도의 함흥교회(1924년)와 홍원교회(1925년)를 필두로 함경북도의 회령교회(1926년), 청진교회(1927년) 등의 설립으로 이어졌다.

함경남북도의 성결운동이 크게 성공하자, 여기에 고무된 성결

으로서 엄비와 고종의 통역을 맡을 뿐만 아니라 안창호와 함께 여성민족교육에 대한 시국연설을 할 정도로 당시에 영향력있는 여성선각자였다. 1925년부터 1931년 초까지 경성성서학원 교수와 여자부 사감으로 사역하였다. 보다 자세한 사항은 정상운의 " 한국성결교회의 여성사역에 대한 연구: 여메례 생애를 중심으로,"『聖潔神學硏究』 제28집(2018):59-80을 보라.
67 조선총독부, 『조선총독부 통계연보』(1921년 12월), 33.

교회 본부에서는 1925년 6월에 성결교회가 없는 전국의 주요 지역 가운데 일차적으로 6곳을 선정하여 성결운동의 교두보를 마련하기로 하였다. 선정지역은 함경북도 회령, 함경남도 원산, 강원도 강릉, 평안남도 평양, 경상북도 상주, 전라남도 목포 등이었다.[68]

특히 평양은 조선의 예루살렘이라 불릴 정도로 기독교의 영향력이 컸음에도, 성결교회는 평양에 성결복음의 교두보를 마련하는데 어려움을 겪고 있었다. 그러나 1920년대 다시금 선교의 비전을 회복한 성결교회는 1925년 8월 이건과 김제근을 개척자로 평양에 파송하였다. 이들의 담대하고 열정적인 구령운동으로 기존 교파의 아성이었던 황해도와 평안북도에도 각각 사리원교회(1926년), 신의주교회(1927년) 등이 지역 최초의 성결교회로서 세워지게 되었다.

전라도의 성결운동은 1920년 함열교회로부터 시작되었다. 1925년에는 호남지방의 신흥도시였던 목포에 성결교회 설립이 결의됨에 따라, 장석초 전도사가 파송되어 목포교회를 개척하였다. 또한 1928년에는 신안군에 압해도교회를 설립하여 성결운동이 섬마을로 번져가는 발판을 마련하였다. 한편 강원도 지역은 1914년 설립된 철원교회를 이어 1925년에 강릉교회가 세워지면서 영동지방의

---

68 "6개소의 신 개척지," 『活泉』 (1925년 7월호), 56.

성결운동 기지로서 점차 비상하게 되었다.[69] 경상도 지역에서의 성결교회도 의흥교회(1922년), 대구교회(1923년), 진주교회(1924년) 등 주요지역에 새로운 거점들을 만들며 계속 확장되었다.

이처럼 1920년대 이전 주로 서울 이남지역에 집중되어 있었던 한국성결교회는 1920년대 후반에 들어 한반도 전역에 주요한 거점들을 마련하게 되면서 전국적인 규모의 교단으로 점차적으로 그 틀을 형성하게 되었다.

〈표 7〉 성결교회의 각도별 교회당 수(1921-1928년)

	경기	충북	충남	전북	전남	경북	경남	황해	평남	평북	강원	함남	함북	합계
1921	10		6			3	5				1			25
1922	11		6			4	5					1		27
1923	10	2	7			5	9				1	5	1	40
1924	11	1	5		1	6	8				1	5		38
1925	23		7		2	7	8		1		3	2	4	57
1926	12	1	8	1	1	6	9	1			2	7	1	50
1927	9	1	12			3	11	1			4		1	43
1928	15	2	11	1	1	6	9	1	1	1	2	6	2	58

또한 1929년 연회의 조직 이후, 성결교회는 복음의 미개척지를 향한 장막터 넓히기 운동에 더욱 집중하였다. 이와 더불어 1930년을 전후해 발흥하기 시작하여 1932년 절정에 이르렀던 성결교회

---

69 『강릉성결교회 70년사』(1933), 29.

부흥운동의 결과, 1928년과 1932년도의 교회수를 비교할 때, 전라도는 3개에서 16개로, 황해도는 1개에서 10개로, 평안도는 3개에서 13개로, 함경도는 10개에서 29개로 괄목할 정도의 성장을 이루게 되었다.[70]

성결교회의 놀라운 성장은 지방회의 구성에도 변화를 초래하였다. 정식 연회가 창립되기 직전인 1928년 말에는 경남, 경북, 충남, 경기, 평남, 함남, 함북 등 7개 지방에 60여 교회가 있었다. 4년 후인 1932년에는 청진, 함흥, 이사회직할, 동경, 수원, 대전, 대구, 마산, 평양 등 9개 지방에 150여개 교회로 확장되었다.[71]

성결교회의 이러한 폭발적인 성장과 부흥의 배경에는 구령의 열정을 가진 전도자들이 있었다. 이들은 대부분 성서학원을 갓 졸업한 사역 초년생들이었으나 복음에 대한 열정은 그 누구보다 뜨거웠다. 일례로 회령교회의 김종인 전도사는 결신자를 얻지 못해 어려움에 처하자 길거리로 나가 행인들이 구경하러 올 때까지 큰 소리로 찬양을 불렀다. 몇몇 사람들에게 비웃음을 사기도 했지만 개의치 않고 복음을 전하였고, 뜻밖의 많은 사람들이 그의 초대에 응하였다.[72] 수원교회에서도 성서학원을 갓 졸업한 이성봉이때를

---

70 서울신학대학교 성결교회역사연구소, 『한국성결교회 100년사』, 243.
71 "1932년도 성결교회 통계표," 『제1회 총회회의록』(1933) 참조.
72 김종인, "학포전도의 상황," 『活泉』(1926년 8월호), 54-55.

얻든지 못 얻든지 매일 개인 전도, 가정집회, 길거리 전도를 하며 수원 지방에 강력한 회개의 역사를 일으켰다.

성결교회가 세워지는 곳에는 신유의 역사가 크게 나타났다. 함경북도 최초의 성결교회인 회령교회에서는 김종인 전도사 및 신자들의 기도를 통해 부자집 아들에게 들린 귀신이 떠나가고 그와 온 가족이 주께 돌아오는 역사[73]가 일어났다. 경상도의 의흥교회에서는 7세때 침을 맞다 잘못되어 손가락과 팔이 구부러지는 장애를 입게 된 15세 학생이 부흥회 중 온전히 치유되고, 풍병으로 10여년을 앓아온 53세의 부인이 자신의 불의와 악독을 통회 자복하다가 깨끗이 고침받는 신유의 역사를 경험하기도 하였다.[74]

급속한 부흥으로 인해 사람들이 모여들면서 예배처소를 마련하는데 많은 어려움이 있었다. 개척 초기 집회장소를 마련할 형편이 못되자 교역자와 성도들이 각자의 집을 개방하여 가정집에서 예배를 드리기도 하였다.[75] 그러나 성도들이 나서서 논을 저당잡혀 건축비용을 마련하고, 자신의 땅을 예배당 건축부지로 봉헌하고, 건축에 필요한 목재를 바쳐 교회를 신축하는 놀라운 헌신들이 곳곳에

---

73 "회령교회의 신유의 영광," 『活泉』(1926년 9월호), 57.
74 "의흥교회 부흥기," 『活泉』(1923년 3월호), 53-54.
75 "톄부동교회 력사," 『活泉』(1929년 12월호), 49.

서 일어나기도 하였다.[76]

이렇듯 성결교회 목회자들의 영혼구원에 대한 뜨거운 열정과 성도들의 기도와 헌신, 노력의 결과로 성결교회는 1930년대에 들어 놀라울 정도로 교회 부흥을 경험하였으며, 지리적으로는 전국적인 규모의 교단으로 확장되었다.

사. 만주의 선교활동

성결교회 최초의 해외선교인 만주 선교는 1924년 간도 지방 용정에 부여 규암교회 박기래집사와 경주교회 박장환, 장로교인이면서 『活泉』의 애독자였던 한치국 집사 3인이 이주하여 기도회와 전도 집회를 가진 데서 비롯되었다. 박기래집사는 1919년 2월 24일 부여를 떠나 북간도 용정으로 이주하였다. 이들은 가정예배를 드리며 교역자 파송을 기도하던 중에 성결교회 교역자회에 교역자 파송을 청원하였고, 이에 최석모 목사를 시찰원으로 파송하여 현지 상황을 보고받고 1925년 이사회에서 선교사 파송을 결의하였다.[77] 이것은 1907년 한국성결교회의 출발 이후 최초의 해외 선교

---

76 "북청나하대와 평산에 신부흥," 『活泉』(1923년 1월호), 53.
77 정상운, 『성결교회 역사총론』, 236.

사업이었고, 또한 성결교회 교단으로부터의 공식적인 만주선교의 첫 출발이었다.

    1925년 제2회 교역자회에서는 용정에 성결교회를 세우기로 가결하고 용정교회 건축비를 지출할 것을 결의하여 이사회에 요청하였다. 성결교회 최초의 선교사인 이원근 선교사는 1925년 용정교회를 설립한 후 북청읍교회의 곽재근 목사와 회령교회의 김종인 전도사 등을 초청하여 전도회를 개최하며 본격적인 사역을 시작하였다. 용정교회는 부흥과 발전을 거듭하여 개척 다음해에는 천보산에 지교회를 설립하게 되었다. 그러나 당시 만주 선교에 대한 필요성 인식의 부족, 체계적이지 못한 동양선교회 성결교회의 선교사업의 한계 등으로 천보산교회와 용정 제 2교회가 세워진 이후 1920년대에는 더 이상의 결실을 이루지 못하였다.[78]

    그러나 1930년대 만주 선교의 필요성이 강조되면서, 교단 내에 다시금 만주에 대한 관심이 높아졌다. 만주지역 성결운동의 모체인 용정교회는 1931년 11월에 새로운 교회를 봉헌하였고, 이명직 목사를 강사로 열린 봉헌기념성회에서는 400여 명이 회집한 가운데 "일반 심령부흥상 일대 신기원"을 이루기도 하였다.[79] 이처럼 만

---

[78] Ibid., 239.
[79] "용정 성결교회 예배당 신건축기," 『活泉』(1932년 1월호), 50.

주 선교의식의 고취와 본국교회의 지원, 만주 전도자들의 열정적인 전도에 힘입어 성결교회의 만주선교는 1932년에 들어와 새로운 발전적계기를 마련하게 되었고, 동만은 용정, 남만은 봉천을 중심으로 각각 발전하게 되었다.

동만에서는 1934년 조양천교회를 필두로 목단강교회(1935년), 도문교회(1935년), 연길교회(1935년) 등이 세워졌다. 이로써 선교개시 20년 동안에 동만 지역 한국인 거주 지역 주요 도시에는 거의 성결교회가 자리를 잡게 되었다. 남만에서의 선교활동은 북만에서보다 7년이 늦은 1932년 봉천교회를 설립함으로서 개시되었다. 이어 같은해 8월과 10월에 각각 북릉교회(1932년)와 안동교회(1932년)가 개척되었고, 그 뒤를 이어 포하교회와 구련둔교회, 심양교회가 계속해서 세워졌다.[80]

〈표 8〉 재만 성결교회 설립통계(1925-1939년)[81]

년도	1925년	1926-31년	1932-34년	1935-38년	1939년
전체교회수	1	4	14	21	22
신설교회수	1	3	13	7	1
폐지교회수			3		

---

80 『略史』 79.
81 정상운, 『성결교회 역사총론』, 255.

이러한 결과로 성결교회의 만주 선교는 교회 26개, 기도소 10개 이상, 포교자 37명에 교인 약 2,000이상의 결실을 맺게 되었다.

아. 제3회 총회와 교단의 분열(하나님의 교회, 1936년)

앞서 살펴본 바와 같이 1933년 제1회 총회 이후 한국성결교회는 자치의 시작을 대내외적으로 선포하였음에도 불구하고, 여전히 경제적으로는 자급을 이루지 못하고 있었다. 이는 각 선교지 교회에 대하여 '선 자급 후 자치'를 기본정신으로 하고 있었던 동양선교회의 취지와 어긋나는 것이었으며, 쌍방 간의 갈등이 전개될 수 밖에 없었다. 즉 한국성결교회는 경제적으로 선교부에 의존할 수 밖에 없는 상황에서 자치를 추구하였고, 정치적 자치를 요구하는 한국성결교회 교역자들에게 동양선교회는 자치의 전제조건으로 경제적 자립을 우선적으로 요구하였다.

이러한 상황에서 제2회 총회가 1934년 4월 23일-28일 경성성서학원에서 열렸다. 한국인 교역자 중심의 총회와 총본부 사이의 갈등은 2회 총회에서도 계속되었다. 이명직 목사가 다시 총회장으로 선출돼 정치적 자치운동이 계속됐지만, 동양선교회는 제1회 총회가 결의한 이사 선출권을 총회에 이양하는 정치적 자치를 반대했다. 한국성결교회는 1933년에 총회로 전환되면서 자치선언과 달리 재정적인 측면이 수반되는 자립은 감당할 능력이 없었다. 한편 동양선교회는 완전 자급을 빌미로 모든 인사권을 관장하려 하였다. 동양선교회 총본부는 총회 기간 중인 4월 24일 킬보른(E. A. Kilbourne) 총리의 권사(勸辭)를 통해 미국의 불경기를 이유로 한국 교역자들의 봉급을 끊겠다고 언급하면서 자치운동에 제동을 걸기도 했다.

총회 둘째 날인 24일, 이사회 대표는 총회에 이사선출에 대한 권한을 이양하지 않을 것임을 보고하였다. 그러자 2차 총회에서는 강송수, 변남성, 유기태, 배신환을 교섭위원으로 선출하고 이 문제를 킬보른 총리와 직접 교섭하기로 가결하였다. 동양선교회 총본부에서는 총회의 요청을 거부하였다.[82] 이로 인하여 이사회를 장악한 동양선교회 총본부는 1935년에 열리기로 예정되어 있었던 제3회 총회를 소집하지 않았다.

그러나 한국인 목회자들의 자치, 자립운동은 계속되어 1935년 8월 22일에 6개지방 순회목회자들과 한국인 이사들이 재차 모여 자치선언을 하고 뜻을 굽히지 않았다. 그러자 한달 뒤인 9월에 『活泉』 편집자였던 이명직 목사가 경질되고, 허인수(P. E. Haines) 선교사가 임명되었다. 이후 『活泉』에서는 자치·자립운동에 대한 관련의 글이 실리지 못했고, 이를 비판하는 허인수 선교사의 글이 매호

---

82 Ibid., 198-99.

들어갔다.

　이후 동양선교회는 총회 개회를 1년 동안이나 연기하다가 1936년 3월이 되어서야 제 3회 총회 개회를 인준하였다. 제3회 총회는 1936년 3월 24일에 경성성서학원 대강당에서 제3회 총회 및 심령수양회로 열렸다. 이어진 총회장 선거는 기득권을 가지고 있던 동양선교회의 주장을 수용하는 이사회와 연관된 측과 그 반대 측의 표 대결 양상이었다. 투표 결과 총본부 이사회의 예상과 달리 1, 2회 총회장이었던 이명직 목사가 아니라 개혁과 자치를 요구하는 젊은 대의원들의 표를 얻은 변남성 목사가 무기명 투표에 의해 총회장으로 선출되었다.

　그러나 당시 동양선교회의 허락에 의해 개회된 절차상 합법적인 총회였고, 1, 2회 때와 똑같은 방식의 총회장 선출이었음에도 불구하고, 동양선교회 총본부 이사회는 어처구니없게도 이 총회를 회기 중임에도 불신임하였다. 총회 첫날부터 참석하여 투표과정을 지켜봤던 동양선교회 총리인 킬보른 선교사에 의해 속회도 하기 전에 총회 해산이 선포되었다. 해산의 부당성과 절차적 하자가 없는 총회 진행과 총회장 선출에 대하여 이의를 제기하자 보복성 인사 조치가 감행되어 합법적 선거 절차를 통해 정식으로 총회장이 된 변남성 목사를 3월 25일로 면직 처분하는, 참으로 어이없는 안타까운 파행적 사건이 일어났다.

이 사건 직후 당시 이사였던 부총회장 곽재근 목사의 징계와 면직받은 교역자들에 대한 구명운동이 일어났으나, 결과는 별 소용 없이 끝났다. 결국 이 사건으로 인하여 성결교회는 감독정치로 회귀하였고 순회목사제도가 강화되었다. 곧 이전에 시행되었던 감리목사 시대로 회귀하게 되어 신헌법을 공포하여 이전 총회를 무력화시키고, 이사회를 통치기관으로 정하였으며, 이사회는 동양선교회 총무부에서 선출하는 강공책이 이어졌다.[83]

사태가 여기까지 이르게 되자 일방적인 면직 조치를 당한 교역자들이 중심이 되어 1936년 11월 평양에서 '하나님의 교회'(원명, '하느님의 교회')가 창립되었다.[84] 좀 더 자세히 하나님의 교회 창립 과정을 들여다보면 다음과 같다. 교단을 떠난 이들과 1935년 12월 27일 이미 동양선교회 이사회에 의해 면직된 정남수 목사는 총독부 당국에 '하나님의 교회' 포교원을 제출하고 이듬해 5월 당국의 공인을 받았다. 그리고 이후 탈퇴 목사들을 중심으로 1936년 11월 25-29일 평양 상수리교회에 모여 '하나님의 교회 제1회 공의회'를

---

83 이사장에 허인수 목사를 비롯하여 상무이사로는 지일 목사, 이명직 목사, 최석모 목사, 이건 목사, 박현명 목사 등 5인과 순회이사로는 강시영목사, 이문현 목사, 김응조 목사, 박영순 목사, 강송수 목사, 이정원 목사 6인을 발표하였다.
84 변남성 목사. 곽재근 목사. 안형주 목사. 오계석 목사. 송태용 전도사. 서재철 전도사 등이었고 이후 하나님의 교회 창립총회(1936.11.1) 때 약 30여명의 대표가 참석하였다. 그리하여 창립총회 선언문 제5항에 하나님의 교회는 정치적 통제 기관을 두지 않으며, 또한 성서 이외의 법규를 세우지 않고 각 교회가 다만 교회의 머리되시는 그리스도의 통치에 직속하여 성서를 유일한 정칙(정치와 규칙)으로 함이라고 하였다. 곧 성서 중심의 교단을 추구하면서 정치 조직의 무용함을 천명한 것이다.

조직하였다. 창립 당시 참가 교역자들은 14명, 교회는 15곳이었다. 하나님의 교회는 정치적 통제기관의 하향식 조직 체제를 거부하고 민주적 대의제인 공의회 제도를 받아들였으며 또 특정한 신앙에 매이기보다 단순히 성서를 신앙의 기준으로 삼는 모습을 보이는 등, 교리와 제도에 매인 제도권 교회를 거부하고 있음을 창립선언을 통해 밝혔다.

一. 하느님의 教會는 그 名稱을 하느님께서 聖書에 보이심에 依한 것임(고前 1:2, 10:32, 11:16, 22, 15:9, 고後 1:1, 갈 1:13, 살전 2:14, ?전3:5, 15절 등).

二. 하느님의 教會는 聖書上 元來 單一性 存在이매 이 眞理대로 모든 聖徒들이 主 안에서 하나이 되어야 할 것을 主張함.

三. 하느님의 教會는 信仰個條를 制定치 않고 單純히 聖書를 信仰의 基準으로 함.

四. 하느님의 教會는 政治的 統制機關을 두지 않으며 또한 聖書 이외의 法規를 세우지 않고 各個教會가 다만 教會의 머리이신 그리스도의 通治에 直屬하야 聖書를 唯一의 政則으로 함.

伍. 하느님의 教會는 各 個教會의 協同을 要하는 主의 事業에 대하여는 互相聯合하야 行함.

主後 一九三六年 十一月 二十九日[85]

　　당시 성결교회 한국 지도자로서 최고 위치에 있던 직전 총회장 이명직 목사는 1, 2차 총회에서 지금까지 보인 태도와 달리 제3회 총회의 적법한 선거 결과를 받아들이거나 한국인 교역자들의 입장에 서지 않고, 이사회 편으로 섬으로써 선교사들의 재신임을 얻었다. 그러면서 그가 동양선교회 이사로 복귀할 9월쯤『活泉』편집인(주간)직도 다시 맡게 되었고, 해방이 되기까지 한국인 교역자들 중에 누구와도 비교할 수 없는 한국성결교회의 대표적인 일인자로 부상하였다. 1936년 제3회 총회는 안타깝게도 당시 부총회장 곽재근 목사를 비롯해서 개혁과 자치를 주장하던 변남성, 안형주, 서재철, 김광원 등 의식있는 신진 개혁 교역자들이 대거 성결교회를 떠나는 인적 손실의 결과를 초래하였다.

II. 일제에 의한 성결교회의 수난(1938-1943년)

　　일제강점으로 인한 침략의 야망과 수탈은 교회의 탄압으로 이

85　『聖化』通卷 24號 (1937, 1), 34-35.

어져 한국교회는 혹독한 수난을 겪게 되었다. 일제의 식민지 폭정이 절정에 이르던 1930년대 초반, 일제는 만주사변을 기화로 야만적인 침략전쟁을 도모하였다. 그 일환으로 조선에 대한 황국식민화 정책을 강화시켜 우리 민족의 말살 정책과 한반도를 병참화시키는 계획을 구체적으로 펼쳐 나갔다. 이 모든 것들은 침략전쟁을 하기 위한 방안들이었다. 하지만 황국식민화 정책을 통해 침략전쟁을 실행하기 위해서는 먼저 교회를 잠재워야 했기 때문에 학교로부터 시작하여 교회에 대해 신사참배를 강요하고 이어서 선교사 축출과 교단통합 순으로 서서히 잠식해 들어오기 시작했다.

만주사변을 계기로 1930년대에 들어오면서 일제가 노골적으로 황민화 정책이 기반이 되는 신사참배를 강요하며 한국교회에 부일 행위를 요구하자 한국교회는 일제의 정책들과 부딪히면서 수용하거나 대립하는 어려운 상황에 직면하게 되었다.

가. 일제의 신사참배 강요와 한국교회 말살정책

일제는 1931년 만주침략을 시작으로 1932년에는 상해침공, 1937년 중일전쟁, 1941년에는 태평양 전쟁을 끝으로 1945년 패망할 때까지, 무려 15년이라는 긴 시간에 걸쳐 침략전쟁에 힘을 쏟아 부었다. 일제는 침략전쟁 기간에 조선을 병참기지로 개편하고

물자와 인력을 수탈하며 말살정책을 펴나갔다. 동화정책으로 '황국식민화정책(皇國臣民化政策)'을 내세웠으며, '천황숭배'를 통한 민족성 말살을 위해 신사참배 강요와 동방요배 강요, 창씨개명 등 '내선일체'를 앞세웠다. 내선일체를 강조한 것은 식민 통치를 받고 있는 우리나라 사람들도 일본인과 동일하게 일제에 헌신과 충성을 하도록 하는데 그 본래 목적이 있었다. 결과적으로 내선일체를 앞세운 일제의 정책들은 우리나라 민족성의 파괴로 치닫게 되었다.

일제는 천황숭배와 신사신앙을 바탕으로 한 정치와 문화, 그리고 종교가 한국교회와 함께 공존할 수 없음을 너무나도 잘 알고 있었다.[86] 일제 초기에는 '정교분리'에 대한 입장을 원칙으로 주장하였다. 하지만 이 입장과 원칙은 한국교회가 민족, 정치 문제에 개입하지 않는다는 전제조건이 따라 붙었다.

신사참배란 일왕을 신의 자손이라 믿고 천황으로 절하며 숭배하는 일종의 종교적 신앙 행위로서 진정으로 황국의 신민이 되기 위해서는 신사, 즉 일왕을 신으로서 섬겨야 한다고 말한다. 그들이 말하는 겉과 달리 그 속내를 들여다보면 이것은 정치적으로 일제의 침략전쟁을 위해 조선인들을 말살하려는 정책이며 그 내막은 황국신민화가 핵심이다. 황국신민화 정책에 대해 한국교회는 하나

---

86 서정민, 『한일기독교 관계사 연구』(서울: 대한기독교서회, 2002), 312.

님 외에는 절하며 섬길 수 없다고 선언하며 신사참배에 대해 반대하였다. 한국교회는 조선총독부에 신사참배에 대한 강요를 금지해 달라는 청원을 하며 신사참배 거부운동을 하였고, 이로 인해 한국교회는 혹독한 수난을 겪게 되었다.

1930년대 전시체제 하에서 신사참배 강요는 노골적으로 표출되었다. 사실 황민화 정책이 본격적으로 시행되기 이전에는 '치안유지법'이 존재하였다. 이 법은 1920년대에 제정되어 몇 차례 개정을 거쳐 '국체(國體)'라는 말이 법률용어로서 채택됨으로써 일본 국체에 어긋나는 것은 무엇이든지 처벌할 수 있게 만들어 놓아서 한국교회도 이 법의 적용을 받게 되었다.

'국체사상'에 의하면, 일본은 천황이 직접 다스리고 천황의 백성들은 무조건 충성을 다하는 것이 천황의 신민으로서 절대적 의무라고 보는 것이다. 따라서 일본의 신민은 종교에 대한 자유는 있지만 종교보다 먼저 일본의 신민이 우선이라는 것을 강조했으며, 종교적 행위가 일본 신민으로서 국체 사상에 부합하지 않는다면 국민이 아닌 것으로 간주되었다. 결국 이것은 종교의 일본화를 꾀하는 '황도주의(皇道主義)'의 발현이다. 따라서 이러한 국체사상에 근거한 황민화운동의 수단으로서 신사참배를 노골적으로 강요하였다.

일제는 1938년 이전부터 교회를 향해 신사참배를 드러내 놓고 적극적으로 강요하기 시작했다. 이미 솔선하여 무릎을 꿇은 감리교에 이어서 경찰력을 동원하여 장로교를 강제로 굴복시키고 성결교 총회에 이르기까지 신사참배를 강요하며 한국교회 전체가 신사참배에 참여하도록 하였다. 1938년 6월에는 일본기독교대회 의장이었던 도미다를 한국으로 오게 하여 신사참배를 받아들이게 하는 강연을 하도록 하였다.[87] 일제는 온갖 방법을 동원하여 신사참배를 수용하도록 협박하였으며, "하나님이 높으냐? 천황이 높으냐?"는 등의 질문서를 각 교회로 보내 답변에 따라 교회를 해산시키겠다고 강도 높은 협박을 하였다.

조선총독부의 내규에 따르면 한국교회의 일본화는 두 가지 방법으로 추진되었다. 첫째, 미션학교에 대한 압박을 통해 선교사들의 강제 추방 둘째, 교회 자체의 황민화였다. 두 가지 방법을 수행하기 위해서 사용된 방법이 신사참배였으며, 그 결과로 일제가 얻은 것은 선교사들의 자진 퇴거와 추방, 그리고 교회의 타락이었다.[88]

나. 성결교회의 대응 및 순교

일제의 침략 정책과 신사참배의 강요에 대하여 한국교회는 강

---

87 한국기독교역사연구소, 『한국기독교의 역사 II』 (서울: 기독교문사, 1990), 293.
88 김승태, 『한국기독교와 신사참배문제』 (서울: 한국기독교역사연구소, 1991), 283.

력하게 반발하며 저항하였다. 하지만 일제는 이에 굴하지 않고 학교의 폐교와 교회 폐쇄 그리고 성도들을 구속하는 등 위협과 회유, 그리고 탄압을 계속해 나갔다. 결국 일제의 탄압에 견디지 못한 감리교 양주삼 총리사는 신사참배를 국민의례로 받아들여 감리교는 다른 교단들 보다 일찍 자진 굴복하게 되었다. 또한 1938년 9월, 장로교는 교단 총회에서 홍택기 총회장이 신사참배를 공식적으로 가결하여 통과시키며 일제에 굴복하였다. 이명직 목사를 필두로 성결교회 지도부도 일제의 탄압과 강요 아래 신사참배를 수용하였다. 신사참배를 교단의 안건으로 상정하여 가결했다는 기록은 없지만 당시 한국인 최고 지도자 이명직 목사의 지도 아래 성결교회도 정치적인 국민의례로서 신사참배를 수용했기 때문이다. 또한 『活泉』에 실린 많은 그의 글들은 신사참배를 수용한 성결교회의 입장을 충분히 보여주고 있다.

    이명직 목사는 조선이 일본에게 나라를 빼앗긴 역사적 현실에 대해서 조선을 무력으로 차지한 일제의 조선합병을 자연스러운 것으로까지 이해한다.[89] 이명직 목사에 의하면 '각 나라들은 하나님의 소작들인데, 하나님은 부지런한 자에게 게으른 자의 것을 차지해서 소작하도록 소작권을 빼앗아 주신다'는 것이다. 따라서 '하나님

---

89   한국성결교회연합회 신학분과위원회 편, 『이명직, 김응조 목사의 생애와 신학사상』 (서울: 도서출판 바울서신, 2002), 57.

께서는 보다 발전되고 계몽된 나라에게 통치하도록 하는 것이 당연하다'는 것이다. 이명직 목사는 마태복음 21장 33-41절의 비유를 통해서 일본의 조선 합병을 비유로 말하고 있다. 즉, 포도원 주인이 하나님의 악한 농부들을 진멸하고, 그들의 땅을 빼앗아 제 시기에 과실을 바칠만한 다른 농부에게 세(貰)로 주는 것으로 이해한다.[90] 그래서 조선은 새로운 소작인에 의해서 재개발되어야 하고, 한국교회를 포함한 모든 조선인은 일본의 모든 정책을 따라야 하며, 일본은 더 이상 남의 나라가 아니고 '우리 일본'이라고 말하고 있다. 교회 역시 일본의 신민으로 보고, 신민은 교회나 개인 모두 예외 없이 "영혼을 주께 바쳐서 봉사하는 것과 같이 국가에 이분자된 몸은 국가에 필요한 대로 군인으로, 관리로, 무엇이든지 국가의 행복을 위하여 바친 존재"[91]라고까지 말한다.

더 나아가 '황국신민이 된 자에게는 신사참배나 궁성요배 같은 것도 아무 문제가 되지 않는다' 하였고, "신사에게는 사실로 우상이 없다. 그러할 뿐 아니라, 문부성에서는 신사가 종교가 아니라 선조에게 경의를 표현하는 국가의 예식이라 하는데 공연히 우상이라 할 필요가 없다. 서양인은 위인의 동상 앞에 탈모하여 경의를 표한다고

---

90 이명직, "성서에서 본 민족과 영토 관념", 『活泉』 189호 11월호, 2.
91 이명직, "국가 총동원과 기독교회", 『活泉』 198호 5월호, 3.

하니 나는 신사참배를 동일한 것으로 인식한다."[92]고 주장한다.

당시 경성성서학원의 원장이며 『活泉』의 편집자이며 성결교단의 한국인 최고 지도자이었던 이명직 목사는 힘들고 암울한 상황 속에서 성결교회를 외형적으로 지키고자 당시 정치적 현실과 타협하며 신사참배를 수용하였다. 특히 '주와 동행기'를 『活泉』에 기고하며 신사에 대한 자신의 입장을 분명히 밝히고 있다.

> 신사에는 사실로 우상이 없다. 그리할 뿐 아니라 문부성에서는 신사는 종교가 아니다. 조선(祖先)에게 경의를 표하는 국가의식이라 하는데 공연히 우상이라고 지명할 필요가 없지 않는가?[93]

성결교회는 신사참배를 우상 숭배가 아닌 국민의례의 국가의식으로 행하게 되었다. 하지만 성결교회가 신사참배를 국가의식으로 간주하여 수용한다는 이명직 목사의 태도에도 불구하고 성결교회의 뜻있는 자들은 신사참배를 끝까지 거부했다.

김응조 목사는 신사참배를 정치의례로 생각하는 성결교회 최고 지도부와 논쟁을 벌이며 신사참배가 하나님 앞에 우상 숭배와 같

---

92 이명직, "주와 동행기", 『活泉』, 1937년 11월호, 35.
93 Ibid., 35.

은 죄임을 피력하다가 결국 위로 하나님만 바라보고 1938년 5월 4일부로 성결교회를 사직하고 독립전도에 나서게 되었다.[94] 금화성결교회의 한정유와 박윤상 집사는 신사참배에 대한 불경한 말들을 유포한 혐의로 심문과 취조, 그리고 재판을 받게 되었다. 이 두 집사는 신사참배 때 절하는 것도 신사의 신에게 절하는 것이 아니고 하나님께 드리는 것이며, 일왕도 예수께 복종해야 한다고 주장하였으며, 궁성요배에 대한 심문에도 예수님께 대해 요배하는 것이라고 증언한다. 이들은 이렇게 신앙측면에서 신사참배의 거부 의사를 밝힌다. 이 사건들은 불기소 사건으로 마무리 되었다. 이들은 신앙을 지키고 신사참배의 거부를 주장하였는데 일제 말 성결교회 최고지도자인 이명직 목사가 표면적으로 나타내는 성결교회의 신

---

94 『活泉』 제16권 6호(1938.5.), .
 김응조 목사는 신사참배를 국가의례로 주장하는 교단 지도부의 신사참배 무죄론에 대항하여 위로 하나님만 바라보고, 홀로 외로운 신앙의 길을 걸어가기로 결심하고, 1938년 5월 4일로 성결교단과 교회를 떠났다. 다음은 영암의 결백을 보여주는 결정적인 자료로 『活泉』 제16권 6호(1938년 5월)에 기록된 김응조목사의 성결교회 사직 내용이다:
 "金應祚牧師 辭職
 金應祚牧師는 五月 四日 附로 辭職하였고 今後 自由 傳道의 길에 나서게 된다는데 主의 祝福이 함께 하시기를 바라나이다."
 1991년 4월 18일 김응조 목사 소천 후, 5개월이 지난 시점에 『목회와 신학』 1991년 9월호에 장로회신학대학 한승홍 교수의 김응조 목사의 신사참배에 대한 주장이 제기되었다. 이에 대해 필자는 반박논문(1991년 『현대종교』 12월호)을 통해 김응조 목사 결백을 논증한 바 있다. 이것은 이후 상반된 논쟁으로 계속 불거져 다투다가 결국 국가보훈처까지 개입하게 되었다. 국가보훈처에서는 '독립 유공자 김응조 목사 친일의혹'의 진상을 검토하기 위해 한승홍 교수와 필자의 양 논문을 한국기독교역사연구소(당시 소장 이만열 박사)로 보내 의견 조회(문서번호 33850-520, 1997.8.7.)로까지 발전하게 되었다. 한국기독교연구소는 보훈처에서 보낸 자료들과 여타 자료들을 면밀히 검토하고 조사하여 결론을 내린 바, "지금까지 드러난 자료만으로는 김응조 목사가 어떤 친일적인 행위를 했다고 인정할 수 없습니다"는 연구소 의견을 보훈처에 보냄으로 7년간 논쟁은 '친일의혹 인정할 수 없음'으로 일단락되었다. (이에 대한 자세한 내용은 정상운, 『영암 김응조 목사와 신사참배』, 이레서원, 2001년을 참조할 것)

사참배의 태도와는 대조적인 것으로 나타난다.

또한 경북 군위성결교회와 의흥성결교회에서 '그리스도의 재림' 대한 설교를 했다는 이유로 일왕 존엄에 대한 모독, 치안 교란 및 불경행위로 죄명을 붙여 구류되는 사건이 있었다.

희생자들의 기록들을 좀 더 자세히 살펴보면 김하석 목사는 신사참배 불응으로 1939년 10월 대구에서 순교하게 되었다. 재림사상의 대립으로 순교를 당한 이들도 있었는데, 정태희 장로는 1943년 말 33세의 젊은 나이로 순교를 했으며, 김지봉 집사는 일제 말 순교를 당했다.[95]

성결교회의 많은 순교자들 가운데 대표적인 인물로 단연코 박봉진 목사를 들 수 있다. 박봉진 목사 역시 재림사상의 대립으로 인해 순교를 당하게 되었다. 박봉진 목사는 42세의 늦은 나이로 목사가 되기 위해 성서학원에 입학하여 1938년에 목사 안수를 받고, 1941년 5월에 철원교회 담임으로 부임하였다. 철원지역은 그 당시 일제의 탄압이 가장 강하기로 소문나 널리 알려져 있었다. 박봉진 목사는 철원에 부임하면서 종말론을 강해하였다. 예수 그리스도의 재림이 임박함과 이 땅의 성도들은 마지막까지 하나님 앞에 성결한 삶을 살아야 한다고 증거하였다. 하지만 일본 천황숭배 사상에

---

95 "기독교대한성결교회 제46회 총회의록" (1991), 397.

위배된다 하여 일제 경찰에 의해 검거되었다. 그리고 온 집을 수색하여 박봉진 목사의 설교 노트를 압수하여 증거로 채택하여 구금하였다.

일본 경찰은 박봉진 목사에게 심문과 동시에 회유를 하였다. 하지만 거기에 굴하지 않고 일본의 패망과 신사참배를 우상이라고 주장하면서 일본의 정책에 대해 강하게 비판하였다.[96] 박봉진 목사는 약 8개월간의 조사를 받고, 약 3개월에 걸쳐 감옥에서 심문을 받았다. 1943년 8월 10일, 박봉진 목사의 병세가 심각하여 데려가라는 연락이 와서 가족들이 가서 보니 거의 죽은 사람처럼 되었다. 박봉진 목사는 철원도립병원에 입원해 사경을 헤메면서도 그는 부흥성가 167장을 부르며 마지막 임종을 준비하고 있었다.

박봉진 목사는 죽음에 문턱에 이를 때까지 재림의 복음을 담대히 전하였다. 성도들이 병원에 방문하면 말하기도 힘들었지만 말세의 일과 현재의 고난과 장차 나타날 영광을 족히 비교할 수 없다는 것을 반복하여 증거하다가 감옥에서 나온 지 5일 만인 1943년 8월 15일 새벽 4시에 믿음의 선한 싸움을 싸우다 주님의 부르심을 받았다.[97]

---

96 성결교회역사연구소, 『성결교회관련 불경사건공판기록』, 임용희 옮김, (부천: 서울신학대학교 성결교회역사연구소, 2000), 26.
97 송기식, 『순교자 박봉진 목사 전기』, (서울: 기성출판부, 1996), 161-7.

다. 경성신학교 승격

1911년 3월 개원한 경성성서학원은 앞서 살펴본 대로 성결교 교역자 양성기관으로서 경성성서학원의 처음 시작은 남녀공학제를 원칙으로 하였다. 경성성서학원에서는 남녀 상관없이 한 교실에서 성경을 배울 수 있고, 사중복음을 전파하는 전도인으로서 배움과 실습을 통해 성장할 수 있었다. 그러다가 일제로부터 1940년 5월 31일 전문학교령에 의해 학교 인가를 받아 '성결교회 신학교'라고 개칭하게 되면서 예과 1년 본과 3년, 즉 4년에 졸업하도록 개편되었다.

일제가 종래의 경성성서학원을 경성신학교로 인가를 주게 된 종국의 이유는 좀 더 수준높은 교역자 양성기관이라기 보다는 일제가 필요로 하는 인재를 양성하는 교육기관으로 만들려는 의지가 더욱 강했다. 따라서 일제말 경성신학교는 본래의 설립 의도와는 달리 '황국신민화정책' 완수를 위한 교육정책에 순응할 수밖에 없었다.[98] 그러나 경성신학교로 승격된 경성성서학원의 커리큘럼은 구약, 신약학 강의, 성서신학, 계통신학, 역사신학, 실천신학, 성서진리, 종교, 심리, 철학, 어학 등 기존의 교과 내용을 준수하였다.

---

98 이응호,『한국 성결교회의 역사 9』, 392.

경성신학교는 학교의 유지와 운영을 위하여 1인 1신자의 헌금 운동을 전개함과 동시에 전국교회를 대상으로 모금운동을 전개하였다. 하지만 교회의 합동과 더불어 장로회의 조선신학교, 감리교의 감리회신학교, 성결교회의 경성신학교의 합동이 추진되었다. 그러나 합동이 추진되던 중 1943년 12월 29일 교단 해산과 함께 경성신학교는 폐교되었다.

라. 신사참배와 황민화 침략전쟁에 대한 부일 행보

한국성결교회는 일제 당시 교단 기관지였던 『活泉』을 통해 황민화 정책을 수용하고 이명직 목사는 성결교회 대표로 이세신궁에 참배하기 위해 1938년 12월에 장로교 홍택기 총회장과 감리교 양주삼 총리사와 함께 일본으로 건너갔다. 또한 일제의 황민화 정책에 따른 침략전쟁을 지원하는 부일 행보에 협력하였다. 만주사변을 시작으로 중일전쟁, 1941년 태평양전쟁을 일으켜 대동아공영권 건설이라는 신사참배를 하고 침략전쟁을 확산시켜 나가면서 조선을 천황 이데올로기로 주입하려는 방편으로 신사제도를 확립하고 신사참배를 강요할 때 성결교회는 대체적으로 이것에 부응하는 일관된 자세를 보여주고 있다. 1938년부터 교단이 해산당한 1943년까지 성결교회가 일제의 황민화 정책에 부응하여 침략전쟁에 대한 지원과 부일 협력이 교단 기관지인 『活泉』에 잘 드러나고 있는데, 그것을 연도별로 살펴보면 다음과 같다.[99]

1. 장로교 총회장 홍택기 목사와 감리교 양주삼 총리사 등 각 교단 대표들과 함께 이명직 목사는 일본으로 건너가 이세신궁과 가시하라신궁에 참배함(1938. 12. 12).
2. 『活泉』에 '황국신민서사(皇國臣民誓詞)'가 실림(1939. 1.).[100]
3. 일제 어용기구인 국민정신총동원 성결교회연맹 결성식을 1939년 9월 10일 오후 3시에 제2회 연회에서 가입하기로 결의한 대로 경성성서학원에서 행하고, 이명직 목사가 이사장으로 선출됨(1939. 10. 8.) 결성식 순서에는, 국가봉창, 궁성요배, 황국신민서사 제창, 취지, 규약(규약에는 내선일체 거국일치 국민정신동원이란 취지를 달성하고 전도보국을 달성하기 위해 각 지방회도 연맹을 조직하여 강연회, 전도회, 사경회, 좌담회를 개최하도록 함)선언, 내빈축사, 묵도, 축도가 있음.[101]
4. 제9회 정기 이사회에서 성결교회 헌법의 수정을 결정하여 총칙 중에 일제 부일에 대한 내용을 첨가함. "우리는 성서 교훈에 의

---

99 정상운, "한국성결교회 부일행위에 대한 연구" 『聖潔神學硏究』 25집 (2013)에서 인용함.
100 『活泉』 194호.
101 『活泉』 204호, 45-46.

하여 모든 권세는 하나님께로 난 줄로 믿으며, 대일본제국을 통치하시는 만세일계의 천황을 봉재하고 국헌을 중히 하며 국법을 순종한다."(1940. 9. 10-13.).[102]

5. 동양선교회(OMS) 선교사들이 10월 5, 16일에 모두 철수한 상태에서 성결교회 임시연회가 소집되어 헌법 개정과 자치 문제를 다루었고, 국방헌금으로 70원 10전을 거둠.(1940. 10. 22-25).[103]

6. 경성신학교 개교식(1940. 11. 5.) 경성신학교 대강당에서 이건 목사의 사회 아래 개교식이 진행됨. 순서에는 교장 이명직 목사의 일본어 식사를 비롯하여 궁성요배, 일본국가 봉창, 묵도, 교육칙어 봉독, 도지사 고사(告辭), 황국신민서사 제창, 만세삼창 등이 들어 있음.[104]

7. 국민총력성결교회연맹 이사장으로 11월 12일에 선임된 이명직 목사가 전국성결교회 애국반원에 다음과 같은 내용의 사항을 실시할 것을 시달함.(1940. 12. 6.).

실시요항

1) 위문대 모집 출정 장병을 위하여 기록한 것 참작하여 솔선

---

102 『活泉』 215호, 32.
103 『活泉』 216호, 35.
104 『活泉』 216호, 36.

모집할 일.

① 모집기간 12월 15일까지

② 1포대 이상(1포대 2원)

③ 물품은 본부에 일임하여 본부에 송금

(교회 수입의 십일조와 같은 비율로 할 것)

④ 본부에서는 수합하여 연말까지 군부에 제출하고, 『活泉』지

 상에 보고.

2) 저축 행위건 - 전선본년도(全線本年度) 5억원의 저축 의무

 가 있고 특히 이것에 협력을 요하니 비용을 대대적으로 절

 약, 저축할 것

① 혼상비용 반(半)감

② 연말연시 주고받는 선물과 연회폐지

③ 생활비, 학비, 사무비 절약, 正月 요리 간소

④ 상여금과 임시수익금은 전부 국채를 사고, 유람여행을 중지

⑤ 저축인출 또는 국체매도는 하지 않을 것

3) 애국행사와 회합에는 적극 활동할 것. 애국일 행사를 엄수

 하며, 시국강연회, 좌담회 등 적극 출석

4) 국기 계양, 황거(皇居) 요배, 무운장구 기도, 전몰영령을 위한 기도, 출정군인 환송 등에 한층 노력할 것.

8. 1940년 12월 6일부로 설교 중이라도 정오 1분간 국가를 위해 묵도하고 비행기 윤활유로 피마주를 재배하도록 통지함.[105]
9. 『活泉』 218호(1941. 2)부터는 사설에 매호마다 국민총력 성결교연맹이 신도실행보고가 게재됨.[106]
10. 1941년 6월 2일~7일 경성신학교에서 제6회 성서신앙대회를 개최하였는데 5가지 강연 주제 중에 이명직 목사는 "聖書와 愛國"에서 사회와 국가를 위해 그리스도인들이 희생하여야 하고, 우리 국가의 국민총력은 국가 보존의 비결로 말하며 일제에 순응할 것을 말함.[107]

『活泉』 폐간 이후 다음 해인 1942년 국민총력성결교회연맹 연성회를 개최하여 일제의 협력단체로써 부일에 앞장서고, 남산에 세운 조선신궁을 찾아가 단체로 참배하고, 동방요배를 하기까지 하였다.

---

105 『活泉』 219호, 38.
106 『活泉』 218호, 1, 36.
107 이명직, "성서와 애국" 『活泉』 223호, 9, 35.

마. 교역자 검속 및 교단의 강제해산

1943년에는 일제는 일본기독교조선성결교단으로 교단 명칭까지도 변경하는 일을 자행하였다. 그리고 그해 5월 24일에는 성결교회 교역자 전원이 체포되어 구금되었다.[108] 일본성결교회가 폐쇄(1943년 4월 7일)된 것과 같이 1943년 9월 한국성결교회에 예배 중지령이 내려 폐쇄되었고, 이명직, 박현명 목사를 비롯한 성결교회 지도자들이 교단 해산서를 쓴 후 교단 해산 성명서가 1943년 12월 29일에 발표되었다. 한국성결교회를 해산시킨 근본적인 이유는 성결교회가 재림을 강조함으로써 국체를 부정했다는 것이다. 일본은 일왕의 국가라는 것이다. 그런데 성결교회의 사중복음 교리 중에 재림사상은 만왕의 왕 예수께서 심판의 주로 재림하시어 모두를 심판하신다하는데, 일왕도 심판한다는 것은 천황모독죄이며 불온사상을 전파하는 불경죄(不敬罪)에 해당한다는 것이다. 초기 성결교회의 중요한 지도자의 한 사람이었던 박현명 목사는 성결교회의 해산당한 이유에 대해서 "성결교회가 성경의 수호자, 대표적 희생자"였기 때문이라 말한다. 1943년 성결교회 교역자들이 일제히 검거 되었을 때 반복되던 질문이 있었는데, 왜 성결교회는 성경과 교

---

108 친일반민족행위진상규명위원회, 『친일반민족행위진상규명보고서 III-3』 (서울: 현대문화사, 2009), 367.

리 문제를 고집하느냐는 것이었다.[109]

이사장 이명직 목사에게 적산처리 명령을 하달하고 성결교회 땅과 건물을 처리하게 함에 따라서 대부분 성결교회 건물과 땅은 피복 공장, 개인, 동양척식회사, 조선신탁회사로 넘어가게 되었다. 일제에 의하여 폐교된 교회당은 증산보국을 구호로 가마니 공장, 새끼공장 등으로 바뀌고 젊은 교역자들은 보국대, 강제노무를 감당하거나 남양군도(월남)까지 강제징용에 끌려가거나 산과 들로 방황하며, 도피하는 신세로 전락되었다.[110] 다음은 해산 명령에 대한 성명서이다.

---

109 기독교대한성결교회 군산중앙교회, 『군산중앙성결교회 65년사』 (군산: 기독교대한성결교회 군산중앙교회, 1997), 180.
110 기독교대한성결교회, 『한국성결교회사』 (서울: 기독교대한성결교회출판부, 1992), 373.

성 명 서

우리 조선 야소교 동양선교회 성결회는 조선에 포교 이래 삼십 오륙 년, 그간 장기에 亘하여 미국인 선교사의 지도를 받은 것뿐이 아니라 재정적 기초도 亦 미국에 의존하여 왔기 때문에 부지불식간에 적 미 영사상의 虜가 되어 상금도 其 잔재를 말살키 어려움은 유감으로 생각하는 바다. 더구나 교리로서 新生 聖潔 神癒 再臨의 4중 복음을 고조하여 왔었는데 就中 재림의 항은 기독이 가까운 장래 육체로서 지상에 재림하여 유태인을 모으고 건국하여 그 왕이 될 뿐만 아니라 萬王의 왕인 자격으로써 전세계 각국의 주권자로부터 그 통치권을 攝政하여 이를 통치한다는 것으로, 근본적으로 국체의 본의에 적합하지 못할뿐더러, 신관에 대하여도 성서의 해석에 基해 에호바 이외에 신이 없다는 사상을 선포하여 온 것은 현재 我等의 심경으로 보면 실로 국민사상을 昏迷에 빠뜨린 것으로 그 죄를 통감하는 바다.

아등은 최근 이 점에 깊이 깨달은 바 있어 여하히 하여 성서의 해석을 우리 국체의 본의에 적합케 할 것이냐에 관한 硏鑽을 거듭하여 왔으나, 필경 성서는 그 基址 유대사상에 두어 우리 국체의 본의에 배반하는 幾多적 치명적 결함을 포장하는 것으로서 성서 자체로부터 이탈치 못한다면 완전한 국민적 종교로서 성립하지 못할 것으로 결론에 도달하였다. 다수 유력 신도 간에는 현 시국에 鑑하여 아등의 前示 所見과 동일 소견 하에 자숙 자제, 敎團의 자발적 해체의 요망이 있자 이들 신도의 총의에 응하는 것은 아등 교단 간부와 負荷한 책무인 것을 통감하고 玆에 아등은 단호 조선야소교 동양선교회 성결교회(개명 일본기독교 조선성결단)를 발전적으로 解體하게 되었다.

아등은 長年月間 부지불식중에 그와 같은 不穩 포교를 하여 온 책임을 통감하고 爾今 맹세하여 결전 하 황국신민의 자격을 실추치 않을 것을 기함.

右 해체에 제해 중외에 성명 함.

조선야소교 동양선교회 성결교회(일본 기독교 조선성결교단)

牧野明稙(이명직) 山本正道(최석모) 茂村 鍵(이 건) 新井炫明(박현명)

植山永澤(최영택) 新井瑩淳(박형순) 安田昌基(안창기)

소화 18년 12월 29일

한국성결교회 백년사

100th

One Hundred Year History of
the Korea Holiness Church

1907~2007

제4장

기독교대한성결교회
시대 (1921-1943년)

기독교대한성결교회 시대
(1945-1961년)

I. 8.15 해방과 성결교회의 재건(1945년-50년)

가. 해방과 한국교회 재건

1. 해방 후 미군정의 종교정책

　1945년 8월 15일, 드디어 꿈에도 그리워했던 일제의 압제와 만행에서 벗어나는 해방의 감격스러운 날이 찾아왔다. 그러나 해방의 기쁨도 잠시, 해방 후 좌우익 이념으로 대립된 상황에서 한국교회는 일제의 강요 속에서 무너지고 상처받고 변질된 교회를 다시 재건해야 했다. 한국교회는 일제의 통치로부터 벗어나긴 했지만 해방 후에 한국에 시작된 소련과 미군정의 통제를 받으면서 분단의 복잡한 정치와 이념, 그리고 종교적 역학 속에서 교회재건을 진

행해야만 했다.[1]

미국과 소련이 1945년 얄타회담에서 북위 38도선을 경계로 분할 진주하기로 결정함에 따라서 남북 간 왕래는 자유롭지 못했다. 그리하여 남·북한 교회는 해방 후 교회재건이라는 역사적 과제를 각각 추진할 수밖에 없었다. 따라서 남한교회는 미군정의 종교정책의 통제를 받으면서 이 과제를 수행해야만 했다. 이 과정에서 개신교는 물론 한국의 종교계가 새롭게 재편된 양상을 보였다.[2] 친미 보수 성향을 보인 개신교는 다른 종교에 비해서 미군정에 접근능력을 가지면서 보다 더 용이하게 교회재건을 할 수 있었다.

첫째, 미군정은 북한에 잔류한 소련과 달리 군정법령으로서 남한에 종교의 자유를 최대한 보장했다. 연합국최고사령부(Supreme

---

* 제4장은 정상운의 『성결교회 역사총론』, 347-400 의 내용과 관련 논문을 기초로 보완하였음을 밝힌다.
1 정상운, 『성결교회와 역사총론』, 350ff.
2 박승길은 "미군정의 종교정책과 기독교의 헤게모니 형성,"이란 연구에서, 미군정 하에서 기독교, 즉 개신교와 천주교가 다른 전통종교 즉, 천도교, 대종교, 그리고 불교에 비해서 더 종교적 위상을 강화되었던 이유를, 네 가지요인을 중심으로 설명했다. 미군정 하에서 미국의 전후 세계 지배원칙에 따라 다음의 요소를 지닌 종교는 절대적으로 유리한 사회적 위치에 오를 수 있는 조건을 갖춘 것이었다. ① 사회적 안정을 도모할 수 있는 현실안정주의에 따라 反日이나 통일운동보다는 반공이념의 충실한 담당자, ② 분단현실을 수용하여 실질적 지배자인 군정이나 직접적으로는 미국과 인적 교류를 통한 지배중심부에 접근이 가능한 정치권력에의 접근 통로, ③ 범미주의에 따른 세계 전후 경제질서 편입에 동원이 가능한 서구식 교육을 받은 서구 민주주의 수용에 주역이 될 수 있는 인재와 그 동원력, ④ 새로운 인재와 이념의 확대 재생산 기구를 소유 또는 장악할 수 있는 조직화된 교회이다. 이 4가지 요소는 사실상 일제 이래로 강조되어온 '종교의 사회화'라는 관점의 연속선상에서 위치시킬 수 있는 것이기도 했다. 아무튼 이 요건을 충족시키는 종교집단은, 해방 이후 한국 사회와 국가의 성격 형성에 주도적인 영향력을 행사할 수 있는 사회적 세력의 위계 공간에 중심부를 차지하고, 종교간 사회적 위상 설정에서도 중심부 종교로 등장할 수 있는 조건을 갖춘 것이기도 한 것이다. 박승길 "미군정의 종교정책과 기독교의 헤게모니 형성," 80-81를 참고하라.

Commander for the Allied Powers, SCAP)는 남한의 종교정책을 수립하기 전부터 피점령지인 일본의 '종교정책'을 수립했었다.³ SCAP의 종교정책의 목표와 방향은 두 가지였는데, 하나는 일본의 국수주의와 군국주의를 제거하는 것이었고, 다른 하나는 일본의 국수주의와 군국주의로부터 비롯된 잘못된 사상을 제거하여 종교의 자유를 세우는 것이었다.⁴ 그래서 미군정은 피점령국 일본의 정치와 종교의 분리를 통해서 종교의 자유를 확보하려는 목적을 세웠다.⁵ 미군정은 일제가 만든 정치적 지배이념이였던 '국가신도'를 제거하여 일본국민을 정치적 종교적으로 자유롭게 하려는 것이었다. 미군정은 일본에게 적용했던 종교정책을 남한에 그대로 적용하려 했다.⁶ 미군정 당국의 일련의 조치들로 인해 기독교를 비롯한 다른 종교들도 종교의 자유를 일정 부분 다시 회복해 갔다.

둘째, 미군정은 군정의 지배 이념에 부합하는 종교정책을 추진

---

3   AFPAC의 종교정책에 대해서는 윌리엄 우다드의 연구를 참고하라. William P. Woodard, "The Allied Occupation of Japan 1945-1952 and Japanese Religions," *Contemporary Religions in Japan* Vol. 11, No. 3/4(Sep.-Dec., 1970): 309-316; William P. Woodard, *The Allied Occupation of Japan and Japanese Religious*, (Netherlands, Leiden: E. J. Brill, 1972).

4   SCAP의 CI&E 산하 종교국 윌리엄 번스와 수석 연구원 윌리엄 우다드를 비롯한 직원들은 일본의 '정교분리' 정책적 목표를 위해서 특정종교를 지원해서는 안 된다는 태도를 견지했다. 우다는 SCAP에서 1946년부터 1952년까지 종교문화자원국과 시민&정보과의 연구를 지도했다.

5   William P. Woodard, "Religion-state relation in Japan," *Contemporary Japan*, Vol. XXIV, Nos.10-12, 645.

6   Rodger R. Venzke, *Confidence in Battle, Inspiration in Peace: The United States Army Chaplaincy 1945-1975*, Vol.5(Washington, D.C: Department Of The Army, Office Of The Chief Of Chaplains, 1977),24.

했다. 즉 군정 당국은 종교관련법을 제정하거나 개정함으로써 기본적으로는 남한 종교계에 종교의 자유를 부여하고자 했다. 군정이 종교 관련법을 추진하면서 미군정의 정치적 노선에 부합하게 추진하였음은 물론이다. 따라서 남한의 종교계는 일제의 잔재를 청산하고 복구를 해야 할 상황에서 미군정의 종교정책에 대응하면서 재편성해야만 했다.

셋째, 해방 후 개신교는 한국의 다른 종교에 비해서 급부상했다. 그런 요인에는 한국 개신교가 미군정의 종교정책에 부합했을 뿐만 아니라 개신교 지도자와 교인들이 미군정에 접근하는 능력을 구비하고 있었던 것들이 있다.[7] 미군정 이후 등장한 이승만 대통령의 친 개신교 정책으로 이어지는 과정에서 개신교는 다른 종교에 비해 더 강해지는 방향으로 재편되었다.

2. 북한교회의 재건운동

기독교 복음이 한국에 전래된 이래 한국 기독교의 중심지는 사실상 북한지역이었다. 그 가운데서도 관서지방 즉 평양, 선천 등에서 복음수용이 활발하였다. 1920년 이전에 북한지역은 성결운동

---

7   강인철, "미군정기의 국가와 교회: 기독교를 중심으로," 『해방 후 정치세력과 지배구조』 한국 사회사학회 편 (서울: 문학과 지성사, 1995), 205-6; 미군정은 친미 반공성향의 개신교인들로 하여금 정치에 참여하는 기회를 부여했고 그들 또한 이를 적극적으로 환영했다. 개신교는 미군정에 참여하거나 행정관료에 진출하는 신자들에게 반공주의적 신념을 제공했다.

의 불모지였다. 성결교회 창립초기에 초기 전도자들은 평안도 용광, 진남포, 송도(개성) 등 북한 선교에 나섰지만 큰 성과를 얻지 못했다. 그렇지만 1920년대에 들어서면서 동양선교회가 함경도를 특별선교교구로 선정하고 전도에 집중하면서 앞서 살펴본 바와 같이 북한 지역에 성결교회가 세워졌다. 1922년 북청읍성결교회가 세워진 이후 나하대교회, 평산교회, 어포리교회, 현금리교회가 추가로 설립되었다. 이후 성결교회의 전도운동은 함경남도로 이어져 1924년 함흥시의 함흥교회, 1925년 홍원교회, 1928년 갑산교회가 세워졌다.[8] 성결교회가 함경도에서 복음전도를 시작할 당시에 이미 그 곳에 장로교 167개 교회, 감리교 46개 교회가 세워져있었다.[9] 또한 성결교회는 1920년대 후반부터 서북지방 선교로 눈을 돌렸다. 그 동안 장로교를 중심으로 복음이 전해졌던 평양에 성결교회는 평양교회를 설립하였다. 1926년에는 신의주에 신의주교회가 설립되고 이성봉 목사가 부임하였다. 이 교회는 신의주 서부교회, 구의주교회, 양시교회, 괴현교회, 용암동교회 등 지교회를 설립하여 성결교회의 성장을 주도하였고 만주 안동까지 복음전도를 하였다. 그래서 일제 강점기 동안 일제의 종교 억압정책으로 인하여 북한지역

---

8 정상운, 『성결교회 역사총론』 354.
9 이응호, 『한국성결교회의 역사(4)』 633-34.

의 교회 성도들이 남한지역의 성도들보다 모진 고초를 겪었다. 그런 만큼 이 지역의 교인들에게는 해방의 감격이 컸었고 재건의 의욕도 높았다.10 신사참배를 반대한 이유로 투옥된 이기선, 채정민 목사를 비롯한 20여 명의 교역자들이 해방을 계기로 풀려났다. 또한 일제의 박해를 피하여 지하에 몸을 숨겼던 교역자들이 밖으로 나와 출옥한 이들과 힘을 합하여 교회재건을 서둘렀다.11

북한 지역에서 교회재건운동이 시작되면서 당면한 문제 가운데 중요한 것은 일제의 신사참배를 찬성했던 목사나 장로들의 복직 문제였다.12 신사참배를 끝까지 거부했던 생존자 20여 명의 출옥 성도들은 교회와 가정으로 돌아가지 않고 주기철 목사가 시무하던 평양 산정현교회로 곧장 달려갔다. 이들은 그 곳에서 약 2개월간 기도하며 한국 교회의 재건 원칙을 9월 25일에 표명하였다. 교회 재건의 기본 원칙은 다음과 같다.

> 첫째, 교회의 지도자(목사, 장로)들은 모두 신사에 참배했으나 권징의 길을 취하여 통회 정화 한 후 교역에 나갈 것.
>
> 둘째, 권징은 자책, 혹은 지숙의 방법으로 하되 목사는 최소한 2개월

---

10 全澤鳧, 『韓國敎會發展史』 (서울: 大韓基督敎出版社, 1987), 180.
11 김광수, 『한국민족기독교백년사』 (서울: 기독교출판사, 1978), 300.
12 곽안전, 『한국교회사』, 196.

간 휴직하고 통회 자복할 것.

셋째, 목사와 장로의 휴직중에는 집사나 혹은 평신도가 예배를 인도할 것.

넷째, 교회 재건의 기본 원칙을 전국 각 노회 또는 지교회에 전달하여 일제히 이를 실행할 것.

다섯째, 교역자 양성을 위한 신학교를 복구재건할 것.[13]

이와 같이 박형룡 목사를 비롯한 출옥성도들이 제기한 재건 5원칙을 발표하자 소위 일제에 부일한 이들이 반발하기 시작했다. 1945년 11월 14일부터 일주일간 선천 월곡동교회에서 평북노회 주최로 열린 가진 교역자 퇴수회에서 이들은 노골적인 반대의사를 표출하였다. 특히 친일행각을 앞장서서 해 온 1938년 장로교 총회장이었던 홍택기 목사는 신사참배에 대한 회개의 문제는 개개인이 하나님과의 직접 관계에서 해결될 성질의 것이라고 강변하였다. 더 나아가 그는 옥중에서 고생한 사람이나, 교회를 버리고 해외로 도피한 사람보다는 교회를 등에 지고 일제의 강요에 할 수 없이 굴한 사람들의 수고가 더 높이 평가되어야 한다는 극히 주관적인 궤변식의 주장을 하였다. 그러나 이러한 발언에 동의하는 기성 교회의 목회자들도 있었다. 홍택기 목사의 이런 궤변은 다시 한 번 하

13　이영헌, 『한국성결교회사』 (서울: 컨콜디아사, 1991), 228.

나님과 역사 앞에 죄를 짓는 자기오만이었다.[14]

같은 해 11월 14일 이와 관련한 문제를 해결하기 위해서 장로교의 평안노회와 함경노회 대표들과 몇 사람의 감리교와 성결교회 대표가 모여 예비적인 회의를 하였다. 이후 이들은 다시 12월에 회의를 열고 38 이북에 있는 다섯 도의 노회가 모여 소위 '5도연합'노회'를 조직하게 되었다. 이것은 38 이북에서 소련의 군정이 교회에 대하여 너무나 탄압적이었기 때문에 이에 대처하기 위해서였다. 장로교를 중심으로 조직 된 '5도 연합노회'는 다음과 같은 사항을 결의하였다.

> 1. 5도 연합노회는 남북이 통일 될 때까지는 총회의 역할을 한다.
> 2. 5도 연합노회에서 채택한 헌법은 기독교 교단이 조직되던 이전의 장로회 헌법을 그대로 채택한다.
> 3. 전체교회는 신사참배 함으로써 지은 죄를 자복할 것이며, 교직자들은 2개월 동안 통회를 할 것이다.
> 4. 전국적으로 독립기념 전도회를 개최한다.
> 5. 5도 연합노회는 대표를 파견하여 동맹군 본부에 가서 감사의 뜻을 표명한다.[15]

14　민경배, 『한국성결교회사』, 514.
15　김양선, 『한국기독교 해방 십년사』 (서울: 대한예수교장로회 총회종교부, 1956), 47-48.

위의 결의에 따라 평양신학교가 다시 개교되어 김인준 목사가 책임을 맡게 되었다. 또한 독립기념전도회는 전재선 목사의 지휘아래 큰 성과를 거두었고, 비밀리에 남한의 교회와 연락을 유지하면서 남한에 대표를 파견하여 유엔 당국에게 북한 기독교인들의 감사의 뜻을 표시하는데 까지 나갔다.[16] 당시 5도 연합노회를 중심한 북한 교회가 북한 내에서 정치, 경제, 사회를 비롯한 모든 면에서 큰 영향력을 행사하기에 이르렀다. 소련 점령군이나 공산주의자들은 기독교의 그러한 현실을 보면서 탄압의 필요을 느꼈다. 뿐만 아니라 북한에는 기독교인을 중심으로 한 두 개의 정당 즉, '기독교 사회민주당'과 '기독교 자유당'이 결성되었는데, 이는 북한 교회의 탄압을 가중시키는 요소 중에 하나가 되었다.[17] 공산주의자들은 '김일성 강령'에서 표면적으로 개신교의 자유를 허용하였지만 실제로는 박해의 구실을 찾고 있었다. 그리하여 그들은 박해의 구실로 1946년 11월 3일 주일에 조선민주주의 인민공화국 정부수립을 위한 총선거를 실시하기로 하였다.[18] 따라서 북한 지역 교회는 주일 선거 결정에 크게 반발하면서 10월 20일 5도 연합노회를 회집하여 대책을 논의하였다. 이에 공산당은 김일성 의숙으로서 비서 노릇을 하

---

16   Ibid., 197.
17   민경배, 『한국기독교회사』 515-16.
18   Ibid., 515.

였던 강양욱 목사를 앞장세워 공작을 일삼았다. 공작의 주요 내용은 신앙에 철저하지 못한 교역자들을 매수하여 하나의 교회 기관으로 만들고, 그들에게 교권을 부여하여 내분을 초래하는 것이었다. 이런 의도에서 만들어진 단체가 '기독교도 연맹' 이었다.[19] 부흥사인 김익두 목사와 신동성 선교사로 갔던 박상순 목사를 감언과 공갈로 연명에 가맹시킨 이후에 공산주의 선전에 이용하고 김일성을 절대 지지하며 솔선수범한다는 결의문을 발표하게 했다.[20] 기독교도 연맹은 연맹가입을 끝내 거부하는 교역자들을 투옥, 처단하였다. 6·25 한국 전쟁 직전까지 몇몇 교역지를 제의하고는 대부분이 투옥되었고 교회당은 정치계몽 장소로 이용되었다.[21]

　이상에서 살펴본 바와 같이 해방이후 북한지역 교회는 소련군정과 공산주의 박해에 직면하여 남한과 같은 교회재건은 불가능하였다. 그렇지만 소수의 목회자들이 일시적이나마 북한지역 교회재건을 하였다. 이성봉 목사는 만주 무순교회에서 해방을 맞아 1945년 9월 15일 평안도에 귀국했다. 당시 성결교회는 무너진 채로 방치되어 있었다. 그래서 이성봉 목사는 1946년 3월 월남하기 전까지 16-17개의 무너졌던 교회를 다시 복구하였다. 『活泉』에 소개된

19　全澤昶, 『韓國敎會發展史』, 276.
20　민경배, 『한국기독교회사』, 515.
21　全澤昶, 『韓國敎會發展史』, 276.

이성봉 목사의 교회재건운동은 다음과 같다.

> 해방 이후 만주에서 조선으로 돌아온 이성봉 목사는 교파를 초월하여 부흥회를 인도해 달리는 초청을 다 물리치고, 일심으로 무너진 성결교회를 다시 일으키기 위해 진력했다. 그는 문 닫은 교회를 찾아다니며 자비량으로 부흥회를 열고, 눈물을 뿌리며 전도하였다 그리고 어떤 때는 몸소 자신의 기난한 주머니를 털어 예배당 수리에 바치기도 했다. 이러한 열정에 녹아나지 않을 자 누구이겠는가? 교회의 재건과 부흥을 위한 이러한 헌신과 열정은 이성봉 목사가 이르는 곳마다 대부흥을 일으켰다... 그 외에도 평양, 신천, 사리원, 해주 등지에서 닫힌 교회 문을 열어놓고 집회한 결과 이르는 곳마다 대부흥이 일어났다.[22]

북한지역에서 교회재건운동을 전개하면 부흥을 일으켰던 이성봉목사는 공산당의 압박에 신변의 위협을 느끼고 월남하여 남한지역 교회의 재건운동에 나서게 되었다.

---

22 "이성봉 목사와 서북소식," 『活泉』 중간 제2호 (1946년 6월), 36-37.

3. 남한교회의 재건운동

1945년 해방과 더불어 누구보다 먼저 '출옥성도'들은 일제 강점기 한국교회가 교회의 참된 본질과 기능을 상실하고 교회의 참 모습에서 멀어졌던 것에 대한 역사적 자성과 회개를 촉구했다. 신사참배를 반대하다가 투옥된 후 신앙의 자유를 얻는 소위 '출옥자'들이 강력한 회개를 촉구하고 '무너진 교회'를 다시 세워야 한다고 목소리를 높였다. 교회재건운동은 신사참배로 무너진 교회를 바로 세운다는 역사적 배경에서 출발했다.[23] 교회재건에 대한 목소리는 다양했다.

교회재건운동의 역사적 전개 과정을 편의상 셋으로 구분하여 다루고자 한다.

가) 조선기독교단의 교회재건운동

일제 강점기 동안 개신교 교단들은 강제로 하나로 합병되어 일본기독교조선교단이 되었다. 또한 성결교단은 강제 해산을 당했다. 일본기독교조선교단은 1945년 7월 일본의 종교통합정책에 의해 강압적으로 만들어진 교단이었다. 해방을 맞으면서 일본기독교조선교단의 일부 지도자들은 비록 교단합병이 일제 강압으로 이뤄

---

23 최종규, "韓國基督教 再建運動史." 『崔鍾圭 牧師 古稀記念文集: 오직 진리 오직 재건』 (서울: 교음사, 1987), 54; 28.

진 것이지만 교파를 초월하여 하나의 교단이 된 만큼 그대로 존속하자는 의견을 냈다. 또한 그들은 해방 이후 전개된 정치적 상황에 적극적으로 대처하기 위해서는 한국 개신교가 하나가 되어야 한다는 것이다.[24] 즉 이런 주장에는 개신교 신자들인 이승만, 김구, 김규식 등이 정부수립의 주도권을 확보하기 위해서 강력한 개신교 세력이 규합해야 한다는 정치적 계산이 깔려 있었다. 그래서 이들은 각 교파로 환원하는 것보다는 통합된 교단으로 남는 길을 견지하려 했다.[25] 이런 배경에서 일본기독교조선교단 임원들은 교단 명칭을 조선기독교단으로 바꾼 뒤 1945년 9월 8일 서울 새문안교회에서 남부대회를 소집했다.[26] 일제 강점기 동안 이 교단에 참여한 교단이 장로교와 감리교였다. 따라서 이 대회에 참가한 이들은 두 교단의 대표자뿐이었다. 그런데 이 모임에서 개회 초기에 이규갑, 변홍규 등 감리교 지도자들이 강제 통합 이전의 교단 환원을 주장하며 대회장을 퇴장하였다.[27] 대회는 순조롭게 진행되지 못했다. 남부대회에 참가한 감리교 지도자들이 퇴장했던 이 일은 조선기독교단을 존속시키고자 했던 이들에게는 큰 장애물이었다. 또한 이 사건

---

24 한국기독교역사학회 편, 『한국기독교의 역사3』 (서울: 한국기독교연사연구소, 2011), 16.
25 정상운, 『성결교회와 역사총론』, 358.
26 Ibid., 358. 남한만의 교단대회였기에 남부대회라고 한다.
27 Ibid., 358.

의 여파는 장로교에게도 영향이 미쳤고, 장로교 지도자들도 기존 장로교파로 환원하려는 움직임을 보이기 시작했다. 이렇게 되어 남부대회의 선언을 유지시키는 일은 안팎의 난관에 봉착했다.

1945년 11월 27일 화요일 조선기독교단은 서울 정동제일교회에서 다시 남부대회를 개최했다. 이 대회에서 회장 김관식, 부회장 김영섭 등 임원진이 선출되었다. 이 대회에 참가한 이들은 일제 강점기 순교자에 대한 추도회를 갖고 임시정부를 지지하는 입장을 발표했다.[28] 이 대회가 실질적인 제1차 남부대회였다.[29] 이 대회에서 몇 가지 결의가 있었다. 이들이 결의한 내용들은 임시정부 지지선언, 선교사의 내한 요청, 기독교공보 발행, 38도선 문제 해결과 자주독립을 위한 미국 트루먼 대통령에게 진정서 보내기 등이었다.[30]

결의를 다지고 몇 개월이 지난 후 1차 남부대회를 이끌었던 이들은 1946년 4월 30일 서울 정동제일교회에서 제2차 남부대회를 개최했다. 그런데 이 대회에 참석자들이 "각 교파는 각자 성격대로 활동키로 하자"고 결의를 했다.[31] 따라서 남부대회는 더 이상 개최

---

28 "조선기독교남부대회,"『기독공보』1946 1월 17일자; 김종대 "나의 인생회고,"『크리스찬신문』1948년 6월 23일자.
29 한국기독교역사학회 편,『한국기독교의 역사3』(서울: 한국기독교연사연구소, 2011), 16.
30 "조선기독교남부대회,"『기독공보』1946년 1월 7일.
31 서정민, "일제말 일본기독교조선교단 형성과정,"『한국기독교와 역사』16호(2002년 2월): 94-98; 이덕주, "남부대회의 조직과 소멸,"『한국기독교역사연구』30호(1990): 25.

할 이유가 없어졌다. 제 2차 남부대회의 개최는 해체를 위한 모임이 되고 말았다. 남부대회가 더 이상 존속하기 어려웠던 요인은 해방 직후 월남한 이북 출신 교역자들이 남한지역 교회들만의 총회 구성을 반대하고 있었기 때문이다. 또한 남부대회가 친일교단 잔존 세력의 규합이라는 안팎의 비판도 있었기 때문이다.

나) 감리교단의 교회재건운동

조선기독교 남부대회에서 이규갑, 변홍규 등 감리교 지도자들이 교단 환원을 주장하고 대회장을 퇴장했던 이들은 1945년 12월 동대문교회에서 감리교단 재건을 위한 감리교회 유지위원회(재건파)를 조직했다.[32] 감리교회 유지위원회를 조직한 재건파는 후에 동부, 서부, 중부 세 연회를 조직했다. 더 나아가 이들은 감리교신학교를 재정비하여 신학교육까지 재개했다.[33] 이 '재건파'에 참여한 목회자들 대다수가 일제 말기 친일 성향의 교회지도자들로부터 소외를 당했거나 휴직, 파면 조치를 당했던 교역자들이었다. 그래서 이들을 중심으로 한 재건파는 친일행위자인 정춘수 목사가 감독이 된 1939년 이후에 만들어진 제도 및 규정 일체를 부인하였다. 그래

---

32 한국기독교역사학회 편, 『한국기독교의 역사 3』, 18.
33 이영헌, 『한국기독교사』 (서울: 컨콜디아사), 1988, 230.

서 이들의 교회재건의 목표는 기존의 교단 조직을 재정비하고 제도적 의미까지 바꾸는 것이었다. 그런데 '재건파'와 대립한 감리교단 목회자들이 1946년 9월 특별총회를 개최하였다. 이 특별총회에서 강태희를 감독으로 선출하였다. 감리교단 지도자 중에서 남부대회에 적극적으로 참여했던 이들은 그동안 일제 식민통치에 순응했던 자들이었다. 이들이 감리교단에서 복흥파(復興派)로 불렸다. 재건파와 복흥파는 상호 간에 비방과 교회쟁탈전을 벌였다.[34]

다) 장로교단 중심으로 추진된 교회재건운동

해방 직후 장로교의 경우 경남노회를 시작으로 지방노회의 재건이 추진되었다. 1946년 초에 이르러서는 남한 지역의 노회재건이 완결되었다. 1946년 5월 남부대회가 해체되자 장로교 지도자들은 1946년 6월 12일 서울 승동교회에서 조선예수교장로회 남부총회를 열었다.[35] 이 모임이 남한교회 만의 총회였기 때문에 남부총회라고 했다.[36] 남부총회는 총회장에 배은희 목사, 부총회장에 함태영 목사 등을 임원으로 선출했다. 남부총회는 중요 사항을 다음과 같

---

34 한국기독교역사학회 편, 『한국기독교의 역사 3』, 19.
35 남부총회라고 한 것은 남한교회 만의 총회였기 때문이다. 김양선, 『한국기독교해방10년사』, 52-53 참고.
36 김양선, 『한국기독교 해방 10년사』, 52-53.

이 결의했다.

> (1) 헌법은 남북이 통일될 때까지 재건하지 않고 그대로 사용한다.
>
> (2) 제27회 총회가 범과한 신사참배 결의는 이를 취소한다.
>
> (3) 조선신학교를 남부총회 직영신학으로 한다.
>
> (4) 여장 장로직의 설정문제는 남북통일 총회 시까지 보류한다.[37]

남부총회는 과거 제27회 총회에서 통과된 신사참배 결의를 취소했다. 1947년 4월 대구제일교회에서 개최된 제2차 남부총회는 1942년 일제의 강압에 의해서 해체되었던 장로회 제31총회를 계승하여 제33회 총회로 개회하였다. 따라서 1946년 6월 12일부터 서울 승동교회에서 개최된 남부총회를 제32회 총회로 인정한 것이다.[38] 장로교의 이런 결의는 1943년 조직된 일본기독교조선장로교단을 부인하고 그 이전의 장로교단에서 정통성을 찾는 것을 의미한다.[39]

한편 장로교의 일련의 교단재건에 대해서 경남노회는 진실된 참회와 영적쇄신에 대한 진정성이 결여된 행보로 여겼다. 즉 남부총회는 신사참배의 죄과를 통절히 뉘우치지 못한다는 지적을 받았

---

37 Ibid., 53.
38 한국기독교역사학회 편, 『한국기독교의 역사 3』, 19 각주 6을 참고.
39 Ibid., 19.

다.[40] 해방 이후 친일적 인사들이 교회에서 기득권을 내려놓지 않은 이들이 많았다. 그리하여 출옥성도 중심으로 새로운 길을 모색하기 시작했다. 이런 움직임의 중심에 선 인물이 한상동 목사였다. 1946년 5월 20일에 한상동, 박윤선, 주남선, 손양원 등이 진해에 모여서 신학교 설립 기성회를 조직하고 같은 해 9월 부산에 고려신학교를 설립했다.[41]

고려신학교가 신사참배를 반대했던 출옥성도들 중심으로 운영되자 이에 대한 비판적인 시각이 있었다. 이런 시각을 보인 이들은 제48회 경남 노회장으로 선출된 김기창 목사를 중심으로 한 소위 총회 측 인사들이었다. 이들은 고려신학교 측 인사들이 지나치게 배타적이라고 비판적 태도를 견지했던 것이다. 그러자 고려신학교 측은 총회 측과 도저히 갈 수 없다는 판단아래 곧바로 1952년 9월 11일 진주 성남교회에서 기성 교회와 결별을 선언하고서 경남법통노회를 조직한다고 선언했다. 이것이 고려파 장로교의 출범이었다.[42] 요컨대 한상동 목사를 비롯한 출옥성도들이 추진한 교회재건운동은 기성 교회의 건재 확인과 새로운 고신교단의 형성이라는

---

40 김양선 『한국기독교 해방 10년사』, 53.
41 이호우, 김대영, "교회재건운동과 재건교회 형성에 관한 연구," 『역사신학논총』 제20집(2010년12월): 260.
42 양낙흥, 『한국장로교회사: 형성과 분열과정, 화해와 일치의 모색』 (서울: 생명의말씀사, 2008), 271-72; 이호우, "교회재건운동과 재건교회 형성에 관한 연구," 249.

결과를 낳았다. 한상동 목사, 이기동 목사를 주축으로 한 이들은 기성 교회 안에서 교회재건운동을 전개하다가 기성 교회의 후안무치한 태도를 보면서 기성 교회를 떠나 새로운 교단을 형성하였다.[43]

그런데 교회 안에서 개혁을 시도했던 이들과 다르게 처음부터 기성 교회를 떠나려했던 이들이 있었다. 이들이 이런 방향으로 교회를 재건하려는 이유는 교회가 일제 강점기 동안 범했던 죄에 대해서 심각하게 인식했기 때문이었다. 또한 교회가 그 죄를 어떻게 참회하느냐를 두고서도 다른 이해를 했다. 해방 후 교회의 재건운동을 추진하는 한국교회는 이런 문제에 대해 일치된 견해를 보이지 못했다. 따라서 교회재건운동은 한 방향으로만 전개될 수 없었다.

최덕지 전도사, 김민희 전도사를 중심으로 한 재건운동은 처음부터 교회를 떠나서 새로운 교회를 세우고자 했다. 당시 최덕지 전도사는 동방요배가 일본 천황을 살아있는 신으로 숭배하는 사상이고, 위령묵도는 죽은 자들에 대한 숭배사상이며, 국기배례 역시 일본국기의 상징인 태양신 숭배사상으로 간주했다.[44] 이런 인식으로 최전도사 일파는 기성 교회를 떠났다. 해방 이후 교회 죄책과 회개

---

43 김정덕, 김봉환 엮음, 『폭풍속의 별: 이기선 목사의 생애』, 18. 이상규, "교회재건운동과 고려파의 형성(1945-1952)," 『고신대학 논문집』 제12권 (부산: 고신대학교, 1986), 176.
44 박용규, "소양 주기철 목사의 생애", 63; 최종규, 『이 한목숨 주를 위해: 최덕지 목사 전기』, 99-100.

를 두고서 두 양상으로 전개되었다. 하나는 기성 교회 안에서 교회 재건을 시도했다면 다른 하나는 애초부터 기성 교회를 떠나서 새로운 교회를 설립하려고 했다. 양자는 일제 강점기 교회가 범한 죄과에 대해서 다른 견해를 가졌다. 일제가 강요했던 신사참배, 동방요배, 황국신민서사 제창, 위령묵도, 국기배례를 두고서, 전자는 신사참배만 죄이고 나머지는 양심의 문제로 인식했다. 그런 반면 후자는 모두 다 우상 숭배로 인식했다.[45] 이런 인식의 차이로 인하여 교회재건에 대한 방법도 달랐던 것이다. 즉 한상동 목사는 기성 교회에서 혁신 재건을 주장한 반면에 당시 최덕지와 김린희 등은 기성 교회는 이미 사단회(마귀회)가 되었으니 새 교회를 설립해야 한다고 주장했다. 최덕지 전도사는 신사참배한 교회당도 사용할 수 없다는 강경한 태도를 견지했다.[46] 따라서 최덕지 전도사의 교회재건은 기성 교회와 결별하고 새로운 교회를 설립하는 방향으로 나갈 수밖에 없었다.

결국, 일제 강점기 죄에 대한 인식의 차이로 인하여 교회 재건의 방향은 교회 안에서와 밖으로 갈라졌다. 또한 죄에 대한 회개의 차이 즉 기성 교회의 안이한 태도에 실망하고 한상동 목사는 장로교

---

45 Ibid., 63.
46 이태식, "최덕지 목사의 삶을 통해 본 재건운동과 재건교회," 『진리에 목숨 걸고: 산사참배 반대운동과 재건교회』 (서울: 대한예수교 장로회 재건교회 총회, 2006), 117.

단 밖으로 나가 고신파 교단을 형성하였다.

나. 성결교회의 재건

전술한 바와 같이 일제 강점기 동안 사중복음 가운데 재림사상이 일제의 국체에 반하는 것으로 인식되어 성결교단이 해산을 당했다. 즉 일제는 성결교단의 재림이 일본천황의 존엄성을 침해할 뿐만 아니라 일본 국체를 손상시키는 것으로 인식했다. 그래서 성결교단이 장로교와 감리교와 유사하게 일제에 협력적이었음에도 불구하고 일제는 성결교단을 폐쇄하는 극단적인 조치를 단행했다. 해방을 계기로 한국성결교회는 교단 해산의 아픔을 겪었던 만큼이나 교회재건운동을 강력하게 추진하였다.

본 절에서는 교회재건운동에 대해서 두 가지를 중심으로 살펴보고자 한다. 먼저 교회의 제도적 변화 추이를 통하여 재흥 총회에서 선언된 교회제도의 의미를 확인하고, 또한 일제 강점기 일제에 의해서 빼앗긴 교회건물을 비롯한 교회자산을 다시 복구하는 과정을 다루고자 한다.

1. 1945년 제1회 재흥총회와 '대의제도'

8·15 해방을 계기로 성결교회 성도들은 교단이 해산된 지 2년

이 되던 해 1945년 9월 2일 첫 주일에 경성신학교에 모여서 재흥 예배를 드렸다. 그 곳에서 교단 관계자들은 박현명 목사를 위원장으로 하는 재흥준비위원회를 발족시켰다. 1945년 11월 9일 금요일 경성신학교에서 73명이 모여서 재흥총회로 모였다.[47] 이 총회는 남한교회 지도자들 중심으로 열렸다. 북한교회 지도자들은 38선 문제로 대부분 참석하지 못했고 북한 대표로 이성봉, 조한수 외 3인만 참석했다. 이 총회는 해산 전 헌법에 따라서 총회를 개최하고, 총회 임원으로는 의장 천세봉, 부의장 김유연, 서기 김창근, 부서기 오영필, 회계 한영환, 부회계 최영택이 각각 선출되었다. 본부 사무국 총리에 총리 박현명, 부총리 이건 목사가 선임되었다.[48] 해방 이전 성결교단 지도자였던 이명직 목사는 해방 후 교회재건이 진행되는 과정에서 교단해산의 책임을 지고 경성신학교 교장직을 사임했다. 경성신학교 교장직은 이건 목사가 대신 맡았다.[49] 이 재흥총회는 해방 후 『재흥선언서』와 『7대강령』을 발표하면서 재흥의 필요성과 교파의 정체성을 재천명하였다.[50] 재흥총회는 재흥선언서를 발표함으로써 성결교회 재흥이 시대적인 요청이며 해방조선의

---

47 『재흥 제1회 총회회의록』(1945), 2-3; 성결교회 재흥회보 (1), 『活泉』중간호 (1946년 신년호), 22.
48 吳永必, "再興聖潔教會 再興總會," 『活泉』299호 (1946.1), 20.
49 吳永必, 20-21.
50 『活泉』229호 (1946.1), 표지 참조.

새로운 국가를 위한 최고의 사명이요 유일한 봉사라는 것을 밝혔다. 재흥선언서의 내용은 다음과 같다.

성결교회 재흥선언서

인류 역사를 섭리하시는 하나님의 대 설계는 마침내 실현되어 이 지구상에 또다시 평화의 종을 울리게 하였다. 따라서 우리 삼천리 강역(彊域)에도 민족적 독립, 정치적 자유, 종교적 해방이 약속되었다. 동시에 우리 성결교회에도 신앙의 해방과 전도의 자유가 찾아왔다. 성결교회여 기뻐하라! 우리 과거 3년간은 다음시대를 위한 수양기였으며, 훈련기였으며, 준비기였으며, 실력 배양기였다. 어느 듯 살벌의 동면은 지나고 화창한 생명의 봄은 왔다.

성결교도여! 그 동면의 집에서 나오라. 그리고 준비된 생명력을 한없이 발휘하라. 어느 듯 그 구속의 철사는 끊어지고 자유의 일터는 열려있다. 성결교직자여 이러나라. 그리고 過日에 축적된 저력을 유감 없시 활용하라. 이 재흥의 대업에 임해 앞길에 어찌 난관이 없기를 기하랴. 그러니 전지전능의 삼위 하나님을 믿고, 일어선다. 여호와는 "우리의 산업"이란 신앙만이 모든 난관을 돌파할 것이다. 이 역사적 환경에 있어서 우리는 먼저 신앙부흥과 다음에 일치 약속과 그리고 진격적 전도로서 재흥성결교회의 영원한 발전을 위해 그 기초를 만세 반석위에 세우고 복음적 신세계

건설에 만전하려 한다.

세계사의 대전환과 함께 광복의 대업을 성취한 오날 조선의 국가 정세는 성결교회의 재출발을 강하게 요청하는 지라. 이 소래에 응하여 우리는 이에 재흥을 선언한다.

동신제위여! 이 성결의 기빨 아래로 모히라. 그리고 이 재흥운동에 협력하라. 이것이 해방조선의 신국가를 위하는 최고의 사명이요 유일의 봉사이다.[51]

재흥준비위원장인 박현명 목사는 재흥총회에서 '성결교회 7개 강령'을 다음과 같이 낭독하였다.

再興聖潔敎會 七個綱領

1. 우리는 舊新約 聖經을 經典으로 하되 特히 新生 聖潔 再臨을 聖潔解說의 要題로 함.
2. 우리는 敎派主義에 偏重하지 않고 그리스도를 中心으로 한 敎會를 設立함.
3. 우리는 使徒信經을 信條의 根幹으로 하고 聖書를 眞理의 大海로 하

---

51 『재흥 제1회 총회회의록』(1945), 3-5.

야 靈的 無限 發展을 圖謀하기 함.

4. 우리 敎會의 政體는 一般信徒 信仰良心을 基礎한 會議制度를 採擇함.

5. 우리는 禮拜가 人間이 하나님께 對한 最高行爲로 알아 모일 때마다 嚴肅하고 敬虔되게 執行함.

6. 우리는 信仰을 健全한 知와 聖潔한 情과 健實한 意志에 基礎하야 開發的으로 指導함.

7. 우리는 文書와 說敎로 傳道에 注力하는 同時에 모든 實際生活로써 示範하기를 期함.[52]

재흥성결교회가 발표한 7개 강령은 성경의 권위 강조, 기독론을 중심으로 한 하나의 교회, 사도신경의 근간, 의회제도 채택, 예배의 의미 규정, 지정의에 기초한 신앙 지도, 실천적인 삶을 다루었다. 이 7대 강령은 성결교회가 나아갈 방향을 제시한 것이다.

한편 이 재흥총회는 해방을 계기로 일제 강점기 동안 중단되었던 교회정치를 다시 재건하면서 그동안 선교 단체 혹은 교파교회가 채용한 감독제를 대의제로 전환시켰다.

2. 성결교회의 교회건물의 재건

---

52 『活泉』229호 (1946. 1), 표지 안쪽.

가) 다시 찾은 성결교회 건물

성결교회는 재흥총회에서 새로운 시작을 천명함과 동시에 교단 재건을 위한 구체적인 방안들을 마련했다. 무엇보다도 교단의 강제해산과 방매 및 몰수되었던 재산의 동태를 파악하고, 그 대책을 세우는 것이 급선무였다. 이에 성결교회는 일제에 의해 강제로 징발된 이유로 교회당이 없어졌거나 파괴된 상태를 조사하고, 이를 미군정 당국과 교섭하여 대책을 세우기 위해 미군정 교섭위원을 선정했다. 그리고 동시에 일제의 학정 하에서 성결교회가 입은 정신적 물질적 피해를 조사하여 일본정부에 청구하기 위한 손해조사위원을 선정하였다.[53] 그리고 성결교회는 부족한 인적, 물질적 지원 외에도 사역자들과 각 지역교회들을 격려하며 교단재건에 모든 힘을 쏟아 부었다. 그런 가운데 여기저기서 가슴 벅찬 재건의 힘찬 함성들이 울려 퍼지기 시작했다.

성결교회는 해방을 계기로 교회건물이나 재산 가운데 방매(倣賣) 혹은 징발(徵發)되었던 것을 찾기 시작했다. 먼저 대표적으로 다시 찾은 교회들은 다음 〈표 9〉과와 같다.[54]

---

53 『재흥 제1회 총회회의록』(1945), 9-10; 오영필, 재흥성결교회 총회,' 『活泉』 중간호 (1946년 신년호): 20-21.
54 여기에 언급된 자료들은 주로 『活泉』이나 각 교회들의 개교회사를 참고한 것임.

<표 9> 방매 및 강제 징발 후 되찾은 교회들

교 회	적산유형	비 고	참 고
광주교회			광주교회90년사
김천교회		6,280원에 구입	제1회 영남교구회의사록
김해교회		5,186원에 구입	제1회 영남교구회의사록
독립문교회	동사무소	3,000원에 재 구입	『活泉』, 1946.1
무교동교회		소송으로 찾음	『活泉』, 1948.8
밀양교회	청년연맹사무실		
수정동교회		매입	제1회 영남교구회의사록
신공덕교회	윤판서 집사 구입	해방후 하나님께 봉헌	『活泉』, 1946.1
신의주교회			『活泉』, 1947.10
아현교회	친일파 사설학원		아현교회70년사, 110.
오전리교회	구세단교회	간판을 변경	『活泉』, 1946.6
인천교회			『活泉』, 1946.6
진주교회	다른교파교히	간 을 변경	
체부동교회	제과공장	정석구씨가 부상제공	『活泉』, 1946.1

    1946년 1월에 복간된 『活泉』을 통해 가장 먼저 재건의 소식을 알려온 교회는 독립문교회이다. 독립문교회는 교단해산 이후 매각되어 동사무소로 사용되고 있었지만 해방 후 시가 3천원에 다시 구입하였다."[55] 체부동교회도 강제 방매되어 제과공장으로 사용되었다가 해방 후 당시 15만원 싱당의 본래 건물을 무상으로 제공받았다.[56] 경남지역의 밀양교회 신자 10여 명은 교단 해산과 함께 깊

---

55 "성결교회 재흥희보 (1)," 23-24.
56 Ibid., 25.

은 산중에 들어가 기도와 성경연구를 계속하다가 일제 경찰에 붙잡혀 옥고를 치렀다. 해방이 되자 그들은 이전의 예배당이 청년연맹의 사무실로 사용하던 것을 다시 찾아 재건하였다."[57] 이런 경우는 교회당이 강제로 징발되었다가 도로 찾은 경우였다. 또한 진주교회는 일제 강점기 교파교회의 간판을 붙였으나 해방을 맞아 다시 성결교회로 복귀한 경우도 있었다.[58] 그러나 이전의 교회 재산을 도로 찾는 것이 그렇게 쉬운 일 만은 아니었다. 일제에 의해 강제 징발되었거나 미처 처분되지 않았던 재산들은 비교적 쉽게 찾을 수 있었지만, 이미 헐값에 방매되어버린 건물이나 비품을 되찾거나 재구입하는 데는 많은 어려움이 뒤따랐다. 한 예로 서울의 무교동교회는 소송을 거쳐 겨우 4년만에야 그 소유권을 찾을 정도였다."[59] 그 뿐 아니라 실제로는 그러한 어려움 때문에 기존의 교회 건물을 포기하고 새 처소에서 교회를 재건해야 하는 경우도 있었다.[60]

57　Ibid., 24.
58　『제1회 영남교구회의사록』 15-17.
59　"서울 무교동교회는 도루 찾았다" 『活泉』 중간 제8호 (1948년 8월), 39.
60　"성결교회 재흥희보(2)," 36
　　논산교회는 교단해산과 동시에 건물이 다른 사람의 손에 넘어가 재흥에 어려움을 겪다가 일본인의 가옥을 얻어 교회를 재건해야만 했다.

나) 적산불하(敵産拂下)로 세워진 교회들

미군정은 '미군정청법령'을 공포하고 적산의 이전 및 기타 처분을 금지하는 패전국 재산에 대한 동결조치를 취하였다. 이 포고령 2호의 근본 취지는 해방직후 남한에 있던 적산을 제도적으로 관리하기 위한 것이었다. 국유재산은 물론 일본인들의 사유재산까지도 잠정적으로 미군정의 통제하에 놓이게 되었다. 한편 포고령 2호는 한국인들이 일정액을 조선은행에 예치시킴으로써 귀향하는 일본인들의 적산을 구매할 수 있는 길을 열어 놓았다.[61] 또한 미군정은 『군정청법령』33호를 공포하여 적산을 군정청에 귀속시키는 조치를 취하였다. 이러한 조치에 따라 일제의 모든 적산은 미군정에 귀속되게 되었으며 이를 어길 시에는 법적 제재조치를 취할 수 있게 되었다.[62]

당시 미군정이 관리한 적산 가운데 종교와 관련된 적산의 규모는 굉장히 많았다.[63] 해방 직후 귀속재산으로 분류된 일본 종교 단체의 재산은 일제 말에 발표된 자료를 통해 어느 정도 파악이 가능하다. 해방 이전에 천리교(天理敎), 신리교(神理敎), 금광교(金光敎), 부상교(扶桑

---

61 한국법제연구회(1945.9.25.), 『미군정법령집』 121; 재조한미육군사령부, 『주한미군정청관보』 군정청 법령 제2호, 법령 제2호 제1조를 참고; 박진욱, "미군정하에서의 한국교회 연구" (석사학위논문, 강남대학교 대학원, 2006) 논문에서 재인용하고 주로 참고하였음을 밝힌다.
62 한국법제연구회(1945.9.25.), 『미군정법령집』 149 법령33호를 참고하라.
63 허명섭, 『(해방 이후) 한국 교회의 재형성: 1945-1960』 (부천: 현대기독교역사연구소: 서울신학대학교 출판부, 2009) 참고.

敎) 등 교파신도의 포교당은 전국에 327개가 있었음을 조선연감은 밝히고 있다. 이들 중에 약 250여 개가 남한에 있었음을 조선통계연감은 기록하고 있다. 그리고 일본 불교는 진종대곡파(眞宗大谷派), 일련종(一蓮宗), 조동종(曹洞宗), 진언종(眞言宗), 정토종(淨土宗) 등 9종 17개 파의 사원이 138개였다. 이것들 중 120개가 남한에 있었다.[64] 또한 일본 기독교 교회당은 54개가 있었으며 신사(神社)와 신사(神祠)가 각각 60여개 및 939개가 있었다. 이 밖에도 조선총독부 학무사회교육과(1937:77-97)는 신도의 강습소가 4개, 천리교의 사회사업 기관이 1개 있었고, 일본 불교 학교가 8개, 유치원이 44개, 강습소가 13개, 의료기관이 4개, 사회사업 기관이 12개, 일본기독교학교가 1개, 유치원이 3개가 각각 있음을 밝히고 있다.

미군정이 공포한 법에 따라 적산은 불하가 가능했다. 적산의 불하는 미군정에 접근하는 능력을 보유한 종교단체에게 유리했다. 또한 미군정과 우호적인 관계에 있는 종교단체가 다른 종교단체에 비해서 적산불하를 더 많이 받았다. 남궁혁 박사가 당시 서울지역의 적산처리 최고 책임자였음을 알 수 있다. 남궁혁 박사는 1938년 평양 장로회신학교가 폐쇄되자 중국 상해로 망명했다. 해방 후 1946년 그는 상해 거류민단장으로 피난민을 인솔하고 귀국하였으

---

64 『조선연감』(1945), 210에는 포교소가 전국에 719개 조선불교의 사찰수는 1,326개라고 밝히고 있다

며, 미군정 당국의 요청으로 그해 5월부터 12월까지 적산 관재처장에 재직하였다.[65] 또한 미국 유학자였던 개신교 목사인 한경직, 송창근, 김재준 목사 등이 적산불하를 받았던 일이 이를 뒷받침한다.[66] 이런 이유들로 해방 후 한국 개신교회는 미군정으로부터 적산불하를 쉽게 받을 수 있었다.

해방이 되자 성결교회는 징발, 방매 등등 여러 요인으로 빼앗긴 재산을 환수하거나 복구하기 위해서 노력했다. 미군정에 귀속된 일본인들의 재산, 즉 적산의 인수나 불하에도 적극적으로 나섰다 그러한 적산의 종류는 일본인 가옥, 대지, 공장, 상점, 학교, 사회사업기관, 일본인교회, 천리교 건물, 일본 불교사찰 등 매우 다양했으며, 전국의 요지에 산재하여 있었다. 성결교회는 이러한 각종의 적산들을 인수하며 전국적으로 재건과 확장의 기치를 올릴 수 있었다.

만리현교회는 해방 후 방매된 후 동사무소로 쓰이고 있었던 교회건물을 찾으려고 노력했지만 성과를 거둘 수 없었다. 그래서 백방으로 수소문하던 중 연화봉에 있던 100여 평의 일본 천리교 건물을 접수하여 지교회를 개척하는 한편, 삼능사라는 200여 평의

---

65 박진욱, "미군정하에서의 한국교회 연구", 51.
66 한경직 목사와 김재준 목사는 미군정으로부터 천리교 적산을 불하받았다. 가장 큰 천리교회로 서울본부가 있던 저동(苧洞)에는 한경직 목사에 의해 베다니교회 현 영락교회가 설립되었다. 두 번째로 큰천리교회로 서울지부였던 장충동에는 김재준 목사에 의해 야고보교회(현 경동교회)가 세워졌다(박진욱, "미군정하에서의 한국교회 연구", 89).

건물을 접수하여 본 교회당으로 사용하게 되었다.[67]

장충단교회는 일본성교회 자리를 인수하고 새롭게 개척된 교회였다. 특히 장충단교회에는 월남해 온 신자들이 모여들면서 피난민 교회로서 알려지기도 했다.[68] 홍산교회도 해방이 되자마자 지방 유지들의 자발적인 원조로 90여 평의 건물을 얻어 재건할 수 있었다.[69]

또한 성결교회는 불하받은 일본 불교의 사찰 위에도 세워졌다. 원래 일본 불교의 귀속 재산은 소유권 이전이 아니라 관리권에 한정된 것이긴 했지만 조선불교에서 인수하기로 되어 있었다. 해방 직후 불교의 김법린 총무원장이 하지 중장과 만나 일본 불교의 사원을 조선불교에서 인수하기로 협의한 바 있었다.[70] 하지만 일본 불교의 재산관리권을 두고 불교계 내에서 마찰이 일어나고, 미군정 당국에 의해 (사찰재산임시보호법)의 인준이 보류되면서 이러한 불하원칙은 잘 지켜지지 않았다. 이러한 상황에서 성결교회는 일본 불교의 사찰들을 접수하여 그 위에 재건과 확장의 터전을 세울 수 있었다. 특히 지방에 있는 교회들은 그러한 현상이 더욱 두드러졌다. 한 예로 수원성결교회는 해방과 함께 적산가옥 2층을 빌려서

67　"성결교회 재흥회보(1)," 23-24.
68　Ibid., 25.
69　Ibid., 24.
70　『서울 육백년사』, 1144.

예배를 드리다가 재산권 문제로 어려움에 직면했다. 이 문제를 해결하는 과정에서 수원성결교회는 미군정 당국과 법조계 사람들의 도움으로 일본 불교 사찰인 대각사를 불하받았다.[71] 전주 성결교회[72]는 미남장로교 마노덕 선교사 통역과 조언을 받고 미군정당국으로부터 일본 불교사찰 쌍전사를 불하받았다.

〈표 10〉 미군정 기간 불하받은 교회들

교회	적산유형	참고	출처
강릉교회	일본인	이성봉목사 집회	『活泉』,1947.10.29.
공주교회	일본 불교 사찰		『活泉』,1946.6
군산교회	일본 불교 사찰		『活泉』,1946.8
논산교회	일본인 가옥		『活泉』,1946.6
만리현교회	일본인 건물200평		『活泉』,1946.1
모리아교회	일본 불교 사찰		모리아교회50년사,142.
부평제일교회	일본인 가옥		부평제일교회60년사,113.
상도교회	일본인 가옥		
서면교회	일본인 공장과 창고		
성북교회	일본인 대지		
수원교회	일본 불교 사찰		
안성교회	일본인		『活泉』,1946.9
연화동교회	일본천리교 건물	만리현교회에서 신개척	『活泉』,1946.1
영도교회	일본인 가옥		영도교회50년사,145
원주교회	일본 불교 사찰		『活泉』,1946.1
인천중앙교회	일본인 가옥		인천중앙교회50년사,97
장춘단교회	일본성교회	월남 피난민들의 신개척	『活泉』,1946.1
전주교회	일본 불교 사찰		전주교회50년사,120

71　『수원성결교회70년사』(1999) 136-37를 참조.
72　『전주성결교회사50년사』(1995), 120-21.

조치원교회	일본 불교 사찰		조치원교회70년사, 156
천안교회	일본 불교 사찰		천안교회60년사, 38
춘천중앙교회	일본 불교 사찰		춘천중앙교회65년사, 193
홍산교회	건물90여평	지역유지들의지원	『活泉』, 1946.1
홍성교회	일본 불교 사찰		홍성교회57년사, 152.
活泉교회	일본인대지		活泉교회60년사, 82.

이처럼 성결교회가 재건이나 확장의 과정에서 비교적 다수의 적산을 인수하거나 불하받을 수 있었던 배경에는 일제에 의해 가장 크게 피해를 입었던 교단이라는 사회적 인식도 크게 작용했던 것 같다. 실제로 성결교회는 교단 해산과 그에 따라 대부분의 교회들이 매각 또는 징발 등의 명목으로 처분되었기 때문에, 해방이 되어도 예배드릴 처소가 없는 경우가 많았다.[73] 이러한 형편 때문에 성결교회는 그들의 수난을 지켜보았던 미군정 당국자들이나 지역 유지들의 도움으로 타 교단에 비해 상대적으로 많은 적산을 불하받을 수 있었던 것이다.

다) 해방 후 신설된 교회들

성결교회의 무너졌던 제단들은 방매 혹은 징발되었던 기존의 교회건물들을 찾으면서 다시 수축되기 시작했다. 그리고 기존의

---

73 서울신학대학교 성결교회역사연구소, 『한국성결교회100년사』, 414.

교회건물을 찾지 못한 교회들도 일본인들의 소유였던 적산을 인수하거나 불하받아 재건되었다. 그뿐 아니라 해방으로 선교의 황금 시기가 도래하면서 한국교회 내에는 교회 개척의 열풍이 일어났는데 성결교회의 경우도 예외가 아니었다. 성결교회 내에도 신자들의 옥합을 깨는 헌신에 힘입어 새로운 교회들이 세상의 빛을 보기 시작했다. 신사참배 거부로 옥고를 치르다 순교한 박봉진 목사의 자택에서 1946년 7월에 신 개척된 돈암동교회는 하나의 실례에 지나지 않는다.[74] 특히 교회의 신설 개척과 관련하여 아현교회가 보여준 활약은 눈부실 정도였다. 이태원교회, 미아리교회, 고양읍교회, 여주교회, 수원중앙교회 등은 아현교회의 지원으로 신 개척된 교회들이다. 미아리교회는 아현교회의 지원으로 약 36만원 상당의 교회건물을 구입하여, 이태원교회는 이기봉 장로의 주택에서 예배를 드리기 시작했다.[75]

또한 성결교회의 신 개척운동은 1947년 3월부터 교단차원에서 전개한 일천교회 신설운동과 깊이 연계되어 일천교회 신설을 위한 4개년 계획안이 마련되었다. 그리고 가정교회 개척, 사경회 및 부흥회, 각종 전도대의 재건, 도서전도, 신학생들의 신 개척 투입, 문

---

74 "소식," 『活泉』 중간 제3호 (1946년 8월), 28.
75 "아현교회의 놀라운 활약", 『活泉』 중간 제5호 (1947년 11월), 36.

서전도, 유학생 파송 등을 골자로 하는 실천요강을 마련했다. 전 교단적 차원에서 이 일에 총력을 기울이기로 한 것이다. 이는 단지 성결교회의 확장에 국한된 것이 아니라 "국가와 민족을 위하여 최고의 봉사"이기도 했다. 이 계획안은 10월에 열린 제2회 재흥총회에서 통과되었으며, 성결교회 전체가 이 일에 매진하게 되었다.[76]

이 운동은 6·25전쟁으로 잠시 중단되기도 했으나, 1954년 열린 총회에서 희년준비사업의 일환으로 다시 '일천교회 완성운동'을 결의함으로써 그 맥을 이었다. 이상의 노력들로 성결교회는 18개월 만에 150개 교회가 재건되고, 40여 개 교회가 개척되었다.[77] 그런데 교회재건운동은 단지 외적인 성장에만 국한된 것은 아니었다. 오히려 성결교회가 그 가운데서 중요하게 생각했던 것은 교회의 내적부흥이었다. 경성신학교 교장이던 이건 목사는 성결교회에 가장 시급한 것이 오순절적 부흥임을 강조했다.

> 재흥의 첫 번째 단계는 폐쇄된 교회를 복구하고, 신학교를 다시 열며, 여기저기 흩어져있던 성도들을 모으는 일이었다. 하지만 거기서 만족해서는 안되며 교회 전체에 생명이 넘쳐야 한다. 그리고 그것은

---

76 "기독교대한성결교회 4개년 계획안," 『活泉』 증간 제4호 (1947년 10월), 겉표지.
77 Roben D. Wood, *In These Mortal Hans: The Story of the Oriental Missionary Society the First 50 Years* (Greenwood: OMS International Inc. 1984), 263.

> 성서신앙의 고조와 오순절적 성신의 역사가 있는 진정한 부흥운동을 통해서만 가능하다."78

즉 진정한 부흥이 없이는 외형적인 교회재건은 한계가 있다는 것이다. 따라서 교회재건은 단지 교세확장 차원이 아니라 영적 각성운동 차원에서 진행되어야 한다는 것이다.

다. 해방과 한국성결교회의 새로운 복구

1. 교단 명칭 변경

앞서 살펴본 바와 같이 1907년 5월 30일 동경성서학원에서 수학하고 카우만과 함께 일본에서 돌아온 정빈, 김상준 두 사람은 '동양선교회 복음전도관'이란 간판을 붙이고 복음을 전하기 시작하였다. 그후 1921년에 "복음전도관"이란 이름을 '조선야소교 성결교회'라고 개칭하였다. 1940년 10월 22일에 제1회 총회에서 다시 '기독교 조선성결교회'로 개칭하였다. 일제 강점기인 1943년 5월 장로교는 일본기독교 조선장로교단으로, 같은 해 8월 감리교는 일본기독교 조선감리교단으로 개칭하였다. 성결교회도 1943년 5

---

78 이 건, "해골들이 능히 살겠느냐," 『活泉』 중간 제4호 (1947년 10월), 1-3; 박현명, "문허진 곳을 修橄하라", 『活泉』 중간 제2호 (1946년 6월), 5.

월 5일 '일본기독교 조선성결교단'으로 이름을 바꾸었다. 이사장의 명칭을 총리라고 바꾸었다. 이 명칭은 이미 장로교와 감리교가 사용하고 있는 이름이었다.[79] 1949년 4월 총회 때에 '기독교대한성결교회'로 개칭하였는데, 그 까닭은 1948년 8월 15일 국호가 대한민국으로 확정됨에 따라 국호를 반영하였기 때문이다.[80]

2. 신학교 개교 및 학교명 개칭

1943년 12월 29일에 교단이 일제탄압으로 강제 해산되면서 신학교도 함께 폐교당하였다. 신학교 내에는 '동흥실업학교', '황도선양회', '특별경찰대' 등이 분할 점거하고 강도의 소굴이 되어 성단, 기구가 허물어진 처량한 모습이었다. 1945년 9월 조국의 광복과 함께 교단이 재건되면서 신학교도 재건하기로 결정하고 교장에 이건 목사를 선임하고 명예교장에 이명직 목사를 추대하였다. 앞서 언급한 바와 같이 이명직 목사가 일제에 이용당하여 교단 해산의 장본인임을 통감하고 교장직을 극구 사양하므로 신학교 교장직이 이명직 목사에서 이건 목사로 이양되었다.[81] 신학교 교수진은 박현

---

79   김승태, "일제말기 기독교계의 변질 개편과 부일협력," 『한국기독교와 역사』 제24호 (2006년 봄호): 52.
80   기성 역사편찬위원회 편, 『한국성결교회사』 (서울: 기독교대한성결교회 출판부, 1992), 408.
81   오영필, 『성결교회 수난기』 (서울: 기성출판부, 1971), 14.

명, 김유연, 김응조, 사감에 최석모, 학교유지 총무에 박형규, 서무에 한영환씨 등이 선임되었다. 또한 '경성'이란 당시 수도 이름이 '서울'로 호칭됨으로 신학교의 명칭도 '경성신학교'에서 '서울신학교'로 개칭하게 되었다. 당시 학생 수는 70명이었다. 신학교 개교를 결의하였으나 재정 형편이 어려워 그 유지가 큰 문제였다. 그러던 중 뜻있는 교우 고성지씨가 자기의 전소유인 트럭 2대로 회사 성운사를 운영하며 그 이익 전부를 신학교 경비에 헌납하므로 큰 도움을 주었다.

총회에서는 신학교 유지를 위한 특별헌금을 하기로 결정하고, 3천명 유지회원 모집 운동을 전개했다. 신학교를 후원하는 운동이 전개되던 중 최창순씨는 백만원 이상 가격의 토지 13,800 여평을 희사하여 신학교 유지재단에 헌납하므로 첫 기초를 놓게 되었다.[82] 이후에 신학교가 개교할 때도 힘이 되었던 최창순씨가 다시 15,152평의 토지를 쾌척하였다. 그리고 같은 해에 12월에는 개성교회 이재근씨도 시가 50만원 상당의 토지 15,000평을 유지재단에 기부했다.[83] 그리하여 마침내 11월 20일 신학교는 개교할 수 있었다.

서울신학교의 커리큘럼에 대한 홍순균 장로 증언에 따르면, 교

---

82 최창순씨는 개성 적십자 병원 의사로 개성교회신자였다.
83 『제2회 총회회의록』(1947), 6; 『活泉』중간 제5호 (1947년 11월호) 34-55; "전진하는 신학교유지운동," 『活泉』중간 제7호 (1948년 2월호), 32.

과목은 철학, 논리학, 사회학, 국문학, 영어 등의 교양과목과 성서신학, 이론신학(조직신학), 신학원론, 구약 4천년사, 교회사, 성서각론, 찬송가학, 히브리어, 헬라어 등이었다. 이것은 성결교회가 강제해산 당하기 전 경성신학교의 커리큘럼에 들어있던 사중복음, 신학대강, 신약사경보감 등이 교과에서는 빠진 것이다.[84]

3. 『活泉』의 복간

『活泉』은 이명직 독사의 제안과 킬보른 선교사의 후원으로 출판되었다. 『活泉』은 '성결교회'의 유일한 기관지로 성결교회뿐만 아니라 한국교계 전체에 영적 향상과 신앙 향상에 놀라운 영향을 끼쳤고 많은 애독자가 있었다.

사실 『活泉』은 초기부터 이명직 목사와 킬보른의 공동사역으로 발행되었고 1922년 11월 25일에 신생, 성결, 재림, 신유의 복음을 전하기 위해 창간됐다. 킬보른은 1924년 한국을 떠난 다음에도 계속 『活泉』의 발행인과 편집인으로 『活泉』의 발전에 영향을 미쳤다.[85] 킬보른이 세상을 떠난 후 1928년 5월부터 『活泉』의 발행인과 편집인은 웃스 선교사로 바뀌었다. 다시 1929년 12월호의 발행인

---

84 기성 역사편찬위원회 편, 『한국성결교회사』, 409. (한명우 원로 증언)
85 서울신학대학교 성결교회역사연구소, 『한국성결교회100년사』, 286-87.

과 편집인은 헤인스 선교사였다. 하지만 1930년부터 발행인은 헤인스, 편집인은 이명직으로 나타난다. 비록 헤인스가 발행인으로 되어 있지만 이것은 당시 일제 총독부의 간섭을 최소화하기 위해서 형식적인 조치일 뿐 실질적으로 이명직 목사가 『活泉』을 이끌었던 것이다. 또한 이 시기의 『活泉』은 1931년 3월호에 100호가 발행되었다.[86] 그런데 이 『活泉』은 일제의 강요로 1942년 12월에 통권 241호를 내고 폐간되었다.

해방 후 교회 재건과 함께 『活泉』도 복간하기로 결정되어 그 준비를 서둘렀으나 지대와 인쇄비 조달이 어려웠다. 이때에 신공덕리교회(현 신덕교회) 윤판석 씨가 '성활사'라는 건축자재 회사를 경영하면서 본지에 소요되는 모든 경비를 전담하게 되어 『活泉』지는 다시 한국영계의 생수로 부활하게 되었다. 윤판석 집사는 성결교회 청년회전국연합회(약칭, '성청') 중심 인물이었다. 당시 성청 지도자들은 장로회와 남전도회의 활동을 겸하고 있었다. 이때가 1946년 1월이었다.[87] 이명직 목사는 『活泉』의 속간을 축하하면서 "성서의 진리를 가지고 이단 속화와 죄악으로 더불어 싸울 뿐이다"라고 말하였다.[88]

86　이명직, "活泉의 역사담," 『活泉』 (1931년 3월호), 8.
87　기성 역사편찬위원회 편, 『한국성결교회사』, 409-10.
88　이명직, "묵묵할 때와 말할 때," 『活泉』 중간호 (1946년 신년호), 10.

4. 신생부인회 개칭

한국성결교회 최초의 부인회는 1922년 독립문교회 부인기도회에 기원한다. 이 후 몇몇 교회에서 부인회가 조직되고 그 활동이 전국적으로 확산되었다. 부인회 활동의 중심에는 전도부인들이 있었다. 부인회가 조직된 교회가 늘어나면서 성결교회 여성지도자들은 전국부인연합회를 조직했다.[89] 1934년 9월 10일 아현교회에서 33명이 발기인 대회를 열었다 그 해 9월 29일에는 이들이 성서학원에 모여서 '성결교회 부인회전국연합회'를 결성하였다. 이 부인회는 『기쁜소식』이란 기관지까지 발행하면서 교단발전에 크게 봉사해왔다. 이 부인회는 교단해산과 함께 해체되었다가, 성결교회 부인회 전국연합회 1946년 4월 재건총회에서 그 명칭을 '성결교회 신생부인회'로 바꾸고 이전의 일을 복구해 갔다.[90]

'성결교회 신생부인회'로 재건된 본회는 총회 아래 전국연합회를 조직하고 각 지방에 지방연합회와 개 교회에 각 교회 신생부인회를 조직하고 전도부, 문예부, 구제부 (후에 구제부 교육부는 없어지고 서무부, 재정부, 심리부 증설)를 두어 그 목적 달성을 위한 사업을 하였다. 부인회는 5개 강령으로 구분하고 활동하였다. 이 강령에

---

89 "소식," 『活泉』 (1922년 12월호), 44.
90 정상운, 『성결교회 역사총론』 (성결교회와 역사연구소, 2004), 275-77.

대해서는 다음과 같다.

첫째, 신구약 성경이 하나님의 말씀인 것을 믿으며 이를 향상성, 활동적 신앙으로 추진하기를 기한다.

둘째, 우리는 신앙의 체험을 증거하여 기독교 교화운동에 노력한다.

셋째, 인류를 위하여 몸을 바치신 예수의 사랑을 본받아서 이웃을 사랑하며 협조하며 포용하는 덕성을 함양한다.

넷째, 의뢰심, 나태, 무지, 질병을 4대 적으로 하여 자주, 근면, 문맹퇴치, 보건운동에 노력한다.

다섯째, 우리의 생할에 도덕적 문화적 가치를 겸한 풍속, 습관, 제도 등을 타파 또는 개선하기를 노력한다.

이와 같은 강령을 세우고 활동한 신생부인회 전국부인연합회는 부인회운동 확산에 전력을 다하였다.[91]

라. 교단 헌법의 개정

당시까지 사용하던 헌법은 이사회제도와 총회제도 (1940년 10월 1회 총회)의 양체제였는데 이것을 완전한 의회제도로 개정하는 데

91　서울신학대학교 성결교회역사연구소, 『한국성결교회 100년사』, 407.

는 오랜 시간이 필요하게 되었다. 해방을 계기로 제1회 재흥총회에서 헌법 개정을 결의하고, 다음해 10월에 열린 제2회 (1947년 2월) 총회를 헌법개정총회로 하여 다음과 같이 개정하였다. 이것은 대의정치에 따르는 개정으로 성결교회가 새로운 전기를 이룩하는 기회가 되었다.[92] 개정된 헌법과 관련하여 제정이유, 성결교회 생활강령, 성결교회 지도원리, 교파 근거, 성경의 권위, 신도 생애의 규범과 총칙은 다음과 같이 정리할 수 있다.

첫째, 교회헌법을 제정한 이유는 다음과 같다. 창조주 하나님께서 설계하신 대우주 질서가 정연하다. 이와 같이 그리스도께서 통어하시는 성결교회도 마땅히 일정한 규칙과 제도가 있어야 할 것이다. 주 예수께서 12사도 혹은 70문도를 택하여 세우심과 '오병이어'의 기적을 행하실 때에, 질서 또는 권장의 순서를 가르친 것과 사도들이 감독을 세워 교회를 살피며 다스린 것은 모두 교회 정치와 제도의 모범이다. 그러므로 우리가 이런 법을 제정하는 이유는 모든 교회의 질서를 유지하고 이단 사설을 막고 신도의 경건생활에 완전을 기함에 있다고 하였다.[93]

둘째, 성결교회의 생활강령으로, 교리에 통효하여 주일에 공예

---

92   이천영, 『성결교회사』 (서울:기독교대한성결교회출판부, 1970), 97-101.
93   기성 역사편찬위원회 편, 『한국성결교회사』 421에서 재인용.

배를 엄수하며, 교회의 의무를 이행할 것과 덕성을 함양하여 사랑과 신의를 지키며 업무에 근실할 것, 그리고 복음을 전파하여 국가와 세계에 공헌할 것이다.[94]

셋째, 성결교회의 지도원리로는, 신구약 성경을 경전으로 하되 특히 신생, 성결, 재림을 성경해설의 요제로 하며, 교파주의에 편중하지 않고 그리스도를 중심한 교회를 설립하고, 사도신경을 신조의 근간으로 하고 성경을 진리의 대해로 하여 영적 무한 발전을 도모하기로 한다. 그리고 교회의 정체는 일반 신도의 신앙 양심으로 기초한 의회 제도를 채택하고 예배가 인간의 하나님께 대한 최고 행위로 알아 모일 때마다 엄숙하고 경건되이 거행함과, 신앙을 완전한 지식과 성결한 정과 견실한 의지에 기초하여 계발적으로 지도함과 문서과 설교로 전도에 주력하는 동시에 모든 실제 생활로 시험하기로 함을 원리로 삼았다.[95]

넷째, 우리 교파의 사명으로서는, 신약의 복음서가 각각 특색이 있으며 사도들의 신앙은 각기 저서로 인하여 그 특색이 현저히 발휘되었다. 교파의 근거는 이에서 찾아볼 수 있다. 그러므로 교회는 그리스도의 몸이요 그 여러 교파는 각각 주의 지체로 이루고 있는

---

94 Ibid.
95 Ibid.

줄 믿는다. 한 뿌리에 천 가지가 돋는 것은 자연계의 현상인 것같이 그리스도 자신이 허다한 복음적 교파와 같은 뿌리가 되었은즉, 모든 교파의 흥망은 역시 그 근원에 심원함을 나타낸다. 허다한 복음적 교파가 각기 특색을 발휘함으로 그리스도의 전모를 세상에 잘 드러낼 수 있음을 확신한다. 우리의 초대 창립자들이 성결교회를 창설하였음이 무슨 교파를 마구 만들려고 함이 아니고, 그들의 받은 바 신앙의 체험을 통하여 복음의 도리를 세상에 더 한층 높이 드러내려는 열의에 있었음이다. 저들은 17세기 영국을 '누란의 위기'에서 구원한 요한 웨슬리의 주장하던 성결의 도리를 그대로 전하려는 사명하에 일어났다. 이 조류를 밟아 일어난 우리들은 중생, 성결, 신유, 재림의 4중복음을 더욱 힘있게 전하여, 모든 사람을 중생으로 인도하며 교인들을 성결한 생활에 인도하여 주의 날에 티나 주름잡힘이 없는 영화로운 교회로 서게 하기 위함이라고 하였다.[96]

다섯째, 성경의 권위에 있어서는, 우리 교회의 교전은 성경전서 곧 구약과 신약이니 이 경전은 성인들이 하나님의 영감에 의하여 기록한 것이다. 이는 하나님의 말씀됨을 교회에서 믿는다. 성경은 모든 사람을 구원하기에 넉넉하므로 무릇 성경에 근거하지 않

---

96 Ibid.

은 신학설이나 성경에 근거하지 않은 어떠한 신비설이나 체험담은 신빙할 수 없다. 또 이런 것을 신앙의 조건으로 하거나 구원의 필요로 함을 배격한다. 성경전서는 우리 신앙의 표준이요 교회 정치 제도의 규범이 된다. 성경을 해석할 때는 성경으로써 할 것이며 어느 한 부분의 귀절로 자기 학설이나 체험을 논설하려는 것은 불가하며, 또는 성경의 계시됨을 부인하거나, 비평적으로 해석하는 것은 용인하지 않는다. 구약에 모세에게 주신 예법과 의식은 신약에 그리스도의 구속에 관한 영적 윤리적 의의를 가지고 있다. 예수께서는 "나는 긍휼을 원하고, 제사를 원치 않노라."고 하신 뜻을 배우라 하셨다. 또 율법은 "장차 오는 아름다운 일의 그림자요, 진상이 아니라." 하셨다. 그러므로 그 예법과 의식이 오늘 그리스도인을 속박하지 못할 것이다. 또 민법에 관한 교훈도 채용할 필요가 없을 것이다. 그러나 도덕에 관한 모든 계명에는 순종해야 한다는 것을 그 내용으로 하고 있다. 마지막으로 생활규범 내용으로, 우리의 신앙은 온전한 교리에 토대함과 동시에 경건한 생활에 있어 완전하여짐으로 교리는 나무 뿌리와 같고 경건생활은 그 잎과 열매와 같다고 하였다.

    신도 생애의 규범 및 총칙을 보면, 악한 일을 멀리할 것, 선한 일을 힘써 할 것, 하나님께 경건할 것, 주초를 금할 것, 혼인을 신중히 할 것, 이혼을 금할 것, 유처취처와 첩을 금할 것, 사회적 악습 곧,

자녀가 부모에게 불효함과 소년이 어른에게 불손함과 강한 자가 약한 자를 학대함과 부자가 가난한 자를 압제함과 남녀교제에 불근신함은 성서 교훈에 위반인고로 성결교회 신자들은 악하고 거스리는 세상에 처하여 성서의 교훈을 실행하여 하나님의 말씀을 빛나게 해야 한다는 것과 무익하고 불건전한 오락은 멀리할 것, 그리고 단체적 악습, 무근지서를 지어내거나, 개인이나 교회의 명예를 훼손할 만한 말을 유포하거나 개인의 의사를 달성할 목적으로 인쇄물을 배포하여 군중을 선동하거나 교회 강단에서와 직원과 평신도와 교회 직원에게 말로나마 함부로 공격하여 교회를 소란케 하며 성도의 신앙을 손상케 하거나, 신자를 꾀어 본 교회와 분리의 정신을 불어넣거나, 교역자를 배척할 목적으로 직원회장의 승인없는 비밀회를 열고 불온한 결의를 하거나, 단체의 소유 건물이나 기물을 사사로이 개인의 이름으로 가지거나, 강단에서와 교단에서 또는 개인으로 성경의 계시됨을 배척하고 비평적으로 해석하거나, 상회의 명령에 불복하거나, 그 욕망을 성취하기 위하여 비밀 결탁을 하여 상회에 반항적 태도를 취하거나, 암암리에 투표운동을 하여 어떠한 지위를 얻고자 하는 자는 처벌한다고 규정하였다.[97]

이상은 성결교회 초대부터 사용하던 헌법의 총칙으로써 재홍

---

97 기성 역사편찬위원회 편, 『한국성결교회사』, 423.

총회에서 재강화를 목적으로 제정된 문장적 법규 뿐 만이 아닌 양심법과 성경교훈에 따른 실행되어야 할 성결교회 헌법이 되었다.[98]

마. 동양선교회 복귀와 관계 설정

1. 동양선교회 선교사의 복귀

1940년 일본의 강압으로 동양선교회 선교사들이 철수했다. 1940년 10월 주한 미국공사는 미국정부의 선교사 철수 명령을 받고 한국에서 활동한 모든 미국인 선교사에게 철수하라고 명령했다. 동양선교회 선교사들은 1940년 11월 15일과 16일에 한국에서 철수했다.[99]

선교사들이 부재한 상황에서 해방을 계기로 한국성결교회는 재건총회를 열고 독립된 교회로서 교회재건운동을 이뤄 나갔다. 해방 후 일제 당국도 없고 외국 선교사도 없었다. 1945년 9월 22일 성결교회의 지도자들은 동양선교회에 속히 한국으로 돌아와서 선교사역을 재개하여 줄 것을 요청하는 편지를 보냈다. 그리고 최석모 목사는 당시 한국에 나와 있던 군목단장 조지 로우리(G. Loune)

---

98 이상에서 소개한 헌법개정에 대한 내용은 기성 역사편찬위원회 편, 『한국성결교회사』 420-3를 참고로 요약 정리한 것임.
99 "통신," 『活泉』 (1940년 12월호), 35.

에게 요청하여 킬보른에게 편지를 쓰게 했다. 이에 로우리(G. Lourie)는 자신의 편지에 한국성결교인들의 뜨거운 신앙을 설명하며 동양선교회의 귀환을 촉구했다. 또한 1945년 12월 24일에도 성결교회는 다시 동양선교회의 복귀를 재촉하는 서신을 보냈다. "한국에 선교사들을 보내주십시오. 우리는 선교사들을 기다리고 있습니다."[100]

한국선교의 재개를 바라기는 동양선교회도 마찬가지였다. 제2차 세계대전이 끝나자 동양선교회는 1945년 9월 12일 이사회를 열고 한국을 비롯하여 아시아 지역에 대한 선교 재개의 문제를 논의했다. 여기서 우선 아시아 지역의 현황을 조사하기로 하고 킬보른 총리에게 총책임을 맡겼다. 그리고 각 지역의 임시 책임자도 임명했다. 한국의 담당자는 해리 웃스와 폴 헤인스였다. 이런 가운데 한국에서 편지가 왔고 동양선교회는 이에 답장을 보냈다.[101] 이 내용이 1945년 11월 9일 재흥총회에서 소개되었고, 그에 대해서 기쁨으로 회답을 하기로 결정하였다.[102]

1945년 말부터 한국에 관한 소식들이 동양선교회 회보에 다시

---

100 Samuel M. Chai "More Wonderfull News from Korea," *MST* (March 1936).
101 *Minutes of Board of Trustees of OMS* (September, 12, 1945). 서울신학대학교 성결교회역사연구소, 『한국성결교회 100년사』, 449에서 재인용.
102 『제1회 재흥총회록』(1945년), 31.

등장하여 성결교회를 위한 모금 운동도 시작했다. 동양선교회 이사회의 결의대로 1946년 10월에는 헤인스 선교사가 한국 책임자로 내한하여 1947년 1월까지 머물다가 중국으로 돌아갔다.[103] 동양선교회는 한국성결교회가 이제는 독립교회며 자신들은 한국교회의 요청에 의해서 행동한다는 것을 표명했다. 1947년 2월 10일부터 15일까지 열린 동양선교회 이사회는 한국교회 요청을 받고서 한국의 여성교역자 양성부분을 담당할 것을 결의했다. 이런 결정은 동양선교회가 한국교회의 자치를 인정하는 것이다. 이런 가운데 중국 광동에서 사역하던 어니스트 킬보른 가족이 한국으로 건너왔다. 킬보른은 중국이 공산화되면서 선교사역이 불가능하게 되자 중국에서 철수하고 한국사역을 재개한 것이다. 이후 1949년 초에는 킬보른의 손자 에드윈(Edwin)과 엘마(Elmer) 킬보른 형제가 입국했다.[104] 그들의 내한으로 동양선교회의 한국 사역은 활발해졌다. 이런 상황에 6·25전쟁이 일어났고 전쟁 기간 중 동양선교회의 역할은 매우 컸다.

---

103 "성결교회 선교사 헝니수 목사의 동정,"『活泉』(1947년 10월호), 36.
104 "선교사 에드윌, 엘마 킬보른 형제가 한국에 왔다,"『活泉』(1949년 3월), 35.

2. 동양선교회와의 관계 설정

해방 이후 한국성결교회는 동양선교회와의 관계 설정을 새롭게 해야 할 필요가 대두되었다. 왜냐하면 일제 압력으로 동양선교회 선교사들이 미국으로 귀국하면서 재단은 한국인으로 구성되었다. 한국성결교회가 동양선교회와 공식적인 관계를 복원한 것은 재흥총회 제4회 대회가 열린 1948년으로 사료된다. 동양선교회는 한국성결교회를 자치교회로 인정했고, 과거와는 다른 새로운 관계가 형성되었다. 과거의 지도자나 감독자의 위치에서 조언자나 동역자의 관계로 협력해주었다. 동양선교회는 해방 이후에 법적으로 총회에 아무런 권한이 없었다. 이런 상황에 6·25전쟁이 발발했다. 한국성결교회는 정치적 자치를 인정받았지만 경제적으로 자립할 수준은 아니었다. 더구나 전쟁으로 한국성결교회는 동양선교회를 의지할 수밖에 없는 상황이었다. 이 시기의 한국성결교회는 정치적 자치와 경제적 자립의 문제를 함께 해결해야 할 어려운 과제를 맡았다. 동양선교회 선교사가 1952년부터 총회에 대의원으로 참석하였다. 총회에서 킬보른 3세를 특별회원으로 받아들인 것을 계기로 1952년 총회부터 동양선교회가 법적으로 아무런 권한이 없었지만 1952년부터 총회에 대의원으로 참석했다. 1953년 총회에서는 7인의 '선교비운영위원회'를 구성하고 한국인과 동양선교회

선교사들과 함께 성결교회 살림에 대하여 논의하였다.[105] 운영위원회가 동양선교회가 보조하는 선교비를 관리하게 했다. 동양선교회 본부에서 들어오는 선교비 및 교회복구비를 일괄적으로 운영하였다. 당시 동양선교회는 한국성결교회가 독립교회가 된 것으로 고려하여 교역자 생활비의 지원은 가급적 줄이고 교회 건축과 같은 특별한 것들을 지원하려고 하였다.[106]

그런 가운데 1953년 동양선교회와 한국성결교회 사이에 중요한 재단문제가 대두되었다. 왜냐하면 1940년 말 동양선교회 선교사가 본국으로 철수한 이후 재단이 한국인으로 구성되었기 때문이다. 선교사들이 입국하면서 이 문제를 다시 정리해야만 했다. 양측이 이 문제를 협의한 결과 동양선교회의 양해각서를 받았다. 당시 『活泉』에 소개된 내용은 "금번 동양선교회 본부와 합의하에 서울신학교 재산이외에 모든 성결교회 소속재산은 성결교회유지재단으로 재편성하기로 되었으므로…"이었다.[107] 또한 1954년 1월 16일 재단 이양증서가 도착하여, 이사회를 소집하여 법적인 절차를 모두 마쳤다. 교회는 103처이고, 자산 총액은 37,463,750원이며, 재단 이사

---

105 『再興 第8回 總會議錄』(1953), 58. 『再興 第9回 總會議錄』(1954), 6-9.
106 『기독교대한성결교회 제8회 총회의사록』(1953), 47.
107 『活泉』(1953년 10월호), 61.

는 모두 한국인으로 구성되었다.[108]

동양선교회는 성결교회 유지재단과는 별도로 예수교동양선교회 유지재단을 1945년 5월 설립했다. 이 유지재단의 재단이사는 모두 선교사로 구성하였다. 당시 재산은 123,199,000원이었다. 이때부터 성결교회와 동양선교회는 별도의 재산을 갖고 운영하였다. 예수교동양선교회 설립목적은 전도교육, 구료, 기타 자선사업을 위하여 토지 및 건물과 설비품을 소유·관리하며 또한 필요한 자산을 공급하는 것이다.[109] 이제 예수교 동양선교회 유지재단의 이런 구조는 이전과는 달랐다. 이렇게 양측의 독자적인 재단법인 등기는 재산권에 대한 이해가 정리되었다는 것을 의미한다.

1960년대에 한국성결교회와 동양선교회 이사장 유진 어니의 만남이 있었다. 1960년 9월 총회 임원과 지방회장 연석회의에서 새로운 선교정책을 도모하기 위하여 5인 교섭위원회를 구성하였다. 교섭위원회에서는 청원서를 작성하여 동양선교회 이사장 어니 박사 일행이 내한하였을 때 전달했다. 어니 박사 일행은 10월 22일 중앙교회에서 서울 시내 교역자 50여 명과 모임을 갖고 선교정책 변화에 대한 의견을 청취하였다.[110] 그 내용은 다음과 같다.

---

108 "재단법인변경등기 공고," 『活泉』 (1954년 11월), 51.
109 기독교대한성결교회 역사편찬위원회, 『한국성결교회사』, 455.
110 『再興 第16回 總會議錄』(1961년), 106.

1. 주한선교부는 총회 산하에 들어와 제반에 걸쳐서 총회와 같이 일할 것.
   1) 주한 선교부의 임퇴는 한국 총회의 요구에 의하여 결정할 것.
   2) 주한 선교사 중 2년 안에 한국말을 능통하게 배울 것.
2. 주한 선교사로서 신학교 교육을 전담하지 아니한 타선교사는 총회의 요구에 응하여 각 지방을 분담하여 선교에 주력할 것.
3. 주한선교부 내에 설치된 세계구호위원회는 총회 인준을 받는 동시에 동 위원을 총회에서 위촉토록 할 것.
4. 주한선교부는 신학교에 대하여 이미 설정한 약정문을 준수할 것.87)

이 회합에서 유진 어니 박사는 위의 4가지 시정 청원안 중에 사회사업 문제만은 동양선교회 권한 내에 있는 사업이 아니며 세계구호위원회에서 엘마 킬보른 선교사에게 일임하여 이루어지고 있는 사업이기 때문에 그것은 동양선교회도 어떻게 할 수가 없다고 밝혔다. 이후 유진 박사는 1961년 1월 세계구호위원회에 관한 사항을 제외하고 대부분 수용하겠다는 서한을 보냈다.[111] 서한에는 동양선교회가 한국에서 사역할 때, 한국성결교회의 제도권에 들어가 협력하겠다는 뜻이 담겨있다. 이전의 모든 기득권을 포기하고 한

---

111 『再興 第16回 總會議錄』(1961년), 107-10.

국성결교회의 독자적인 리더십을 존중해 주겠다는 의미이기도 하다. 이상에서 기술한 것처럼 재산문제와 관련해서 동양선교회는 다른 선교 단체와 달랐다. 이는 장로교와 감리교 선교사들이 교파 교단에 속한 선교사였고 동양선교회 선교사는 초교파적인 선교 단체의 선교사였기 때문이다.

II. 6·25전쟁과 성결교회(1950-54년)

가. 6·25전쟁과 한국교회의 수난

1. 한국교회의 '공산주의' 인식

해방 이후 한국교회는 6·25전쟁을 계기로 한층 더 강력한 반공주의를 표명했다. 그런데는 해방 이후 북한교회 지도자와 교인들이 남한으로 대거 이동하면서 반공노선을 강화시킨 요인도 있었다.[112] 남한교회 목사들은 6·25전쟁이 발발하자 이 전쟁을 '사탄이 가면을 쓰고 20세기 현장에 나타난 것'이라고 묘사했다. 반면에 공산주의 치하의 북한교회는 전쟁의 승리를 위해서 궐기대회에 참가하였고 전승기도회를 열고 미군과 남한 정부를 '악마'로 규정했다.

112　강인철, 『한국기독교회와 국가·시민사회: 1945-1960』, 280.

6·25전쟁을 두고 남북한교회는 정반대의 인식을 나타냈다.

남한교회는 철저한 반공주의 노선에서 공산주의를 영적인 사탄 세력으로 규정하고 전쟁에서 승리해야만 했다. 남한교회가 이러한 생각을 가지게 된 배경에는 해방이후 남한교회가 친미반공주의로 무장이 되었던 것과 월남한 북한교회 지도자들이 경험한 공산주의의 박해가 결합한 요인이 있다. 북한 지역 개신교 신자들의 월남은 남한 기독교의 반공주의를 더 가속화시켰다.[113] 또한 북한으로부터 전해지는 기독교의 수난 소식은 남한교회 신자들로 하여금 공산주의와의 공존보다는 대결을 불가피하게 만들었다. 장로교 한경직 목사와 감리교 류형기 목사가 반공노선의 최전선에 서서 공산주의자들을 영적인 사탄 세력이라고 설교했다. 이러한 견해를 쉽게 수용했던 한국 개신교회들은 공산주의자들과는 사생결단으로 대적하여 이겨야했다. 그래서 한국교회는 전쟁에서 승리하기 위해서 다양한 방면으로 지원했다.

남한교회 목회자들은 이 전쟁은 공산주의자들이 벌인 것으로서 그들을 '사탄'으로 가르치고 '적그리스도'라고 설교했다. 한경직 목사는 공산주의와의 대결을 '붉은 신'과의 전쟁으로 표현했고, 류형기 감독도 이념대결로 표현했다.[114] 한경직 목사는 북한 공산주의

---

113 서정민, "한국 기독교의 반공 입장에 대한 역사적 이해," 『기독교사상』 355호. (1988. 7): 58-71.
114 강인철, "미군정기의 국가와 교회: 기독교를 중심으로," 206.

에 대한 사전 경험을 하고 월남한 개신교 대표적 인사였다. 한 목사는 1945년 9월 '기독교 사회민주당'을 주도하다가 1946년 공산집단과의 격렬한 충돌을 하면서 공산주의를 사전에 경험하였다. 그의 이러한 공산주의에 대한 경험은 월남으로 이어졌다. 월남한 이후 그가 정착하는 과정에서 미군정의 우대를 받기도 했다. 6·25전쟁을 계기로 한 목사는 반공노선의 최일선에 섰다. 그는 6·25전쟁 중에 "그리스도인과 반공"이란 제목의 글에서 한국교회 교인들이 공산주의와의 대결에서 승리해야 한다는 메시지를 전했다. 그는 신약성경[115]을 인용하여 공산주의를 "어두움의 영적인 세력"으로 규정했다. 즉 이 어두움의 세력은 다름 아닌 묵시록의 '붉은 용'인데, 이 '붉은 용'이 공산주의의 탈을 쓰고 나타났다는 것이다. 그의 글을 일부 인용하면 다음과 같다.[116]

> 묵시록을 보면 거기 큰 붉은 용이 있어서 그의 사자들과 같이 천사장 미가엘과 그의 사자들로 더불어 하늘에서 싸우다가 땅에 쫓겨 내려오고 또한 계속해서 땅위에서 성도들과 싸운다고 하는 이야기가 있습니다. 여기 붉은 용은 사탄을 의미합니다. 이 사탄은 시대를 따라서 여러 가지 탈을 쓰고 하나님 나라를 대적합니다. 이 20세기에는 공산

---

115 한경직 목사가 인용한 성경은 에베소서 6장 10절-12절이다.
116 한경직, "그리스도인과 반공," 10-15.

주의 탈을 쓰고 나타난 것만은 틀림없습니다. 그러므로 현대 신자들에게도 하나님의 전신갑주를 입고 믿음의 선한 싸움을 싸우라고 하는 권면은 매우 적절한 줄 생각합니다.

따라서 그의 설명에 의하면 6·25전쟁이란 곧 사탄과의 전쟁이다. 즉 공산주의란 '붉은 용'인 사탄이 20세기에 '탈'을 쓰고 나타난 것이다. 그리하여 기독교 신자들에게 공산주의와의 대결은 사탄과의 전쟁 곧 영적 전쟁이 되었다. 이런 인식에서 한경직 목사는 그리스도인들이 무신론-공산주의와 대결을 해야 할 이유를 설명했다.[117] 첫째, 공산주의와 타협하는 기독교는 진정한 기독교가 아니다. 둘째, 기독교와 공산주의는 근본적으로 공존할 수 없다. 그리스도인이 개인적 차원에서 공산주의를 용납한다면 그는 더 이상 그리스도인이 아니다. 셋째, 기독교와 공산주의 간에는 휴전이 있을 수 없다. 이 사상전에 있어서 공산주의가 있는 한 휴전은 있을 수 없다. 이러한 공산주의를 이기는 최선책은 무엇인가. 국가는 민주주의 정치체제를 구현해야 하고, 교회는 '붉은 용'의 탈을 쓴 공산주의와의 사상 대결에서 끝까지 싸워 이겨야 한다. 그러기에 교

---

117   Ibid., 12-13.

회는 이 시대에 특수한 사명을 가지고 있다.[118] 이런 인식은 개신교 지도자들로 하여금 현실 정치에 개입하게 만들었다. 더 나아가 개신교 지도자들은 자신들뿐만 아니라 개신교 신자들도 정치에 참여하기를 기대했다.[119]

1953년 휴전협정이 맺어지기 직전인 6월 15일에 기독교교회 연합회(NCC)가 부산 충무로 광장에서 개최한 신도대회에서 미국의 대통령에게 휴전반대 성명서를 보내며 "한국의 전 기독교인들이 마귀의 승리를 초래할 휴전을 반대하는 기치를 높이 들고 나섰다"고 말하며, 북한 공산주의에 대해서 "영구히 회개할 수 없는 마귀"로 표현하였다.[120] 성결교회 이명직 목사는 공산주의에 대해서 이렇게 언급했다.[121] "공산의 사상이라는 것은 일왈(一日) 종교를 무시한다. 그뿐 아니라 종교박멸에 운동을 도와주고, 무신론을 장려하여 인생의 전도를 암흑화시키고, 절망의 구렁텅이에 던지고 말았다."

전쟁 중에 놓인 한국교회에게 공산주의는 기독교를 방해하는 큰 위협이었고 종말론적 징조의 하나였다.[122] 남한교회는 공산주의를 기독교 신앙과는 근본적으로 다른 적대적인 관계로 이해했고,

---

118 Ibid., 13.
119 Ibid.,
120 김양선,『한국기독교 해방 10년사』(서울: 대한예수교장로회총회 종교교육부, 1956), 89.
121 이명직, "방공방첩"『活泉』(1940년 1월호), 2-5.
122 배덕만, "한국성결교회의 재림사상에 대한 역사적인 고찰,"『신덕교회창립 70주년 기념 성결

이 전쟁은 하나님과 사탄의 전쟁으로 이해했기 때문에 생명을 걸고 공산주의자들과 싸울 수 있었다. 휴전 이후에도 한반도에서 공산주의와는 공존할 수 없다는 주장을 강하게 역설하였다. 이 주장은 남한교회 전체로 확산되어서 전쟁에서 일어나는 폭력과 살인에 대한 죄책감에 대해서 정당성을 부여해 주었다.

2. 6·25전쟁과 한국교회 수난

일제의 35년간의 통치에서 해방을 맞고, 신사참배에 무너진 교회재건에 힘쓰고 있던 한국교회는 해방 5년 만에 또 한번의 위기를 맞게 되었다. 한국 전쟁은 제2차 세계대전(1939-1945년) 이후 최초의 분단 국가의 큰 전쟁이면서 자유민주주의의 이데올로기 대(對) 공산 사회주의의 이데올로기의 전쟁이었다는 점에 그 특징이 있다. 제2차 세계대전은 1945년에 끝났으나, 곧 바로 세계는 미국과 소련 두 강대국을 중심으로 냉전 시대가 시작되면서 20세기 중반의 세계는 두 개의 세계, 즉 두 개의 독일, 두 개의 유럽, 자본주의 국가와 공산주의 국가로 나뉘어졌다. 일제로부터 해방 되자마자 한국 역시 냉전의 기류 속에서 남과 북으로 분단되었다.[123]

1948년 8월 15일 '대한민국 정부'가 남한에서 수립되었다. UN

123　김홍수, 『한국 전쟁과 기복신앙 확산연구』(서울: 한국기독교 역사연구소, 1999), 19; 정상운, 『성결교회 역사총론』 379에서 재인용.

은 남한에 세워진 '대한민국정부'를 한반도에서의 유일한 합법정부로 승인하였고, 북한은 김일성이 소련과 군사협정을, 중공과는 '한중방위협정'을 맺고 남한을 침략할 준비를 하고 있었다. 1950년 6월 25일 주일 새벽 김일성이 15만 군대를 동원하여 38선 전역에서 남침을 강행하였고, 무방비 상태에 있던 남한은 중무장한 북한군의 기습을 받아 제대로 반격도 못한 채 6월 28일 단 3일 만에 서울을 한순간에 점령당했다.[124] 북한군이 5일 만에 한강을 넘었고, 7월 6일에 수원과 천안에 도착하였다. 20일에 대전, 23일에는 진주, 임실, 김제, 광주, 25일에는 영동, 8월 11일에는 포항, 부산, 대구까지 북한군이 진격하여[125] 낙동강을 중심으로 국군은 최후의 방어선을 구축하며 힘겹게 북한군의 진격을 방어하고 있었다. 그러나 UN이 한국파병을 결정하고, 미국의 트루먼 대통령은 미국의 한국 파병을 명령하였다. 드디어 9월 15일에 맥아더 장군의 지휘아래 인천상륙작전이 성공하여 9월 28일에 서울을 탈환하고, 10월에 38선을 넘어서 북쪽으로 진군하여 10월 15일에 평양과 원산을 걸쳐 11월 25일에는 압록강과 함흥 북단까지 진격하였다. 그러나 11월 26일 갑작스런 중공군의 개입으로 다시 전세가 반전되었다. 이 전쟁

---

124 이균성, 『성결교회 수난사』 (서울: 기독교대한성결교회 출판부, 1994), 162.
125 김양선, 『한국기독교 해방10년사』, 62.

은 1953년 7월 27일 휴전협정이 조인되기까지 일진일퇴를 거듭하는 전투 속에 수많은 사람들이 희생당하는 동족상잔이라는 민족적 아픔을 경험하였다.[126]

한국 전쟁 3년 동안 남북한 인구의 10%가 넘는 약 300만 명 이상이 사망했는데, 이는 베트남 전쟁 15년 동안 사망한 민간인 수와 비슷하다. 한국 전쟁 기간에 미군이 사용한 폭탄의 양은 300만 톤에 달했는데, 이는 2차 세계대전 6년의 기간에 사용한 폭탄의 43%에 달하고, 병사 1인당 폭탄사용 규모는 2차 세계대전의 8배에 이르렀다. 미국은 북한의 수풍댐을 제외한 발전소의 90%를 파괴했고, 북한 지역에서 눈에 보이는 모든 건물과 교량을 파괴했다.[127] 서울의 80%가 회복이 불가능할 정도로 파괴되었고, 전국의 43%의 산업시설이 파괴되었으며, 33%의 주택이 완전히 초토화되었다. 전쟁으로 발생한 이산가족은 천만명에 이르고, 수많은 고아와 미망인 피난민과 굶주림에 지친 참담함은 상상을 초월한다.[128]

한국 전쟁의 피해는 단순히 인명피해와 재산의 손실과 같은 물질적인 피해만은 아니었다. 전쟁 중에 혹은 전쟁 이후에 이어졌던 전염병의 창궐은 사람들을 더 깊은 절망으로 이끌었다. 전쟁으로

126　박보경, "1950년 한국 전쟁 당시 한국교회의 역할", 『선교와신학』 26권 26호 (2010), 110.
127　김동춘, 『역사비평 - 한국 전쟁 60년, 한반도와 세계』 (서울: 역사비평사, 2010), 163.
128　박용규, 『한국기독교회사 2』 (서울: 생명의 말씀사, 2004), 856-57.

인한 피해는 한국교회에도 심각한 영향을 미쳤으며 많은 건물들이 폭격으로 파괴되었고, 기독교인이라는 이유 때문에 많은 사람들이 죽임을 당했다. 한국 전쟁 중에 생명을 잃거나 실종된 인구는 100-150만 내외로 추정되고, 15-34세의 청장년층의 손실이 가장 컸다.[129]

6·25 전쟁의 피해는 한국교회에도 큰 타격이었다. 또 6·25 전쟁으로 한국교회가 받은 피해는 매우 컸다. 장로교회, 감리교회, 성결교회 그리고 구세군 교회 중에 완전히 불 타 없어진 교회가 267교회, 무너진 교회가 705교회였다. 이 밖에도 여러 교파의 불타 없어진 교회와 무너진 교회수를 합치면 2,122교회나 된다. 사상자가 200만, 행방불명자가 20만이나 되는 엄청난 국난 속에 순교당한 자도 535명에 이르게 되었다.[130]

커르와 앤더슨(Edith A. kerr and George Anderson)은 전쟁이 시작된 6개월 동안 1,373개의 교회가 완전히 파괴되었고, 666개의 교회가 파손되었다고 말한다. 이 밖에도 여러 기독교 기관과 학교가 파괴되고 손상을 입었다. 대한성서공회와 기독교서회가 불타 버려서 보관 중이던 귀한 자료들이 소실되었고, YMCA와 세브란스 병원이

---

129 정상운, 『성결교회 역사총론』, 381.
130 최훈, 『참된 삶』 (서울: 성광문화사, 1979), 249.

파괴되었다.[131] 6·25당시 서울을 점령한 공산당은 기독교인을 탄압하기 시작하였고, 기독교인이라는 이유 때문에 공산당에게 죽임을 당하는 경우가 많았다.[132] 한국 전쟁으로 인한 교회의 파괴 현황은 다음과 같다.

〈표 11〉 한국 전쟁으로 인한 교회의 파괴현황 (교회 수)

구분	장로교	감리교	성결교	구세군	합계
완전 소실	152	84	27	4	267
파괴	467	155	79	4	705
합계	619	239	106	8	972

또한 성결교회도 막대한 피해를 입게 되었다. 106개의 성결교회 건물이 전쟁으로 완전히 소실되거나 파괴되었다. 게다가 집단 순교자들이 있었다. 병촌교회 66명, 진리교회 48명, 두암교회 23명 등이 집단으로 순교하였고, 전체 순교자의 수는 신원을 알 수 없는 행방불명자를 포함하여 160명이 넘었다.[133]

3. 한국교회의 전쟁지원 활동

1950년 6월 27일 6·25전쟁이 발발 직후 한경직 목사의 주도하

---

131 박보경, "1950년 한국 전쟁 당시 한국교회의 역할", 112.
132 허명섭, 『해방 이후 한국 교회의 재형성: 1945-1960』 (서울: 서울신학대학교 출판부, 2009), 273.
133 허명섭, "해방과 한국 전쟁 그리고 성결교회", 『活泉』 642 (2007): 28.

에 각 교파의 지도자들이 모여 '대한 기독교 구제회'를 만들었다. 전쟁의 피난민들을 구호하고 공산당과 싸우는 우리 국군을 돕기 위해 남한교회가 매우 발빠르게 움직인 것이다. 그러나 1950년 6월 28일 서울을 점령당했기 때문에 '대한 기독교 구제회'는 제대로 활동하지 못하고 와해되어 버렸다.[134] 전세는 급속도로 악화되어 대구와 부산으로 국군이 후퇴하게 되고 경상남북도 일부를 제외하고 국토의 대부분이 공산치하에 들어갔다. 그 후에 7월 3일 대전에 있는 대전제일교회에서 한경직, 황금찬, 김창근 목사 등이 주축이 되어 '대한 기독교 구국회'가 조직되어 남한교회가 본격적으로 전쟁 지원 활동을 하게 된다. 이때 이승만 대통령은 전국교회에 금식기도를 호소하였다. '대한 기독교 구국회'는 전국에 30여개의 지회를 설치하고 국방부와 긴밀하게 협력하며 전쟁을 지원하였다. 구국회 회장은 장로교의 한경직 목사, 부회장은 성결교의 김창근 목사, 감리교의 황치헌 목사, 구세군의 황종률 사관이었다. 이 구국회는 대구·부산을 비롯한 전국의 13개 도시에 지회를 설치하고 정부와 협력하여 전쟁 중 선무·구호·방송 활동을 전개하였다.[135] 대표적인 서울 사수론자였던 한경직 목사가 교인들의 강권으로 임시정부

134　이승준, "한경직 목사와 한국 전쟁", 『한국기독교와 역사』 제13호 (2001), 10.
135　『기독신문』 2007년 6월 24일자.

가 있는 대전으로 피난하여 그 곳에서 기독교인은 공산당과 절대로 타협을 하지 말고 순교할 각오를 가지라는 내용의 방송을 하였다.[136] 당시 대전에는 미 24 보병사단장 윌리엄 딘 소장이 대전 사수를 위해서 현재 대전광역시 서구 탄방동에 위치한 대전비행장에 지휘소를 설치했고 한국 정부도 대전에 내려와 있었다. 그리하여 구국회 임원들은 대전에 와 있는 군 관계자들과 협력을 하였다. 그 후 구국회는 정부와 군의 이동 경로를 따라서 7월 17일에는 대구로, 9월 이후로는 부산으로 이동하면서 선무·구호·방송 활동을 전개하였다. 유엔군이 수도 서울을 탈환하고 38선 돌파를 시도하자 선무공작대원 약 1,000명을 훈련시켜 국군 점령지역에 파송했다.[137] 더 나아가 이 구국회는 3천 명의 지원병을 모집하여 군부대에 배치시키는 일을 자원하였다.[138] 이들은 주로 민심을 안정시키는 일과 구호, 통신 등의 일을 지원하며 활동하였는데 가장 중요한 일은 교회의 청년들을 모집하여 의용군으로 모집하는 일이었다. 특별히 대구에서 3,000명의 의용군을 모집하여 전쟁에 참전시켰다. 또한 국군과 유엔군이 서울을 수복한 후에 계속 북진하며 올라가

---

136 장병욱, 『6·25 공산남침과 교회』 (서울: 한국교육공사, 1984), 193.
137 李永獻, 『韓國基督敎史』, 275.
138 『기독신문』 2007년 6월 24일자.

자 공작대원 1,000명을 파송하여 국군과 함께 싸우기도 하였다.[139]

1950년 9월 28일 국군과 유엔군이 서울을 수복하고, 10월 19일에 평양을 점령했다. 10월 25일 평양에서는 남한의 고위관리들과 군 지휘관들 다수의 주민들이 참석한 가운데 평양 탈환을 축하하는 대규모 집회가 열렸다. 이날 장로교의 교역자 이인식, 윤하영, 한경직, 김양선, 고한규, 이대영 목사 그리고 아담스(Edward A. Adams), 보켈(Harold Voelkel)등 장로교 선교사 다섯 사람이 북한교회를 재건하기 위해 평양에 도착했다. 이들은 평양주민들의 민심을 다독이는 일과 선교활동을 활발히 시작하였다. 그 후 10월 29일에는 평양시내 교회가 일제히 문을 열고 예배를 드렸고, 오후 2시에 약 3,000명의 신도가 서문밖교회에 모여 예배를 드렸고, 이 예배에서 한경직 목사는 이사야 60장 1절 "일어나 빛을 발하라 이는 네 빛이 이르렀고"를 본문으로 삼아 설교했고 찬송가 "내 주는 강한 성이요"를 불렀다. 수천 명의 주민들이 성경을 들고 부흥회와 기도회로 몰려들었다. 이 집회가 한 달 가까이 계속되고 있을 때 중공군이 남하하기 시작했다.[140]

중공군의 전쟁 개입으로 전세가 완전히 뒤바뀌게 되었다. 유엔

139　김인수, 『한국 기독교회의 역사 2』 (서울: 쿰란, 2012), 607.
140　김흥수, "한국 전쟁과 기독교, 1950-1953", 32-33.

군과 국군은 12월 4일 평양, 12월 24일 흥남에서 철수했고, 12월 말에는 삼십팔도선 북쪽을 중공군에게 내주고 말았다. 북쪽 끝까지 진격했던 국군의 후퇴는 북한 주민들에게 큰 실망을 줄 수밖에 없었다. 북한에서 신앙을 지키려던 기독교인들이 공산당의 참상을 보았기에 더 이상 공산당의 지배를 받기를 원하지 않았다. 북한의 주민들과 기독교인들이 모두가 피난 대열에 동참하여 남쪽으로 내려오게 되었다. 중공군의 계속적인 남하로 1951년 1월 4일 서울을 다시 점령당하고, 모두 남쪽으로 피난하며 대구, 부산, 제주도 등 남쪽 지역으로 모여들었다. 부산은 인구 40만의 도시에서 120만의 도시로 약 3배의 인구가 갑자기 증가하게 되고, 교회의 지도자들도 대부분 부산에 모이게 되었다. 중공군 개입으로 1·4후퇴가 시작되면서 한국교회는 부산에서 다시 활동하기 시작했다. 부산에서 NCCK를 중심으로 '기독교연합전시비상대책위원회'를 결성하고 회장에 한경직 목사를 추대하면서 전시에도 구호사업에 매진하였다.[141] 전쟁 기간 중 가장 절박한 상황에서 이승만 대통령이 1951년 2월 7일 군종제도를 최종적으로 승인하면서 종군목사를 파송하는 교단이 그들의 생활비를 지원한다는 조건으로 군종제도를 승인하였다. 군종제도를 설립해 달라는 요청은 이전부터 있었고 이승

---

141   이경숙 외 5인, 『기독교와 세계』 (서울: 이화여자대학교출판부, 2007), 197.

만 대통령도 설립을 원했다. 1950년 9월 18일 쇼 선교사와 캐롤 선교사의 협력으로 '군종제도추진위원회'가 발족되었다. 당시 위원회를 발족하기 위해 개신교(장로교, 감리교, 성결교, 구세군)와 천주교 대표가 참여하였다. 대표위원으로 한경직 목사, 류형기 목사, 정노사 3인이 선출되었다. 추진위원회는 다음 날 국방장관, 국무총리를 경유하여 대통령을 예방했다.[142] 이들은 이 대통령을 만나 군종제도 설립을 요청하였다. 이에 이승만은 예산상의 문제와 타종단의 승인 요청을 염려하면서 유보적 자세를 보였다. 이승만은 추진위원회에게 군종의 경비 문제를 교단에서 검토해 줄 것을 요청했다. 그런데 군종제도 설립이 여러 요인으로 미뤄지다가 6·25전쟁 중 가장 절박한 상황에서 이승만 대통령은 군종제도 설립을 명령했다. 군종제도 설립 직전에 이승만은 극동사령부에서 맥아더 사령관과 미군종감 소장 로이 파커 군종목사(Chief of Army Chaplains Roy H. Parker), 군종신부 제임스 머피(James B. Murphy)가 참석한 비공식회의를 가졌다. 이 회의에서 한국군종제도 설립에 대한 의견이 오갔다. 이 자리에서 이승만은 한국 군종제도 설립에 대한 조건적 동의

---

142 고은용, "군종의 날을 맞이하여," 62; 고은용은 자신의 글에서 추진위원회의 3인이 한경직, 류형기, 정노사로 언급했다. 그런데 정노사가 누구인지 정확하게 신분을 밝히지 않았다. 다른 기록에 보면 그 3인이 한경직, 류형기, 캐롤이다. 따라서 정노사가 캐롤 신부를 의미하는지 아니면 제 4의 인물인지 추가적인 연구가 필요해 보인다. 정노사가 캐롤 신부라면 대표위원은 3인이다.

를 했다.[143] 그 결과 성결교단에서 군종 1기로 김홍순, 이성수, 최익수, 최학철 4명의 목사가 무보수 촉탁 신분으로 군에 들어갔다.

<표 12> 군종 1기 종파 및 교파별 명단

기수	종단/교파	명 단	인원
1	장로교	김형도 박치순 황득환 문기성 황금천 손두환 심응섭 김광명 송원록 손치호 손순열 이상일 최 철 박한진	14
	감리교	박대선 전종옥 김성렬 명관조 조찬선 유창동 윤창덕 한세홍 최천선 김윤수	10
	성결교	김홍순 이성수 최익수 최학철	4
	천주교	김덕명 김윤상 최익철 김이환 이계중 김후성 박성춘 임세빈 조인원 구전회 이상호	11

한국교회는 기독교세계봉사회, 국제선교협의회 등 해외 기관의 협력을 통해서 원조금품을 모아 전쟁 중 어려운 국민을 도왔다. 또한 한국교회는 전쟁 중에 고아원, 병원, 요양원, 전쟁미망인직업보도소를 설립하여 운영하였다. 1955년 당시 기독교 계통의 사회사업 기관수는 560개의 고아원을 비롯하여 700여 개에 이르렀다.[144] 한편 1951년 1월 9일 부산중앙교회에서 '기독교연합전비상대책위원회'가 조직되어 회장에는 한경직 목사, 부회장에 류형기(감리교),

---

143 The Chaplain 8, 2 (March-April 1951)를 참고.
144 이경숙 외 5인, 『기독교와 세계』, 197; 전쟁 중 구호 활동에 대한 연구 자료는 김홍수, 『한국 전쟁과 기복신앙 확산연구』 (서울: 한국기독교역사연구소, 1999)를 참조하라.

김창근(성결교), 황종률(구세군), 총무에 김양선(장로교)이 선임되었다. 이 위원회는 미국교회에 한국의 상황을 설명하고 적극적인 지원을 요청하기 위해 장로교의 한경직과 유형기를 미국에 파견한다.[145] 그리고 남한교회의 전쟁지원 활동은 휴전이 임박한 무렵까지 계속되었다. 1953년 6월 24일 서울 기독교인들은 탑골공원에서 7,000명이 참석한 가운데 북진통일 기원대회를 개최하였다. 부산에서는 6월 15일 10,000명이 참석한 가운데 전국기독교신도 구국대회가 열렸다. 인천과 청주, 광주에서도 열린 이 집회들에서는 교회의 휴전반대 입장을 세계 교회들과 미국대통령 등에게 알리는 성명서를 발표하였다.[146]

특히 전쟁 기간 중에 성결교단에서 김창근 목사, 김유연 목사가 큰 역할을 감당했다. 김유연 목사는 공산군이 서울로 다가오자 6월 27일 종로 기독교서회 2층 NCCK 사무실에서 장로교 한경직 목사, 감리교 김유순 감독 등과 모여서 토론을 전개했다. 서울이 공산군에게 함락될 위기에 처하자 서울을 떠날 것인가 아니면 남을 것인가를 두고 고민하였다. 즉 피난문제를 두고 '도강파'와 '잔류파'로 나뉘어 양 진영 간 논쟁을 거친 후 김유순 감독은 선한 목자는

---

145 김홍수, "한국 전쟁과 기독교, 1950-1953", 35.
146 김양선, 『한국기독교 해방 10년사』, 89; 김홍수, "한국 전쟁과 기독교, 1950-1953", 35에서 재인용.

양들을 위하여 목숨을 버린다는 '선한 목자론'에 근거하여 서울에 남기로 결의하였다.[147] 그렇지만 이는 구속력이 없는 결의 사항으로서 대다수 잔류파도 피난길에 합류하였다.[148] 6·25사변이 발발하자 많은 교역자들은 남으로 피난을 떠났지만 김유연 목사는 학교를 지키려고 남아 있다가 1950년 8월 23일 납북되고 말았다.[149] 1950년 6·25동란으로 북한 공산군이 서울신학교를 강점하고 '민립대학'이란 간판을 신학교에 달았다. 이때에 피난하지 않았던 이건 교장과 최석모, 김유연, 박현명 목사 등이 북한군에 의해 납치당하였다. 김창근 목사와 1950년 7월 3일 서울을 탈출한 목회자들과 북한군에 점령당하지 않은 지역의 목회자들이 대전제일장로교회에 모였다. 이들은 서울에서 실현하지 못했던 구국의 사업, 즉 장병들을 위한 사업을 하기 위해서 대한기독교구국회를 결성했다.[150] 회장은 장로교의 한경직 목사, 부회장은 성결교의 김창근 목사, 감리교의 황치헌 목사, 구세군의 황종률 사관이었다. 이 구국회는 대구·부산을 비롯한 전국의 13개 도시에 지회를 설치하고 정부와 협력하여 전쟁 중 선무·구호·방송 활동을 전개하였다.[151]

---

147 정동제일교회 역사편찬위원회, 『정동제일교회 125년사』 (서울: 정동삼문출판사, 2011), 453.
148 강원용, 『빈들에서: 나의 삶, 한국현대사의 소용돌이』 (서울: 열린문화, 1993), 295-96.
149 이균성, 『성결교회 수난사』, 122.
150 李永獻, 『韓國基督教史』 (서울: 컨콜디아사, 1988), 275.
151 『기독신문』 2007년 6월 24일자.

나. 성결교 지도자들의 납북

6·25를 전후한 한국의 상황은 매우 혼미하였다. 기독교인들은 공산주의를 반대하였지만 일부에서 기독교 신앙과 공산주의가 융합될 수 있다고 생각하기도 하였다. 공산주의의 실상을 제대로 파악하지 못했던 것이다. 이미 이북에서 공산주의를 경험하고 남하한 교역자들은 6·25가 시작되고 즉각 서울을 떠났지만 그렇지 않은 사람들은 교회를 지켜야 한다는 생각에, 혹은 공산주의도 종교의 자유를 준다는 말을 믿고 남아있기도 하였다. 앞서 언급한 당시 납북된 성결교회 지도자들은 서울을 떠나지 않고 있다가 납북된 것이다.[152]

성결교회는 납북자들이 교단에서 차지했던 비중을 고려할 때, 그 피해가 다른 교단에 비해서 상대적으로 가장 컸다. 공산당은 기독교연맹의 조직을 이용하여 교역자 신상을 파악하였다. 앞서 언급한 대로 1950년 8월 23일 "기독교연맹 후원으로 신학교를 복구해 준다"고 거짓으로 신학교의 교역자들을 모이게 했고, 공산당의 속임수에 속아 교수들이 학교로 돌아 왔을 때 총회장 박현명 목사, 서울신학교장 이 건 목사, 신학교 교수인 김유연, 아현교회 최석모 목사가 체포되어 강

---

152   장병욱, 『6·25 공산남침과 교회』, 190-93.

제 납북되었다.[153] 납북되었던 박현명, 이건, 김유연 목사 등은 1951년 5월 초순 대동군 대성리 근방에 수용되었다가 북한에 남아 지하신앙운동을 일으키던 김인준, 박상철 목사와 연결되어 수용소 안에서 신앙운동을 일으키다가 발각되어 주모급 죄명을 쓰고 정치보위부에 연행되어 간 후 생사를 알 길이 없다.[154] 이들은 해방 후 성결교회의 재흥을 주도해 왔던 핵심 지도자들이다. 이와 관련하여 김창근 목사는 제 6회 총회(1951)개회 선언문에서 이렇게 그 피해의 실상을 토로하였다.

> 만고 미증유의 국난을 당하여 국토는 초토화되고 민중은 도탄에 빠졌으며 교회도 큰 시련에 봉착하였도다. 우리 교단도 인적 물적으로 받은 손실이 실로 막대하니 중진들은 행방불명이 되고 다수의 신도들은 피살되었으며 성전은 파괴되고 양들은 분산되어 환란의 참상을 이루었도다[155]

이들은 해방이후 성결교회의 재건을 이끌어 왔던 주요 핵심지도자들 이었는데 이들의 납북으로 인해 성결교회는 지도력의 공백

---

153 정상운, 『성결교회 역사총론』, 387.
154 "죽음의 歲月", 『동아일보』 1962년 4월 30일자; 정상운, 『성결교회 역사총론』, 387.
155 허명섭, "해방과 한국 전쟁 그리고 성결교회", 『活泉』 vol.642, no.5 (2007): 29.

상태를 맞아 큰 시련을 겪었고, 신사참배 이후에 자숙의 시간을 갖고자 교단 일선에서 뒤로 물러나 있던 이명직 목사가 다시 전면으로 등장하게 되었다. 전쟁이 나자 이명직 목사는 일찍이 피난길에 떠났으며 6·25이후에 그를 중심으로 다시 성결교회의 복구 운동이 일어나게 되고, 성결교회 지도자들의 대거 납북으로 인해 지도에 공백이 생긴 1951년 부산에서 열린 1차 피난총회에서 이명직 목사는 다시 총회장으로 당선되어 일선에 복귀하였다. 6·25전쟁 후 납북된 교단 지도층의 명단은 다음 표와 같다.[156]

〈표 13〉 교단지도층 납북자 명단

성명	교회	납북일시	납북장소	
최석모 목사	아현교회	1950. 8. 10		서울신학교수
이 건 목사		1950. 8. 10	서울	
박현명 목사		1950. 8. 10		
김유연 목사	무교동교회	1950. 8. 10		
박형규 목사		1950. 8. 5		서울신학교재단총무
유세근 목사		1950. 8. 10		
김택민 장로		1950. 9. 15		

---

156 이균성, 『성결교회 수난사』, 393-401.
　　　납치당한 개신교 교역자는 장로교 177명, 감리교 44명, 성결교 11명, 성공회 6명 등이었다. 민경배, 『한국기독교회사』(서울: 연세대학교 출판부, 1993). 가톨릭에서는 남북한을 합쳐 한국인 52명(교구장 1, 신부 40, 수녀 7, 신학생 4)의 희생자가 있었고 외국인 98명을 포함하면 150명이 희생되었다. 『한국가톨릭대사전』, 한국가톨릭대사전편찬위원회, 1992), 911.

다. 공산당에 의한 순교

성결교회는 한국 전쟁으로 인해 막대한 타격을 입었다. 27개 교회가 완전히 불에 타 버렸으며, 79개 교회가 파손되었다. 그리고 순교한 교직자가 20여 명, 행방불명된 교직자가 20여 명에 이르는 큰 손실을 입었다. 또한 수많은 신자들이 순교를 당했는데, 그 대표적인 경우가 문준경 전도사(증동리), 임광호(하리)의 순교를 비롯해 병촌교회, 진리교회, 두암교회 사건이다. 병촌교회에서 66명의 신자가 한 구덩이에 생매장되었으며, 임자도 진리교회에서는 교인 48명이 몰살당하고, 두암교회에서 23명이 집단학살을 당했다.[157] 현재까지 확인된 통계에 의하면 6·25기간 중 27개의 교회가 완전 파괴, 79개의 교회가 반파, 순교자는 154-160명으로 파악된다.[158]

라. 부산 피난총회와 신학교

1. 부산 피난총회

UN군의 개입으로 서울을 탈환하고 북쪽으로 진격하여 통일을

---

157 서울신학교대학교 성결교회신학연구위원회, 『성결교회 신학』 (서울: 기독교대한성결교회 출판부, 2007), 110.
158 정상운, 『성결교회 역사총론』, 393.

눈앞에 두고 있는 상황에서 1951년 1월 4일 중공군의 개입으로 다시 후퇴가 시작되었다. 북쪽 끝까지 진격해서 통일을 눈앞에 두고 있는 상황에서 국군의 후퇴는 모두에게 큰 실망감을 주었다. 북한 땅에서 신앙을 지키며 공산당과 싸우려 하던 목회자들과 기독교인들이 공산주의의 폭정에 실망하고 월남하였고, 모두가 피난대열에 끼여 남쪽으로 내려왔다. 이런 때에 성결교회의 모든 교역자들과 성도들이 부산과 거제도, 제주도에 집결하게 되었다. 북한 사람, 남한 사람 모두가 경상남도 일부지역에 피난하여 모이게 되었고, 남쪽으로 후퇴한 기독교인들은 각 교회에 수용되기도 하고 셋집을 얻기도 하였으나 모든 피난 성도들에게 구호가 긴급히 필요하였다.[159]

이런 전쟁의 상황에서 성결교회는 1951년부터 1953년까지 3년에 걸쳐 3년간의 피난총회 시대를 맞이하게 된다. 총회본부를 부산 영주동에 임시로 정해 교단 사무행정 및 구호사무를 담당하게 하였고, 총회 임원을 선출하여 박현명 총회장들 교단지도자들의 납북으로 인한 공백을 메꾸었다. 다음은 도표는 3차에 걸친 피난총회의 주요 일지(일시, 장소)이다.

---

159 Ibid., 164.

<표 15> 피난총회 주요일지

구 분	일 시	장 소	총회장	부총회장	총 무
1차 피난총회 (제6회 총회)	1951. 5.	부산 수정동교회	이명직	김창근	안창기
2차 피난총회 (제7회 총회)	1952. 4.19-23	대구 봉산교회	이명직	김창근	안창기
3차 피난총회 (제8회 총회)	1953. 4.22-26	부산 수정도교회	김창근	김송수	천순봉

앞서 말한 것과 같이 박현명 총회장의 납북으로 인해 그동안 자숙하며 뒤로 물러나 있던 이명직 목사가 다시 교단 일선으로 등장하여 총회장에 오르며 2년간 교단을 이끌어 갔다.[160] 이명직 목사를 중심으로 다시 복구운동이 일어나게 시작한 것이다. 이때 중요한 일을 한 사람이 부총회장에 선임된 김창근 목사였다. 그는 제1회 재흥총회부터 총회 서기 2회, 부총회장 5회, 그리고 이명직 목사에 이어 총회장 2회(8,9회)를 역임한 인물이다. 그는 해방 후에는 박현명 목사를 도와 교단 재건에 힘썼고, 한국 전쟁부터는 이명직 목사를 도와 교단복구에 진력하였다.[161]

1951년 5월 부산 수정동교회에서 열린 1차 피난총회에서는 전쟁으로 겪은 여러 문제의 해결을 위하여 다음과 같이 세 가지를 결의를 하였다.[162] ① 피난교회 수습문제와 복음전열의 정비, ② 피난교역자 구호대책, ③ 피난신학교 개교문제이다. 그리고 이 결의들을 실행하기 위해

---

160 정상운, 『성결교회 역사총론』, 389.
161 서울신학대학교 성결교회역사연구소, 『한국성결교회 100년사』, 444.
162 이균성, 『성결교회 수난사』, 164.

'전시비상대책위원회'를 조직하고, 이명직 목사가 위원장을 맡았다. 피난총회기간동안 성결교회는 전쟁으로 파손된 교회복구와 교회개척에 온 힘을 쏟았다. 이명직 목사는 제7회 총회(1952)에서 "1952년 총회는 특별히 부흥총회로 하자."라고 호소했다.[163] 1953년부터는 교회설립 운동을 대대적으로 전개했다. 이를 위해서 동양선교회의 전적인 지원 하에 십자군전도대가 조직되었다. 그들의 활동으로 전도집회에서 수많은 결신자를 얻었다. 그 결과 3차 피난총회에서 '기독교대한성결교회 제8회 총회의사록'을 보면 신개척 교회수를 빼더라도 264교회에 달하는 양적성장을 보이고 있다.[164] 제8회 총회의사록 교세 보고서의 표에서 보는 바와 같다.

〈표 16〉 제8회 총회의사록 교세 보고서 (1953년 제3차 피난총회)

	서울	중부	강원	충북	충남	전북	전남	경북	경남	합계
교회수	21	43	11	39	32	21	29	41	41	264
목사 (전도사)	13(11)	11(31)	6(4)	7(26)	16(24)	9(5)	7(16)	24(37)	24(37)	101(179)
교인총수	1583	6015	1009	3638	3229	2723	2414	1834	4653	27,098

---

163 『제7회 총회회의록』(1953), 3-4.
164 정상운, 『성결교회 역사총론』, 389.

2. 피난신학교

1차 피난총회에서의 결의대로 성결교회는 피난신학교의 개교를 서둘렀다. 총회에서 결의 한 달 만인 1951년 6월 14일에 부산 '온천동교회'에서 개교하였다. 강의실 문제로 신과는 부산에서 수업을 하였고, 여자부 별과는 7월 1일 마산에서 개교하였다. 피난중인 상황에 아무런 시설도 없이 150명의 학생이 모였고 강의실, 기숙사, 식당, 예배당, 연구실이 모두 공동으로 사용되었다.[165] 1952년 동양선교회의 도움으로 금정산 밑에 임시교실 2동을 세우고 마산에 있던 별과와 함께 공부하였다. 학생들은 전쟁 중에 사선을 넘은 사람들로서 사명감을 갖은 사람들이었다. 철야기도, 새벽기도로 금정산을 진동시켰으며 월요 기도회, 수요 기도회에도 불길이 일어났으며 학생전도대가 휴가를 이용하여 각 교회에 파송되어 복구사업에 협력하기도 하였다.[166]

당시 피난신학교는 경제적인 문제는 물론이고, 교수진의 납북으로 인해 공백을 매워줄 교수들이 필요했다. 서울신학교 교장이었던 이건 목사가 공산당에 의해 납북되었기 때문에 이명직 목사가 교장으로 취임하여 교역자들을 양성하는데 앞장섰고, 교수진을 재편하

---

165 이균성, 『성결교회 수난사』, 165.
166 오영필, "교단 70년사를 돌아보며", 『活泉』 379 (1977), 32.

여 학생들을 가르쳤다. 이때 신학교 교수진들은 이명직 교장, 황성택, 김응조, 문이호, 이천영 교수였고, 1952년에는 교수진을 더 강화하여 김창근, 장창덕, 황경찬, 오영필, 메릿 헤인쓰, 에드윈 킬보른, 총무과장 한영환 교수 등이 있었다. 1953년에 학생 수는 200명이었는데 이중 90명이 장학생이었다.[167] 학생 수는 이렇게 늘어만 갔지만 전쟁 중에 경제적인 문제 때문에 신학교 운영이 큰 어려움이었다. 동양선교회의 경제적인 지원이 없었다면 피난신학교는 운영할 수 없었을 것이다. 1952년 2차 피난총회의 결산을 보면 수입액 4,082,000환 중에 3,000,000환을 동양선교회로 부터 경제적 보조를 받아 운영하였다.[168] 동양선교회는 총회 보조는 물론, 신학교, 십자군전도대, 사회사업 그리고 군목을 비롯한 각 기관에 대한 지원을 아끼지 않았다. 그 결과 한국 전쟁으로 낙심하고 쇠약해졌던 성결교회는 다시 재건과 부흥의 기치를 내걸 수 있었다.[169]

마. 총회산하 각 기관 활동

전쟁으로 인해 많은 이들이 아파하고 있었지만 성결교회는 사

167　이균성, 『성결교회 수난사』, 166.
168　정상운, 『성결교회 역사총론』, 391.
169　허명섭, "해방과 한국 전쟁 그리고 성결교회": 29.

람들에게 복음을 전하기 위하여 총회 산하의 여러 기관을 만들어 전도하기 시작하였다. 성결교회의 시작은 전도였다. 마찬가지로 성결교회의 재건 역시 전도하지 않고는 불가능한 것이었다. 전쟁으로 폐허가 된 성결교회의 재건운동은 성결교회 초창기 때와 같이 부흥회와 노방전도 교회개척과 같은 공격적인 전도활동을 통하여 이루어졌고, 성결교회의 전도를 통하여 전쟁의 폐허 속에 힘들어 하는 우리 민족은 복음 안에서 힘과 용기를 얻게 되었다.

1. 복음전도대

재흥총회에서는 무너진 교회의 재건을 위하여 전국교회에 복음전도대를 만들어 전도에 매진하겠다는 결의가 채택되었다. 복음전도대는 폐쇄된 교회의 재건과 신 개척 및 미약한 교회를 돕기 위하여 조직되었다. 복음 전도대는 1947년 봄 이성봉 목사를 대장으로 조직되었으며, 노방전도와 축호전도를 중심으로 활동하였다. 또한 복음전도대는 회비로 운영되었는데 보통교회에서는 매월 일원 이상, 특별교회는 오백 원 이상, 주교생 회비는 매월 십전 이상이라는 기준을 가지고 회원을 모집하였다.[170] 1947년 10월에 열린 제 2회 총회회의록에 의하면 이들의 활동결과 전국 75개의 교회를 순회하며 1,205명의 영혼을 전도하는 성과를 내

---

170 기독교대한성결교회 증경총회장단 편, 『기독교대한성결교회 의정사 1945-1993』(서울: 도서출판 일정사, 1994), 80-81.

었다.[171] 복음전도대는 핵심적인 역할을 하였던 부대장 최창도 목사가 교회로 임지를 이동하면서 1948년 11월을 끝으로 한때 활동이 정지되기도 하였지만 1951년 제 6차 총회에서 재편성되어 다시 활동하게 된다. 킬보른은 1952년에 복음전도대의 활동에 대하여 다음과 같이 말하고 있다.

> 이들은 교회개척을 돕고 교회를 방문하기 위하여 조직되었다. 이러한 복음전도대의 노력은 전쟁 중에 많은 사람들에게 큰 희망을 주었고 복음을 전해주는 계기가 되었다.[172]

복음전도대의 활동은 전쟁으로 인해 가족을 잃고, 상처받은 많은 사람들에게 큰 희망을 주었고 그들에게 복음을 전하는 계기가 되었다.

2. 십자군전도대

십자군 전도대는 한국 전쟁으로 인해 많은 성결교회들이 무너지고 파손된 1953년 4월 제 8차 총회(3차 피난총회)에서 '십자군 전

---

171 『기독교대한성결교회 제 2회 총회의사록" (1947), 11.
172 기독교대한성결교회 증경총회장단 편, 『기독교대한성결교회 의정사 1945-1993』 95.

도대'라는 공식적인 명칭으로 활동하게 되었다. 전국적으로 집회와 가가호호 방문, 전도지 배포, 천막을 치고 전도집회를 열었으며, 노방전도, 시장전도, 교회 신설에 매진하였다. 이들은 전쟁에 시달린 국민을 위로하였고 심령을 부흥시키며 폐쇄된 교회를 재건 및 개척하기 위하여 제1대와 제2대는 강원도로, 제3대는 충주와 제천 지방으로, 제4대는 호남지방과 충남지역으로 파송되어 직접 전도를 하였다.[173]

십자군 전도대는 6개의 부대로 편성되었는데, 그중 2개의 부대는 기존에 있던 파괴된 교회를 복구하는데 역점을 두었다. 나머지 4개의 부대는 불신자를 전도하여 교회를 신개척 하는 일에 집중하였는데, 특별히 성결교회가 없는 지역에 교회를 세우기로 하였다.[174]

하지만 이유는 알 수 없지만 동양선교회의 방침으로 십자군 전도대의 규모는 점점 축소되게 된다. 1953년 창립할 당시에는 6개의 부대가 운영되었지만, 1955년에는 4개의 부대로, 1956년에는 2개의 부대로 운영되다가 그해 9월에 해산되었다.[175] 1954년 제 9회

---

173 하도균, "교단 분열 이전의 한국성결교회 전도활동에 관한 연구, 1945년-1961년," 『신학과선교』 45권 45호 (2014): 189.
174 기독교대한성결교회 증경총회장단 편, 『기독교대한성결교회 의정사 1945-1993』, 114.
175 『기독교대한성결교회 제 11회 총회의사록』 (1947), 50.

총회[176]와 1995년 제 10회 총회[177]에 보고된 십자군 전도대의 활동 결과는 다음과 같다.

〈표 17〉 십자군 전도대 활동 결과

구분	신설교회	집회	결신자	전도지 배포 & 청중
제9회 총회보고	14개	4,616회	128,849명	328,588부
제10회 총회보고	11개	3,201회	33,889명	(청중) 348,914명

바. 최정원 목사의 임마누엘교회 사건

피난신학교가 서서히 자리를 잡아가며 전쟁의 상처 속에서도 다시 일어서려고 재건운동에 박차를 가하고 있던 성결교회는 대구신학교를 중심으로 영남지역 교회들이 대거 교회를 떠나는 분열의 아픔을 겪어야 했다. 이 사건은 대구 '공평동교회'의 최정원 목사를 중심으로 일어났다. 사실 최정원 목사는 경성신학교 1회 졸업생이었다. 1941년도 경성신학교 모집 요강에 의하면 입학 자격을 독실한 신앙인이며 중학교 졸업 또는 동등학력 소지자로 25세 이상 35세 이하 남자로 정하고 있다: "단 25세이하 경우 특별입학을 허락한다고 첨가하였다."[178]

---

176 기독교대한성결교회 증경총회장단 편,『기독교대한성결교회 의정사 1945-1993』, 122.
177 Ibid., 128.
178 『活泉』(1941년 1월호), "경성신학교생도모집광고" 참조.

1941년 4월 10일에는 경성신학교 제1회 졸업식이 성대히 거행되었다. 이때 졸업자로는 안창기, 유세근, 이진우, 최정원, 박용현, 최창도, 최학철 등 모두 7명이었다.[179]

해방 후 재흥총회가 교회 재건을 위해서 '미군정교섭위원'을 선정하는 동시에 일제 학정 하에서 성결교회가 입은 정신적 물질적 피해를 조사하여 일본 정부에 청구하기 위한 '손해조사위원'을 선정하였다. 그때 최정원 목사는 조사위원으로 활동을 하였다. 『재흥 제1회 총회회의록』에 따르면 각 지방별로 조사위원을 선정했는데 최목사는 영남지방에 속했다.[180]

이후 최정원 목사는 영남지방에 속한 '공평동교회'안에 '임마누엘 연경원'이라는 간판을 걸고 '야간성경학교'를 설립했다. 이 학교는 후에 '대구신학'으로 발전하면서 이곳 출신 교역자를 중심으로 하나의 세력권을 형성하기 시작했다. 그런데 최정원 목사는 학생들에게 성결교회가 전통적으로 주창해 온 전천년설 재림론의 '공중휴거'를 부인하고 '환난통과설'을 주장하여 종말론에 혼선을 일으켰다.

총회는 그런 분열을 우려해서 최정원 목사를 피난신학교 교수로 청빙하였다. 이에 최정원 목사는 대구신학을 정리하기 시작했다. 그리고

---

179 "성결교회 경성신학교보," 『活泉』 (1941년 4월호), 35.
180 『재흥 제1회 총회회의록』(1945년), 9-10; 오영필, "재흥성결교회 총회활요," 『活泉』 중간호(1946년 신년호), 20-21.

자신과 함께 연경원의 교수였던 '한명수'를 피난신학교 교수로 추천하고 '대구신학'의 학생들을 피난신학교에 입학시켜 줄 것을 요청했다. 이에 서울신학교 이사회는 1952년 2월 21일자로 이를 수락하는 결의를 했다.[181] 최정원 목사는 이사회에서 다음과 같이 보고했다.

> 임마누엘 연경원을 해소하고 동원교사 한명수씨를 서울신학교에서 채용할 것과 학생들을 서울신학교에 입학시켜 주시기를 원하며, 대구신학교는 인가신청 중에 있으나 인가를 받고 동유지재단을 살린 후 대구신학교 인가는 취소하고 동소속 재산은 본재단 이외에 유출치 않기로 하고 단체에 요용케 할 것을 언명함.[182]

그렇지만 최정원 목사는 며칠 후에 교수 사임서를 제출하였다. 서울 신학교는 이를 수리하였다. 이후 1952년 4월 대구 봉산동교회에서 열린 제7회 총회(제2 피난총회)에서 최정원 목사가 성결교회 자진 사퇴의사를 표명함에 따라서 총회장이 사표를 수리하고 회중에게 통고하였다. 최정원 목사는 "부득이한 사정으로 본 단체를 사퇴한다"는 인사를 남기고 성결교회와 결별하였다.[183] 당시 최정원 목사

---

181 이사회의 결의 사항은 "서울신학교 이사회 보고," 『제7회 총회회의록』(1952), 45, 46를 참조.
182 "서울신학교 이사회 보고," 『제7회 총회회의록』(1952), 45-46.
183 Ibid., 45, 46.; 서울신학대학교 성결교회역사연구소, 『한국성결교회 100년사』, 445에서 재인용.

사건에 대해서 오영필 목사는 세 가지를 언급하였다.

> 첫 번째는 이명직 신학교장이 신학교 통일을 위해서 최목사를 신학교 교수로 임명하여 동래로 초치하였으나 그가 대구신학교 인가를 얻는다는 것이다.
>
> 두 번째는 교단의 주장와 반대되는 환난통과설을 주장하여 교리상 합치되지 않고 기타 사건도 감안하여 권고사직을 선언한다.
>
> 셋째는 최 목사는 20교회를 가지고 분리하였으나 그 후 대부분은 장로교회에 전입되고 몇 해 못가서 지리멸렬했다.[184]

제8회 총회에서 최정원 목사의 문제는 다시 대두되었다. 부산 수정동교회에서 열린 총회는 김창근, 황경찬, 오영필, 김정호를 '최정원사건 수습전권위원'으로 선정하였다. 총회에서 대구신학 분리와 사생활 문제로 파면을 결의하였으나 이들의 요청에 의하여 공평동교회, 칠성동교회, 비산동교회, 안덕교회를 비롯하여 10여 교회만은 분리시키기로 결의하였다.[185] 최정원 목사 중심으로 성결교

---

184 오영필, "교단 70년사를 돌아보며," 『活泉』 (1977년 4월호), 33.
185 『제8회 총회의사록』 (1953), 22-23.

단을 떠난 교회들은 따로 교단 조직을 형성하였다. 이것이 소위 임마누엘교회 사건이다.[186]

성결교단을 탈퇴하고 분립한 최정원 목사와 그를 따른 이들이 임마누엘예수교단을 설립했다. 대구를 중심으로 형성된 성결교단 탈퇴 임마누엘교단 교회 수는 20개 교회인 것으로 기록되고 있다.[187] 최정원 목사는 대구신학교 교장직을 맡았다.[188] 임마누엘예수교단을 창설한 최목사는 1945년 9월 제1대 담임목사로 부임하여 사역했던 공평동교회를 임마누엘 예수교 대구공평동교회로 변경했다. 그리고 1958년 5월에는 교회가 대구시 중구 봉산동 23번지(대지 365평)에 소재한 대구신학교 교사(校舍)로 이전함에 따라 교회 명칭을 임마누엘 예수교 봉산동교회로 또 다시 변경했다. 공평동교회 건물(대구시 중구 공평동 46-1번지)은 후에 매각하였다. 1967년 임마누엘 예수교단은 장로교 경북노회에 가입청원을 했다.[189] 1967년 경북노회 제81회에서 임마누엘 예수교단의 가입 청원이 있었고, 같은 해 11월 27일에 봉산교회가 대한예수교장로회(통합)에 가입함에 따라 교회 명칭을 대한예수교장로회 봉산동교회로 변경하였다. 그 뿐만 아니

---

186 이천영, 『성결교회사』, 110-11.
187 이상근, 『등대가 있는 외딴 섬』 (서울: 두란노, 2002), 243-44.
188 박창식, 『대신대학교사: 1954-2012』 (대구: 도서출판 NEWLOOKS, 2012), 150-51.
189 http://bongsan.net (2018년 8월 21일) 교회 홈페이지 연혁을 참조.

라 당시 노회에서 임마누엘 예수교의 대구신학교와 영남신학교와의 통합이 결의되었다.[190] 이렇게 임마누엘교단이 1968년 경북노회에 가입함에 따라 학교의 인가권은 1978년에 현재의 대신대학교로 이양되었다.[191] 당시 가입청원에 역할을 했던 이상근 목사에 따르면 최정원 목사를 포함한 임마누엘 지도자들은 원래 장로교였다. 이상근은 그들이 서울신학교에서 공부한 후 다시 장로교로 돌아왔다고 평가했다.[192] 그런데 대부분의 임마누엘예수교단의 교회가 대구지역의 장로교단에 가입을 했지만 그렇지 않는 교회들도 있다. 즉 지금까지도 임마누엘예수교 교단을 유지한 교회도 있다. 이들은 2002년 12월 4일 정부로부터 재단법인 임마누엘 예수교 총회 유지재단으로 인가를 받았다. 현재 이 교단에 속한 교회가 국내에 12개, 미국에 3개가 있다.[193]

사. 동양선교회의 교단지원과 구호 활동

해방 후 6·25전쟁 발발 이전까지 내한했거나 이북에서 활동하

---

190 경북노회록 간행위원회(편), 『경북노회 회의록: 제65회-제86회』, 400.
191 이상근, 『등대가 있는 외딴 섬』, 243-46; 김춘기 외 3인, "영남신학대학교 60년의 발자취: 1950-2014," 『신학과 목회』39 (2013, 5): 5-120.
192 이상근, 『등대가 있는 외딴 섬』, 245.
193 http://es.or.kr/sub/m12.html (2018년 8월 21일)

다가 남한으로 온 단체들로는 기독교아동복리회(Christian Children's Fund), 감리교세계 선교회(Methodist World Mission), 미국북장로교선교회(Northern Presbyterian Mission), 미국 남장로교선교회(Southern Presbyterian Mission), 구세군(Salvation Army), 동양선교회(Oriental Missionary Society), 캐나다연합교회 선교회(United Church of Canada Mission), 가톨릭구제위원회, 메리놀수녀회(Maryknoll Sisters) 등이었다.[194] 동양선교회는 이러한 단체들 중 하나였고, 한국성결교회의 지원 뿐 아니라 여러 구호 활동을 했다.

1. 세계 구호 단체의 창구 역할을 통한 한국교회 지원

엘머 킬보른이 한국에 도착한 지 얼마 지나지 않아 6·25전쟁이 발발했다. 엘머가 한국에 귀국한 것이 하나의 계기가 되어 교단을 지원하고 더 나아가 구호 활동에 참여하였다. 엘머 킬보른은 미국교회의 후원을 얻어 파괴된 성결교단의 재건을 도왔다. 동양선교회는 전쟁 기간에 교단 총회운영 지원, 신학교 지원, 교회복구사업, 십자군 전도대 활동을 지원했다. 동양선교회 지원으로 성결교단은 부산 영주동에 임시로 총회본부를 열고 총회도 사무를 볼 수 있게 되었고 부산에서 피난신학교를 개교할 수 있었다. 신학교 경우 총예산의 90퍼센트

---

194 김흥수, "한국 전쟁 시기 기독교 외원단체의 구호 활동," 99.

이상을 동양선교부의 지원으로 충당했다.[195] 또한 동양선교회는 미군 부대와 협조하여 성결교회 건축사업을 활발하게 벌였다. 그 결과 환도총회 후 일 년 동안 거의 50개의 교회가 재건축을 하였으며, 1957년 희년총회까지는 약 100여 개의 교회가 새롭게 교회를 건축하였다.[196] 한국 전쟁 이후 총회본부 사무실 운영비도 지원했지만 1956년부터 중지하였다.[197] 하지만 성결교회가 자립하기 힘든 강원도나 전라남도의 도서지역 같은 곳에는 집중적으로 후원하였다.[198]

이명직 목사는 동양선교회의 이런 활동에 대해서 제7회 총회(1952년)에서 "우리 교단이 파괴되었어도 심령은 회복 중에 있으나 경제의 힘은 피폐하야 거의 존립이 곤란한 때에 동양선교회본부로부터 이 소식을 듣고 간부 여러분은 주야로 눈물을 흘리며 기도할 뿐만 아니라 매삭 막대한 금전을 보내주고 교회를 부조하고 서울신학교를 유지하나니 우리는 하나님께 감사하는 동시에 동양선교회 본부에 대하여 감사를 드리는 바이다."하고 피력했다.[199]

동양선교회의 지원을 받은 성결교회는 전쟁 기간 중에도 교단을 유지하고 성장할 수 있었다. 1955년 총회 회의록의 교회 수

---

195 『제8회 총회회의록』(1953년), 34, 37.
196 이천영, 『성결교회사』, (서울 : 성결교회 총회본부, 1970), 120.
197 김응조, "금년총회의 신 사항" 『活泉』 (1956년 6월호), 44-45.
198 "기독교대한성결교회 『제 8회 총회의사록』 (1953), 47.
199 『제8회 총회회의록』(1952년), 4.

는 353개[200]에서 1956년에는 383개의 교회로 성장하였다.[201] 동양선교회의 지원은 성결교단에 큰 힘이 되었다. 1953년 총회 예산 110,618원이었는데 동양선교회가 65,000원을 지원했고, 총회비는 27,655원이었다. 서울신학교 총예산은 2,905,298원이었는데 선교비가 2,720,400원이었을 정도로 동양선교회의 지원은 성결교회에게 절대적이었다.[202]

2. 구호 활동의 참여

당시 동양선교회는 세계구호위원회와 매우 긴밀한 관계에 있었기 때문에 고아원 운영, 여성(미망인) 생계 지원, 양로원 사업 등에 많은 구호물자를 공급받을 수 있었다. 성결교회는 이를 통해서 사회사업과 교육사업을 지속할 수 있었을 뿐 아니라 확장할 수 있었다. 김창근 목사에 따르면 전쟁 지간 중에 동양선교회 지원은 실의에 빠진 한국성결교회에게 큰 위로와 힘이 되었다.[203]

동양선교회는 고아 아동을 위한 구호 활동에 적극적으로 참여했다. 전쟁으로 유발된 가장 큰 사회 문제 중의 하나는 고아 문제였다.

---

200 "기독교대한성결교회 제 11회 총회의사록" (1953), 62.
201 "기독교대한성결교회 제 12회 총회의사록" (1953), 64.
202 "기독교대한성결교회 제 8회 총회의사록" (1953), 34, 37.
203 김창근, "제10회 총회를 앞두고," 『活泉』 (1955년 4월호), 27.

1949년의 경우 101개 고아원시설에 7,338명의 아동이 수용 보호되고 있었다. 전쟁의 발발로 1952년 8월에는 280개의 고아원이 있었고, 수용된 아동은 30,473명에 달했다 전쟁이 일어나기 전인 1949년과 비교하면, 시설 수에서는 28배, 수용 아동의 수에서는 42배의 증가를 보이기는 했으나 고아 및 부양가족이 없는 아동은 125,000명에 달했다. 이런 구호사업에는 동양선교회 외에 침례교선교회, 장로교선교회, 감리교선교회, 기독교세계봉사회, 구세군 등이 참여했다. 원조를 받는 고아원들은 대부분 기독교 관련 단체들에서 운영되었다.[204] 특히 엘머 킬보른은 세계구호위원회(WRC)와 월드비전 설립자인 밥 피어스 목사와 협력해 고아원과 양로원을 설립하고 나병환자 교회를 세우는 등 초교파적 사회사업을 펼쳤다. 급식사업에도 주력해 매일 16년간 7만 6000명에게 식사를 제공하기도 했다.[205]

전쟁으로 고아뿐만 아니라 수많은 미망인이 발생했다. 한 통계에 따르면, 전쟁 미망인들은 고아의 수보다 더 많아 3십여만 명에 달했고, 그들에게 딸린 아이들은 517,000명이나 되었다.[206] 그들은 한국군의 아내, 피난민의 아내, 공산군에 의해서 북으로 끌려간 남성들 및

---

204 최원규, "외국 민간원조단체의 활동과 한국 사회 사업발전에 미친영향,"(박사 학위논문, 서울대학교, 1996), 142.
205 http://news.kmib.co.kr/article/view.asp?arcid=0923853432 (2018. 8. 20.)
206 Harry A. Rhodes and Archibald Campbell, *History of the Korean Mission Presbyterian Church in the U.S.A* Volume II, (Seoul: The Presbyterian Church of Korea, 1965), 332.

기독교 교역자들의 아내를 포함했다. 동양선교회는 외원 구호 단체들과 협력하면서 이들을 도왔다. 이들을 위해서 미망인시설 건립을 위한 지원, 운영비 보조, 뜨개질과 편직과 같은 기술교육, 소비성 물품공급 등 여러 가지 방식으로 원조를 제공하였다. 국제연합한국재건단(UNKRA)과 기독교세계봉사회의 지원으로 미망인 시설이 건립되었다.[207] 1955년 부산 한나모자원의 경우, 95명의 미망인이 수용되었으며, 아이들은 210명이었다. 기독교세계봉사회는 미망인들을 위한 작업장에 도움을 주었는데, 서울 27개, 부산 19개 작업장이 지원을 받았다. 이 여성들을 위해서 동양선교회는 기독교 해외단체들과 함께 구호 활동에 참여했다. 전쟁 중에 시작된 구호 활동은 지속되었다. 동양선교회가 운영하는 사회사업 기관은 1959년의 보고에 의하면, 고아원 29개, 기아보호소 5개, 과부를 위한 시설 6개, 나병환자 체류시설 2개, 예방시설 2개, 소년원 1개, 매일 약 3만 명에게 점심식사를 무료로 급식할 수 있는 시설이 약 140개나 되었다.[208] 이렇듯 전쟁 중에 동양선교회의 구호 활동은 성결교단뿐만 아니라 한국인에게 큰 위로와 힘이 되었다.

---

207 최원규, "외국 민간원조단체의 활동과 한국 사회 사업발전에 미친영향," 148.
208 박명수, "동양선교회와 한국성결교회: 동양선교회와 한국성결교회의 관계 - 역사적인 고찰을 중심으로" 『성결교회와 신학』4권 (2000): 149.

3. 외국 구호 단체와 긴밀한 관계 유지를 통한 지원

동양선교회는 외국 선교 단체와 한국교회와의 창구 역할을 한 셈이었다. 특히 전쟁 직후 세계구호위원회(WRC)와 기독교세계봉사회(Church World Service: CWS) 역할은 중요했다. 동양선교회를 이들과 관계를 유지하면서 한국교회 한국인에게 다양한 구호 활동을 했다. WRC는 1942년 미국에서 조직된 전국복음주의협회의 구호 단체이다. WRC를 통한 구호 활동은 매우 활발했다. 1958년 10월에는 한국 지부를 만들었다. 이 단체는 동양선교회와 별개의 조직이었지만 동양선교회가 주도했다. 그럴만한 이유는 킬보른이 한국WRC를 설립했고 회장을 맡고 동양선교회 선교사들이 부회장으로 참여했기 때문이다. 본부는 서울 충정로 3가 성결교회 총회본부 사무실에 두고 고경환 장로가 총무로서 실무를 맡았다.[209] 한국 WRC는 미국에서 동양선교회를 통해서 보내오는 구호물자를 국내 탁아소, 고아원, 나환자 수용소 등의 사회사업 기관에 배부하는 업무를 수행했다.[210]

전쟁 기간 중 해외 구호 단체는 40여 개에 달했다. 그 중에서도 전쟁 이후 가장 많은 구호 활동을 펼친 단체는 미국 가톨릭 복지위원회 산하의 가톨릭구제위원회(Catholic Relief Service)와 미국기독교교회

---

209 기독교대백과사전편찬위원회 저,『기독교대백과사전』제9권 (서울: 기독교문사, 1983), 375.
210 서울신학대학교 성결교회역사연구소,『한국성결교회 100년사』, 460.

협의회에 속한 기독교세계봉사회(Church World Service: CWS)였다. 이 CWS는 세계 각국에 대한 구호를 목적으로 1946년에 미국에서 결성되었다. 기독교세계봉사회는 1946년부터 한국에서의 구호 및 복구를 지원했다. 감리교 선교사 브리스빌링스(Bliss Billings) 박사가 책임을 맡았다. 빌링스가 건강 문제로 사임하자 플레처(A. G. Fletcher) 박사가 그 일을 맡았다. 기독교세계봉사회는 미국교회에서 보내오는 구호물자를 가지고 주로 이북에서 내려온 피난민을 구제해 왔다.

이후 1949년 4월 해방 후 한국을 돕기 위해서 CWS 한국지부가 설되었고 감리교 아펜젤러(Henry D. Appenzeller) 선교사가 그 책임을 맡았다. 그러다가 전쟁이 발발하면서 1951년 9월 각 교파의 대표들이 모여서 기독교세계봉사회 한국위원회(KCWS)를 결성하면서 사역이 확장되었다.[211] KCWS는 전쟁 이재민에 대한 구호 활동을 주로 했다. 이들은 전쟁으로 순교한 교역자의 미망인과 자녀들을 보호하기 위한 '미실회'사업, 미망인을 위한 탁아소 사업, 피난민 구호, 결핵퇴치 사업 등에 이르기까지 다양한 활동을 했다.[212] 세계기독교봉사회의 구호 활동은 한국 전쟁의 발발로 중단되었다가 1951년 초가 되어서야 아펜젤러가 구호사업을 다시 조직하기 위

---

211 김흥수, "한국 전쟁 시기 기독교 외원단체의 구호 활동," 109에서 재인용.
212 Ibid., 113에서 재인용.

해 한국에 온 후부터 재개되었다.

1951년 7월 각 교파(장로교, 감리교, 구세군, 성결교)에서 선출된 대표들로 구성된 기독교세계봉사회 한국위원회가 정식으로 결성되었다. 회장은 에드워드 애담즈(Edward Adams) 박사, 총무는 헨리 D. 아펜젤러 박사가 맡았다.[213] 6개의 특별위원회(아동복지, 미망인 사업, 대부, 가축, 결핵, 그리고 스탭), 9개의 도위원회(서울, 제주, 그리고 7개도), 남한 전역에 미치는 125개의 지역위원회를 두었다. 구호품의 배급을 담당하는 지역위원회는 장로교, 감리교, 성결교, 구세군의 교역자들과 장로들로 구성되었고 개인들에게 배분하는 것은 이들 손에 달려 있었기 때문에 기독교인이나 비기독교인이나 도움을 필요로 하는 자에게 동등하게 배분하라는 기독교세계봉사회의 요구에도 불구하고 기독교인들에게 더 많은 구호품이 돌아갔다.[214]

애킨슨의 1955년 10월 보고에 의하면, 한국기독교세계봉사회에 참여하고 있는 교회 및 선교부는 장로교(한국 장로교, 미국 장로교), 감리교(한국 감리교, 미국 감리교), 캐나다 연합교회, 성공회, 성결교와 동양선교회, 미국 퀘이커, 메노나이트, 구세군 등이었다. 6·25전쟁 이후에는 미국 교회 뿐만 아니라 캐나다, 호주, 뉴질랜드, 영국,

---

213　Ibid., 109에서 재인용.
214　Ibid., 110에서 재인용; 110의 각주 17)을 참고.

그리고 유럽과 남미의 교회가 세계기독교봉사회 뉴욕본부를 통하여 천문학적 숫자의 의류, 곡물류, 부식물류, 현금 등을 보내왔다.

III. 6·25 이후 성결교회 재흥(1954–60년)

가. 제9회 총회와 헌법개정(1955년)

1953년 7월 29일 휴전협정이 체결되자 정부를 필두로 각종 사회 기관들과 피난민들의 본격적인 환도가 시작되었다. 성결교회도 서둘러 환도를 준비하여 총회와 신학교 선발대가 동년 겨울 서울에 들어왔고, 부산에 있던 총회사무와 신학교의 남은 업무들을 수습하여 다음 해인 1954년이 되어서야 전부 환도할 수 있었다. 이에 1954년 4월 20일 오전 10시, 피난 3년 끝에 해산된 교단을 재건하고 다가올 희년을 준비하기 위한 제9회 총회가 서울신학교 강당에서 '환도기념총회'로 개최되었다.[215] 김창근 총회장의 개회사에서는 수많은 난관과 어려움을 헤치고 환도총회를 개최하게 된 당시의 감격이 고스란히 담겨있었다.

---

215 기독교대한성결교회 역사편찬위원회, 『한국성결교회사』(서울:기독교대한성결교회출판부, 1992), 436.

만고 미증유의 전란을 당하여 수도를 빼앗기고 남단 부산에서 삼
년유여를 와신상담의 생활을 보내면서 총회를 세 번이나 피난지에서
거듭하다가 이제 수도에 복귀하여 신앙의 선조들이 정해준 옛터에서
다시 총회를 열게되니 무량한 감사를 금할 수 없어 오직 하나님 앞에
업디어 감사의 눈물을 흘리는 동시에 "여호와 사로잡힌 시온 사람을
돌아오게 하실때에 우리가 꿈인가 하였다"라는 말씀은 곧 우리의 노
래가 되었도다.[216]

교회 복구에 대한 포부와 새로운 결의를 가지고 진행된 환도총
회에서는 피난총회 때부터 주요 관심사였던 교회복구 및 자립문제
와 더불어 교단 창립 50주년을 맞는 1957년 '희년의 해'에 대한 준
비가 다루어졌다. 총회에서는 이명직 목사를 비롯해 총 36인을 희
년기념 준비위원에 선임하여 희년을 준비하도록 하였다. 또한 희
년 50주년에 맞추어 성결교회 숙원사업 중 하나였던 일천교회 설
립운동도 다시금 천명하였다. 이로써 교회 복구 및 재건운동은
1957년 희년 준비와 맞물려 진행되었다.[217]

한국성결교회는 전쟁과 피난의 어려움 중에도 성장을 거듭하

---

216 이천영, 『성결교회사』 (서울:기독교대한성결교회출판부, 1970), 118.
217 서울신학대학교 성결교회역사연구소, 『한국성결교회 100년사』, 453.

였다. 제9회 총회에서 보고된 교세 통계에 따르면 교회 407개처(교회 309, 기도소 포함), 목사 118명, 남녀 전도사가 213명, 세례교인 11,642명, 학습교인 6,866명, 구도자 21,948명으로 총교인이 105,748(장년 76,312)명 이었다. 1952년 피난하던 당시에는 교회가 264개처였으나, 피난을 거치는 동안 46개 교회와 신자 23,000이 증가하였다.[218] 이는 남하한 피난신자들이 부산 동광교회를 비롯하여 곳곳에 피난교회들을 건립하였기 때문이었다.

한편 수복 이후 교단 재정비에 대한 필요성이 제기됨에 따라, 9회 총회에서는 전란의 어려움 가운데 무너진 법적 체계를 회복하고자 하는 목적으로 헌법 대폭 수정의 건이 긴급 상정되었다. 이에 따라 1955년 제10회 총회에서는 교단 헌법이 개정 및 보완되었다. 55년의 헌법은 의회제도 등 47년의 개정헌법을 거의 그대로 전수한 것이었다. 개정된 헌법은 1955년 6월 30일자로 3000부가 발행되었다.[219]

---

218 기독교대한성결교회 역사편찬위원회, 『한국성결교회사』, 436.
219 기독교대한성결교회 증경총회장단 편, 『기독교대한성결교회 의정사: 1945-1993』 (서울: 도서출판 일정사, 1994), 137.

나. 성결교회의 재흥

6 · 25 한국 전쟁은 국가 전반 뿐 아니라 기독교계에도 대단히 큰 피해를 입혔다. 전쟁중에 많은 교인들이 인민군에 의해 순교하였고, 교회 건물과 기독교 기관들이 폭격과 화재로 인해 파괴 및 소실되었다. 1953년 휴전협정이 조인된 후 전쟁이 끝나자, 한국교회 재건을 위한 미국과 세계 여러 교회들의 지원에 힘입어 각 교단들은 서둘러 교회당 재건에 착수하였다. 1952년 한국기독교연합회(NCC)의 주도하에 초교파적인 '재건연구위원회'가 결성되었다. 동년 2월 29일에는 '기독교국제연합위원회'와 '국제선교협의회', '기독교세계봉사회'와 같은 단체의 대표들이 한국을 직접 방문하고 전쟁으로 파괴된 참상을 돌아보며 한국 교회의 재건을 더욱 활발히 추진하는 계기를 마련하였다.[220]

이러한 희망적 분위기 속에서 장로교회는 1953년 6월 2일에 '선교협의회'를 열고 교회재건에 대한 구체적 방안을 연구하며 한국교회를 조속히 복구할 것을 다시금 결의하였고, 감리교회 또한 1954년 6월 22일 미국선교본부 복구위원들의 내한을 계기로 여러 부문에 걸친 '한미합동 재건연구위원회'를 조직하여 구체적인 교

---

220 정상운, 『성결교회 역사총론』(안양: 성결교회와 역사연구소, 2012), 394.

회 복구사업에 착수하였다.

한편, 성결교회에서도 동양선교회의 적극적인 지원을 받으며 재건운동이 전개되었다. 당시 성결교회는 1952년에 열린 7회 총회(피난 2차 총회)를 통해 부분적이나마 다소 간의 경제적인 자립을 통해 선교비를 감소시킴으로써 동양선교회로부터의 정치적 자치를 꾀하려하였다. 그러나 이는 실패로 돌아갔고, 결국 1953년에도 동양선교회로부터 막대한 자금을 후원받게 되었다.[221]

동양선교회는 앞에서 언급한 바와 같이 1951년부터 주한선교부를 재발족하여 부산으로 피난한 신학교와 교역자들을 재정적으로 도왔다. 전쟁 이후 킬보른 3부자를 비롯한 동양선교회의 선교사들이 한국으로 파송되어 재건 활동을 적극적으로 지원하였다. 또한 전체 건설비의 50% 가까이 되는 자금을 월드비전 소속의 밥 피얼스가 지원하였고, IBRD 자금, '세계구호위원회'와 '기독교세계봉사회', 건축자재를 지원한 UN군 부대 등이 지원에 동참하여 아낌없는 원조를 하였다.[222]

또한 전쟁으로 인해 파괴된 교회를 재건하고, 희년까지 1천 교회를 설립한다는 교단의 두 가지 목표는 미국원조정책(Armed

---

221 『기독교대한성결교회 제8회 총회의사록』(1953年), 2-3.
222 기독교대한성결교회 역사편찬위원회, 『한국성결교회사』, 439.

Force Assistance to Korea, AFAK)을 통해 가시화되었다. 전쟁의 중단으로 생겨난 유휴노동력과 잉여물자들을 활용하여 전후의 한국을 재건한다는 미 정부의 정책은 전쟁으로 파괴되거나 손상된 교회들을 복구하거나 재건하는데 큰 도움을 주었다.[223] 미국의 건축 물자와 기술이 한국교회 건축에 동원되면서 위용있는 규모에 높이 솟은 십자탑을 갖춘 대규모 교회들이 성결교회에도 건축되었다.

이처럼 1년 여동안 재건된 남한의 성결교회로는 서울의 돈암동교회, 충무로교회, 만리현교회, 독립문교회, 경기도의 평택교회, 원곡교회, 인천송현교회, 북성교회, 부평교회, 중앙교회, 도원교회, 다남교회, 백석교회, 대신교회, 충남의 동대전교회, 전북의 중동교회, 해망동교회, 신흥교회, 군산중앙교회, 경북의 대봉동교회, 의성교회, 희봉교회, 경남의 마산갈릴리교회, 강원도의 춘천교회, 안흥교회, 횡성교회, 충북의 청주교회, 충남의 대천교회, 덕산교회, 전남의 흑산도교회, 목표교회, 송곡리교회, 충남의 길산교회, 장항교회, 경북의 화실교회, 경남의 영주교회 등 약 130여 교회가 있었다.[224]

한편, 교회 재건과 더불어 신개척 교회도 활발히 증가되었다. 1957년의 희년 총회까지는 약 100여 교회가 신축되었는데, 이는

---

223   J. Elmer Kilbourne, "God At Work," MST(May 1954): 6.
　　　특히 교회는 AFAK 정책의 수혜 목록 중에 서울 두 번째에 위치하고 있어 더욱 유리하였다.
224   이천영, 『성결교회사』, 119-20.

1954년 환도총회에서 집계된 수보다 86개 교회가 증가한 수치였다.[225] 이처럼 전쟁 이후 성결교회는 교회 복구 사업에 주력함으로써 다시금 발전과 중흥의 기틀을 마련하게 되었다.

이처럼 여러 후원단체와 미 정부의 지원 등에 힘입어 한국 성결교회는 파괴된 성전 건물을 복구할 뿐 아니라, 30명의 종군 목사를 군대에 파송하였으며, 교역자의 생활 보조비를 지급하였고, 6대(隊)로 편성된 십자군 전도대를 통해 전국 각지에 복음을 전하였고, 고아원과 양로원을 세웠으며, 서울신학교 교수 십수명과 학생 약 300명을 양성하는 등 전란을 수습하는 과정 중에도 활발한 활동을 펼칠 수 있었다.[226]

다. 희년기념사업

성결교회는 1954년의 제9회 환도총회에서 '한국성결교회'가 '동양선교회 복음전도관'이라는 이름으로 조선 땅에 설립된 지 만 50년이 되는 1957년 5월 30일을 희년의 해로 선포하고, 이를 기념하는 희년기념 사업계획을 수립하였다.[227] 당시 총회에서 선임된 희년기념

---

225   기독교대한성결교회 역사편찬위원회, 『한국성결교회사』, 439.
226   정상운, 『성결교회 역사총론』, 395.
227   Ibid., 440.

준비위원들은 1954년 9월 28일 무교동 중앙교회에 모여 이명직 목사를 위원장으로 하여 희년기념사업위원회를 결성하였다. 그리고 주요 사업으로 희년기념관 건립, 일천교회 증설운동, 이명직 목사 저작집 간행, 희년기념 연합구역 대전도회 개최 등을 결의하였다.[228] 당시 『活泉』은 희년을 앞둔 감격을 다음과 같이 기록하였다.

> 1901년에 카우만, 킬보른 두 선교사로 말미암아 창설된 동양선교회가 1907년 5월 30일 고(故) 김상준 정빈 양씨로 인하여 우리나라에 복음전도관을 설시한지 만 50주년이 되었다. 우리는 그동안 성서적 순복음을 이 땅에 전파하였고, 중생 성결 신유 재림의 사중복음으로 신자의 심령을 지도하여 왔다. 반세기의 흐르는 세월 동안에는 교계의 몰이해로 인한 방해도 받았고, 제국주의 일본의 정치적 탄압으로 인한 핍박도 받았으며 해산의 비운을 당한적도 있었다. 그러나 살아계신 하나님의 능력과 복음의 역사는 이 모든 악조건을 극복하고 꾸준히 계속되어 오늘의 희년을 맞이하게 되었으니 실로 감개무량한 사실이다.

희년기념사업 준비위원으로는 이명직, 김창근, 강송수, 오영필, 이용선, 안창기, 배문준, 김경흡, 김정호 외 27명을 선출하였다.

[228] 서울신학대학교 성결교회역사연구소, 『한국성결교회100년사』, 453.

성결교회는 교역자수 497명, 교회수 430개소, 신도수 장년 53,693명, 유년 54,528명, 계 108,221명[229]으로 부쩍 성장한 모습을 보여주며 희년을 맞을 준비를 갖추었다.

1957년 4월 28일 오후 2시 30분, 서울신학교 교정에 마련된 식장에서 각 교파와 연합회 기관대표 및 각지의 남녀 교역자와 평신도 2천여 명이 성결교회의 희년을 축하하기 위해 참석한 가운데 '희년기념식'이 거행되었다.[230] 뿐만 아니라 기념식을 위해 미국 본부에서 온 헤인스(Paul E. Haines) 목사 부부를 비롯해 뉴질랜드의 스킬스(Arthur Skeels), 호주의 알리슨(John R. Allison) 부부, 일본의 아담스(Roy P. Adams) 부부, 대만의 웃스 목사(Harry F. Woods) 부부와 위드마이어(C. B. Widmeyer) 박사 등 동양선교회와 관련된 외빈들도 다수 내한하였다.[231]

이날 기념사를 맡은 이명직 목사는 다음과 같은 말로 성결교회의 50주년을 감사하는 희년기념사를 시작하였다.

> 회고하니 우리 한국에 순복음이 전해진지 과연 반세기라 그동안에 세계대전이 1차 2차 계속하는 중 세계의 정치가 바뀌고 사상이 변

---

229 김창근, "기독교대한성결교회창립50주년(희년)약사," 『活泉』 희년특집호(1957년 5/6월호), 9.
230 "희년기념식 뉴스, 서울신학교 교정 특설장소에서," 『活泉』 (1957년 5/6월호), 55-56.
231 "뉴스: 외빈내한," 『活泉』 희년 특집호 (1956년 5/6월호), 57.

하였으며 과학이 진보되고 신학사상은 인본주의로 흐르고 있는 중이라도 우리의 순복음주의 정신과 목적은 변함없이 금일까지 이르렀다 함은 우리의 힘이 아니오 진실로 거룩하신 하나님의 인도인 줄로 믿고 감사하여 마지않습니다.[232]

또한 그는 지난 50년 동안 일제의 잔혹한 탄압과 전쟁으로 점철된 한국의 역사와 그러한 역경 가운데에서도 한결같이 복음의 순수성을 지키고 영혼구령에 앞장섰던 성결교회의 역사를 반추한 후, 새로운 제2의 희년을 맞이하기 위하여 "죄악과 이단과 사설과 모든 비성경적 교리를 분쇄하고 진격적으로 사중복음의 기치를 들고 구령에 매진하자"[233]고 역설하였다.

이어 동양선교회 대표 킬보른 선교사의 선교 50년 회고사와 대만 선교사 웃스 목사의 축사, 김창근 목사의 50년 약사 낭독 등이 차례로 계속되었으며, 공로자들에 대한 표창식이 거행되었다. 각 교회별로는 5월 26일 오전 11시 주일예배를 기해 전국교회가 한 목소리로 "희년이 왔다! 희년이 왔다! 십자가의 복음으로 인한 대자유해방의 희년이 왔다"[234]라는 구호를 외치며 희년의 나팔을 불

---

232 이명직, "기념사", 3.
233 Ibid., 3.
234 "사설: 희년," 『活泉』 희년 특집호 (1957년 5/6월호), 1.

었다.

희년 사업 중 가장 큰 사업은 희년기념관 건립이었다. 환도 총회에서 "3,000만환의 거대한 예산으로 희년 기념회관을 건립하자"라고 결의한 이래 세례교인 1인당 100환씩의 헌금 모금이 추진되었다. 형편상 지역별로 차등을 두어 많게는 470환부터 적게는 190환까지 부담하도록 하였다. 건축헌금이 어느 정도 마련되고 난 후, 성결교회는 건축위원회를 발족하였다. 동양선교회에서 엘마 킬보른, 희년사업위원회에서 김창근, 황성택, 천순봉, 전승순, 그리고 무교동교회에서 김우정, 허준 등 7인이 대표가 되었다.[235] 이렇듯 동양선교회의 원조와 전국 성도들의 힘과 땀이 담긴 헌금, 독지가와 중앙교회의 협력으로 모은 경비 33,259,870원을 들여 1958년 12월 1일 성결교회의 발상지라 할 수 있는 무교동 12번지에 총 378평의 기념관이 준공[236]되었다.

또한 희년을 맞아 성결교회 특유의 열정적인 영혼 구령의 불길도 다시금 일어났다. 임마누엘특공대와 희년기념성회를 통해 전쟁으로 상처난 심령을 위로하고, 무너진 제단을 복구하고 재건하는데 앞장섰던 이성봉 목사가 다시금 선봉에 서서 "전국에 복음의 나

---

235 『제13회 총회회의록』(1958), 26; 73-74.
236 1층은 총회본부가, 2층은 중앙교회가 사용하게 되었다.

팔을 크게 불어 희년의 기쁜 소식을 널리 전하여 잠자는 심령을 깨우고 미혹의 길에서 헤매는 뭇 영혼을 정도로 이끌기 위한"[237] 희년복음전도대를 결성하였다.

교단 창립 50주년을 기념하여 50개 처소에서 집회를 계획하고 출정한 희년복음전도대는 이성봉 대장을 위시하여 부대장에 이정률 목사, 총무에 정운상 목사, 임원상 대원 등 구령의 용사들이 함께 진용을 갖추었다. 김원철 선생은 이들의 효율적인 전도를 위해 지프차를 기꺼이 제공하였다. 전도대는 1957년 5월 장충단교회를 시작으로 충남 규암교회와 길산교회 집회로 막을 내릴 때까지 330회에 걸쳐 서울을 비롯해 전국을 순회하며 전도하였는데, 초기 장막전도를 방불케 하는 큰 은혜의 역사가 일어났다.[238]

당시 희년복음전도대의 활약에 대하여 이성봉 목사는 "집회마다 인산인해를 이루었으며 중생 성결 신유 재림의 신앙자들이 벌떼같이 일어났고 거짓 스승들의 미혹을 받아 방황하던 자들이 돌아왔다. 금식기도와 철야기도는 하나님의 팔을 움직여 사탄의 권세를 산산조각냈다."[239]고 회고하였다. 특히 1957년 9월말부터 12월말까지는 세계적인 성결운동가인 퍼거슨 박사가 내한하여 놀라운 활약을 펼쳤다. 퍼거

---

237 "희년복음전도대 출동하면서," 『活泉』 희년 특집호(1956년 5/6월), 59.
238 "뉴스: 희년 복음전도대 발족," 『活泉』 희년 특집호(1956년 5/6월), 57.
239 이성봉, "희년 나팔은 어떻게 불었나" 『活泉』 (1958년 2월호), 42-43.

슨 박사가 집회한 곳은 단 5곳에 불과했으나, 모든 집회는 마치 오순절을 연상시킬 정도였다.

희년복음전도대는 총 321일간 지방회 및 감찰회를 중심으로 64곳의 집단 집회, 32곳의 개교회 집회 등 총 96장소에서 집회를 가졌으며, 이로 인해 성결교회는 신구도자가 3,103명, 회개 체험자가 3,577명이라는 놀라운 부흥의 역사를 경험하게 되었다.[240] 이러한 영적 부흥의 결과, 집회 이후 한미합동집회, 청년회 사업의 지원, 대만 선교사 후원 등도 이루어지게 되었다. 그러나 안타깝게도 선교부로부터의 보조가 끊어지고 경제적 여건으로 총무와 대원의 감원을 거치면서, 1957년 12월 말 이후에는 실제적인 해산 상태에 이르게 되었다.

한편, 성결교회는 미국 동양선교회에 감사의 뜻을 전하는 동시에 지난 50년 동안의 발전상을 보고할 목적으로 김응조 목사를 동양선교회 본부에 희년사절로 파송하였다. 김응조 목사는 동양선교회가 연결해주는 교회들을 순회 방문하는 중 상당량의 건축기금을 모금하여 돌아왔다.[241] 또한 희년을 맞아 어려운 가운데에서도 받기만 하는 교회가 아닌 보내는 교회가 되어야 한다라는 생각으로 박낙규 목

---

240 『제 13회 총회회록』(1957), 75-76.
241 "희년사절보고," 『제13회 총회회록』(1958), 46-48.

사를 대만선교사로 파송하기에 이르렀다.²⁴² 이로써 성결교회는 복음의 빚진 자로서의 사명을 감당하고 세계 선교의 짐을 함께 나누는 첫 걸음을 시작하게 되었다.²⁴³

또한 한동안 중단되었던 출판사업도 다시 본격화되었다. 1·4 후퇴때『活泉』속간 및 기타 출판을 위해 부산에 설치했던 인쇄기를 서울신학교 지하실에 옮기고, 해방 이전에 발행하였던『성서영해전집』,『창세기영적연구』,『개인 전도학』,『헌법』,『성결론』,『휴거론』,『재림의 복음』,『구약4천년사』등을 중판하였다. 덧붙여 교단중진 50명의 집필인『희년설교집』등이 새롭게 출판되었다. 그 결과 성결교회의 출판사업은 제2의 중흥기를 맞이하게 되었다.

라. 수복 후 각 기관의 활동

1. 전국장로회

성결교회에 장로제도가 공식적으로 등장한 것은 1933년 총회가 출범하면서 부터이다. 교단의 자급 및 자치 등의 문제를 해결하는데 평신도의 참여가 절실했던 것이다. 이후 장로들은 전도·교

---

242 배문준, "회고와 전망,"『活泉』(1958년 4월호), 4.
243 서울신학대학교 성결교회역사연구소,『한국성결교회100년사』, 470.

육·봉사·구제 등에 힘을 모으는 한편, 교단의 각종 현안 문제에도 발벗고 나섰다. 또한 그들은 목회자들을 도우며 각 교회 및 교단의 발전에 헌신적으로 앞장서는 한편, 일제 말에는 사중복음의 기치를 사수하다가 옥고를 치르는 등 질곡의 수난을 몸소 겪기도 하였다.

한편, 전국 장로회는 한국 전쟁의 와중이던 1951년 4월 대구 공평동교회에서 창립총회를 개최하며 결성되었다. 여기에는 윤판석, 김영순, 임창호, 오명환, 이성원, 임사순, 박이경 등 20여 명의 장로가 참석하여 회칙을 제정하고 임원을 선출하였다. 이는 전쟁으로 초래된 국가의 시련 및 위기 앞에서 그 직무를 보다 효율적으로 수행하려는 열망에서 비롯되었다. 전국장로회의 창립 목적은 폐허속의 교회 재건, 민족의 복음화, 교단의 성장과 발전, 회원 상호간의 유기적 연대 등이었다.

전국장로회는 무엇보다도 "총회 산하의 유일한 교육기관인 서울신학대학과 총회본부의 자주적인 자립경제를 유지하도록 후원함을 목적"[244]으로 교단의 경제적 자주성의 회복과 인재양성을 지원하는데 앞장섰다. 전국장로회가 추진했던 '배영재단'[245]은 이러한

---

244 "배영재단추진위원회 회칙," 『活泉』 (1960년 11월호), 55.
245 "제16회 총회활요: 중요처리안건," 『活泉』 (1960년 5월호), 44; "기독교대한성결교회 배영재단유지에관한 취지문," 『活泉』 (1960년 11월호), 53.

시도의 대표적인 사례라 할 수 있다. 전국장로회는 교단의 경제적 난관을 타개하기 위한 방책으로 배영재단 설립을 결의하고, 교단 재흥 제16회 총회에서 인준을 받았다. 이어 1960년 11월 30일에는 첫 번째 배영재단설립 추진위원회를 개최하고, 10년 동안 1억만환을 모금하기로 결의하였다. 비록 배영재단의 설립이 교단의 분열로 인해 성사되지는 못하였으나, 그럼에도 이후 전국장로회의 행보를 제시하는 하나의 초석을 놓았음은 분명한 사실이다.

이외에도 전국장로회는 매년 정기적으로 회집하여 각종 사업안을 세우고, 기관지 『성결지우』를 발행하는 한편, 평신도 대회 및 수양회 개최, 부흥대책 위원회 모금 등 교단 각 분야의 발전에 직·간접적으로 참여하며 지교회와 교단을 위하여 적극적으로 봉사하였다.

2. 성결교회 신생부인회

1934년 9월에 조직된 '성결교회 부인회 전국연합회'는 교회 전문 신앙잡지인 『기쁜소식』(1934년)을 발간하는 등 매우 왕성한 활동을 보이며 성결교회의 발전과 부흥에 크게 기여하였다. 1945년 해방 후 일제에 의해 사라졌다가 해방과 함께 소생했다는 의미에서 '신생'이라는 단어를 덧붙여 만든 '신생부인회 전국연합회'는 5대 강령을 다음과 같이 채택하였다.

① 신구약 성서가 하나님의 말씀인 것을 믿으며 이를 향상적 활동적 신앙으로 추진하기를 기함

② 우리 신앙의 체험을 증거하여 기독교 교화운동에 노력함

③ 인류를 위하여 몸을 바치신 예수님의 사랑을 체(體)받아서 이웃을 사랑하며 협조하며 포용하는 덕성을 함양함

④ 의뢰심, 나태, 무지, 질병을 4대 적으로 하여 자주, 근면, 문맹퇴치, 보건운동에 노력함

⑤ 우리의 생활에 도덕적 문화적 가치를 결한 풍속, 습관등을 적파 또는 개선하기를 노력함[246]

이 무렵 신생부인회가 벌인 각종 활동은 교단의 재건과 도약에 매우 큰 영향을 미쳤다. 특히 한국 전쟁을 전후한 시기 신생부인회의 희생적인 섬김은 수복 후에도 전도와 다양한 영역에서의 봉사활동으로 이어졌다. 순회전도자 및 군선교사 파송과 지원, 철야 구국기도회, 납북자가족 후원, 상이군경 위문, 고아원 및 양로원 방문, 김장 및 메주보내기 운동을 통한 신학교 지원과 같은 수많은 활동들이 이들에 의해 이루어졌다. 또한 한국 전쟁의 참화속에서 전개된 교회 및 신학교 복구운동, 특히 서울신학교에 대한 후원은 당시 신학교 졸업생으로 부인

---

246 여교역자회전국연합회, 『기독교대한성결교회 여교역자회 80년사』 (서울: 여교역자회전국연합회 역사편찬위원회, 2014), 247.

회의 도움을 받지 않은 교역자가 없다고 할 정도로 지대했다.[247]

전국연합회는 매년 4, 5명씩의 여교역자들을 선발·파송하여 이들의 사역을 재정적으로 지원하는데 앞장섰다. 이들 순회전도사들은 부인회가 없는 교회에 부인회를 조직하고, 부인회를 위한 집회를 개최하였다. 이러한 전도사업은 각 교회 부인회에서 전국연합회에 보낸 십일조를 통해 추진되었다. 특히 1959년에는 집회와 함께 축호전도, 노방전도, 병원방문전도 등 다양한 전도활동이 이루어졌으며, 이러한 순회전도의 결과는 1959년 폭발적인 결심자수의 증가를 통해 실제적인 교회성장으로 연결되었다.[248]

또한 1953년 비상총회를 통해 신생부인회 전국연합회는 1938년부터 지속되다 일제에 의해 중단되었던 전국연합회 수양대회를 다시금 부활시켰다. 수양회에서는 성서강좌와 더불어 의복과 식사에 대한 신생활법, 위생 강좌 등을 통해 당시 여성들이 알아야 할 성서지식과 생활지식을 배우는 시간을 가졌다. 한편 토요일 오후에는 친목회를 통해 각 교회의 대표들이 함께 동지적인 공동체 의식을 나누는 시간을 마련하였다.[249] 수양회는 성결교회 여성사역자들이 은혜를 체험하고 사역의 열정을 회복하는 영적인 구심지의

---

247 서울신학대학교 성결교회역사연구소, 『한국성결교회100년사』, 528.
248 여교역자회전국연합회 역사편찬위원회, 『여교역자회 80년사』, 250.
249 Ibid., 259.

역할을 하였다.

은퇴한 여교역자들의 쉼터인 성락원의 운영도 '신생부인회'가 주도한 중요한 활동이었다. 성결교회는 은퇴 후 부양할 가족이 없는 혈혈단신의 여교역자들을 위한 복지공간의 필요성에 대해 여러 차례 논의하였지만, 선뜻 그 사업을 추진하지 못하고 있었다. 그러나 백재홍, 김소순, 이봉선, 한도순, 최영순, 김선회, 박영애, 유을희 등 몇몇 여교역자들이 주축이 되어 노력한 결과, 1953년 4월 20일 신생부인회에서 이 사업과 운영을 부인회사업으로 결의하고 교단의 인준을 받게 되었다. 이후 동양선교회 선교부에서 보조한 20만원과 각 교회 여전도회가 협조한 기부금으로 공주읍 반죽동에 주택 한 채를 매입하고, 1953년 7월 22일 김창근 목사의 사회로 역사적인 성락원 개원 감사예배가 드려짐으로서, 성결교회의 오랜 숙원사업 가운데 하나였던 은퇴 여교역자를 위한 안식처 마련을 해결하게 되었다.

신생부인회는 교회정치에서 배제되는 여교역자의 권리를 되찾는 일에도 앞장섰다. 당시 여교역자들은 신학교의 남녀공학 제도를 통해 남자졸업생과 동일한 과정을 이수하였음에도 불구하고 남교역자들이 3년 만에 목사안수를 받고 당회장이 되어 총회 대의원이 될 수 있는 반면, 당회 발언권조차 가질 수 없는 불평등한 현실에 직면해 있었다. 신생부인회 전국연합회는 여교역자들의 지방회

회원권 취득을 위해 노력하는 한편, 여교역자 강단권, 여자 장로 안수건 등 교회 내 여성사역자들의 정당한 권리를 확보하는 일에 주력하였다.[250]

수복 후 사회가 안정되고 교회의 재건도 어느 정도 수습되어 나가자, 신생부인회는 1953년 대구에서 열린 '부인회 전국연합회' 총회에서 그동안 중단되었던 기관지인 『기쁜소식』을 복간하기로 결의하였다. 이에 박영애·한도숙 전도사 등이 주축이 되어 1954년 7월 20일에 『새생명』이라는 이름으로 다시금 속간되었다. 이렇게 속간된『새생명』은 기관지의 통합을 추구했던 교단의 방침에 따라 1956년 정간되기에 이르렀으나, 기관지 속간에 이르기까지는 문서운동에 대한 신생부인회의 깊은 열정과 노력이 바탕이 되었음을 알 수 있다.

3. 청년회 전국연합회

'성청 전국연합회'는 1949년 4월 16일, 윤판석을 비롯해 한국교회 및 성결교회 청년운동의 선구자였던 몇몇 청년들이 주축이 되어 조직되었다. 이후 젊은 교역자와 평신도로 구성된 연합기관으로서 교단 내에 자리잡은 이들은 "교회의 봉사자는 청년이다. 교회

---

250   Ibid., 265.

정치의 기반은 청년이다."라는 신념으로 왕성한 에너지를 발산하며 기독 청년들의 문화를 주도해나갔다.

서울 수복 후에는 1954년 처음으로 서울신학교 강당에서 '성청 제6회 정기총회'를 개최하는 등 전국청년회가 교단 내에 미치는 영향력이 점차 증대되었다. 또한 구령운동이 성결교회의 모든 기관의 최우선적인 목표였음에 따라, 전국 청년회도 1956년 12월 7일 성청 전도협회를 발족하며 이러한 교단의 정신을 구체적으로 보여주었다. 이 전도협회는 당시 지방순회의 현장경험이 풍부했던 전국청년회가 주도한 전도운동으로, 목회자가 없는 산간지역이나 벽지등에 상주 목회자를 파송함으로써 형편이 열악한 지역 교회의 어려움을 함께 나누며 지방교회의 위기를 극복하려는 취지에서 나온 것이었다.

성청 전도협회의 발족에 이어 전국 청년회는 매일 아침 개척지를 위해 기도하는 한편, 전국 주요도시의 교회를 순회하며 전도협회 회원을 모집하였다. 그동안의 노력들이 큰 성과를 보이게 되자 전국청년회는 전도협회 사업을 전국적인 차원으로 확대하는데 뜻을 모아, 이 사업을 각 지방 연합회에 이관하기로 결의하였다. 즉 지방 연합회마다 전도협회를 두고 회원모집과 파송등의 일을 주관하도록 한 것이다. 그 결과 전도협회의 규모는 더욱 확대되었으며 지방연합회는 물론 전국청년회의 활성화에도 지대한 영향을 미쳤다.

전국청년회는 전국 교회 청년들의 신앙 향상에도 매진하였다. 해마다 수양회를 열어 영의 양식을 공급하였고 때때로 성경 다독회·연합예배 등을 통해 전국 교회 청년들의 신앙을 향상시키고, 청년 지도자 강습회를 통하여 교회 청년들을 교육하고 그들이 각 교회로 돌아가 스스로 활기찬 신앙활동을 할 수 있도록 격려하였다. 여름과 겨울 휴가철에는 해마다 회장단과 임원들이 각 지방연합회와 지교회를 순회하고 성청 회원들을 격려하는 한편, 성청 미조직 교회의 청년회 조직을 돕는 '성청 운동'을 더욱 활발히 전개하였다. 또한 '성청주일'을 제정하여 각 교회가 청년을 위한 예배를 드리며 성청의 활동과 취지를 인식할 수 있도록 하였다.[251]

한편 전국청년회는 '사회 속의 기독청년'을 모토로 1953년 1월 초 농학강습회를 개최하였다. 이 농학강습회는 전국청년회의 주관 하에 부여군 일대의 복음운동과 농촌 부흥운동을 목적으로 성청 충남지방연합회와 부여군이 공동주최하여 개최되었다. 참석자들은 부여군 내의 면장, 면직원, 교사, 각종 조합직원, 농업요원들로서 약 109명이 오전 9시부터 5시까지 실증적인 농학강좌와 새벽기도회, 구령전도부흥회 등에 참가하여 총 84명이 수료하였다. 농학

---

251 안수훈, 『한국성결교회 성장사』 (서울: 기독교미주성결교회출판부, 1981), 217-18.

강좌는 성청회원이자 동경 농대와 동경대학을 졸업한 황운영 선생이 맡았고, 부흥집회는 김홍순 목사, 송인구 목사, 임영재 목사 등이 이끌었다.

이 농학강습회는 지역민의 필요를 파악하고 실질적인 도움을 주는 기획으로 복음전파의 좋은 기회가 되었으며, 부여지역의 농촌에 큰 변혁을 불러일으켰다. 강습회를 계기로 지역민들이 농업기술학교 설립을 강력하게 요청하게 되었고, 마침내 1953년 3월에는 전국청년회와 부여군수, 그리고 지역 유지들로 구성된 학교설립기성회를 결성하게 되었다. 이어 그 해 6월에는 문교부의 인가를 받게 되었고, 8월 중순에는 기독교적 신앙과 정신으로 성청농업기술학교를 설립하게 되었다. 그리고 이듬해 4월에는 재학생 650명의 학교를 운영의 효율성과 재정적인 문제 등의 이유로 교단에 이양했다.[252] 이 학교에서는 농촌의 유능한 청년들에게 고등기술을 전수함과 동시에 신앙교육도 병행하여 농촌지역의 복음화에도 일조했다.

이 뿐 아니라 전국청년회의 주도로 장학관 건립이 적극적으로 진행되었다. '특수한 목회지에서 사역하는 교역자들의 자녀교육 문제로 인한 불안감 해소, 장래에 본 교단의 발전에 기여할 유능한

---

252 예수교대한성결교회 청년회전국연합회, 『성청사』(서울: 성청사, 1965), 229-31.

인재를 양성하는 것'²⁵³이 성청장학관 건립의 2가지 목적이었다. 장학관 건립은 재원 마련에 어려움을 겪던 중 1957년 6월 엘마 킬보른 선교사로부터 170만환을 지원받으면서 본격적으로 추진되었다. 이후 각계의 지원을 통해 모인 약 500만환의 기본재산은 장학관 운영의 토대가 되었다. 이후 성청장학회는 기본재산의 확충에 힘쓰는 한편, 동시에 장학생을 선발하여 장학금을 지급하는 등 장학관의 운영에도 노력을 기울였다. 장학관 사업은 비록 1961년의 교단 분열과 함께 중단되었지만, 이러한 전국적 규모의 사업이 교단차원이 아닌 전국청년회의 노력과 청원에 의해 이루어졌다는 점에서 역사적 의의를 가진다.

전국청년회는 이외에도 『성청회보』 등의 문서운동을 비롯, 전국대회, 지방강습회, 성서대강연회, 성경경시대회, 찬송가 경연대회, 웅변대회 등 다양한 활동들을 전개하였다. 이러한 각종 대회나 모임 등을 통해 전국 청년회는 청년 특유의 활기차고 역동적인 신앙문화를 창출해 내었다.²⁵⁴

253　Ibid., 215-16.
254　서울신학대학교 성결교회역사연구소, 『한국성결교회100년사』, 535.

4. 교회학교 전국연합회

성결교회 교회교육은 1949년 4월 16일 '주일학교연합회'가 결성되면서 본격적으로 체계화되기 시작하였다. 주일학교연합회는 전국 성결교회의 주일학교 교사들이 서울신학교에 모여 제반 사항들에 대해 토의하고 결성된 이후, 전국대회, 각종 세미나 및 강습회 등을 통해 교사들의 사명감 고취와 자질향상에 일조하는 한편 교단의 부흥과 발전에도 크게 기여하였다.

수복 후에도 이러한 활동은 계속되었다. 1953년에는 주일학교 전국연합회 조직이 지방연합회 8개, 시연합회 5개, 구역연합회 14개로 확장되었다.[255] 주일학교연합회는 『푸른 에덴』, 『어린양』, 『교회교육회보』와 같은 전문적인 책자 및 잡지 등을 발행하여 현장에 필요한 정보를 제공할 뿐 아니라 주일학교의 신앙화를 형성하는데 공헌하였다.[256] 특히 과거 초등학교 교사나 아동문학에 관계했던 이용신, 오기선, 김성호 등 서울신학교 학생들이 중심이 되어 조직된 주일학교 교육연구회가 주일학교연합회와 연계하여 주일학교 교육에 새로운 전기를 마련하였다. 이 연구회는 주로 어린이 설교법, 주일학교 조직관리, 동화 구연, 노래 등에 대하여 연구하고 보급하

---

255 『기독교대한성결교회 제9회 총회회의록』 36-38.
256 이종무·송기식·채준환, 『교회학교 50년사』 (서울: 기독교대한성결교회 교회학교전국연합회, 2001), 150.

는데 힘을 기울이는 한편, 방학을 이용해 순회 교사강습회를 주도하면서 주일학교가 더욱 체계적이고 실제적이 되도록 기반을 마련하는 등 교단 교육의 선구자적 역할을 감당하였다.[257]

이처럼 주일학교 운동가들과 주일학교 교육연구회원들의 상호협력으로 한국성결교회 주일학교 발전의 기틀이 마련되었다. 이에 힘입어 교단 제10회 총회기간인 1955년 4월부터는 약 1년 여간 주일학교운동의 활성화를 위하여 '전국 주일학교 배가운동'이 진행되었다. 이 운동은 기독교 교육의 지도자들의 질적 수준 향상을 통해 어린이들의 수적 부흥과 함께 그리스도인다운 아름다운 생활을 하도록 하는데 주안점을 두었다. 주일학교 연합회는 전국교회의 적극적인 참여를 독려하기 위해 동양선교회 주한선교부의 지원을 받아 모범적인 교회 10곳을 선정하여 시상하도록 하였다. 또한 교사강습회에 주력하여 주일학교 배가운동을 성공적으로 이끈다는 계획 하에 1년에 1회 이상 지방회 혹은 감찰단위로 주일학교 교사강습회를 개최하기로 결의하였다.[258]

이 운동에 대하여 선교사 에드윈 킬보른은 "하나의 새로운 정신적인 일치와 목적을 두고, 서로 힘써 일하고 협동심을 발휘한다

---

257 『제 9회 총회회의록』(1954), 38.
258 이종무 외, 『교회학교 50년사』, 151.

면 그와 같은 정신을 성취시키고 이런 경쟁을 통해서 누구나 교회로 인도해 오도록 자극을 주기 위함"[259]이라고 설명하였다. 주일학교 배가운동은 총회에서도 적극적인 지원을 받아 전교단적 차원으로 확대되었고, 그 결과 성결교회 주일학교의 놀라운 성장을 이끌어내었다.

또한 주일학교연합회는 전문적인 문서 발간을 통해 독특한 신앙문화를 형성하였다. 1954년 주일학교 전문기관지로 창간된 『어린 양』은 남영호 장로의 공헌 속에서 재정적인 어려움을 무릅쓰고 1956년까지 매회 2천부씩 격월로 발행되었다. 『어린 양』에는 교수지도법, 주일학교의 중요성, 교사의 사명감 고취, 설교법, 동화법 등은 물론 현장감 있는 실제적인 자료들이 수록되어 있어 전국의 교사들로부터 큰 호응을 받았다. 이뿐 아니라 『어린 양』은 당시 한국 기독교계의 유일한 교사 잡지로, 자기계발과 눈높이 교육을 원하는 주일학교 교사들의 좋은 길잡이가 되었다.

이처럼 주일학교 연합회의 다양한 활동은 1950년대 성결교회의 주일학교가 괄목할만한 성장을 하는데 주요한 역할을 담당하였다. 1957년 12월 말이 되면서 주일학교 학생수는 52,237명으로 49,145

---

259 『어린양』(1955년 5/6월호), 1-2.

명이었던 장년 신자수를 앞지르기 시작하였다.[260] 주일학교 배가운동은 교회의 주일학교 교사를 교육하고 어린이를 청년회의 핵심 구성원으로 성장시킴으로써 교회의 부흥성장에 크게 이바지하였으며, 이는 이후 한국성결교회가 6-70년대에 급속히 성장할 수 있게 한 밑거름이 되었다.

5. 각종 사회사업 활동

성결교회가 본격적으로 간접 전도를 활성화하게 된 시기는 해방 이후 국가를 재건하기 시작한 때부터였다. 1950년대는 해방 이후 연이어 닥친 한국 전쟁으로 인해 한국 사회가 지금껏 겪어보지 못한 가장 비참한 현실에 직면하고 있었다. 전쟁으로 인한 사상자가 200만 명, 행불자가 20만 명, 납북자가 8만 5천 명, 전쟁미망인이 30만 명, 고아가 10만 명으로 총인구의 절반 가까이 되는 국민들이 고통으로 신음하였다. 살아남은 사람들은 모든 것이 무너진 폐허 위에서 불안과 두려움 가운데 하루하루를 살아가고 있었으며 이들의 생활기반을 확보하는 것이 한국 사회의 가장 시급한 선결 과제가 되었다.

이러한 상황 속에서 성결교회는 사회사업 활동을 통해 국민들

---

260 『제 12회 총회회의록』(1957), 64; 『제 13회 총회회의록』(1958), 91쪽 통계표 참고하라.

의 고통과 어려움을 공감하고 필요를 채우며 그들로 하여금 기독교에 대해 더욱 관심을 가질 수 있도록 돕는 계기를 마련하였다. 직접 전도운동이 선호 되었던 예전과는 달리, 시대적인 요청과 미국교회를 비롯한 세계 각국 구호 단체에서 보내온 막대한 양의 구호물자로 인해 사회사업이 본격화되며 복음전도의 영역이 사회사업으로 확대되었다. 그동안 직접 전도를 본질적 사명으로 인식하며 사회운동이나 사회사업 등에 대해서는 소극적이었던 성결교회가 전도의 활동을 간접 전도의 영역까지 확장시킨 것이다.

성결교회에서는 사회사업 유지재단을 구성하여 총액 52,084,150환을 확보하였고 1956년 5월 22일에는 보건부장관의 인가를 받았다.[261] 성결교회의 사회사업에 관련한 시설물들은 양로원, 육아원, 영아원, 모자원, 나환자 수용소, 탁아원, 학생 기숙사가 대부분이었다. 1954년 희년총회 시에는 이러한 시설들이 미가입 시설을 합하여 34개소에 달하였으며 양로원 1개, 육아원 22개, 영아원 2개, 모자원 6개, 나환자 수용소 2개 등 총 4,430인을 수용하고 있었다.

특히 동양선교회를 통해 들어온 수많은 구호물자의 공급은 성결교회로 하여금 활발한 사회활동을 가능케 하였다. 1950년 6 · 25 전쟁 이후 수많은 전쟁고아, 미망인, 불구자의 생활이 큰 사회 문제

---

261 기독교대한성결교회 역사편찬위원회, 『한국성결교회사』, 454.

로 대두되자, 구호 단체들은 서울 수복 이후부터 더욱 광범위한 구호운동을 활발하게 전개해나갔으며, 조직력을 갖추기 위해 1958년 10월에는 세계구호위원회(WRC)가 결성되었다. 동양선교회의 엘마 킬보른은 동양선교회와는 별도로 이 일을 전담하였고, 물자 책임자로는 J. B. 크라우스 목사, 실무책임자에 고경환 장로 등 10명의 사무원들이 세계구호위원회의 일원으로 활동하였다. 이들이 막대한 구호물자들의 국내 공급 통로가 되면서 전후 성결교회의 사회사업은 더욱 활성화되었고 급속히 확장되었다.[262]

이들은 성결교회를 통하여 강원도 벽촌과 전라도 도서 지역의 사회구호 및 빈민 신자 구호품을 배급하는 한편, 도시 교회 주변 빈민을 위하여는 우유배급소를 두어 전도의 기회를 마련하였다. 또한 탁아소를 세워 어린이 보양사업을 시작하였고 무산아동 구호 및 문맹 아동교육을 실시하였으며, 한강변 이촌동에 재민교회를 세워 구호운동을 전개하였다. 사회사업뿐만 아니라 교회와 학교, 제방공사나 간척사업, 염전사업 등 국가 건설사업에도 크게 기여하였다.[263] 이러한 WRC의 지원은 수복 이후 성결교회 발전의 한 축이 되었다.

---

262 『제14회 총회회의록』(1959), 46; 『제15회 총회회의록』 429-30.
263 이천영, 『성결교회사』 138-9.

비록 직접 전도 중심의 교단이 사회사업에 힘쓴 결과 발생하게 된 이견과 분열이 분란의 원인을 제공하기도 했지만, 전도를 할 수 있는 관계 형성의 중요한 장을 만들었다는 점에서, 그리고 사회와 동질감을 가지고 함께 아픔과 어려움을 나누었다는 차원에서 사회사업은 성결교회의 성장과 발전에 큰 도움이 되었다고 평가할 수 있다.[264]

6. 군 선교활동과 군목

성결교회는 한국 군목제도의 설립과정에도 깊이 참여했을 뿐 아니라, 장병들의 사상지도와 사기 양양 그리고 복음전파의 사명을 받은 많은 군목들을 파견하였다. 한국교회는 해방 후 미 군목제도의 영향을 받아 군목제도 실시를 위해 노력하여왔다. 1948년 11월, 당시 해군 참모총장 손원일 제독은 감리교의 정달빈 목사를 정훈감으로 초빙하고 해군 전도를 목적으로 용산에 예배처소를 마련하여 주일마다 군인중심으로 예배를 드리기 시작하였다. 이것이 군 선교활동의 시작이었다.

그러다 앞서서 살펴본 바와 같이 전쟁 중 UN군의 군목활동이 소개되면서 군종 활동의 중요성이 알려지게 되자 마침내 1950년

---

264 하도균, "교단 분열 이전의 한국성결교회 전도활동에 관한 연구 – 1945년-1961년", 『신학과 선교』 제45집(2014): 199.

12월 21일 이승만 대통령은 국군에도 군목 제도를 두도록 제도화하였다. 이를 통해 군목제도가 공식적으로 조직되었고, 청년들의 복음화를 위한 군선교가 본격적으로 시작되었다.[265] 1950년 12월 육군 본부의 군목실 설치를 시작으로, 1951년 5월에는 해병대 본부에, 1952년 2월에는 공군본부에 군목실이 설치되었다.[266]

성결교회에서는 양석봉, 최익수, 최학철, 김홍순 목사 등이 육군 제1회 군목으로 입대하였다. 해군 군목에는 초교파 군목 30명 중 오봉운, 차몽구 목사 2명과 해병대의 황재열 목사가 본교단 군목으로 활발한 군종업무를 수행하였다. 한편 공군에는 18명의 군목 중 임동선, 허경상, 이성환 목사가 성결교회 출신으로서 공군 군종 활동의 주역을 담당하였다.[267]

초기 군목들의 급여는 각 선교부에서 부담하였는데, 성결교회의 경우는 동양선교회의 지원에 힘입어 비교적 많은 군목을 파견할 수 있었다. 희년 총회시 육군은 군목이 52명이었는데, 이는 가톨릭을 비롯한 초교파 군목 총 316명중 6분의 1에 해당하는 것이었다. 1954년에 이르러 육본에 군종감실이 설치됨으로 제4대 군종감에는 양석봉 목사가 임명되기도 하였다.

---

265 기독교대한성결교회 역사편찬위원회, 『한국성결교회사』, 456.
266 김광수, 『기독교백년사』, 129.
267 서울신학대학교 성결교회역사연구소, 『한국성결교회100년사』, 457.

성결교회의 군목들은 전도활동 이외에도 군의 정신교육, 군인교회 건립, 군민 합동의 활동으로 교도소 방문, 병원위문, 군 유가족위문, 민간고아원, 양로원 방문, 민간교회 개척, 장병 개인상담 등 군목 특유의 특수 사명을 가지고 활동하며 선교의 지평을 새로운 영역으로 확장하는데 기여하였다.

마. 사이비 종교와 성결교회의 대처

6·25 전쟁 이후, 혼란스럽고 불안한 사회적 분위기 속에서 각종 신흥종교가 우후죽순으로 발생하였다. 이때 세워진 기도원은 새로운 종교 현상의 근원지가 되었다. 집회 참여자들의 감정을 고조시키기 위해 박수를 치며 찬송가를 부르는 기도원의 집회는 전통적 예배형식과는 다른 분위기 속에서 진행되었고, 성령 체험의 표시로 방언, 예언, 입신, 신유 등의 신비스러운 종교 현상이 중시되었다. 신앙 치료를 위한 목적의 안찰과 방언이 평신도들 사이에서 인기를 끌며 대중화되기 시작하였으며, 이러한 집회에 참석한 신도들은 신비 체험에 지나치게 몰두함으로서 교계에 물의를 일으키기 시작하였다.[268]

---

268 한국기독교역사학회, 『한국기독교의 역사 3』 (서울: 한국기독교역사연구소, 2009), 71.

이처럼 전쟁 직후 해마다 계속되는 자연 재해, 전염병의 만연 등 절박한 위기의식으로 인해 기도원과 사설예배소, 오순절파 교회를 중심으로 방언과 신앙치유 같은 신비 체험이 신도들의 관심을 끌고 있을 때, 몇몇 새로운 신앙 집단들이 새로운 형태의 교리와 제의를 내세우며 등장했다. 그중 가장 대표적인 것으로는 김백문의 이스라엘수도원, 문선명의 기독교통일신령협회(통일교), 박태선의 한국예수교전도관부흥협회(전도관), 나운몽의 용문산기도원 등이 있었다.[269]

1930년대 백남주, 김성도 등의 신비주의적 신앙을 이어받은 김백문은 문선명에게 이를 전승하였다. 김백문의 문하를 벗어난 문선명은 1954년에 통일교를 설립하였다. 박태선과 나운몽이 기존 교회 밖에서 독자적 활동을 시작한 것도 이 무렵이었다. 전후의 폐허속에서 방황하던 대중들은 은사적·종말론적 신비주의 성향이 강했던 나운몽이나 박태선의 집회에 특히 더 많이 현혹되었다.

당시 이단·사이비 단체들이 설파했던 사상은 한국교회 존립에 심대한 악영향을 미치고 있었다. 그들은 주로 기성 교회(旣成敎會)와 교리에 대한 냉대에서 시작하여 기성 교회를 부패하고 타락한 사단적인 집단으로 공격하며 교회의 저변을 흔들어놓았다. 더 나

---

269 최신덕, "유사종교의 특이성," 『기독교사상』 (1965년 4월), 110.

아가 그들만이 선민이며 참 교회라고 주장하면서 종말을 준비하기 위해 신앙 공동체를 형성하는 한편, 교주가 자칭 메시아임을 공언하기도 하였다.[270]

전국의 많은 교인들이 이러한 이단에 속수무책으로 빠져들자, 한국기독교연합회는 이러한 이단 및 사이비 단체들의 도전에 직면하여 1955년 7월 연합회 창설 이후 처음으로 사이비한 신앙운동 경계에 대한 성명서를 발표하였다. 이 성명서에서 통일교는 기독교의 명칭을 딴 단체로서 제3의 경전을 창작하고 가정과 사회의 윤리도덕을 파손시키는 사교요, 전도관은 성령과 죄악을 물질화하여 군중에게 성신의 향기와 죄악의 악취를 맡으라고 강조하는 등 신앙도리에 합치되지 않는 운동으로 규정되었다.[271] 이처럼 한국교회는 적극적이고 강경한 이단 배제 정책을 통해 기존 신자들의 이탈을 최소화하기 위해 노력하였다.

성결교회도 적극적인 이단 대처에 앞장섰다. 1954년부터 기관지인 『活泉』을 통해 이단을 꾸준히 경고하는 한편, 제 11회 총회(1955년)에서는 이단 사이비 집단을 정죄하고 이와 연관된 자에 대한 징계를 다음과 같이 결의하였다.

---

270 민경배, 『한국기독교회사』 (서울: 연세대학교 출판부, 2007), 542-43.
271 김양선, 『한국기독교해방10년사』 (서울: 대한예수교장로회, 1956), 97.

> 이단 사설집단 단속의 건은 본교단이 신도 참가를 단속하기 위하여 이하 각 집단 즉 통일교, 박태선, 나운몽, 노광공, 안식교, 여호와의 증인, 만국성서연구회, 김애경, 백권사, 입신파, 방언파, 기타 비성서적인 집회를 이단사도로 결정하여 금후 해 집단과 교통하는 자는 심사 권면할 것이요, 이에 불응할 시에는 헌법에 의하여 처벌함이 가한 줄로 아오며, 본건은 보고대로 발기로 가결.[272]

이처럼 법적 장치와 문서선교 차원에서의 대응 이외에도, 성결교회는 강력한 부흥운동의 전통을 바탕으로 이단 대응에 있어서 그 특유의 장점을 발휘하였다. 당시 성결교회의 신학교는 '부흥사 양성기관'이라는 평을 들을 정도로, 부흥운동은 성결교회 성장의 원동력이었다.[273] 성결교회가 주도한 건전한 부흥운동은 한국교회와 사회에 깊이 각인되었고, 성결교회의 자랑스러운 전통이 되었다.

이러한 경험을 바탕으로 성결교회는 교단 또는 지방회 차원에서 기도원을 설립하는 한편, 한국교회의 대표적인 부흥사였던 이성봉 목사를 중심으로 연합부흥성회를 개최함으로써 이단 집회에 정면

---

272 『제11회 총회회의록』 (1956), 53-54.
273 고암생, "한국성결교단을 전망(2)", 『活泉』 (1954년 1월호), 47.

으로 맞대응하였다. 이성봉 목사가 인도하는 부흥회에서는 기사와 이적을 동반하는 회개와 부흥의 신비한 이적들이 수없이 나타났다. 그러나 그는 성서적 체험 교리에 입각하여 어느 한 극단으로 흐르는 것을 경계하였고, 교리와 체험이 조화된 성서적 부흥회를 주도함으로서 이단 사이비 집단의 발흥을 견제하고 성도들이 이단의 유혹에 빠지지 않도록 돕는 강력한 보루를 마련하려 하였다.

바. 교육사업

1. 여자성경전문학교 설치와 지방성경학교

해방 후 서울신학교는 남자부 본과를 중심으로 재건되었다. 그러나 여교역자 양성기관이 없는 것을 유감으로 여기어 1946년 4월 기존의 여자성서학원을 부활시킴으로써 성결교단에서 여교역자 양성은 다시금 재개되었다. 또한 1949년에는 본과에서 남녀공학제를 실시하여 3년제 중학교 과정을 이수하거나 그에 동등한 학력을 가진 23세 이상의 여자에게 배움의 기회를 제공하였다.[274]

1953년 피난신학교 시절에는 비상시국을 당하여 어려움을 겪고 있는 교역자 수급을 보충하기 위해 신설한 전수과를 이듬해 4월 3

---

274 "학생모집, 경성신학교, 『活泉』(1948년 8월호), 38.

년제로 변경하였고, 경성성서학원의 여자부 별과를 흡수하여 남녀 공학으로 전환하였다. 이 서울신학교 전수과는 1956년 총회에서 분립에 관한 논의가 있은 후, 이듬해에 폐지되었다.[275] 이에 따라 서울신학교가 감당해왔던 여교역자 양성은 다시금 그 통로가 소멸될 위기에 처하게 되었다.

이에 서울신학교는 1956년 4월부터 여교역자 양성을 위한 여자성경전문학교를 성결교회내에 설치하기로 하였다. 전수과가 폐지된 후, 서울신학교에서는 부속 여자신학원 설치를 총회에 청원하여 인준을 받았다.[276] 이렇게 탄생하게 된 성결교회 여자성경전문학교는 수업 연한이 2년이었다. 입학 자격은 중학교 및 고등성경학교 졸업자로서 만 25세 이상에 해당하는 자에 한하였다.[277] 그러나 1959년 본과생 대다수의 군입대로 인해 교역자 보충을 목적으로 전수과를 다시 모집하게 됨에 따라, 부속 여자신학원은 전수과로 편입 후 폐지되었다. 한편 지방에서는 1963년에 대전성서신학교가 대전여자성서신학교로 개명되어, 1979년 제 34회 총회에서 대전신학교로 개명되기까지 40여 명 이상의 교역자를 배출하였다.

수복 이후 성결교회의 교역자를 배출하는 공식적인 기관은 서

---

275 『제 11회 총회회의록』 (1956), 48.
276 『제 13회 총회회의록』 (1958), 85; 『제 14회 총회회의록』 (1959), 54.
277 『제 11회 총회회의록』 (1956), 54.

울신학대학이었다. 그러나 재정이나 시간, 위치적 여건 등 서울신학대학에서의 학업을 위해 필요한 자격요건을 충분히 갖추지 못하였음에도 신학교육을 받고자 하는 학생들을 배려하고, 더 많은 사람들이 사역자나 평신도 지도자로서 훈련받을 수 있는 기회를 제공하기 위해 성결교회는 1950년대에 고등성경학교, 학기제 성경학교, 장단기 상설 성경학교, 이동 성경학교 등 다양한 성경학교들을 개최하였다.[278]

단기 성경학교에 해당하는 사례로는 경북고등성경학교의 경우를 들 수 있다. 학생들은 1956년 9월 20일부터 10월 15일까지의 한 달 여 기간 동안에 열왕기상, 욥기, 골로새서, 디모데전서, 잠언 등 성경을 비롯하여 성경 해석에 필요한 영어와 한문, 그리고 음악 과정을 교수 6명으로부터 배웠다. 한편 전남고등성경학교는 이보다 더 큰 규모인 학기제 성경학교에 해당하며 주야간 50명을 모집하였다. 경기·서울 지역은 아현교회에서 서울신학대학 부설 전수과와 야간신학교(수도신학교)를 통하여 고등성경학교와 성서신학교 생들을 수용했다. 강원지역은 단기 이동성경학교를 개설 운영하기도 하였다.

이러한 성경학교들의 입학 자격은 지방이나 시기별로 조금씩 차이

278　이천영, 『성결교회사』, 136.

를 보이기는 하나 대체로 비슷하였다. 예를 들어 영남고등성경학교의 경우, 입학 자격은 중학교 졸업 혹은 그와 동등한 학력을 가진 17세 이상의 세례 신자나 학습 신자에게 주어졌으며, 담임교역자의 추천서가 필요하였다. 수업 연한은 3개년이었으며, 성경전서, 교회사, 구약 사천년사, 성서지리, 기독전, 종교교육 등 신학 과목 이외에도 헌법, 국어, 역사, 지리, 사회생활, 한문, 영어, 음악 등의 기초과목을 배울 수 있었다.[279] 이를 통해 고등성경학교가 신학교육이나 교양교육 중 어느 하나에 편중하지 않고 학습자의 기초적인 소양훈련에 비중을 두었음을 알 수 있다.

고등성경학교와 지방 성경학교들은 서울신학교에 편입하기 위한 준비 과정이기도 하였다. 또한 성결신학을 소개하는 좋은 역할을 담당하였을 뿐 아니라 여교역자의 양성에도 크게 기여하였다. 이외에도 성경학교는 능력있는 복음전도자들을 양성하는데 기여하였다. 당시 성경학교 생도가 1,000명을 상회하였으며, 그 중 30% 이상이 복음전도 사역에 가담하였다는 동양선교회 측의 통계는 당시 전국에 개설된 성경학교들이 성결교회를 이끌어 갈 차세대 인력의 잠재력이 배태되는 토양으로 기능하고 있었음을 여실히 입증

---

[279] "영남고등성경학교 개학", 『活泉』 (1955년 5월호), 45.

하고 있다.²⁸⁰

2. 일반학교 설립과 기독교 교육

교육과 의료 사업 등으로 선교의 첫 문을 열었던 장로교와 감리교와는 달리, 성결교회는 선교초기부터 교육·의료, 사회 사업을 통한 간접선교보다 '직접 전도'를 강조하는 동양선교회의 영향으로 그 태동기부터 해방 이전까지 전도에만 주력해왔다. 킬보른은 "사회사업이나 교육사업으로는 영혼을 하나님께로 인도할 수 없다"²⁸¹며 간접 전도 방식을 비판하였고, 이명직 목사는 "세상을 구원하기 위한 방법으로서 유치원이나 야학은 결과도 없는 일"²⁸²이라며 사회사업에 대한 다소 부정적인 인식을 내비쳤다.

그러나 전쟁이 불러온 재난을 수습하는 과정에서 사회적인 참상을 목도하며, 직접적인 선교를 강조하여왔던 교단의 전통과는 다른 분위기가 형성되었다. 성결교회는 "초창기는 전도기였고, 해방 후는 조직기였고, 6·25 이후는 사업기"²⁸³라고 할 정도로 해방 이후 교육 및 사회사업에 적극적인 관심을 가지고 이를 통한 전도에 깊이 관여

---

280 기독교대한성결교회 역사편찬위원회, 『한국성결교회사』, 469.
281 E. A. 킬보른, "진정한 사자", 『活泉』(1926년 6월호), 1-3.
282 이명직, "전투하는 교회", 『活泉』(1928년 11월호), 1-2.
283 편집실인, "교계단상", 『活泉』(1954년 8/9월 합호), 45.

하며 이 시기의 부흥을 이끌었다. 특히 6·25 전쟁 이후 동양선교회의 지원을 받아 본격적으로 유치원부터 고등학교에 이르기까지 청소년들의 기독교 교육을 위한 학교들이 조직되고 세워짐으로 1950년대는 바야흐로 성결교회의 교육사업 전성기가 되었다.

성결교회의 교육사업에서 특히 강조된 것은 일반학교의 설립과 기독교 교육이었다. 교단부설인 영화중학교와 부여 성청농업기술학교 이외에도 성결교회 성도 및 교역자가 운영한 대신중학교, 균명중고(현, 환일고교), 평성여자중학교, 백암중학교, 성민여자상업학교(현 경복여상), 한영중고, 은산고등공민학교, 부여불량청소년선도고등공민학교, 원주상지대학교, 대명중, 숭의중고, 장항, 정의여고와 원의중학교, 덕원중고, 인천 등지의 맹아학교 등이 세워져 기독교 교육의 보급을 담당하였다.

한국성결교회 백년사

100th

One Hundred Year History of
the Korea Holiness Church

1907~2007

제5장

예수교대한성결교회 시대 (1961-2007년)

예수교대한성결교회 시대
(1961-2007년)

I. 교단 분립과 예수교대한성결교회 설립 (1961-1965년)

가. 1960년대 한국 사회와 교회의 상황

1. 한국 사회의 상황

1960년대 초 혼란한 정치적 상황아래 제3공화국은 조국근대화와 민족중흥의 기치를 내걸고 경제발전에 박차를 가하였다. 그래서 경제개발 5개년 계획을 세우고 이에 필요한 재원을 마련하기 위하여 1964년 일본에 개인청구권을 포기하는 대가로 무상으로 3억불, 유상으로 2억불, 민간차관 3억불을 받아 한일국교정상화를 이루었다.[1] 1963년에는 독일에 광부와 간호사를 파견하고, 1964년

---

* 제5장은 정상운의 『성결교회 역사총론』의 401-64의 내용을 기초로 하였음을 밝힌다.
1 고려대학교 한국사연구소, 『한국사』, (서울: 새문사, 2014), 529-30.

에는 베트남에 군대를 파병하여 여기에서 얻은 경제적 이익으로 베트남 특수를 누리었다. 이렇게 마련한 재원을 가지고 고속도로, 발전소, 제철소를 세웠고, 수출주도형 경공업을 발전시켜 한강의 기적을 이루는 초석을 다졌다.

한국교회는 1960년대 이르러 다른 어떤 시기보다 비약적인 부흥을 이룩하였다. 1950년 3,114개였던 교회가 1960년에 5,011개로 증가하더니 1970년에는 12,866개로 157%의 유래를 없는 성장을 이룩하였다.[2] 이러한 한국교회의 성장은 기독교 역사에서 그 유래를 찾기 힘든 괄목할 만한 결과였다.

한국교회 성장의 외적요인으로는, 당시 국민들은 6 · 25 한국 전쟁과 4 · 19혁명, 그리고 5 · 16을 겪으며 모두 정치적 불안감을 느꼈다. 또한 1960년대에 경제개발이 시작되면서 급격한 도시화 현상이 나타나 공동체 의식이 사라지고 인간관계에 있어서 소외감이 더하여졌다.[3] 수출제일주의 산업구조로 저임금의 열악한 노동환경이 빚어낸 불만과 상대적 박탈감이 심해졌다. 국민들은 이러한 환경에서 마음의 안정을 얻으려고 하나님께 의지하고자 하는 마음이 커졌다.

---

2 한국기독교역사학회, 『한국기독교의 역사 3』 (서울: 한국기독교역사연구소, 2009), 115.
3 Ibid., 122.

한국교회 성장의 내적인 원인으로는 먼저 부흥운동을 들 수 있다. 6·25전쟁 중에 시작된 밥 피얼스 목사와 빌리 그래함 목사 그리고 한국교회 부흥사들의 부흥회를 통한 부흥운동이 한국교회 성장에 일조를 하였다. 1965년에는 선교 80주년을 맞이하여 '3천만을 그리스도에게로'라는 표어로 기독교 전체가 대대적인 전도운동을 벌였다. 이 운동은 모든 교단이 함께 이룩한 최초의 전도운동이었다. 이 대회를 위하여 수년간 모든 교단 모든 교회가 기도와 전도로 수많은 결신자를 얻었다.

또한 학원선교를 들 수 있다. 처음에는 주로 미션스쿨을 중심으로 자체적으로 학원선교를 하였다. 그러다가 1958년 대학생선교회(CCC)가 창립된 후 네비게이토 선교회(Navigators)와 예수전도단(YWAM), 십대선교회(YFC)를 비롯한 여러 선교 단체가 들어오면서 본격적으로 많은 학교에서 학원선교가 이루어지게 되었다. CCC가 주최한 1974년 '엑스플로 74'는 대학생이 중심이 된 대형 전도 대회로 각 대학에서 이 대회를 준비하는 과정과 여의도 대회를 통하여 수많은 젊은이들이 주님을 영접하였다.

그리고 앞서 살펴본 바와 같이 군선교를 들 수 있다. 6·25전쟁 중에 시작된 군목제도는 전쟁 중에 생과 사를 오가며 죽음을 눈앞에 두고 불안해하는 젊은 군인들에게 전도하기에 좋은 기회를 마련하였다. 또한 1960년대 말에 시작한 '전군신자화사업'을 통해서도 많은 결실을 거두었다. 각 교단과 교회의 후원으로 군부대 안에 교회를 세우고 군목들과 군종사병들에 의하여 전도가 활발하게 이루어졌다. 처음 시작할 때 군인 중에서 기독교 신자가 88,000명이 었는데 1974년에는 178,000명으로 갑절의 성장을 이루었다.[4]

2. 한국교회의 재차 분열

전쟁의 참상을 딛고 일어서서 부흥하던 한국교회는 1960년대 들어와서 분열의 아픔을 재차 가지게 되었다. 신사참배 문제로 1952년 9월 고신교단으로 분열되고, 1954년 한국기독교장로회가 다시 분열되었던 장로교회는 1960년대에 들어와 재차 분열을 경험하게 되었다. 장로교 내에서 통합과 합동의 분열의 원인은 첫째는 장로교 신학교 부지 매입을 둘러싼 교장 박형룡 박사의 문제, 둘째는 에큐메니칼운동을 지향하는 WCC(World Council of Churches) 탈퇴 문제, 그리고 셋째는 경기노회 총회대의원 부정선출사건 때문이었다.[5] 당시 장로회 신학교 교장이었던 박형룡 박사가 남산에 있는 3만여 평의 땅을 불하받아 신학교를 건축하려다 토지브로커에게 속아서 대지 구입비용 3천만환을 사기 당하였다. 이 사건을

---

4 김인수, 『한국기독교회의 역사 하』 (서울: 쿰란출판사, 2012), 385.
5 정상운, 『성결교회 역사총론』 (서울: 한국복음문서간행회, 2004), 389.

두고 WCC를 지지하는 인사들은 교장이 모든 책임을 지고 물러나야 한다고 하였고, NAE를 지지하는 인사들은 교장이 돈을 쓴 것도 아니요 학교를 위하여 애쓰다가 토지 브로커에게 속아서 생긴 일이니 교장에게 그 책임을 묻지 말아야 한다고 하였다. 1959년 대전 중앙교회에서 열린 제44회 총회 때는 대의원이 가장 많은 경기노회에 서로 자파 대의원을 많이 세우려고 서로 다투다가 WCC측은 연동교회에서 모여 총회를 속개하고, NEA측은 승동교회에서 모여 총회를 속개하였다.

1960년 2월 17일 새문안 교회에서 WCC측 총대들은 승동측 일부 총대와 각 선교부가 통합총회를 열어 '통합측'이라고 명명하였다. 그리고 1960년 12월 13일 승동교회에서 NAE를 지지하는 승동측 총대들은 10년 전에 갈라져 나간 고신 교단과 함께 합동총회를 열어 '합동측'이라고 부르게 되었다.[6] 이것이 교회연합기관 즉 WCC 문제로 초래된 장로교회의 세 번째 분열이다.

나. 성결교회 교단 분열의 원인

1. 성결교회와 연합기관

6　김인수, 『한국교회의 역사』, 224-25.

가) NCC(National Council of Church)[7]

한국교회 연합운동은 1905년 조선에 파송된 선교사들이 '선교사 연합회'를 조직하면서 시작되었다. 1911년 '장·감연합회'가 조직되어 교회연합사업을 시작하였고, 1924년 '조선예수교연합공의회'가 조직되어 초교파 연합회가 탄생하게 되어 세계 교회와 유대관계를 맺기 시작하였다. 1946년 9월 3일 한국기독교연합회(Korean National Council of Church)가 창립되었고, 한국교회의 연합운동은 이때부터 주로 NCC를 통하여 이루어졌다.[8] NCC에는 장로교, 감리교, 성결교, 구세군, OMS를 비롯한 국내외 선교부와 교회 기관 등 많은 교단과 선교 단체들이 가입하였다. 성결교회는 박현명 목사가 NCC 3대 회장을 지내고, 김창근 목사는 1953년과 1957년에 NCC 회장을 지낼 정도로 활발한 교회연합 활동을 하였다.[9]

성결교회는 NCC 회원으로 찬송가 합동위원회를 구성하여 합동찬송가와 성서공회를 통하여 성경을 발간하고, 기독교서회를 통하여 기독교 서적을 보급하였다. 또한 밥 피얼스와 빌리 그래함 같은 부흥사를 초청하여 대규모 전도집회도 함께 개최하였다. 그러다가

---

7 NCC는 오늘날 NCCK, KNCC로도 부르는 한국기독교회협의회(National Council of Churches in Korea)를 말한다.
8 정상운, 『성결교회와 역사연구 (V)』 (서울: 성결교회와 역사연구소, 2004), 120.
9 성결교회 역사연구소, 『한국성결교회100년사』 471-72.

해방 직후 결성된 NCC는 앞서 살펴온 바와 같이 6·25 한국 전쟁으로 인하여 폐허가 된 상태에서 1948년에 암스텔담에서 결성된 WCC(World Council of Churches)로 부터 많은 구호물자를 받으면서 자연스럽게 WCC지부로 전락되었고, 해가 거듭 될수록 그 의존도가 높아지게 되었다. 그러다 보니 자연히 WCC가 지향하는 교회 연합과 일치를 추구하는 에큐메니칼운동에 동조하게 되어 자유주의 신학에 편승하게 되었다.

WCC가 문제가 된 것은 1954년 미국 에반스톤에서 열린 WCC 제2차 대회로 이때 공산권 교회 지도자들이 옵저버 자격으로 참석하였다. 이때 자유주의 학자들이 공산주의를 옹호하며 중공을 승인하고 UN에 가입시키자고 주장하여 WCC의 용공성(容共性) 문제가 제기되었다. 이 대회에 한국 대표로 참석했던 김현정 목사는 WCC에 대하여 긍정적으로 바라보았고, 명신홍 목사는 신학적으로 문제가 있다고 부정적으로 바라보았다. 당시에 한국교회는 WCC에 대하여 상반된 두 가지 견해를 가지고 있었다. WCC에 대하여 긍정적인 사람들은 한국교회가 세계 교회의 흐름에 동참하며 교류를 해야 한다는 입장이었다. 그러나 부정적인 사람들은 WCC는 교회일치가 아니라 교회 연합을 꾀하고 있고, 신학적으로 자유주의 노선을 받아들이고, 그리고 공산주의를 지지하는 용공적인

성향까지 띠고 있다고 보았다.[10]

1961년 뉴델리에서 열린 제3차 대회 때 이루어진 WCC와 IMC(International Missionary Council)의 통합은 세계 선교 방향을 부정적으로 바꾸어 놓았다. 이제 선교는 타문화와 타종교와의 대화로 변질되었고, 천주교와의 일치를 모색하였고, 그리고 공산주의 국가 러시아 정교회를 회원으로 받아들였다. 그런데 한국은 공산주의로 인하여 나라가 분단되었고, 6·25전쟁을 통하여 공산주의자들이 저지른 만행을 잊지 않고 있었다. 그래서 한국교회는 공산주의에 대하여 대단히 부정적인 시각을 가지고 있었다. 이러한 상황에서 공산주의 종주국 소련의 러시아 정교회의 WCC 가입은 한국교회로서는 받아들이기 어려운 문제였다. WCC에 대하여 김응조 목사는 신학적으로, 사상적으로 문제가 있음을 다음과 같이 지적하였다.

> WCC는 성경유오설을 주장하며 성경을 과학으로 해석하며 성경 중에 과학으로 해석 할 수 없는 신비적 이적 기사 같은 것은 신화, 전설, 상징, 추상, 시적으로 해석 할 수 있다고 주장하며, 성경 중에 과학으로 증명 할 수 없는 동정녀 탄생으로부터 이적 기사 같은 것도 이상

---

10   박용규, 『한국기독교회사 2』, (서울: 생명의 말씀사, 2006), 971.

의 방법으로 해석하므로 현대인에게 이해 할 수 있도록 해석하는 방법이다.

- 중략- WCC는 세계 교회를 하나로 만들어 단일 교회 주의로 지향하고 있는 것은 사실이다. 이 이념을 실현하기 위하여는 두 손을 내밀어 왼손으로는 공산세계의 그룹에 있는 소련의 정교회와 악수하고, 오른손으로는 로마 카도릭 교회와 악수를 하고 있음을 엿볼 수 있다. 1961년 11월에 인도 뉴델리에서 열리는 WCC 제3차 대회에 소련의 정교회를 가입시키는 동시에 소련 비밀 공산당원인 32세의 대주교 니코딤을 중심한 16명의 대표가 참석하여 대회를 좌우했다는 사실은 너무나 유명하였다. 우리가 WCC를 용공단체라고 생각하는 것도 이 까닭이다. - 중략 - 로마 카도릭의 요한 23세는 말하기를 모든 세계의 기독교인들은 아버지 집으로 돌아올 날이 있을 것이다. 우리는 아버지 집 문을 열어놓고 하나님의 자녀들이 돌아오기를 기다린다 하였다. 이 말을 세밀히 생각하면 루터 종교개혁이후의 이후의 모든 신교인들을 탕자같이 보고 탕자가 회개하고 아버지 집으로 돌아오라는 뜻이다. 루터의 종교개혁을 WCC가 스스로 말살시키고 있는 것이다.[11]

---

11 김응조, "세계기독교협의회(WCC)는 어디로 가는가?", 『活泉』 통권 318호 제1집, (1963), 40-41.

나) NAE(National Association of Evangelical)[12]

1948년 조선신학교에서 김재준 목사의 자유주의 신학에 문제를 제기하고 나온 정규오, 박창환, 김준곤 등 51명의 신학생들이 중심이 되어 뜻을 같이하는 사람들과 함께 복음주의 모임인 '신앙동지회'를 조직하였다. 그러다 6·25전쟁이 한창 중인 1952년 7월 한국에 구호물자를 보내주던 미국 NAE 구제위원회를 통하여 미국 NAE와 교류를 하게 되면서 그들도 같은 복음주의 신앙을 가지고 있음을 확인하고 한국 NAE를 조직하게 되었다. 이들은 박형룡 목사를 고문으로, 정규오를 회장에, 조동진을 총무로 선출하고 한국에서 본격적으로 NAE 활동을 시작하였다.

NAE는 "성경의 권위와 정통적 교리보수"를 내세우며 동일한 신앙 고백을 하는 모든 성도들에게 문호를 개방하였다. 그러나 WCC에 대하여는 "성경의 권위와 정통적 교리를 지키겠다는 의지를 지닌 NCC의 교파연합사업에는 협조하나 자유주의 신학은 찬성하지 않는다."고 하여 WCC에 대한 입장을 분명히 하였다.[13] 국제적으로 NAE는 개인의 순수한 신앙협동체로서 각 나라의 형편에 따라 단

---

12 배본철, 『예수교대한성결교회 여전도회 약사』 (서울: 도서출판 평신도성경읽기회, 2010), 120.
1942년 미국 세인트루이스에서 시작된 NAE는 개인구원의 완성을 목표로 한 복음적 신앙 고백을 하는 모든 성도들이 복음전파를 사명으로 하는 모임이다. 1951년 네덜란드 우드쇼튼에서 24개국 대표들이 모여 WEF를 조직하여 복음주의자들의 세계적인 조직체로 발전하였다. NAE는 WCC의 에큐메니칼운동이 세계 교회에 미치는 영향을 우려하였다.

13 박용규, 『한국기독교회사 2』, 973.

체의 명칭을 다르게 부를 수 있으나 다음의 7가지 신앙 고백을 엄격하게 지켜야 하였다.

1. 우리는 성경이 성령의 감동으로 기록된 유일 정확무오한 권세의 말씀임을 믿는다.
2. 우리는 성부 성자 성령의 삼위로 영존하시는 유일하신 하나님을 믿는다.
3. 우리는 그리스도의 신성을 믿으며 그의 무죄하신 생애와 그의 이적과 그가 흘린 피를 통하여 성취하신 대속적 속죄의 죽음과 그의 육체의 부활과 성부의 좌우에 승천하심과 권세와 영광중에 친히 재림하실 것을 믿는다.
4. 우리는 멸망받을 죄인이 구원을 얻기 위하여는 성령을 통하여 중생됨과 믿음으로 칭의됨이 절대 필요함을 믿는다.
5. 우리는 내주하시는 성령의 현존사역을 통하여, 기독신도는 경건한 생활을 살며, 주를 위하여 증거할 수 있음을 믿는다.
6. 우리는 구원을 받을 자나 못 받을 자는 한결같이 부활을 믿으며 전자는 영생부활에, 후자는 영벌의 부활에 들어감을 믿는다.
7. 우리는 그리스도 안에서 성도들은 영적으로 통일되어 그리스도

의 몸인 교회를 이룸을 믿는다.[14]

1954년에는 미국의 아이젠하워 대통령도 NAE가 발표한 7가지 신앙 고백에 뜻을 같이하여 서명하자, 이에 힘을 얻어 한국 NAE 활동이 더욱 활발해지게 되었다. 1955년 3월에는 WEF(World Evangelical Fellowship)의 라이트 총무가 방한하여 각 교파 지도자들과 만나서 조직을 확대하였다. 같은 해 4월 29일 제2차 총회 때에 장로교, 감리교, 성결교, 하나님의 성회가 포함된 초교파 전국적인 기구로 발전하게 되었고, 8월에는 한국 NAE가 WEF의 정식회원이 되었다.

성결교회는 1955년 4월 제10회 총회에서 교단적으로 가입하기로 결의하였다. 이명직 목사는 "NAE가 한국성결교회나 OMS의 신앙노선과 같이 복음적이고, 신학사조가 혼탁하여짐에 따라 세속으로 더불어 싸우는데 동무를 얻기 위하여 가입하였다."라고 하였다.[15] 1955년 2차 NAE 총회 때 성결교회는 총회의 결의에 따라 많은 목사와 평신도들이 가입하였고, 이때 김창근 목사가 NAE 회장에 당선되었다. 1957년에는 천순봉 목사가 총무로, 1959년에는

---

14 김창근, "복음주의자협회(NAE)운동에 대하여", 『活泉』 통권 258호, (1955. 5), 3-4.
15 이명직, "대한기독교복음신앙동지회원의 신앙 고백에 대하여", 『活泉』 (1955. 7), 1.

황경찬 목사가 회장이 되었다. 1959년에는 NAE 고문으로 이명직 목사가 장로교의 박형룡 목사와 함께 추대될 정도로 성결교회는 NAE 안에서 중추적인 역할을 감당하고 있었다.[16]

2. 성결교회 안에서 NCC와 NAE의 대립

성결교회 분열의 근본적 원인은 장로교단이 통합과 합동으로 분열되었던 원인과 마찬가지로 성결교회 안에서 벌어진 NCC와 NAE의 갈등과 대립이었다. 성결교회는 1946년에 NCC에 가입하여 한국교회의 연합사업에 적극적으로 활동하였고, 1955년에는 NAE에는 가입하여 중추적인 역할을 감당하고 있었다. 한 교단 안에 서로 다른 두 노선의 국제적인 연합기관에 가입한 것과 이로 인하여 발생한 정치적 주도권 다툼이 분열의 원인을 제공하였다.

> 교단 분열은 당시 외래교회 연합기관인 NCC와 NAE에 동시가입으로 인한 이념노선과 관련된 이해관계에서 비롯된 진보측 계열과 보수측 계열의 주도권 싸움이었고 성결교단 내의 신학적 논쟁과 관련된 본격적인 논쟁으로 야기된 분열이 아니었다. 따라서 분열의 직접원인은 한 교단이 성격이 서로 다른 연합기관(NCC와 NAE) 동시가입과

---

16 성결교회 역사연구소, 『한국성결교회100년사』, 478.

> 또한 16회 총회파가 연구하여 차기 총회 때 상정하여서 재론하지 않고 NAE에 대의원 파송을 감축한 다분히 정치적인 일방적인 결정에서 비롯되었다.[17]

성결교회가 NAE에 가입할 때만 하여도 양 기관 사이에는 별다른 문제가 없었다. 그런데 NCC가 1948년에 창립된 WCC에 가입한 이후에 점차 WCC적 이념을 구현하는 에큐메니칼운동을 하게 되었다. NAE도 순수한 신앙동지적인 모임에서 벗어나 점차 정치세력화 되어가면서 양 기관 인사들 사이에 갈등이 나타나게 되었다. NCC와 NAE 회장을 모두 지냈던 김창근 목사는 "NCC와 NAE는 각각 그 성격과 활동분야가 다르다. NCC는 교파연합단체로서 교파 간의 친선과 외부적인 역할이요, NAE는 신앙중심의 복음전파의 사명인 것이다. 그러므로 양 기관이 서로 충돌없이 각자의 입장에서 교회에 공헌하기 바라는 바이다."라고 하였다.[18] NCC는 교파연합이고 NAE는 개인적인 신앙중심으로 복음 전파를 사명으로 하기 때문에 서로 상충되지 않는다는 것이다.

그러나 NAE는 개인적인 신앙운동이기 때문에 성결교회가 교단

17　정상운, 『성결교회 역사총론』, 406.
18　김창근, "복음주의자협회(NAE)운동에 대하여", 『活泉』 통권 258호, (1955. 5), 4.

적으로 가입한 것은 NAE의 기본정신에 어긋나는 것이었다. 그래서 1959년 6월 총회장 김응조 목사는 성결교회가 NAE에 단체적으로 가입한 것을 취소하고, NAE 정신에 맞게 개인의 자유 가입의사에 맡기자고 하였다.[19] 그러나 NAE에서 성결교회가 중추적인 역할을 감당하고 있었기 때문에 NAE 인사들의 반대로 단체적 가입을 취소하지 못하고 말았다.

1950년대 말에 이르러 성결교회 안에서 보수 세력들과 진보 세력들 사이에 갈등이 나타나기 시작하였다. 보수 측 인사들은 NAE의 입장을 따르며 전통적인 보수신학을 따라야 한다고 하였고, 진보 측 인사들은 NCC를 지지하며 성결교회가 한국교회와 연합을 이루며 세계 교회의 흐름에 동참해야 한다고 하였다. NAE를 지지하는 인사들은 신학적 입장을 중시하여 NCC측을 용공단체, 자유주의 신학 단체로 보았고, NCC를 지지하는 인사들은 교회연합을

---

19 김응조, "공고", 『活泉』 통권 271호, (1956. 6), 45.

NAE의 관계에 대한 건

제10회 총회에서 전단체적으로 NAE에 가입의 형식으로 되어 있으나 기실은 NAE의 근본정신은 개인적 신앙동지자로서 결합된 단체이므로 단체적 가입이 있을 수 없고 당시회장으로 게시던 김창근 목사의 말에 의하면 단체적 가입이 아니고 단체가 가입하여도 (개인) 좋다는 의미로 되었고 NAE의 본부에서도 단체적 가입으로 되어있지 않고 개인적 명단으로 가입된 형식으로 되어있으므로 성결교회 단체적 가입이라는 풍설은 일체 이를 취소하고 현 NAE본부의 취급된대로 개인자유 가입에 일임하기로 총회임원과 지방회장의 동의하에 결정하였사오니 일반교회는 양하(諒下)하시기를 바라나이다.

1959년 6월 1일
총회장 김응조

강조하며 NAE측 인사들을 분열주의자로 보았다. 이러한 갈등은 성결교회를 전체적으로 양분시키고 있었다. 교단 내에서는 김홍순, 전영식 목사를 중심으로 하는 보수그룹과 김창환, 김정호 목사를 중심으로 하는 진보그룹으로 나뉘어 대립하며 갈등의 골이 점점 깊어가고 있었다.

이제 연합기관 문제는 성결교회 안에서 장로교의 분열된 상황이 그대로 나타나기 시작하였다. 그래서 NCC와 NAE가 서로 대립하여 갈등의 골이 점점 깊어져서 분열의 조짐이 나타날 바에는 차라리 동시에 두 연합기관을 탈퇴하여 교단의 평화를 이루자는 의견이 공감대를 형성하게 되었다. 그러나 두 연합기관으로부터 많은 재정후원을 받고 그 혜택을 누리고 있던 인사들은 연합기관 탈퇴를 결사적으로 반대하였다.

1957년 4월 29일 남산감리교회에서 개최된 제5회 한국 NAE 총회에서 'NAE 임원은 NCC나 ICCC의 임원이나 중앙위원을 겸임할 수 없다'는 중요한 결정을 내렸다.[20] 이 결정은 NAE가 다른 기관들과 입장이 다르다는 것으로, 이때부터 성결교회 안에서 NAE 탈퇴 문제가 본격적으로 거론되고, 이와 더불어 NCC 탈퇴 문제도 함께 거론되기 시작하였다.

---

20   박용규, 『한국기독교회사 2』, 974.

1959년 4월 제14회 총회에서 NAE 교파가입 철회의 건을 NCC 측의 김창근 목사를 중심으로 12명이 상정하였다. 그러자 NAE측도 김용은 목사를 중심으로 3명이 NCC 단체 탈퇴에 관한 건을 상정하였다. 그래서 총회에서 두 안건을 가지고 토론한 결과 두 안건 모두 보류하고 '교파연합사업 연구위원회'를 구성하여 1년간 연구하기로 결론을 내렸다.[21] 총회 후에 NAE를 지지하는 인사들과 NCC를 지지하는 인사들이 서로 극한 대립을 하게 되어 성결교회는 큰 혼란에 빠지게 되었다. 그러나 많은 목사들은 연합기관 문제로 교단이 분열되면서까지 두 기관에 가담할 필요는 없다고 보았다. 그래서 NCC와 NAE에서 모두 탈퇴하라고 종용하며 전국에 호소문을 발송하기도 하였다. 이명직 목사는 15회 총회를 앞두고 『活泉』에 사설을 통하여 지속적으로 에큐메니칼운동에 휩쓸리지 말자, 연합기관 문제로 분열되는 이때에 세속에 물들지 말고 한데 뭉쳐서 성결의 깃발을 높이 들자, NCC나 NAE나 개인적인 가입은 개인들에게 맡기고 단체에서는 교단적으로 탈퇴하여 하나가 되어 구령사업에 매진하자고 호소하였다.

> 우리는 이번 총회에는 NCC이고 NAE이고 간에 개인 가입은 그 사

---

21 『기독교대한성결교회 제14회 총회회의록』(1959), 14-93.

람 양심에 맡기고 단체적으로는 깨끗하게 탈퇴하고 다른 사람 싸움하는 편에 편들지 말아야 한다. 우리성결교회는 본래의 사명을 잊어버리지 말고 더욱 부흥시키어 구령에 매진하자 이 깃발 아래 하나가 되자.[22]

이를 통하여 15회 총회를 앞두고 NCC와 NAE 양측의 갈등과 대립이 교단적으로 대단히 심각했음을 알 수 있다. 결국 NCC와 NAE 탈퇴 문제가 성결교회 분열의 도화선이 되고 말았다.

다. 예성과 기성의 분열

1. 제15회 총회

1960년 4월 19일에 서울신학교에서 제15회 총회가 개최되었다. 총회장 오영필 목사는 개회 선언문에서 "우리는 복음적 신앙을 고수하고 세속주의와 이단 사설을 자퇴하며 일치단결하여 사탄에게 틈을 주지 말자."라고 선언하였다.[23] 총회장이 개회 선언문에서 일치단결을 주장하는 것은 그만큼 총회가 연합기관 탈퇴 문제로 지난 1년간 심한 갈등을 겪고 있었기 때문이었다. 15회 총회는 총회

---

22 이명직, "기독교는 왜 합하지 못하나", 『活泉』 통권307호, (1959. 10), 6.
　　이명직, "하나가 되어라", 『活泉』 통권 311호, (1960. 3), 2.
23 성결교회 역사연구소, 『한국성결교회100년사』, 495.

장에 김정호 목사를 선출하고, 당시 총회의 최대 관심사였던 '양측 탈퇴의 건'을 다루려 하였으나 4·19가 일어나 계엄령이 선포되어 정회되었다.

이러한 가운데 신학교에서 교수들 사이에도 '양측 탈퇴의 건'으로 인하여 갈등이 빚어졌다. NCC 회장을 역임한 김창근 목사는 NCC를 옹호하고, NAE 회장을 역임한 황경찬 목사는 NAE를 옹호하면서 그들을 지지하는 교수들이 둘로 나뉘어져 논쟁하였다. 젊은 유학파 교수들 가운데 박상증 목사는 NCC를 지지하였고, 장창덕 목사는 NAE를 지지하였다. 이렇게 NCC와 NAE 둘로 나뉘어져 갈등을 초래하였으나 대부분의 교수들은 이명직, 김응조 목사를 중심으로 복음주의를 지지하였다. 학장 이명직 목사를 중심으로 신학교 교수들은 에큐메니칼운동을 반대하며 '성결교회는 NCC에서 탈퇴해야한다'는 선언문을 발표하고 총회가 속회될 때에 신학교 강당 사용을 허가하지 않았다.[24] 그 이유는 당시 NCC측 인사들이 총회의 교권을 장악하고 있었기 때문에 신학교의 입장에서 NCC를 반대하고 교단이 복음적으로 하나가 되기를 원한다는 단호한 입장을 보여줄 필요가 있었기 때문이었다.

그래서 총회는 5월 20일에 장소를 옮겨 대전중앙교회에서 속회

24　박명수, 『이명직과 한국성결교회』, 295-96.

하였다. 이때 총회에서 다루어진 중요한 안건은 1년간 보류하였던 '양측 탈퇴의 건'이었다. 교파연합사업연구위원회는 지난 1년 동안 연구하였던 내용을 보고하였다. 그 내용은 "NAE는 그 정신에 맞도록 단체적 가입은 철회하고 개인적 가입은 자유의사에 맡기자. NCC는 우리의 복음주의 신앙으로 바라볼 때 문제도 있지만 한국교회의 교파연합기관으로 성결교회의 기본신앙에 지장을 주지 않는 한 탈퇴를 보류하자."는 것이었다.[25]

교파연합사업연구위원회의 보고를 받은 양측 대의원들 사이에 심한 논쟁이 벌어져 회의장이 극도로 소란하였다. 사태의 중대성을 인식한 총회 지도부는 이 문제를 가지고 공청회를 열었다. 공청회에서 신학교 학장 이명직 목사는 성결교회의 복음주의 입장에서 에큐메니칼운동은 비복음적이므로 NCC를 탈퇴를 강력하게 주장하였다. 그러나 학감 김창근 목사는 NCC에서 한국교회와 더불어 연합사업을 지속적으로 추진하기 위하여 NCC 탈퇴를 반대하였다. OMS의 엘마 킬보른 선교사는 미국에서도 NCC와 NAE는 서로 대

---

25 『기독교대한성결교회 제15회 총회회의록』, (1960), 14.
    1. NAE는 복음적 신앙동지자들로 결성된 단체이나 한국에 있어서 운영과정이 목적에 부합되지 못하여 단체가입은 필요가 무하므로 단체가입만 철회하고 개인적 가입은 자유에 맡기는 것이 옳다.
    2. NCC는 먼저 WCC를 언급하지 않을 수 없으니 WCC는 그 헌장에서 우리 주 예수 그리스도를 하나님이요 구주로 받아들이는 교회들의 사귐이라고 되어 있고, 전 세계적 전도사업과 세계구제 및 연합사업 면으로 보아 좋은 점도 있으나 우리의 복음적 신앙에서 볼 때 배치되는 점이 있음은 부인 못할 사실이다. 현재 한국교회에는 교파연합사업기관으로서 본 교단 가입이래 교단의 기본신앙을 고수함에 지장을 초래함이 없는 한 보류함이 가한 줄 아나이다.

립되지 않는다고 하여 NCC 탈퇴를 반대하였다. 중앙교회 황성택 목사는 NCC와 NAE를 탈퇴하고 본래 OMS 계통의 신앙으로 돌아가자고 제안하였다.

이렇게 열띤 공청회를 마치고 무기명으로 투표를 실시한 결과 대의원 84명 가운데 보류 43표, 탈퇴 40표, 기권 1표가 되어 보류하기로 가결되었다.[26] 이같은 결과는 보류파 인사들이 NCC는 아직 WCC적 에큐메니칼운동이 아니라고 대의원들을 설득한 결과였다. 투표 결과에 나타난 또 하나의 사실은 보류표 가운데는 OMS 선교사 3인의 표도 있었다.[27] 선교사들이 NCC 탈퇴 보류안을 지지한다는 것은 진보측을 지지하는 것으로 탈퇴안을 주장하였던 보수측과는 이때부터 거리감이 생기기 시작하였다. 이렇게 총회가 둘로 나뉘어 갈등을 겪고 있을 때, 선교사들이 중립을 지켜 양쪽을 오가며 화합의 길을 이끌어 내야 함에도 불구하고 한쪽 편을 지지하면서 분열의 불씨를 키우는데 일조를 하였다.

2. 제16회 총회와 복음진리동지회(보수동지회)

제16회 총회가 서울 희년기념관에서 1961년 4월 11일 목사 44

---

26 『기독교대한성결교회 제15회 총회회의록』 (1960), 14-15.
27 김응조, 『은총 90년』 (서울: 성광문화사, 1983), 98.

명, 장로 40명, 선교사 3명 총 87명의 총회 대의원이 참석한 가운데 개최되었다. 16회 총회에서 성결교회의 장래를 결정하게 될 중요한 안건을 다루게 되었는데 그것은 'NCC 및 NAE 동시 탈퇴안'으로 경기지방회장 이우호 목사가 제안한 것이었다. 14일 오후에 이 안건이 심의에 붙여졌을 때, 한명우 목사가 "이미 작년에 보류키로 한 것을 재론치 말자"라고 개의하였다. 그래서 두 안건을 가지고 표결에 붙였는데 40대 19로 한명우 목사의 개의안이 통과되었다.[28]

이에 대하여 이천영 목사는 "연합사업에 애착을 느끼는 대표자들은 반대하였으나, 이 안은 1년만 보류하고 더욱 연구하자는 것이다. 15회 총회는 43대 40이라는 근소한 차로 보류 결의를 보게 되었고 16회 총회에서는 1년 보류된 것이니 마땅히 재론돼야 됨에도 불구하고 일언반구 논의 없이 묵살되어버린 것이다."라고 하였다.[29] 15회 총회에서 'NCC 및 NAE 동시 탈퇴안'은 결의된 사항이 아니라 근소한 차이로 1년간 보류된 안건이었다. 따라서 16회 총회에서 당연히 정식의제로 재론되어야 마땅한 것이었다. 안수훈 목사는 그 이유를 "지난 1년 동안 몇몇 인사들의 꾸준한 정치 활동이 효과를 보게 된 셈이었다."라고 하였다.[30] 이러한 결과를 초래한 이

---

28 『기독교대한성결교회 제16회 총회회의록』(1961), 46.
29 이천영, 『성결교회사』(서울: 기독교대한성결교회 출판부, 1970), 147-48.
30 안수훈, 『한국성결교회 성장사』(LA: 기독교 미주 성결교회 출판부, 1981), 237.

면에는 교권을 장악하고 있던 보류파 인사들이 꾸준한 정치 활동을 통하여 대의원들을 포섭한 결과 'NCC 및 NAE 동시 탈퇴안'을 논의도 하지 않고 묵살시켜 버렸던 것이다.

그리고 양 기관에 성결교단의 대표를 파송하였다. NCC 대표는 김창근, 안창기 목사를 비롯하여 9명을 파송하였는데, 이는 지난 총회 때와 같은 인원이었다. 그에 반하여 NAE 대표는 황성주, 황성택 목사를 비롯하여 18명을 파송하였는데, 이는 지난 총회 때 31명보다 13명이나 줄어든 인원이었다.[31] 총회는 NAE 대표를 전년보다 절반 가까이 줄어든 대표를 파송하여 인사에 불이익을 주는 파행을 일으켜 탈퇴를 주장하는 인사들의 커다란 반발을 사고 말았다.

탈퇴를 주장하는 인사들은 총회의 불법성을 지적하면서 폐회를 앞두고 '양 기관 탈퇴안 재검토'를 긴급 동의안으로 제출하였다. 헌법에 의하면 성결교회는 복음주의 단체하고만 교류하기로 되어 있는데도 불구하고 NCC를 탈퇴하지 않고 보류한 것은 이 헌법에 위반되기 때문에 불법이라는 것이었다. 그럼에도 불구하고 '양 기관 탈퇴안 재검토'안은 번안동의로 폐기되고 말았다. 이에 격분하여 탈퇴를 주장하였던 조병두, 이성호, 박원준, 김동완, 이종규 목사 등 19명은 폐회 전에 퇴장하였다. 이들은 성결교회가 NCC와

---

31 "제14회 총회결의내용", 『活泉』 통권 304호 (1959년), 68-69.

NAE를 탈퇴하고 내적으로 하나가 되기를 희망하였던 것이다. 탈퇴를 주장하였던 인사들은 그날 저녁에 서울 무교동에 있는 송죽여관에 모여 '복음진리수호동지회'를 조직하였다. 이들은 한보순 목사를 임시회장으로 선출하였고, 성결교회를 대표하는 이명직, 김응조, 이성봉, 황성택 목사가 이들과 함께하였다.[32]

복음진리수호동지회는 5월 1일 '보수동지회'로 명칭을 변경하고 성명서와 결의문을 발표하였다. 성명서에서 NCC는 WCC의 지부화되어 자유주의 신학에 입각한 WCC적 에큐메니칼운동을 하고 있고, NAE는 본래의 목적에서 이탈하였음에도 불구하고 16회 총회는 정치적 다수의 힘으로 두 연합기관 탈퇴를 보류하였다. 보수동지회의 목적은 성결교회를 분열시키는 두 연합기관을 탈퇴하고, 순복음주의 신앙노선으로 돌아가자는 것이었다. 그리고 연합기관에서 탈퇴하는 날에 서로가 기쁨으로 합하게 될 것을 희망하였다.

성명서(요약)

두 연합기관이 초창기에는 교회 친목과 복음운동으로 시작하였다. 그런데 시간이 지남에 따라 NCC는 WCC의 지부화 되면서 비성서적인 자유

---

32 중앙성결교회 출판위원회, 『중앙교회 70년사』, (서울: 중앙성결교회, 1978), 85.

주의 신학사조로 흐르는 WCC적 에큐메니칼운동과 관련되어 있는 기관으로 드러나게 되었다. NAE는 본래의 목적에서 이탈하였다. 그래서 순복음 신앙을 가진 우리성결교회가 WCC적 에큐메니칼운동에 가지 못하는 이유를 첫째, WCC의 구성된 주요인물들이 자유주의 신학계열임은 세계가 주지하는 바요, 둘째로, 그 헌장과 그 운동이 비성서적이다. 그럼에도 불구하고 16회 총회가 두 연합기관 탈퇴를 보류한 것은 교단 본래의 신앙 사명 목적에 위배됨에도 불구하고 (헌법 제2조 3항, 제 3조, 제 16조, 제 160조) 정치적인 다수의 전횡으로 신성한 헌법이 유린되었다. 그러므로 참다못하여 본교단의 복음신앙노선을 수호하기 위하여 당연히 일어나서 신앙동지들을 단합하여 성결교회 보수동지회를 결성하고 전국의 교우들은 성결교회 본래의 순복음주의 신앙노선으로 돌아가는 이 성사에 적극 협력하심을 요망하나이다.

결의문

우리는 NCC 및 NAE 두 연합기관에서 단연히 탈퇴하고, 모든 세속적 부패성을 제거 광정하여 성결교회 본래의 순복음 신앙 노선으로 돌아감을 목적으로 한다.

다시 부언하는 바는 우리가 이렇게 동지회를 조직하고 성명서를 발표함은 절대 분파를 목적함이 아니요, 단지 탈선된 현교단 노선을 원상 복귀

케하는 동시에 교단의 평화와 일치를 위함이다. 그런고로, 보류를 강요한 형제들도 언제든지 두 연합기관에서 탈퇴하는 날에는 피차 기쁨으로 합치될 것을 믿고, 또는 그렇게 되기를 희망하면서 이 성명서를 발표하나이다.

성결교회 보수동지회
1961년 5월 1일[33]

이에 대하여 16회 총회측은 5월 9일 증경총회장과 임원 그리고 지방회장간의 연석회의를 갖고 대책을 논의하고 해명서를 발표하였다. 문제의 핵심인 연합기관 탈퇴 문제에 대하여 "NCC 및 NAE 탈퇴 문제는 매년 같은 문제로 총회를 어지럽게 하지 말고, 특별한 문제가 지난 1년간 발생되지 않는 한 같은 문제를 논의하지 말자는 다수 회원의 의도대로 토의가 보류된 것이다."라고 해명하였다.[34] 그러나 '다수 회원'이라는 말은 지난 1년 동안 연합기관을 통하여 이익을 얻는 인사들이 적극적으로 나서서 대의원들을 포섭한 결과에 불과한 것이었다.

보수동지회는 5월 15일 동대문교회에서 21명의 대의원이 참석

---

33 『복음진리동지회 회의록』(1961).
 보수동지회조직
 자문위원: 이명직 김응조 이성봉 김영순 김옥성, 중앙실행위원 위원장: 한보순
 부위원장: 황성택, 서기: 김동완 부서기: 전영식 회계: 이성호
 위원: 황성주 조병두 이종규 임사순 이정률 김영용 김우정
34 "총회해명서",『크리스챤신문』(1961. 5. 29), 2.

한 가운데 황성택 목사의 사회와 김응조 목사의 설교로 예배를 드리고 서울지방회를 개최하였다. 이명직 목사는 메시지를 통하여, "1961년 11월에 뉴델리에서 3차 WCC 대회가 열리는데 이때 WCC와 IMC가 합동한다. 한국 NCC는 IMC 회원이기 때문에 자동적으로 WCC 회원이 된다. 따라서 성결교회가 WCC적인 에큐메니칼운동을 반대한다면 더 이상 보류하지 말아야 한다. 그렇기 때문에 뉴델리대회 이전에 NCC를 탈퇴하여야 한다."는 것을 피력하였다.[35] 그리고 서울지방회에 이어서 경기, 경북, 경남, 전북, 전남지방회가 계속해서 조직되었다. 이는 보수동지회가 내걸었던 연합기관을 탈퇴하고 성결교회의 정체성, 즉 순복음 신앙을 수호하자는데 많은 교회들이 뜻을 같이하여 동참한 결과였다.

그러자 16회 총회측은 5월 30일 열린 임원회에서는 8월에 임기 만료되는 성결교회 재단이사 중에서 이명직 목사를 제외한 보수측 인사 김응조, 김영순, 허준 목사 등 3명을 임기만료로 처리하고 재선시키지 않았다.[36] 이렇게 보수측 인사들을 재임시키지 않은 처사는 자파 세력의 확장을 위한 진보측의 정치적인 무리수였다. 그것은 자신들이 정치적으로 우위를 점하고 있기 때문에 많은 교회들

---

35 "멧세지", 『크리스챤신문』, (1961. 5. 29), 2.
36 "재단쟁탈치열", 『크리스챤신문』, (1961. 6. 5), 1.

이 자신들을 지지해줄 것이라는 잘못된 생각을 하고 있었기 때문이었다. 이러한 무리한 행보는 보수측 인사들로 하여금 16회 총회 측과 더욱 멀어지게 하는 요인으로 작용하였다. 그래서 16회 총회는 교단 분열을 촉발한 불미스러운 총회가 되고 말았다.[37]

3. 보수총회

성명서를 발표한지 한 달이 되어갔음에도 불구하고 16회 총회에서 받아들여지지 않았다. 그래서 보수동지회는 1961년 5월 30일 독립문교회에서 보수총회를 개최하여 총회장에 김홍순 목사, 부총회장에는 황성택 목사를 선출하였다. 보수총회는 논란의 중심에 있었던 NCC와 NAE 두 연합기관에서 탈퇴하고 성결교회 본래의 복음신앙노선으로 돌아가는 것을 천명하였다.

그동안 OMS는 WCC에 대하여 태도를 불분명하게 하여 성결교회에 혼란을 가져왔다. 그러나 보수총회가 조직되자 그동안 한국의 상황을 지켜보던 OMS가 6월 13일 성명서를 통해 비로소 그들의 입장을 밝혔다.

> OMS는 복음주의 단체이며 미국에서 NAE를 비롯한 복음주의 단

---

37 안수훈, 『한국성결교회 성장사』, 237.

체들과 교류하고 있다. OMS는 에큐메니칼운동을 지지하지 않는다. 11월에 있을 뉴델리 대회에서 WCC와 IMC가 연합할 것으로 예상되는데, 이것은 WCC가 더욱 자유주의화 된다는 것을 의미한다. 따라서 OMS 지지자들은 NCC 탈퇴를 강력하게 요구한다.[38]

OMS가 6월 19일 NCC를 탈퇴하면서 교단 전체에 NCC 탈퇴를 강력하게 요구하였다. 그러나 16회 총회측은 7월 3일에 임원회를 열어 NCC 탈퇴 문제를 논의하였지만 결론을 내리지 못하였다. OMS가 NCC를 탈퇴했음에도 불구하고 16회 총회가 NCC를 쉽게 탈퇴하지 못하는 이유에 대하여 김기삼 목사는 "성결교회 사람들은 NCC 신학을 따르기 때문이 아니요, NCC를 통하여 들어오는 구호물자 때문이다. 따라서 구호물자로 인하여 타락하지 말아야한다."고 지적하고 있다.[39] 한국에 들어오는 구호물자의 많은 부분이 미국 NCC와 관련된 기관으로부터 들어왔기 때문에 NCC 탈퇴 문제가 그들로서는 쉬운 문제는 아니었다. 그렇지만 OMS가 NCC를 탈퇴했을 때 성결교회도 과감하게 NCC를 탈퇴했어야 하였다. 그러나 안타깝게도 NCC로부터 주어지는 여러 가지 혜택과 구호물자

---

38 "분열조장과 선동 경고, OMS서 에큐메닉 견해도 표명," 『크리스챤신문』 (1961. 6. 26), 1. "동양선교부 NCC 탈퇴," 『기독공보』 (1961. 7. 17), 1.
39 김기삼, "성결교회는 어디로 가나", 『크리스챤신문』 (1961. 7. 3), 2.

를 통하여 얻는 작은(?) 경제적 이익을 생각하다가 그만 교단이 합동할 수 있는 기회를 놓치고 말았다.

보수총회는 7월 27일 서울신학교 강당에서 400여 명의 교역자들이 모인 가운데 수양회를 열었다. 수양회에서 합동을 위한 특별집회를 가졌는데 강사는 이명직, 김응조, 이성봉 목사였다. 이 수양회에서 합동의 3대 원칙을 발표하였는데 그 내용은 "첫째는 16회 총회의 NCC 탈퇴, 둘째는 탈퇴 후 양측 총회임원은 총사직, 셋째는 합동 수습을 위한 양측 총대로 구성된 합동총회 소집" 등이었다.[40] 보수총회의 요구의 핵심은 NCC 탈퇴였다. 보수총회는 16회 총회 임원들이 총사직하고 양측 대의원들이 뽑은 새로운 인물들을 통하여 본래의 성결교회의 순복음 신앙으로 돌아갈 것을 기대하였다.

16회 총회측도 8월 1일 서울신학교 강당에서 교역자수양회를 개최하였다. 이때 임시총회를 개최하려고 하였으나 5·16으로 당국의 정치회합 금지조치가 내려 간담회 형식으로 모였다. 3일에는 50여 명의 총회대의원 회합을 갖고 분열된 교단을 수습하기 위하여 지금이라도 'NCC 및 NAE 동시 탈퇴안'을 만장일치로 결의하고 불참한 대의원들에게는 서면 결의를 받기로 하였다. 총회임원들은 최종 표결 일자를 8월 24일로 정하고 불참한 대의원들의 서면결의

---

40 "합동3개 방안을 발표, 교역자수양회는 따로", 『크리스챤신문』, (1961. 7. 24), 1.

를 받았는데 'NCC 및 NAE 동시 탈퇴안'에 대하여 대의원 87명 중 찬성 64표, 반대 8표, 기권 15표로 가결되어 공포하였다.[41]

그러나 보수측 총회장 김홍순 목사는 16회 총회측의 'NCC 및 NAE 동시 탈퇴안' 결의에 대하여 "첫째, NCC 탈퇴결의는 했으나 무슨 이유로 탈퇴한다는 공식 성명이 없다. 둘째, NCC 기관에 여전히 참석하고 있다. 셋째, 9월 15일 NCC 실행위원회에서는 성결교회 탈퇴포고를 2월 총회시까지 재의를 조정하기로 결정했다."라는 성명서를 발표하였다.[42] 보수총회는 16회 총회측의 NCC 탈퇴결의를 형식적인 것으로 보고 NCC 완전 탈퇴를 인정하지 않았다. 그 이유는 보수총회가 요구한 NCC를 탈퇴한 후에 총회 임원들이 모두 사직하라고 하였지만 거절하였고, NCC를 탈퇴한다는 공식적인 성명서도 없었고, NCC 산하기관에서 파송위원들이 여전히 활동을 하고 있었던 것이다. 그리고 3차 WCC 뉴델리 대회에서 성결교회가 여전히 한국 NCC 회원으로 등재되어 WCC 회원으로 보고되었다.

그럼에도 불구하고 합동에 대한 모임은 양측에서 계속되고 있었다. 보수총회측은 체부동교회에서 총회 임원 및 지방회장 연석회의를 갖고 16회 총회측의 임원들이 모두 사퇴하면 보수총회를

---

41 『기독교대한성결교회 제17회 총회회의록』 (1962), 16.
42 김홍순, "성명서", (1961. 10. 18).

해산하겠다고 하였다. 16회 총회측도 총회임원 및 지방회장 연석회의를 갖고, 이제 NCC를 탈퇴했으니 보수총회와 지방회를 해산하고 서로 합동하자고 하였다. 그래서 9월 25일에 중앙성결교회에서 이명직 목사의 주관 아래 보수총회측에서는 황성택, 조병두, 전영식, 김영용 목사 등이, 16회 총회측에서 김창근, 오영필, 안창기 목사 등이 참석하여 교단 합동을 위한 모임을 가졌다. 보수총회측에서는 16회 총회임원 총사직와 NCC 관련기관 탈퇴를 요구하고, 16회 총회측에서는 보수총회의 해산을 요구하는 등 서로 대립되어 별다른 결과를 얻지 못하였다.[43] 16회 총회측은 총회임원들이 총사직한다는 것은 16회 총회가 불법총회였음을 인정하는 것이기 때문이라고 불가하다고 하였지만, 사실은 총회의 교권을 놓지 않겠다는 의지가 강하게 내포된 것이었다.

이렇게 양측이 대립하고 있는 중인 10월 5일 OMS로부터 양측에 성명서가 전달되었다. 그 내용은 "조속한 시일 내에 합동특별총회를 소집할 것. 그 총회는 양 총회 임원회의 결의로 시행할 것. 분열된 총회를 합동하기 위해서는 양측의 임원들이 다같이 사임할 것." 등이었다.[44] 이것은 합동을 향한 또 한 번의 기회였다. 당시 성결교

---

43 "성결교회 합동추진, 양측대표 연석회의서 미합의," 『크리스챤신문』 (1961년 10월 2일), 1.
44 "합동총회 즉각 개최 종용," 『크리스챤신문』 (1961년 10월 9일), 1.

회는 OMS의 권위를 전적으로 무시할 수 없던 상황이었다. 이에 이명직 목사는 킬보른 선교사와 공동으로 양측 총회 대의원을 소집하여 합동특별총회를 열기로 하였다. 그런데 OMS가 명확한 이유 없이 일방적으로 합동특별총회를 연기함으로 무산되고 말았다.

그리고 합동특별총회를 소집하라던 OMS가 갑자기 한 달 만에 태도를 바꾸었다. 1961년 11월 6일에 OMS 본부가 16회 총회를 지지한다는 성명서를 발표하였다. "성결교회가 그 태도를 정하고 NCC를 탈퇴한 이상 교단 합동의 지장은 완전히 제거되었으므로 우리들은 16회 총회를 합법적으로 지지한다."는 것이었다.[45] OMS가 합동총회를 권유했으면 당연히 시간을 가지고 리더십을 발휘하여 합동총회를 위한 노력을 다했어야 했다. 그런데 한 달 만에 갑자기 태도를 바꾼 것은 OMS의 경솔한 행동이었다.

> OMS는 10월 5일 양측에 조속한 시일 내에 합동특별총회를 소집하라고 하였다. 그러면 좀 더 인내심을 가지고 양측을 지켜보면서 합동을 위한 능동적인 역할을 해야 함에도 불구하고 갑자기 한 달 만에 태도를 바꾸어 16회 총회측을 지지한다고 하였다. 이것이 보수총회로 하여금 합동총회를 개최하게 하는 요인이다.[46]

---

45 『기독교대한성결교회 제17회 총회회의록』 (1962), 20.
46 정상운, 『성결교회 역사총론』 407.

결과적으로, OMS도 불분명한 리더십의 한계를 보여줌으로써 합동의 역할을 다하지 못하고 분열의 한 몫을 지게 되었다.

4. 합동총회

성결교회의 원로들은 11월 12일 교단의 합동을 위하여 '기독교대한성결교회 합동특별총회 준비위원회'를 구성하여 준비위원장에 이명직 목사와 서기 겸 회계 김응조 목사를 선출하고 '기성합동특별총회'를 소집하였다. 합동특별총회 발기 취지문에는 "우리는 원로로서 교단을 애호하는 일념에서 참다 못하여 눈물을 머금고 교단이 양분되어 죽어가는 이 찰나에 있어서 우선 살려놓고 본다는 자애적 일편단심으로 분연히 일어나서 양분된 교단통합을 위하여 합동특별총회를 발기케 된 것입니다."라고 하였다.[47] OMS의 처사를 지켜보며 안타깝게 여긴 교단의 원로들이 둘로 나누어진 교단을 하나로 통합하기 위하여 합동총회를 소집하게 되었다.

1961년 12월 19일 부산 동광교회에서 합동총회를 이명직, 김응조, 이성봉 목사 등 성결교회를 대표하는 인사들을 중심으로 보수총회측 대의원 60명과, 16회 총회측 대의원 36명 등 모두 96명의

---

47 박명수, 『이명직과 한국성결교회』, 314.

대의원들이 참석한 가운데 개최하였다.[48] 대의원들은 "본인은 금번 합동특별총회 소집에 대하여 16회 총회와 보수총회에 대한 관념을 떠나 백지로 돌아가서 합동특별총회를 위하여 노력할 것을 서약하나이다."라는 서약서에 서명하였다.[49] 이것은 보수총회도, 16회 총회도 백지화 하고 교단의 정상화를 위하여 열리는 합동총회에 대한 강한 의지를 보여준 것이었다. 그동안 합동총회를 무산시키기 위한 많은 방해공작들이 있었음에도 불구하고 이명직 목사의 사회와 이성봉 목사의 설교로 예배를 드리고 합동총회를 개회하였다.

합동총회에서는 보수총회와 과거 16회 총회를 모두 백지화하고, 합동총회를 기독교대한성결교회 제16회 총회로 부르기로 결정하였다. 또한 총회장에 김홍순, 부총회장에 황성택 목사를 선출하였다. 20일에는 주의 일꾼으로 부름 받은 24명에게 목사 안수식을 거행하고, 합동총회에서 자체적으로 신학교를 설립하기로 하고, 그리고 교회연합기관인 ICCC(International Council of Christian Churches)에 가입하기로 만장일치로 가결하였다.[50]

ICCC는 1948년 네델란드 암스테르담에서 맥킨타이어 박사가

---

48 "소식", 『活泉』 통권 315호 제1집, (1962), 44.
49 『기독교대한성결교회 합동 특별총회록』 (1961), 19.
50 정상운, 『성결교회 역사총론』, 402.
총회장 김홍순 목사 부총회장 황성택 목사 서기 이정률 목사 부서기 김동완 목사
회록서기 전영식 목사 회계 김영순 장로 부회계 이창수 장로

주도하여 설립한 신학적으로는 칼빈주의였지만 WCC와 공산주의를 반대하는 보수주의자들간의 국제적인 연대였다. ICCC의 멕킨타이어 박사 일행을 만나 교리, 주의, 행정, 각 방면을 오랜 시간 토의한 결과 우리와 동일한 신앙을 가지고 있다고 인정하여 ICCC에 가입을 결의하였다. 김응조 목사는 ICCC에 가입한 이유를 다음과 같이 말하고 있다.

> 우리가 이번에 국제기독교연합회(ICCC)에 가입한 것은 첫째는 우리의 신앙과 부합됨이요 둘째는 국제적으로 순복음주의의 단체와 보조를 같이하여 WCC의 부패와 속화로 더불어 싸우지 않으면 아니 될 필요를 깨달은 까닭이다. 이로써 우리 한국 순복음주의 성도들이 반복음주의자들과 세계적으로 투쟁하는 단계에 이르게 되었다.[51]

16회 총회측은 합동총회가 ICCC에 가입하였기 때문에 교단이 분열되었다고 하는데 그것은 16회 총회측의 주관적 인식에서 비롯된 것이다. 크게 보아서 성결교단의 분열의 근본적인 원인은 NCC

51　김응조, "성결교회의 진로", 『活泉』 통권 315호 제1집, (1962), 6.
　　김응조, "미국에서 본 세계관", 『活泉』 통권 316호 제2집, (1962), 14.
　　김응조 목사는 ICCC 대하여 "기독교 안에도 삼대 노선이 있으니, WCC를 중심으로 한 진리의 극좌노선과 ICCC를 중심으로 한 극우노선과 NAE를 중심으로 한 중간노선이 그것이다. WCC가 용공과 신신학으로 걸어가는 반면에 ICCC는 반공과 보수의 노선으로 걸어가고 있음도 부인치 못할 사실이다."라고 하였다.

와 NAE 탈퇴 문제이고, 합동총회의 ICCC 가입은 2차적인 원인에 불과한 것이다.[52]

이명직 목사는 "합동총회는 OMS를 이탈할 의도가 없으며, 다른 교파를 세운다는 설에 대하여는 오해가 아니면 이간책이다. ICCC는 교파도 아니요, 선교회도 아니요, 연합단체이기 때문에 여기에 가입했다고 하여 OMS와 단절하는 것이 아니다."라고 하였다.[53] 즉 NCC나 NAE에 가입했다고 OMS와 관계가 단절되지 않은 것처럼 ICCC에 가입했어도 OMS와의 관계에는 아무런 변화가 없다는 것이었다. ICCC와의 제휴는 성결교회의 19세기 성결운동에서 발원된 역사적 맥락에서 볼 때는 안타까운 일이었으나, 6·25 한국 전쟁을 치룬 당시 상황에서 피할 수 없었던 현실적인 귀결이었다.[54] 김응조 목사는 다음과 같이 말하고 있다.

> 그때의 어려움을 빈손 들고 신앙 하나만 가지고 나온 교단의 물질 곤란은 막심하였다. 그래서 우리는 부득이 하나님께 호소하기를 '우리의 후원자를 보내주소서' 하고 기도하지 않을 수 없었다. 하나님은 우리의 기도를 들으시고 우리가 생각지 아니한 사람을 보내시니 그는

---

52 정상운, 『성결교회 역사총론』, 406.
53 이명직, "합동총회에 대한 성명", (1961.12.31).
54 정상운, 『성결교회 역사총론』, 406-7, 456.

ICCC 회장 매킨타이어 박사이다.[55]

1962년 8월에는 암스테르담에서 열린 ICCC 세계대회에 김응조, 황성택, 한보순 목사와 김영순 장로 등 4명을 대표로 파송하였다.[56]

합동총회에 대하여 16회 총회측은 '사전에 협의나 사전 통고가 없이 이루어진 불법'이라고 하였다. 그리고 박명원, 한명우, 안창기 목사 등을 파송하여 ICCC를 탈퇴하고 돌아오라고 하였다.[57] 이에 합동총회측은 사전에 협의나 통고가 없었다고 하는데, 이미 여러 번 합동회의를 하였으나 16회 총회측이 의도적으로 결렬시킨 것이었다. 또한 16회 총회측이 한명우, 박명원, 안창기 목사 등을 대표로 파송하여 합동총회 개회 초에 총회를 중지하라고 발언을 하였다. 그러나 이들은 회원등록을 하지 않았기 때문에 회원으로서 발언권이 없음에도 불구하고 회원석에 들어와서 총회중지 발언을 일방적으로 하였는데 그것은 명백한 불법이었다.

55　김응조, 『나는 기도해서 얻었다』 (서울: 예성출판사, 1993), 184.
56　황성택, "연두사", 『活泉』 통권 315호 제1집 (1962), 6-7.
57　"성결교에 돌발사태!, 부산서 전격적인 합동총회 소집소동", 『기독공보』 (1961. 12. 25), 3.

전 성결교회 및 교직자 제위께 알리는 말씀

-중략- '16회 총회측에서는 협의나 사전 통고가 없었다' 하였으니 이는 생트집이다. 여러번 합동회의를 하였으나 그들이 고의로 결렬시켰는데 또 무슨 협의를 하란 말인가? 또 통지가 2일 전에 도착하였다 하였으니, 기쁜 통지를 보고도 오지 않은 것은 입으로 합동을 부르짖지만은 속으로 합동할 의사 없다는 것이 명백하여질 뿐 아니라 총회장대리 김창환 씨는 불법합동총회를 하지 말라 전보치고 자파명 대의원에게도 합동총회에 가지 말라고 전보를 쳤으니 이는 분명히 합동을 방해한 것이요, 평계 못할 것이다. 결론적으로 합동총회에 참석하지 않고 성결교회를 이탈해 나가는 행동으로 볼 수밖에 없었다. 한명우, 박명원, 안창기, 김문규, 김희원 씨가 합동총회 개회 초에 합동총회를 중지하라고 발언했다고 하니 이는 사실이다. 당일 한명우, 박명원, 안창기, 김문규, 김희원 씨는 회원등록을 하지 않았으니 발언권이 없음에도 불구하고 회원 석에 들어와서 함부로 방해공작발언 하였으니 불법이다.

1961년 12월 30일

기독교대한성결교회 합동총회

총회장 김홍순[58]

---

58   김홍순, "전 성결교회 및 교직자제위께 알리는 말씀", (1961. 12. 30).

한편 16회 총회측은 OMS가 자신들을 지지하자 무리한 행보를 시작하였다. 서울지방회에서 합동총회측의 이명직, 김응조, 이성봉, 황성택, 전영식 목사 등 8명을 제명시켰다. 또한 신학교에서 이명직, 김응조, 손택구 목사를 교수직에서 해임시키고 이사직에서도 합동총회측 인사들을 해임시켰다.[59] 성결교회를 대표하는 이명직 목사와 김응조 목사는 지방회에서 제명당하고, 신학교에서 해임되는 어처구니없는 일들이 발생하였다. 이러한 최악의 상태가 계속되면서 이제는 더 이상 함께 할 수 없는 분립의 길에 들어서고 말았다.

1962년 2월 21일에 아현교회에서 16회 총회측은 기독교대한성결교회 제17회 총회를 9개 지방회와 96명의 대의원들이 모인 가운데 개최하였다. 교단 총회를 4월에 개최하였던 전례에 비추어 볼 때 2개월이나 빨리 개최한 것이었다. 이것은 합동총회의 분립을 기정사실로 받아들이고 분열로 인하여 어수선한 총회를 하루속히 수습하려는 의지가 담겨있는 것이었다. 17회 총회는 총회장에 배문준, 부총회장에 오영필 목사를 선출하였다.[60] 이제 기독교대한성결교회는 17회 총회를 통하여 합동을 뒤로하고 완전히 서로 다른 독자적인 길을 가게 되었다.

---

59 "회원권 박탈", 『기독공보』 (1962. 1. 22), 1.
 "서울신학교에 인사조치", 『기독공보』 (1962. 1. 29), 1.
60 [기성 제17회 총회회의록], (1962), 1, 3.

라. 예수교대한성결교회

1962년 4월 23일부터 27일까지 제17회 합동총회를 한국성결교회 모교회인 중앙성결교회에서 이명직, 김응조, 이성봉 목사 등 성결교회를 대표하는 목사를 중심으로 원로목사 8명 목사 대의원 55명 장로 대의원 44명 기관 대표 5명 등 총 112명의 대의원 중에서 95명의 대의원들이 참석한 가운데 개최하였다.[61] 합동총회는 매일 저녁 이성봉 목사와 김응조 목사를 강사로 심령부흥회를 열었다. 24일 오후 2시에 시작된 개회예배는 총회장 김보순 목사의 사회와 이명직 목사의 설교가 있었다. 총회장 김보순 목사는 선언문을 낭독하고 헌법 제166조에 의하여 기독교대한성결교회 제17회 합동총회가 개회됨을 선언하였다.[62]

---

61 『제41회 연차대회 및 총회회의록』, (1962), 6-10.
62 『제41회 연차대회 및 총회회의록』, (1962), 11-13.

선언문

-중략- 반세기의 역사가 흐르는 오늘의 이 단체를 도리켜 볼 때 과거의 순복음의 씨는 다 사라지고 나날이 풍조를 따라 속화해가며 교직자는 교직자대로 교회는 교회대로 평신도는 평신도대로 성결단체의 근본정신을 잃케된 것을 바라볼 때 어찌 통탄치 않을 수 있겠습니까? 그러나 하나님의 자비와 사랑은 우리를 버리지 아니하시고 그 신앙의 뿌리를 찾어 한카락의 생명선을 그대로 사수하게 하시며 가진 모략과 환난 중에서도 주신 사명을 받을 수 있게 하시사 오늘의 귀한 종들을 가려내어 이 단체의 생명을 이을 수 있도록 하신 것을 주앞에 감사하여 마지않는 동시에 앞으로 더욱더 우리 주님의 지상명령이 무엇임을 자각해서 이 단체의 순수한 사중복음의 기틀을 지키어야 할 것입니다. -중략-
끝으로 우리 성결단체가 하나님의 성지로 다 하나가 되어 과거 이 단체의 본연의 정신과 순복음의 신앙을 되찾어 중생, 성결, 신유, 재림의 깃발을 높이 들고 앞으로 전진이 있기를 바라면서 기독교대한성결교회 제17회 합동총회가 개회됨을 선언하노라.

17회 합동총회에서는 앞으로 성결교회를 이끌고 나갈 지도자로 총회장에 황성택 목사와 부총회장에 한보순 목사 등 임원을 선출하였다.[63] 그리고 다음과 같은 3가지 중요한 사항을 결정하였다.

첫째, 성결교회 본래의 사명과 신조와 특색을 재확립하는 신앙노선을 확립한다.

둘째, 경남지방회장 김도명 목사외 4인이 내놓은 '총회횟수 소급계산 변경의 건'을 받아들여 교단연차대회 횟수를 교회조직 연대인 1921년으로 환원하여 '성결교회 제41회 연차대회 및 총회'로 한다.

셋째, 헌법수정위원회가 제출한 헌법 수정 및 보강 개정안에서 '기독교대한성결교회'라는 명칭 중에서 '기독'이라는 두 글자는 본래 1921년 성결교회가 조직될 때 부르던 '조선예수교동양선교회 성결교회'라는 명칭을 해방 후에 예수교를 기독교로 변경한 것임으로 다시 교단 조직 초기명칭인 '예수교대한성결교회'로 개칭한다.[64]

1962년 4월 24일
기독교대한성결교회
합동총회장 김보순

63 『제41회 연차대회 및 총회회의록』 (1962), 13, 92.
　　총회장: 황성택 목사(중앙), 부총회장: 한보순 목사(평택), 서기: 김동완 목사(송림) 회계: 김영순 장로(신흥), 부서기: 전영식 목사(독립문), 부회계: 정영식 장로(대흥)
64 『제41회 연차대회 및 총회회의록』 (1962), 42-43.

김응조 목사는 예수교대한성결교회로 개칭한 이유를 "성결교회 축복과 부흥시대의 명칭을 그대로 복구하는 것으로 이름을 고친 것도 아니고, 새로 만든 것도 아니라 교단 조직 초기 명칭을 도루 찾아 성결교회 본래의 신앙으로 돌아가자는 것이다."라고 하였다.[65] 총회장 황성택 목사는 『活泉』에 기고한 '전국의 성결교회 성도들에게!'라는 말씀을 통하여 교단 분립의 이유를 다음과 같이 말하고 있다.

> 1961년 4월에 이르러 우리 교단은 양개의 교단으로 분립하게 되었다. 그 이유는 1945년 재흥 이래 신앙사상이 상반되는 연합기관에 가입한 일로 인하여 교단은 신앙사상이 갈라지고 속화와 부패로 흐르게 되었다. 이를 염려하는 다수 교직자 및 성도들은 연합기관에서 탈퇴운동을 수년간 계속하였으나, 시일이 갈수록 탈퇴보다 도리어 보류운동이 강화되어 교단의 생명인 본래의 복음신앙과 사명을 상실케 되었으므로, 신앙 보수를 원하는 교회 및 지방 대표가 회집하여 연합기관에서 탈퇴하는 동시에 모든 세속적 부패를 제거하여 본래의 성결교회 복음신앙노선으로 돌아가게 하는 것을 목적으로 한 개혁총회 즉 '보수총회'를 조직하고 신앙부흥운동을 힘써왔고, 동년 12월에는 교단의 평화와 합동을 위하여 원로목사들로 조직한 합동특별총회 준비위원

---

65 김응조, "단체의 명의 복구에 대하여", 『活泉』 통권 316호 제2집, (1962), 5-6.

회 회장 이명직 목사의 명의로 합동특별총회를 부산에서 소집하였는데, 양측에서 97명의 대의원이 모여 평화로운 분위기 속에서 회무를 진행하는 동시에 본 합동특별총회를 기독교대한성결교회 제16회 총회로 결정하였고, 1962년 4월에 열린 제17회 총회에서는 신앙노선의 환원과 아울러 교단 연차 횟수를 교회 조직 당시 연대, 즉 1921년으로 환원하여 금번 대회 및 총회로 소급 결정하는 동시에 교단의 명칭도 그간 사용하던 '기독교'를 역시 교회 조직 당시 명칭인 '예수교'로 환원할 것을 대의원 전원이 기립함으로 만장일치 결의하였다.

예수교대한성결교회
총회장 황성택[66]

그리고 이러한 사실을 『活泉』을 통하여 공포하여 합동총회에 속한 모든 교회가 교단 명칭을 '예수교대한성결교회'로 일제히 바꾸게 되었다. 7월 30일에는 '예수교대한성결교회 헌법개정전권위원회'의 이름으로 예수교대한성결교회 헌장을 『活泉』에 공포하였다. 그 전문에는 "성결교회 본래의 복음신앙노선으로 환원하는 교단

---

66 황성택, "전국의 성결교회 성도들에게!", 『活泉』 통권316호 제2집, (1962), 8-9.

개혁의 거사"라고 헌장 공포의 의미를 말하였다.[67]

   8월 29일에 예수교대한성결교회가 교단 등록을 하게 되었다. 이명직 목사는 유언비어와 방해 공작에도 불구하고 하나님의 섭리가 운데 교단 등록을 하게 되었으니 이제 우리는 전통적인 성경 신앙인 사중복음을 전하는 사명을 감당하자고 하였다.[68] 이제 명실상부 예수교대한성결교회는 본래의 순복음 신앙노선으로 환원하여 한국의 대표적 보수교단으로 우뚝 서게 되었다. 교단 분립에 대하여 김응조 목사는 원인(原因)으로 선교사들의 변질된 신앙으로 보고, 중인(中因)은 구제 물품으로 인한 교회의 부패로 보고, 근인(近因)으로는 WCC나 NCC 가입 문제를 들고 있다. 15회 총회에서 근소한 차이로 NCC 탈퇴안이 1년간 보류되었는데, 16회 총회에서 이를 묵살한 것이 보수파의 큰 반발을 사서 분립의 지경에 이르렀다는 것이다.

---

67 예수교대한성결교회 헌법개정전권위원회, "예수교대한성결교회헌장 축 출간", 『活泉』 통권 316호 제2집, (1962), 4.

68 이명직, "예수교 성결교회 교단 등록 완료에 제하여 이명직 목사님 말씀", 『活泉』 통권 317호 제3집, (1962), 72.
    교단등록이 1962년 8월 29일자 제224호로 등록이 되었으니 이는 당연한 일이다. 등록을 신청한 후 허다한 방해 공작으로 시일이 지연된 감이 없지도 않지만, 그중에 하나님의 섭리가 있었다고 생각한다. 그동안 등록이 지연됨으로 인하여 무허가 단체니, 비밀결사니, 절대로 등록이 되지 않는다는 등 유언비어를 날조 선전함으로 혹 일반교회와 신자를 현혹케 한 줄로 생각한다. 그러나 이러한 중에서라도 보수총회로 합동총회로 제41차 연차대회 및 총회가 당연히 성립된 금일에 있어서 등록이 된 것은 여기에 하나님의 뜻이 있었다고 믿는 바이다. - 중략 -
    오직 우리의 참 마음은 받은 바 전통적인 성경 신앙인 사중복음을 더 자유롭게 증거함으로 우리의 사명을 완수하고저 함에 있는 것이다. 자 이제는 깨어라! 일어나거라!

그 원인(原因)을 삭고 한다면 선교사의 책임이다. 현재 선교사는 킬보른 선교사의 손자이다. 우리는 그 조부의 순복음적 신앙을 계승 받았다. 그러나 현재의 선교사는 변질된 신앙으로 지향한다. 금권 교권에 정치를 가미하여 인본주의로 단체를 끌고 간다. 중인(中因)은 구제 물품으로 교회를 부패케 한다. 교역자가 구제물품에 양심의 균형을 잃고 교회가 옥수수 가루 급식소로 인하여 부정을 감행함으로 하나님의 이름을 모독하고 사회에 욕을 먹고 교회안의 분쟁이 떠나지 않는다. 그리고 근인(根因)으로는 우리는 순복음이요 세속화한 WCC나 NCC에 가입할 필요가 없다. 모르고 가입했으면 탈퇴하여야 마땅하다. 그러나 선교사의 구호물자 뿌리가 여기에 속한 때문에 좀처럼 탈퇴를 원치 않는다. 1959년 대전 총회에서 선교사 3인이 보류편에 가담하므로 1년 보류를 결의했다. 1년이 지난 1960년 4월에 서울 총회에서는 3분의 2가 보류편에 가담한다. 이상 같이 할 수 없다는 의미에서 청년교역자 수십명이 총회에서 탈퇴하고 즉시 독립문 교회에서 분립선언을 하게 되었다.[69]

이로써 한국성결교회는 둘로 분립되어 1961년 16회 총회 시 474개 교회와 272명의 목사 중에서 예수교대한성결교회에는 과반

---

69 김응조, 『은총 90년』, 97-98.

수가 넘는 257개 교회(목사 128명, 전도사 121명, 장로 128명)가, 기독교대한성결교회에는 40개 교회가 적은 217개 교회가 소속되어 한 뿌리의 두 교단으로 지금까지 나누어 지내게 되었다.[70]

마. 성결교신학교 개교

1. 신학교 개교와 김응조 목사

1961년 12월 19일 부산 동광교회에서 개최된 합동총회에서 자체적으로 복음주의 신앙노선에 입각한 교회 지도자들을 양성하기 위하여 신학교를 세우기로 결의하였다. 그러나 신학교를 세우려고 하였지만 아무것도 준비된 것이 없는 상태였다. 그때 김응조 목사는 지난 40여 년간 한국교회에 대한 공적과 17종의 저서 중 특히 '신구약 성서 대강해' 6권의 저서가 인정받아 미국 훼이스 신학교(Faith Theological Seminary)로부터 명예 신학박사 학위를 받게 되었다. 그래서 1962년 5월 22일에 명예 신학박사 학위를 받으러 미국에 가게 되었다.[71] 미국에 가는 목적은 박사 학위를 받는 것이지만, 또 다른 목적은 미국에서 신학교 설립을 위한 기금을 모금하는 것

---

70   정상운, 『성결교회 역사총론』, 404.
71   "김응조 목사에게 명예 신학박사 학위수여", 『活泉』, 통권 316호 제2집, (1962), 59.

이었다.

그러나 막상 미국에 도착해보니 모금 활동에 어려움이 많았다. 모금 활동을 할 여비도 없고, 안내와 통역을 해줄 사람도 없었다. 미국에 가게 되면 모금이 잘되어 신학교를 세울 줄 알았는데 현실은 그렇지 않았다. 그는 생애에서 가장 고통스러운 시간을 훼이스 신학교 객실에서 보낼 수밖에 없었다. 그러나 김 목사는 절망하지 않고 하나님께 간절히 기도하였다. 그때 하나님께서 꿈에 나타나 미국 사람이 아니라 한국 사람을 통하여 신학교를 세워주겠다고 응답하셨다. 이에 김 목사는 용기를 얻어 한국에 돌아가면 신학교를 자신의 집에서라도 시작하겠다는 굳은 결심을 하게 되었다.

> 1962년 8월 8일 밤 몽중에 나는 여전히 신학교를 위해 애를 쓴다. 몽중에 음성으로 "하나님이 미국에만 계신가 왜 미국 사람을 의지하느냐, 한국에도 하나님이 계신다. 하나님이 계시면 한국 사람 가지고도 신학교를 할 수 있다." 몽중 대답 "네 옳습니다, 믿습니다" 깨고 보니 꿈이다. 새 용기가 생긴다. 믿음이 생긴다. 나는 돌아가서 내 집에서 신학교를 시작하겠다. 굳게 결심하였다.[72]

---

72 김응조, 『은총 90년』, 105.

김응조 목사는 미국에서의 결심대로 1962년 9월 20일 사택에서 50여 명의 신학생을 중심으로 복음주의 신앙노선에 근거한 '전인적인 하나님의 사람'을 양성할 성결교신학교를 개교하였다. 명예학장에 이명직, 초대 학장에 김응조, 부학장에 황성택 목사가 선출되었다.[73]

신학교를 운영하는데 물질적인 어려움도 많았다. 1963년 봄 학기에도 신학생을 모집하여 이제는 신학생들이 100여 명이나 되었다. 그 많은 신학생들이 47평의 공간에서 공부하며 숙식을 하였다. 1층 김응조 목사의 서재와 큰 아들의 신혼방을 학교 사무실로 쓰고 2층은 강의실 겸 숙소로 사용하였다. 당시 역사가 오래된 대부분의 교단 신학교들은 선교부로부터 도움을 받고 있었다. 그런데 성결교신학교는 특별한 후원자도 없는 상태에서 김응조 목사의 책을 판매한 수입에 많은 부분을 의존하고 있었다. 그럼에도 불구하고 학생들의 영적 상태는 대단하였다. 한 사람이 찬송하면 전체 학생이 찬송하고, 한 사람이 기도하면 전체 학생이 기도하였다. 함께 공부하고, 함께 먹고 자고, 비록 경제적으로 어려움은 많았지만 성

---

73 "성결교신학교 개교", 『活泉』 통권 317호 제3집, (1962), 73.
　　지난 41회 총회에서 조직된 성결교신학교는 9월 20일 중앙교회에서 성대한 개교예배를 드림으로써 발족되었는데, 금번 학기는 임시 김응조 목사님댁(충신교회) 이층을 개방하여 52명의 학생이 수양을 받고 있는데, 이는 마치 예루살렘 마가의 다락방을 방불케 하는바 있는 동시에 과거 성결교회 초창기의 성서학원 시대와 같은 수양생활을 하고 있다더라. 교수 및 강사진은 다음과 같다.
　　교수 이명직 박사, 김응조 박사, 황성택 목사, 강사 김치선 박사, 변홍규 박사, 김진홍 목사, 황성수 선생, 손택구 목사, 김의석 목사, 전해균 목사

령 충만하여 당시 상황이 엘리야의 선지자 학교의 형편과도 같았다.[74] 하나님의 은총은 이러한 어려움 가운데도 함께하심으로 많은 교회에서 신학교를 위하여 헌금으로, 때로는 물질로 도움의 손길을 보내왔다. 부산 동광성결교회 이갑희 집사는 신학교 건축을 위하여 서울 영등포 소재 땅 1500평을 바쳤다.

> 서울시내 교회에서는 성결교신학교를 위한 아름다운 봉사가 종종 있다고 전한다. 신촌교회에서 신학교를 위하여 4천원의 헌금과 사과 한 궤짝을 가져왔으며, 신흥교회에서는 신학생들에게 고깃국을 끓여 주라고 현금 1,000원을 보내왔으며, 개인적으로 간장, 된장 등을 가져 오는 숨은 봉사자가 계속 생긴다고 전한다. 또 충북지방 전의교회에서는 추수감사 헌금 시 어려운 신학생들을 위하여 특별히 한 것을 보내왔다.[75]

처음 신학교를 시작 하였을 때부터 교사(校舍)문제가 심각하였다. 김응조 목사의 47평되는 사택에서 50여 명의 신학생들로 시작하여 다음 학기에는 100여 명에 이르게 되었다. 김 목사는 부족한

---

74 성결대학교편, 『성결대학교 40년사』, (안양: 성결대학교출판부, 2002), 69-70, 81-82.
75 "신학교를 위한 아름다운 봉사", 『活泉』, 통권 317호 제3집, (1962), 80.

교사 문제가 미국에서 하나님께서 응답한 한국의 '숨은 성도'를 통하여 이루어지기를 기도하였다.[76]

2. 신학교 건축과 홍대실 권사

김 목사는 신학교가 시작하는 날부터 매일 새벽 2시에 일어나 하나님께 교사 문제를 해결해 달라고 간절히 기도하였다. 기도하기를 3개월 쯤 지났을 때 하나님께서 '기도만 할 것이 아니라 일어나서 일하라'는 음성을 들려주셨다. 순종하는 마음으로 오라는 사람은 없지만 방명록을 만들어 가지고 사람들을 만나기 시작하였다. 그러던 중에 이성호 목사의 안내로 드디어 하나님께서 예비하신 '숨은 성도' 중앙성결교회 홍대실 권사를 만나게 되었다. 홍 권사를 처음 만났을 때 큰 기대는 하지 않았지만 대화를 하는 가운데 성령의 역사가 있었다. 김 목사가 "권사님 웬만하면 신학교 하나 지어 바칠 생각은 없습니까? 선한 사업을 위하여 생각해 본 일은 없습니까?"라고 말하였을 때 성령의 감동을 받은 홍 권사가 3년에 걸쳐서 단독으로 300평의 교사를 헌납하기로 하였다. 이렇게

---

76 김웅조, "신교 교사 문제에 대하여", 『活泉』, 통권 317호 제3집, (1962), 83.
   김웅조 목사는 『活泉』을 통하여 전국의 교회에 신학교 교사 문제에 대하여, "제일 선결 문제는 교사를 건축하는 기지문제인데 적어도 200만원이 필요합니다. 바라옵기는 하나님의 능력으로 이 문제가 '숨은 성도'를 통하여 무난히 이루어지기를 기도합니다. 사람이 하지 못 할 것을 하나님은 하실 줄 믿습니다."라고 호소하였다.

된 배경에는 홍 권사가 6·25전쟁 중 38선을 넘어 올 때 "살아서 남한으로 우리 식구들이 무사히 넘어가면 하나님을 위하여 큰일을 하겠습니다"라는 서원이 있었다.[77] 그 서원이 김 목사를 만나 이루어지게 되었던 것이다. 그동안 새벽마다 드린 간절한 기도는 '숨은 성도' 홍대실 권사를 만나 한국에도 하나님이 계시다는 확실한 증거가 되었다.

> 기도를 마치고 나니 발걸음이 홍 권사댁으로 향한다. 이성호 목사의 안내로 홍 권사를 만났다. 내 생각에는 10만원이나 순순히 되었으면 다행으로 생각하는 판이다. 온 뜻을 설명하니 별로 난색을 보이지 않는다. 무슨 기적이 있을듯한 영감이 머리를 스치고 지나간다. 말이 진전되어 권사님 웬만하면 신학교 하나 지어 바칠 생각은 없습니까 선한 사업을 위하여 생각해 본 일은 없습니까 권사님 얼굴에 놀란 기색이 보여야 할 터인데 좋은 기색으로 나야 무슨 힘이 있습니까 - 중략 - 권사님의 묻는 말 목사님 얼마나 되면 할 수 있습니까 나는 건축에 대한 계획을 해본 일이 없는 때문에 확답을 못하고 다만 3층에 3백평은 되어야 하겠습니다. 권사님의 말씀 이것은 당년에는 어려우니 3년을 두고 매년 한 층씩 하도록 합시다. - 중략 - 3개월의 기도는

---

77 정상운, 『영암 김응조 목사와 신사참배』 (서울: 이레서원, 2001), 45.

> 이 한 시간에 미국에서 한국에도 하나님이 계시니 할 수 있다는 음성도 이 한 시간을 위한 음성이 되었다.[78]

그리하여 개교한지 7개월 만에 신학교 교사가 착공되어 1년 2개월 만인 1963년 11월 11일 서울 서대문구 행촌동 1-30번지에 눈물과 기도로 이루어진 연건평 238평의 3층 교사가 완공되어 헌당식을 거행하게 되었다. '믿는 자에게 능치 못함이 없느니라'(막 9:23)는 하나님의 말씀이 이루어지는 감격과 환희의 순간이었다. 김목사 사택에서 시작한 신학교는 행촌동에서 새로운 시대를 열게 되었다.[79] 다음해 홍 권사는 최초의 서원대로 62평 규모의 4층을 증축하여 약속한 300평의 교사를 헌납하여 전인적인 하나님의 사람을 양성하는 성결교신학교가 두각을 나타나게 되었다.[80]

그동안 성결교신학교는 1970년대에 들어와 짧은 기간 많은 졸업생을 배출하여 질적이나 양적으로 많은 성장을 이룩하였다. 신학교가 성장함에 따라 입학 인원이 많아져서 교육시설이 부족하게 되자 학장 김응조 목사를 비롯한 교직원들과 학생들은 넓은 교사를 위하여 하나님의 응답을 바라며 간절히 기도하였다. 이무렵 이

---

78 김응조, 『은총 90년』, 117-19.
79 Ibid., 120.
80 성결대학교편, 『성결대학교 40년사』, 85.

사장을 맡고 있던 홍대실 권사가 지병으로 병원에 입원을 하고 있었다. 김 목사와 학감 전영식 목사는 병원에 문병을 가게 되어 기도와 위로를 하던 중에 학교 문제가 나오게 되었다. 홍 이사장은 신학교의 장래를 의논하는 가운데 본인 이름으로 되어 있는 안양의 임야 2만 4천 평을 헌납하면서 그 곳에 신학교 교사를 건축하고 신학교를 안양으로 이전하자고 제안하였다. 홍대실 권사의 헌신으로 경기도 안양시 안양6동 147-2 번지에 1974년 8월에 신학교 건축을 시작하여 드디어 1975년 5월 30일 5층 높이에 연건평 1,160평의 안양캠퍼스가 준공되었다.[81] 김응조 목사는 안양캠퍼스를 준공하고 만나는 사람마다 "외국 돈은 1달라도 원조 받지 않고 순수하게 우리 돈으로 지은 한국 유일의 국산 신학교"라고 자랑하며 대단한 긍지를 가졌다.[82] 성결교신학교의 서울교사와 안양교사는 학장 김응조 목사의 기도와 이사장 홍대실 권사의 헌신이 이룩한 귀한 결과라고 할 수 있다. 성결교신학교는 안양캠퍼스를 통하여 안양시대가 열리고 서울캠퍼스는 야간으로 사용하면서 새로운 도약과 비약적인 발전을 이루게 되었다.

홍대실 권사[83]는 1901년 평안남도 용강군에서 부친 홍석필과 모

---

81 김응조, 『은총 90년』, 142-43.
82 성결대학교편, 『성결대학교 40년사』, 105.
83 홍대실 권사에 대한 생애의 글은 정상운, 『성결교회 역사총론』, 9-32에 "홍대실 권사: 예수교대한

친 정건백의 막내 딸로 태어났다. 1919년 장학섭과 결혼 후 경제적으로 축복을 받아 풍요로운 생활을 하였지만 마음 한 구석에 공허함을 느끼게 되어 물질이 전부가 아니라는 회의를 가지게 되었다. 25세 되던 해 하나님을 믿게 되어 입석교회에 출석하여 신앙생활을 하여 영적인 갈증을 해소하고 마음의 안정을 얻어 신앙이 날로 성장하였다. 1931년 남편을 전도하여 그와 함께 용강군 지운면 진지리에 당시에 큰돈인 200원으로 40평의 진지리성결교회를 세웠다. 1943년 일제에 의하여 성결교회의 재림의 교리가 천황의 존엄을 해친다 하여 교역자 수백 명이 검거되어 옥고를 치를 때, 홍대실도 검거되어 옥고를 치르며 갖은 고문에도 굴하지 않고 신앙의 절개를 지켰다.[84]

1954년 서울로 올라와 성결교회 모교회인 중앙성결교회에 출석하여 집사로 임명받아 신앙생활을 하였다. 1959년 부인회 회장으로 선출되어 부인회원들과 함께 수요축호전도를 하고, 성락원, 신학교, 미자립교회, 농촌교회 등을 후원하여 주의 일에 헌신하였다. 1962년부터는 신생부인회 전국연합회 임원으로 교단적으로 헌신하였고, 1964년 중앙성결교회 초대 권사로 세움을 받았다.

성결교회를 위해 예비하신 헌신과 믿음의 여장부" 논문으로 처음 정리되어 있다.
84   정상운, 『성결교회 역사총론』, 19.

1963년 성결교신학교의 교사(校舍)가 없어서 어려움을 겪을 때 행촌동에 300평의 4층 교사를 지어 하나님께 헌납하였다. 1968년 성결교신학교 4대 이사장에 취임하여 후학들을 위하여 헌신하다가 안양에 땅 2만 4천평을 헌납하여 오늘 안양에 성결대학교가 세워지는데 중추적인 역할을 하였다. 그뿐 아니라 생전에 진지리성결교회를 시작으로 강릉교회, 온양교회, 묵호교회, 속초교회, 백은교회, 고길리교회, 대전성결교회에 이르기 까지 모두 8개 교회를 신개척하였다.[85] 홍대실 권사는 자신과 가족들에게는 구두쇠로 불릴 정도로 근검 절약하며 살았지만 교회를 세워서 죽어가는 영혼에게 복음을 전하고, 그 일을 위하여 신학교를 건립하고 후원하여 필요한 목회자를 양성하는 일에는 아낌없이 드려서 하나님께 영광을 돌렸다.

1971년 3월 2일 70세를 일기로 하나님의 부름을 받았다. 성결대 성결관 앞에 세워진 비문에 "잘 오셔서 큰 일 하시고 잘 가셨습니다."라고 새겨진 것과 같이, 대실(大實)이란 이름에 걸맞게 하나님을 위하여 큰 열매를 맺은 아름다운 헌신의 삶을 살았다.

---

85 정상운, "홍대실권사," 『성결교회 인물전 제 7집』 (서울: 도서출판 두루, 2004), 389-90.

II. 교단 성장과 발전(1965-2007년)

가. 예성교단 내의 '예지예정' 논쟁

1. 논쟁의 배경

교단 분립의 상처와 아픔이 채 아물기 전에 이번에는 예지예정의 교리 문제를 가지고 교단 내에 신학적 정체성에 대한 논쟁이 일어났다. 1963년 손택구 목사가 1963년에 도미하여 에즈베리신학교(Asbuly Theological Seminary)에서 수학할 때 그 학교를 방문한 슈물(Halold E. Schmul) 박사의 권유로 성결집회에 참석한 적이 있었다. 요컴이 그 집회 강사로 참석했는데 손택구 목사는 그 곳에서 그를 만나게 되었다. 이 만남을 계기로 요컴은 1968년 IHC주한선교사 자격으로 성결교신학교에 교수로 올 수 있었다.

요컴은 성결파 하나님의 교회 목사였다. 요컴은 1948년부터 1968년까지 칸자스성서대학(Kansas City College and Bible School)에서 20년간 학감과 학장을 지냈다. 또한 그는 범교회성결대회(Interchurch Holiness Convention, IHC)의 중심 인물이었다. 20세기 중반 세계적인 성결운동의 양상은 온건파와 급진파로 구분되는데 범교회성결대회에 하나님의 성경대학(God's Bible College) 같은 곳은 후자에 속했다.[86] 1968년 2월에 손목사가 먼저 귀국해서 성결교신학교에서 가르쳤다. 그해 3월 요컴 박사가 가족과 함께 한국에 왔다. 그는 신학교 교수로서 철학과 성경과 성결신학을 가르쳤다. 그의 저서는 『이 세상』(*This Present World*), 『거룩한 길』(*The Holy Way: Studies in the Doctrine of Holiness*), 『성결신학』(*Theology of Holiness*), 『기독교신조 대조: 칼빈주의와 알미니안주의 연구』(*Creeds in Contrast*) 이 외에 10여 권이 있다. 당시 성결교신학교 학장은 김응조 목사, 학감은 전영식 박사, 교무처장은 손택구 목사였다.

요컴 박사가 한국에 온 후 1972년 7월 초 1972년 7월 초 제3회 교직자 하기대학이 대전 부강교회에서 열렸다. 낮 시간에 요컴이 성결론을 강의하면 손택구 목사가 통역했다. 밤 시간에는 부흥집회가 열렸다. 요컴 박사가 강의한 내용의 요지는 다음과 같다.

> 1972년 7월 초에 개최된 교역자 하기대학에서, 나는 정결신학에 대한 낮 강좌와 밤 집회 설교를 맡게 되었다. 나는 이 집회 동안에 맡은 책임에 대하여, 나의 전하는 말씀이 명백하고도 효과 있게 전달되어 짐으로써, 아직까지 그러한 체험이 없는 교역자 여러분이 온전한 정결의 은혜로운 생애에 들어갈 수 있게 되기 위하여, 깊은. 책임감과

---

86 http://www.cogh.net/about/holiness-heroes/yocum (2018. 8. 25).

기도로써 하나님께 호소하였으니, 그러한 간절한 기도는 나의 과거 생애에서도 드물 만큼 심각한 것이었다. 내가 한국에 온 이후에 계속하여 깊이 느끼게 된 사실은, 이때야말로 참된 정결의 부흥의 불길이 붙어, 한국 전역에 점점 퍼져 나아가야만 하겠다는 절실한 필요성이 있었던 것이다.

이 성결신학 강좌에 참석하신 분은 다 아시는 바와 같이, 나는 정결신학과 칼빈신학의 중요한 차이점을 제시하였고, 특히 죄에서 실지로 자유함을 얻을 수 있다는 점과, 또한 만일 누구나 주의 깊게 거룩한 생애로써 하나님과 동행하지 않으면 은총에서 떨어져, 받은 구원도 상실되어 떨어질 수 있다는 점을 분명히 말하였다…'.[87]

그런데 마지막 날 집회 시간에 전영식 학감이 목사안수 후보자를 대상으로 했던 헌법특강을 문제 삼았다. 하계대학이 끝난 직후 8월에 요컴은 『예지예정에 대한 웨슬리안 교리해석』(1972.8.25.)이라는 소책자를 학생들에게 배부하였다. 이는 전영식 학감의 주장에 대한 대응이었다. 전영식 학감은 『예지예정에 대한 성경적 해석』(1972.12.4.)이라는 소책자를 발행했다. 이 책 발간 이유에 대해서 전영식 학감은 "웨슬리안 알미니안적인 신학주의적 교리해석

---

87 Dale M. Yocum, 손택구 공저, 『성결과 예정: 성결교신학교에 관련된 교리적 고찰』 (서울: 성청사, 1972), 12.

을 하려고 이 사람 저 사람의 신학설을 인용하여 구구한 이론을 펴기보다는 성경적 교리해석에 중심을 기울임이 현명하고도 온당한 신앙적 교리해석 방법이라고 생각하기 때문이다."[88]라고 밝혔다. 또한 요컴 선교사가 예성의 전통적인 예지예정론을 칼빈주의적 예정론이라고 혹평함에 따라 우리의 예지예정론이 칼빈주의 신학적 예정론이 아니며 성경주의 웨슬리안 알미니안적 예지예정론이라고 밝혔다. 결국 양자 사이 벌어진 예지예정 논쟁은 교단 내 분립의 결과를 초래했다.

요컴 선교사가 김응조 교장과 전영식 목사의 신학에 신 칼빈주의 또는 온건칼빈주의라고 비판한 배경에는 예성과 ICCC(International Council of Christian Churches: 국제기독교연합회)와의 연대도 무관한 일로 보이지 않는다. ICCC 가입 문제로 인해서 교단 내에 많은 논란이 일어나고, 신학적 정체성에 대한 질문이 제기되면서 신촌교회를 비롯한 많은 교회가 기성으로 이적한 배경에는 이런 요인도 작용했다. 그러나 당시 예성이 ICCC와 연대한 이면에는 ICCC가 칼빈주의 단체였지만 이 단체의 주된 관심은 WCC와 공산주의를 반대하고 나갔기 때문에 보수주의자들 간의 국제적 연대를 중요하게 생각한 면도 간과할 수 없다.

---

88 전영식, 『예지예정과 성결』 (서울: 성광문화사, 1984), 48.

한편 교단 분립의 배경에는 앞서 살핀 교리적, 이념적 문제 이외에 신학교 문제가 있었다. 즉 예지예정이라는 교리적 문제로 교단의 분립을 초래했지만 그 이면에는 신학교의 지도권 문제를 둘러싼 몇몇 대표자들 사이의 갈등 요인도 있었다.[89]

2. 1973년 예성과 혁신의 분립

예성 제52회 총회가 1973년 5월 17일 개회되기 전에 신학 논쟁을 중재하려는 노력이 있었다. 그리고 이 중재 노력에 이어서 예성과 미국 오순절성결교회와의 제휴하려는 시도가 있었다. 1973년 총회 전에 예성 총회장 이대준 목사는 전영식 목사와 손택구 목사의 중재를 시도했으나 갈등은 더 격화되었다. 이런 상황에 이대준 목사는 미국 오순절성결교회(이하, 오성으로 줄임)가 한국에 선교의 터를 닦으려 한다는 소식을 접하고 미국 오순절성결교회와 제휴를 검토했다. 이 목사는 임원회를 열고 양측이 화해를 하지 못할 바에는 일정 조건에 부합한다면 오성과 제휴하는 것이 교단을 위한 일이라고 여겼다. 일정 조건은 신학교 측이 동의하는 것이고 '오성'이 신학교의 확충 및 총회보조금과 관련한 것들이다. 이런 조건으

---

89 배본철, "성결교회 역사 연합과 분열," 『성결교회와 신학』 (제13호, 2005봄), 158.

로 예성과 오성의 제휴가 성사 단계에 들어 갔으나 무산되었다.[90]

결국 1973년 4월 16일 예성의 진로를 놓고 임시총회가 열렸다. 이 총회에서 찬성 21표, 반대 48표로 가조인하는 데까지 갔던 '오성'과의 제휴 문제를 정기총회 때까지 보류하기로 했다. 이는 사실상 오성과의 제휴가 불가능하게 된 것을 의미했다.

1973년 5월 17-19일간 마포제일성결교회에서 제52회 총회가 개회되었다. 이 총회에서 전영식 목사측과 손택구 목사측의 대립은 계속되었고 해결점을 찾지 못했다. 이대준 총회장의 중재노력은 논쟁을 격화시킨 결과를 초래했다. 임시총회에서 보류된 오성과의 제휴안은 제52회 정기총회에서 반대 76표, 찬성 18표로 부결되었다.[91] 이 총회는 파벌간 격심한 심한 진통을 겪다가 결국 분열의 씨를 남기고 폐회했다.

결국 손택구 목사를 중심으로 모인 교역자들이 1973년 6월 4일 오후 8시 한국기독교수양관에 모이게 되었고, 제52회 총회 혁신 준비위원회에서 소집한 교직자대회가 개최되었다. 이 대회는 사실상 예수교대한성결교회 제52회 혁신 총회였다. 안타깝게도 성결교단(예성)은 소위 예성교단과 혁신교단으로 재차 분립되었다.[92]

90　이대준, 『은총85년』 (서울: 아태, 1995), 181-84.
91　『크리스챤신문』(1973년 5월 26일자).
92　한국성결교회 분립사건은 1936년과 1961년 그리고 1973년 3가지를 들 수 있다.

3. 1988년 예성과 혁신의 합동

1980년대 후반 들어 예성과 혁신 대표들 간에 지나간 과거의 분열을 극복하고 재합동을 하여야 한다는 논의가 시작되면서 상호 공감대가 형성되었다. 그것은 내적으로는 교단 합동이 미래의 교단 부흥발전의 원동력이 되고, 외적으로는 교회 연합과 일치 운동에 모범이 된다는 분명한 확신이었다. 하나님의 은혜 가운데 양측은 사중복음을 성결교회의 중심으로 하여 전 성결인이 성결을 추구함으로써, 분열의 과거를 화해하고 조건없는 합동을 이룩하였다.[93] 이 당시 예성 총회장은 강용조 목사이고, 연합총회 총회장은 손택구 목사였는데 분립 16년째 1988년 12월 13일, 서울 행촌동 총회본부에서 서로 한 자리에 모여 감격스런 화합의 예배를 드렸다. 이는 총회, 전국교회, 교역자 모두가 동의하고 찬성하였던 감사와 기쁨의 완전한 합동이었다. 그 결과 예성의 교세는 증가되었다. 당시 예성과 혁신 두 교단의 합동은 한국 기독교계에 신선한 충격을 주었을 뿐만 아니라 향후 한국교회의 일치운동에도 큰 귀감으로 남게 되었다.

---

93 권두메세지, "합동성명서", 『성결』 410 (1989. 1. 2), 22.

나. 성결신학교 안양캠퍼스 이전과 김응조 목사 소천[94]

홍대실 이사장의 대지기증을 통하여 성결신학교는 안양으로 캠퍼스를 이전하며 새로운 발전의 전기를 이루고 바야흐로 안양캠퍼스 시대의 막을 열었다. 1975년 10월 11일, 교단의 수많은 교역자들과 지역 유지들이 참석한 가운데 교직원과 학생들은 감격스러운 '안양교사 봉헌예배'를 드렸다. 이 자리에서 학교장 김응조 목사는 "하나님의 기적적인 역사로 본교가 안양에 새로운 캠퍼스를 마련하게 되었다고"고 감격하면서, "이 일을 위해 크게 봉사하신 홍대실 권사님의 공로는 본교의 역사와 함께 길이 빛날 것"이라고 치하하였다. 또한 성결교회가 자생적 개척으로 출발하였듯이 성결교신학교 또한 외국의 도움 없이 순수 자생적인 한국인의 헌신으로 세워졌을 뿐만 아니라 이처럼 크게 발전하게 된 것은 하나님의 섭리라고 강조하였다. 이후로 안양캠퍼스는 영암관(기숙사)를 건립하고, 이어서 중생관과 재림관을 건축하며 더 넓은 미래로 나아가는 기초를 놓게 되었다.

안양캠퍼스가 성장하고 발전하던 중 성결대 설립에 헌신하고, 성결교회뿐만 아니라 한국교회에 큰 영향을 끼쳤던 영암(靈岩) 김

---

[94] 본고는 『아름다운 대학교 성결대학교 40년사』를 중심으로 요약한 내용임을 밝힌다. 성결대학교 40년사 편찬위원회, 『아름다운 대학교 성결대학교 40년사』 (안양: 성결대학교 출판부, 2002)

응조(金應祖) 목사는 1991년 4월 17일 오전 7시 30분 자택에서 하나님의 부르심을 받아 소천하였다. 장례는 총회장(總會葬)과 학교장(學校葬)을 겸한 합동장(合同葬)으로 결정되어 1991년 4월 20일(토) 오전 11시에 대강당에서 영결예배가 거행되었다.

영암 김응조 목사는 성결대학교를 설립한 한국의 보수신학자이자 교육가로 기억된다. 무려 40여 권이 넘는 저서를 남겼으며 그 중에서도 『성서대강해』 저술 작업은 영암의 생애에 가장 큰 공헌으로 기록되고 있다.

성결대학교는 1991년 10월 22일을 기해서 문교부로부터 정규대학 개편 본인가를 받게 되어, 1992년 4월 1일, 교명을 『성결교신학대학』으로 확정하였다. 이어서 1995년 3월 1일 『성결교신학대학』에서 『성결대학교』로 교명을 변경하였다.

대학개편 본인가를 받은 것을 계기로 총장 성기호 목사는 성결대학교가 정규대학으로 명실상부한 질적 수준 향상을 기해야 한다는 판단 아래 세 가지 방향에서 적극적인 개혁을 추진하였다. '첫째, 특성화 방안으로 '전인적인 하나님의 사람'을 양성하는 대학으로서의 건학이념, 둘째, 교수의 질적 향상을 통하여 수준 높은 연구과 강의가 실현되는 교육환경의 조성, 셋째, 최고 학문의 전당인 대학으로서 대사회봉사의 활성화 등이다. 이러한 삼위일체적인 학사운영을 효과적으로 수행하기 위하여 교수와 직원과 학생들의 신앙

훈련을 강화하는 한편, 교수들의 학문적 자질을 제고하고 직원들의 행정 능력을 세계화의 추세에 맞도록 강화하는데 중점을 두고 최선을 다해왔다. 이러한 노력의 결과로 1999년 성결대학교는 한국대학교육협의회에서 실시한 대학종합평가에서 신학계 대학 중 최상위 대학으로 인정받았고, 2000년대에 들어와서 '동아시아를 넘어 세계로', '세상을 변화시키는 자랑스러운 대학, 성결대학교'의 기치를 내걸고 6개 단과대학, 6개 대학원을 가진 기독교 전인교육의 명문사학으로서 발전, 성장해 나가고 있다.

〈표 18〉성결대학교 역대 학장 및 총장(1962-2007년)

역대 학장	
1대 학장	김응조 박사
2대 학장	전영식 박사
3대 학장	이성주 박사
4대 학장	성기호 박사

역대 총장	
1-3대 총장	성기호 박사
4대 총장	김성영 박사
5대 총장	정상운 박사

다. 예성 80주년 기념관 봉헌

성결대학교는 오랜 숙원 사업이었던 예수교대한성결교회 교단 80주년 기념관 겸 대강당 공사 착공예배를 1999년 10월 25일 월요일 오전 11시에 성결대학교 대운동장에서 성대하게 드렸다. 당시 총회장이었던 장흥수 목사는 "이 예배당에 들어오는 자는 누구든지 예수의 보배로운 피의 구속함을 받아 주의 자녀가 되어 주님이 나의 구속자가 되심을 고백할 수 있기를 바란다"[95]고 설교하였다.

80주년 기념관은 교단창립 80주년을 기념하는 뜻으로 교단 결의에 의해 '예성 80주년 기념관'으로 건물 명칭을 정하였다. 안양시로부터 1997년 5월 30일에 교사 증축사업 실시계획 인가를 받음으로 시작하였으며, 6월 16일 건축위원회를 구성으로 기념관 착공을 시작하여 2001년 준공을 완료하였다.

2001년 10월 11일 목요일 오전 10시 30분, 예수교대한성결교회 80주년 기념관 준공 감사예배가 성결대학교 기념관 대강당에서 열렸다. 감사예배는 1부 감사예배, 2부 현판제막식 및 리셉션으로 나누어 진행되었다. 건물 명칭은 '예성 80주년 기념관'으로 하였다.

기념관은 지상 6층 연건평 3천 4백 52평으로 지어졌으며, 1층은 열린 강당과 기도실, 2층에는 교수연구실과 강의실, 소강당, 3층은 중강당과 강의실이 들어섰다. 4층은 강의실, 전시실, 대회의실이 마련되었고, 5층에는 강의실과 대강당이 들어섰다. 6층은 대강당의 중층이다. 강당의 좌석수는 소강당이 320석, 중강당이 638석, 대강당이 1817석으로 각 층마다 필요 시설이 자리잡음으로써 종

---

95 성결대학교 40년사 편찬위원회, 『아름다운 대학교 성결대학교 40년사(상)』 (안양: 성결대학교 출판부, 2002), 392.

합대학에 걸맞는 면모를 갖추게 되었다.[96]

라. 예성선교대회와 2.2.1 운동

1. 대회 개최의 의의

성결의 복음을 이 땅에 전파한 1907년 이래 예수교대한성결 교회는 창립 85주년을 맞이하여 그동안 받았던 복음의 빚을 갚는 성숙한 교단으로서 세계 복음화를 위해 앞장서기로 결의하고, 제 71차 총회를 통하여 1992년 예성세계 선교대회의 개최를 결의하였다.[97]

예성세계 선교대회는 범교단적 차원이 아닌 교단 중심의 세계 대회라는 점에 무엇보다 큰 의의를 가지고 있었다. 한국교회는 이 전까지의 대형 집회가 유명 부흥사 혹은 몇몇 대형교회가 중심이 되어 진행되다보니 막대한 인원 동원과 예산 집행에도 불구하고 일회성내지 소모적이라는 비난을 면치 못한 것이 사실이었다. 또한 집회 이후 후속 관리의 미흡으로 인해 집회때의 역동적으로 고조된 신앙의 열기가 지속되지 못한다는 한계도 갖고 있었다. 이러한 상황에서 교단적 차원의 예성세계 선교대회는 예성 교단의 선

---

96 성결대학교 40년사 편찬위원회, 『아름다운 대학교 성결대학교 40년사(상)』, 441.
97 신화석, "대회사" 양광석 외, 『예성세계 선교대회』 (서울: 예수교대한성결교회 총회, 1992), 6.

교응집력을 확인하고 전도열기를 확산시켜 나간다는 교단적 취지 이외에도 한국교계에서 실질적인 선교대회의 모범으로서 대형 집회의 이정표를 마련한 점에 높은 의의를 둘 수 있다.[98]

2. 대회 목적

'선교의 기쁨 · 선교의 도전'이라는 주제로 개최된 92 예성세계 선교대회는 1) 선교역량 극대화, 2) 선교 헌신자 발굴 및 인적 자원 개발, 3) 선교사명 재충전, 4) 교단 선교홍보 등을 목표로 39개 분과가 설치되었으며 목회자, 신학생, 평신도, 주일학교 학생에 이르기까지 연인원 3만 여명이 참여하는 교단 최초의 대규모 선교대회로 진행되었다. 92 예성세계 선교대회 선언문에 기록된 대회 개최의 목적과 선언은 다음과 같다.

> 1. 우리는 땅끝까지 이르러 나의 증인이 되라 하신 예수 그리스도의 지상명령에 게을리 하였음을 회개하고 각성하여 때를 얻든지 못얻든지 복음을 전파할 것을 다짐한다.
> 2. 우리는 복음 전파를 위해 열심히 기도하며 말씀생활과 전도 그리고 헌신적 봉사로써 교회의 지속적인 성장을 추구하며 교회

---

98 『교회연합신문』 1992년 10월 30일.

의 사명을 감당한다.

3. 우리는 죄와 이들 가운데 있는 영혼의 구원과 하나님 나라의 확장을 위해 지역 복음화와 북한 선교 아시아 선교 그리고 세계 복음화를 위해 헌신한다.

4. 우리는 세계 복음화를 위해 교회가 전 교인을, 선교를 위해 동원하며 모든 성도들은 기도와 헌금과 선교 헌신에 동참한다.

5. 우리 교역자는 섬기는 교회들을 선교 지향적인 교회를 만들도록 하며 교회가 효과적으로 선교에 참여하도록 한다.

6. 우리 선교사는 선교지의 영혼을 사랑하며 봉사와 섬김으로 사역에 임하며 선교지의 복음화를 위해 생명을 다해 일한다.

7. 우리는 예수교 대한성결교회의 2000년 2,000교회 100만 성도 목표를 이루며 2000년에는 교단 성도 1,000명이 1명의 선교사를 파송하는 선교 지향적인 교회를 만든다.

8. 우리는 효과적인 선교를 위해 선교 헌신자를 발굴, 양육, 훈련, 후원하며 선교사를 파송하고 관리하며 전국 교회들은 선교사역을 적극 후원할 것을 선언한다.

1992년 10월 14일
92 예성선교대회 참석자일동[99]

---

99 양광석 외, 『예성세계 선교대회』 94.

3. 대회 진행

예성선교대회는 교단의 선교주일인 10월에 맞추어 10월 11일부터 14일까지 진행되었으며, 11일은 전국교회가 선교주일로 지키고 본 대회는 환영 리셉션을 시작으로 12일부터 강서 88체육관에서 진행되었다. 첫째 날 본 성회는 선교의 기쁨을 주제로, 둘째 날 본성회는 선교의 도전을 주제로 세계적인 선교 단체인 C&MA의 총재 람보 박사가 말씀을 선포하였으며, 선교사로 헌신하기를 자원하는 평신도 및 신학생들이 결단의 시간을 가졌다.

13일에는 총회 선교국이 파송한 15개국 40여 명의 선교사를 초청하여 선교현안을 논의하고 재충전하는 시간을 마련하고자 하는 목적으로, 유명 선교 신학자와 선교 전문가를 초빙하여 선교의 본질적인 사명을 부각시킬 선교 세미나가 개최되었다. 새벽과 심야 시간에는 선교 부흥회가 연이어 개최됨으로서 대회 참가자들에게 세계 선교에 대한 열정과 사명감을 회복하는 계기를 마련해주었다.

4. 이후의 성과

92예성세계 선교대회는 교단의 선교 역량과 협력체제를 극대화 시켜 예성교단으로 하여금 2000년대 선교의 주역으로서 기초를 다지는 기회가 되었다. 또한 모든 교역자들과 평신도들이 선교에 대한 바른 이해와 도전을 받고 교단이 선교의 활력을 되찾는 계기가 되었다.

또한 이 대회는 교단의 위상 정립과 교단 홍보 효과 등을 통하여 예성 교단이 3년전부터 추진해왔던 '2000년, 2000교회, 100만 성도 달성'의 동력을 제공함으로써 교단의 새로운 도약을 이끌어내었다. 한편 교단 창립 사상 최초의 대규모 대회를 준비하며 얻은 소중한 인력 자원과 현장 경험들은 이후 '95년 AWF 및 성결인의 세계대회를 성공적으로 개최하는데 크게 기여하게 되었다.

마. '95 AWF 및 성결인의 세계대회

예성교단은 1980년대에 들어서면서 성장의 기미가 보이기 시작하였고, 1990년대에 들어와 성장이 가속화 되었다. 성장은 교회 설립으로 이어져 교회 설립이 지방마다 연이어지고 성결운동이 확산되었다. 이러한 기반위에 성결교회의 잠재력을 대내외에 표출할 수 있었다. 그 첫 번째 시험 무대는 '1992년 성결인의 세계 선교대회'였다. 교단 형성 후 처음으로 대형 규모의 대회를 통하여 성결 공동체의 결집을 나타낼 수 있었던 것은 준비와 진행부의 헌신과 집중 그리고 책임 있는 동역의 결과였다. 대회의 성공이 가져다 준 효과는 우리도 할 수 있다는 자신감의 회복이었으며, 그로 인한 열매가 다름 아닌 '1995년 AWF 및 성결인의 세계대회'였다.

1. 대회 개최의 의의

이 땅에 성결의 복음이 전파된 1907년 이래, 90년대 들어 850 교회 30만 교회라는 한국 굴지의 교단이 된 성결교회는 사중복음의 깃발을 들고 세계로 나아가기 위해 AWF와 연합하여 1995년 9월 25부터 10월 1일까지 1천 헌신(1,000 Dedicate), 1만 결신(10,000 Belivers), 10만 회집(100,000 Gathering)을 기치로 서울 올림픽 주경기장에서 '95 AWF 및 성결인의 세계대회를 개최하였다. 교단 창립 90주년을 2년 앞둔 1995년, 성결교회는 창립 이후 최초로 전국 규모의 대형 집회와 세계대회를 개최하게 되었다. 이는 교단 역사에서 획기적인 사건이며 전무한 일이었다. 선교적 비전과 실질적 선교대회의 모범을 한국교계에 인상 깊게 남긴 본 대회는 그동안 비축되어 온 교단 역량과 저력의 표현이었으며, 이를 주도할 만한 인재들이 양성되어왔기에 가능하였다.

AWF(Alliance World Fellowship)는 1887년 심프슨(A. B. Simpson)박사에 의해 시작된 C&MA(Christian and Missionary Alliance)와 관계를 맺고 있는 세계 여러 나라들이 회원으로 가입되어 있는 선교 친교단체로서, 우리 교단은 1992년부터 정회원으로 가입하여 협력하고 있었다. 그러던 중 1995년도에 열린 6번째 AWF대회가 바로 서울에서 개최됨으로써 한국을 대표하여 CMA에 참여하고 있던 예성교단이 주최국이 되었다. 교단에서는 이 행사를 한국과 세계에 성결교단을 홍보하고 전도의 기회를 확대할 수 있는 계기로 삼기로 결의하고 '2000년 2000교회 100만 성도'라는 목표를 이루기 위해 '성결인의 세계대회'라는 명칭을 정하였다.

이 대회는 명칭이 말해 주는 바와 같이 57개 회원국 대표 2명씩 참석하는 AWF 모임을 확대하여 공식 대표단 외에도 한국교회를 사모하는 회원국 교회 지도자들이 대거 참석하고, AWF 회원 교단인 예수교대한성결교회의 국내외 교역자와 평신도 10만 명이 모이는 성결인의 영광스러운 축제로 준비되었으며 "Advancing Together In World Mission: 다함께 전진하는 세계 선교"라는 주제로 열린 이 대회를 통해 회원국 지도자들과 선교사들, 그리고 성결인이 세계 선교를 위하여 다짐하는 계기가 되었다.

이 자리에는 우리 교단 뿐 아니라 한국교회 교단 지도자들과 성도들, 선교 단체 지도자들도 정식 초청되어 북한 선교와 세계 선교를 위한 협력을 다지게 되었고 특히 전 세계에 흩어져 있던 그리스도의 전사들이 사역보고와 친교와 기도와 부흥회로 새로운 충만을 받고 새 힘을 얻는 계기를 마련하게 되었다.

2. 대회 목적

'95 AWF 및 성결인의 세계대회는 아래와 같은 4가지 목적을 가지고 실시되었다.

1. 교단 선교 100주년을 준비하여 교단 화합과 일치를 꾀한다.
2. 세계복음화를 위한 선교의 기틀 마련과 참여를 위한다.
3. 성결교회의 홍보 및 민족 복음화의 계기로 삼는다.
4. 미자립 교회의 자립 기틀을 마련한다.

이는 세계복음화를 위한 교단 선교의 도약과 성결교회의 세계화를 통해 예성인으로의 긍지와 자부심을 가지게 하며 국내·외에서의 교단 위상 강화를 도모하고 한국교회 성장에도 기여할 뿐만 아니라 지교회들의 부흥운동을 촉발하게 될 것을 기대한 것이었다.

3. 대회 조직 및 진행

가) AWF('95 AWF Quadrennial Conference)

AWF 측에서는 로져 랭 박사(AWF 의장), 벤 데 헤수스 박사(AWF 실행위원장), 데이빗 케네디(AWF 해외총무), 필립 매저슨(AWF 재정담당)과 한국측에서는 이강호 목사(총회장), 차명근 목사(AWF 실행위원), 신화석 목사(AWF 국내총무), 김원교 목사(기획 및 재정담당)가 담당했다. 1995년 2월 23일과 24일 두 번의 회의를 통하여 진행과 재정관련 협약을 진행하고 협약문을 작성하여 각각 배당된 조항들을 수행하여 대회를 개최하도록 하였다. 그 동안 AWF 실행위원장인

벤 데 헤수스 박사는 여러 차례 방문하여 대회 진행 점검을 하였다.

AWF대회는 9월 25일 오후 5시 올림픽공원 수변무대에서 열린 환영리셉션을 시작으로 7시에 개회식을 시작하였다. 26일부터 29일까지는 "Advancing Together In World Missions"이라는 주제로 AWF에 소속된 각 국가 및 여성의 목회자들이 강사로 참여하여 선교에 대한 세미나가 진행되었으며, 예배와 회원국들 간의 교제가 이루어졌다.

나) 성결인의 세계대회(World Congress of The Sungkyul Church)

성결인의 세계대회는 올림픽 파크텔에서 AWF대회가 진행되는 동안 환일고교, 봉천교회, 햇불회관 등에서 기관대회가 이루어졌다. 10월 1일 본대회의 1천 헌신, 1만 결신을 준비하며 25일부터 28일 까지 교역자 대회(9월 25일, 오후3시), 성청대회(9월 26일), 남녀 전도 대회(9월 28일), 어린이 대회와 중고등학생 대회(9월 30일)가 순차적으로 진행되었다.

10월 1일 오후 3시에는 성결인의 세계대회가 있었다. 교단에서는 1일이 주일이었기 때문에 각 교회들은 낮 예배를 개교회에서 총동원주일로 지키고, 오후에는 태신자와 함께 올림픽 주경기장에 모였다. 지방의 교회들은 개회 시간인 오후 3시를 맞추기 위해 낮 예배를 일찍 드리고 전세버스에서 도시락을 먹으며 상경하는 열심을 보이기도 하였다.

행사는 총 6부로 기획되었다. 우선 1부인 '영광의 시간'에는 찬양과 크리스천 연예인들의 간증, 태권도 선교단의 시범이 있었으며, 2부 '부흥의 시간'에는 예성부흥사들의 메시지와 기도, 신유의 초청으로 진행되었다. 3부 '성결의 시간'에는 태극기와 교단기, 대회기에 이어 24개 지방회와 교단산하 전국교회의 교회 기수단이 입장하였으며 뒤이어 57개 회원국 참가자들이 입장하였다. 1천명의 연합성가대가 찬양을 드리고 난 후 대회 주 강사의 설교가 이어졌다. 4부 선교의 시간에는 교단에서 파송한 27개국 54가정의 선교사들이 각국의 전통 의상을 입고 인사를 하였다. 이후 선교사의 간증, 선교 메시지 선포, 국내외 선교를 위한 헌신에로의 초청이 이루어졌다. 5부 구원에로의 초대에는 대회에 초대받은 태신자들에 대한 결신의 시간이 진행되었다. 마지막 6부는 서울선언문 채택과 차기 대회 선포, 파송사와 축도로 끝났다.

4. 이후의 성과

이 대회는 선교 한국의 발전에 예수교 대한 성결교회가 획기적인 기여를 하는 중요한 계기가 되었다. 이 대회가 한국기독교계에 미친 영향력은 '선교하는 교단, 실력 있는 교단, 세계화된 교단'으로서 예성 교단의 위상이 높아졌고, 또한 교단의 성장 곧 교회와 신자의 증가에 크게 기여하였다는 점이다. 내부적인 측면에서는 대회 주최 경험을 통하여 실력 있고 책임 있는 인적 자원들이 발굴되고 양성되었으며, 예성 교역자들의 자긍심과 결속력을 고양시켜 교단성과 소속감을 고취하는데도 크게 이바지하였다. 또한 세계를 향한 성결교회의 선교 비전을 품게 된 각 교회들은 전도의 불길이 꺼지지 않는 지속 가능한 전도의 동력을 얻게 되었다.

바. 한국성결교회연합회 결성(2001년)

한국성결교회연합회(한성련)는 한국성결교회 기독교 100주년을 기념하고 교단의 하나됨을 위하여 2001년 4월 12일 기독교대한 성결교회 총회 본부 9층 회의실에서 열렸다. 양 교단 총회 임원등 30여명이 참석하였다. 이날 창립총회에서는 공동회장으로 윤철중(기성총회장) 목사와, 노태철 목사(예성총회장)이 맡았고, 간사로 양교단 총회 총무인 최희범 목사와 엄호섭 목사를 선출했다.[100]

선교, 교육, 신학, 평신도, 출판분과 등을 두어 교류 협력해 나가기로 했고, 모임을 실제적이고 구체적인 교단 화합을 위해 중국 용정교회 복원사업, 여름성경학교 교재 공동 발생, 교역자 부부 초청

---

100 『예성80회 총회록』, 2001.

세미나, 연합신년하례회 등을 이어나가기로 결의하였다. 공동 성명서를 다음과 같이 발표하였다,

> 첫째, 우리는 이 땅에서 함께 시작된 동근생(同根生)의 형제교단이다.
> 둘째, 우리는 복음주의 신학과 전도(선교)중심적 교회의 사명에 동의한다.
> 셋째, 4중복음을 교회 신학과 신앙적 삶의 근간으로 하며 특히 성결한 삶을 최고의 덕목으로 고백한다.[101]

또한 2003년부터 양 교단은 통합을 위한 합동위원회를 조직하여 6명씩 12인 위원회를 구성, 이후 3명씩 6인 소위원회를 구성하여 3차례의 회의를 가졌다.[102]

한국성결교회연합회는 예수교성결교회와 기독교대한성결교회가 함께 결성하여 활발한 강단교류와 신학교류, 공동의 교단 공과 작업 등을 하며 동근생 한 뿌리 교단으로서 상호 부흥과 발전, 협력을 도모하는 계기를 갖게 하였다.

한성연의 결성은 목회자들의 다양한 교류나 교단 지도자들의

---

101 『한국성결교회연합회 창립총회회의록』 2001. 4. 12.
102 『성결신문』 2006. 12. 11.

정치적인 협력에 끝나지 않고 양 교단 신학자들의 신학적 관심 증진과 상호이해의 폭을 넓히는 계기도 마련하였다. 한성연 신학분과 위원회는 예성과 기성의 분립 이후 40년 만에 처음으로 양 교단 신학교가 함께 '한국성결교회연합회 공동학술대회'를 2002년 10월과 11월에 성결대, 서울신대에서 공동으로 개최하였다. "이명직·김응조 목사 생애와 신학사상"이라는 주제의 책 발간과 논문 발표를 통하여 성결대에서는 위원장 정상운 박사와 김성영 박사 그리고 서울신대에서는 목창균 박사와 최인식 박사 4명의 신학자들이 교차 발표함으로 상호 간의 신학적 동질성을 다시금 확인하는 시간을 가졌다.[103]

그러나 2006년 3월 2일 양교단 100주년 기념대회 8인 위원회에서 2007년 100주년 중앙대회를 5월 27일에 개최하기로 잠정 합의한 내용이 무산되었고, 2007년 신년하례회 이후 각자 100주년 행사를 진행하기에 이르렀다.

사. 82차 총회와 여목사안수안 통과

성결교단은 처음으로 남녀공학의 신학교를 시작하였고, 남존

---

103 한국성결교회연합회 신학분과위원회편, 『이명직·김응조 목사 생애와 신학사상』, 10.

여비사상을 철폐하는 개혁적인 신앙노선을 걸었다. 그러나 정작 여성의 목사안수는 2001년에 이르러서야 이루어졌다. 첫 여성 목사 안수를 시행한 교단은 기독교 감리교와 한국기독교 장로회로 1974년 이었다. 민경배는 여성 지도자들의 활동이 두각을 나타냈으나 교회 안에서의 남성의 인식은 바뀌지 않고, 여전히 사회 전반에 흐르던 종속적인 여성관이 교회 안에서도 유지되었다고 평가하고 있다.[104] 1980년대에 들어서면서 초교파적인 한국여성신학자협의회가 출범하며 신학적 기반을 마련했고, 생명문화 창조운동과, 여성능력개발 장학회 등의 구성, 생명의 전화 여성의 전화같은 여성문제 전담기구를 설치하며 여성의 사회참여 확대가 이어졌다.[105] 대한예수교장로회 통합측은 1994년 제 79회 총회에서 여성안수를 결의하였다. 이후 1996년에 19명의 첫 여성목사가 배출되게 되었다.[106]

2001년 4월 30일 경기도 안양 성결대학교 대강당에서 제80회 예수교대한성결교회의 총회가 열렸다. '오직 성령충만을 받으라'(엡 5:18)를 주제로 열린 이번 총회에는 444명의 대의원들이 참석한

---

104 민경배, 『한국기독교 교회사』(서울: 대한기독교서회, 1982), 464.
105 한국기독교백주년기념사업협의회, 『여성, 깰지어다, 일어날지어다, 노래할지어다』(서울: 대한기독교출판사, 1985), 217.
106 김인수, 『간추린 한국교회의 역사』(서울: 장로회출판사, 1998), 257.

가운에 임원을 선출하는 한편 중요 헌의안 및 청원서를 처리했다. 이번 총회에는 주요 안건으로 여성목사 안수건이 상정되었다. 특히 헌장 개정안에 포함되어 내외적으로 큰 관심을 모았던 여성목사 안수건은 논란 끝에 첫날 28일 여성목사 안수가 포함된 헌장개정안이 3분의 2이상의 찬성을 얻지 못해 무산되고 말았다. 지난해 총회에서도 6개 지방회가 헌의, 이번 총회에서 최종 결정짓는 것으로 하고 통과시켰으나 결국 부결되고 말았던 것이다. 그러나 그날 밤 12시에 신임 총회장 김재송 목사가 선출되고 여목사안수안이 긴급동의를 통해 통과되었다.

14. 긴급동의

경기지방 박상훈 장로가 여자목사 안수건에 대하여 "여자목사 안수건은 수년에 걸쳐 토의하였을 뿐 아니라 지난 81회 총회시에 토론하던 중 차기년도에는 결의해 주자는 의견이 다수였으므로" 헌장부록 1 회의규정 12번에 의거 "여자목사 안수 부결의 건을 번의해 줄 것과 여자목사 안수 법안을 결의해 줄 것을 긴급동의하다." 박상훈 장로가 제시한 번안동의에 법제부서기 백병도 목사가 헌장 제10장 102조 3항, "헌장개정은 3년에 한 번씩 개정한다"는 항목을 먼저 폐기한 후 동의집에 첨부하여 결의할 것을 제시하며 동의집 박상훈 장로가 받아들이므로 박효신 목사의 제청으로

의장이 가부를 물으니 만장일치로 가결하다.[107]

여성목사 안수안이 들어가 있는 헌장개정안을 1/3이상 거부했으나 긴급동의에서는 여성목사 안수안을 만장일치로 가결했다. 여성목사 안수는 1900년대 초 교회 내의 휘장 철폐와 남녀공학제를 실시했던 초기 한국성결교회의 창립자의 개혁정신을 계승한다고 볼 수 있다. 총회장 김재송 목사는 시대적으로 여성들의 지위가 향상되고 여전도사가 주를 위해 헌신 봉사하는 것을 가로막을 수 없다며 내년부터 목사안수를 받을 수 있게 하겠다고 선언했다. 그리고 여성목사 안수는 오히려 늦은 감이 있다고 밝히며 제도를 마련하겠다고 말하였다. 여성목사 제도는 구세군, 성공회, 기독교하나님의 성회 등에서도 받아들였고, 예성은 2003년에야 통과시켰던 것이다.[108] 기독교대한성결교회는 예수교대한성결교회가 여성목사안을 통과시키자 일년 뒤 뒤따라서 교단 총회에서 통과시켜 한국성결교회는 한국기독교장로교, 기독교대한감리회, 대한예수교장로회(보수개혁), 대한예수교장로회(합동중앙) 등과 같이 여성목사를 배출하는 시대를 맞게 되었다.

---

107 예수교대한성결교회 제82회 총회 회의록(2003년), 15-16.
108 『조선일보』, 2003. 5. 8.

아. 예수교대한성결교회 100주년 기념성회

사중복음 전파를 목적으로 자생적 개척에 의해 시작된 한국성결교회가 하나님의 은총 가운데 100주년을 맞이하여 2007년 '예성 비전프로젝트'라는 사업명과 "100년 성결교회 세상의 소망"이라는 표어를 가지고 100주년을 기념하는 성회를 개최하였다. 기념성회의 목적은 예성의 설립자이시며 주인이신 하나님을 국내외에 크게 높이며, 예성의 정체성과 사중복음 전파의 사명을 재다짐하며, 미래 비전을 내보여 교회 부흥의 기틀로 삼기 위함이었다.

2007년 5월 20일 예성백주년 기념대회가 성결대학교 운동장에서 역사적으로 개최되었다. 사업진행위원장 백병도 목사, 총괄기획 재정을 맡은 김원교 목사, 극동방송 원기범 아나운서의 사회 순으로 시작된 기념예배 및 대회는 기수단 입장을 시작으로 성결대 정상운 총장의 "한국성결교회 100년의 역사적 의의"가 선포되었고 이어서 100주년 총재인 김재송 목사의 대회선언이 선언된 후 100주년 위원장인 위광필 목사의 환영사와 윤종관 목사의 대표기도가 있은 뒤 신화석 총회장의 설교(꿈꾸는 자가 오는도다)가 있었고, '100주년 선언문'이 이철용 원로목사로부터 세대별로 허광수 총무, 홍사진 목사, 이상임 전도사, 장예원 어린이 순서로 낭독되었다.

선언문의 내용은 교단의 미래비전 제시와 사회적 책임 강화, 그리고 이벤트적인 소모와 명분보다는 실천적으로 교회의 부흥 성장에 대한 실용적 면이 강조되었다. 선언문에 대한 실천방안으로 10대 사업이 선정되어 '예성비전프로젝트'를 실행해 나가기 위한 주요 10대 사업이 정해졌다.

1. 기념대회

예성 100주년을 맞이하여 지방회별로 지방대회를 개최하고, 100년이 되는 2007년 5월에는 기성과 공동으로 한국성결교회 100주년 기념대회를 개최한다.

2. 100만인 전도운동 전개

초기 한국성결교회의 복음운동의 열정을 회복하여 100만인 예비 성결인을 품고 전도운동을 전개하되, 지방회별로 전도훈련 및 전도 대회를 실시한다.

3. 사중복음회관 건립

예성의 정체성과 교단 비전을 이루기 위하여 건립하며, 사중복음 회관 건립을 위하여 전국교회는 100주년 헌금을 한다. 또한 2005년도 교회 결산의 십일조를 2008년까지 3년에 걸쳐 분납한다.

4. 예성 100년사 편찬

예성 입장에서 성결교회 100년사를 편찬하되 한글과 영문판으로 한다.

5. 100주년 100인 기념 설교집 발행

사중복음과 예지예정 신학에 입각하여 예성과 기성이 공동으로 출판한다.

6. 예성 100년 교회연감 편찬

국내외 교단에 소속된 교회의 역사와 현황을 담는다.

7. 예성 사회복지법인 설립

교회의 사회적 책임 의식을 높이기 위해 은퇴 교직자, 노인, 아동, 청소년, 장애인 복지사업을 한다.

8. 장기 기증 및 헌혈운동 전개

100주년 지방대회와 기념대회가 열리는 곳에서 장기 기증 운동 및 헌혈운동 등의 사회봉사운동을 전개한다.

9. 100주년 기념총서 100권 시리즈 발간

예성을 대표할 수 있는 기념도서 100권을 선정, 출판하여 예성의 신학과 신앙을 전파한다.

10. 100주년 기념학술 대회 및 기념 예술제

한성연 공동으로 개최하여 성결교회의 신학적 위상과 축제 분위기를 높인다.

100주년 기념성회에는 전국 34개 지방회 소속 목회자, 40개국 파송 선교사들, 신학생, 그리고 평신도 등 약 3만 여명이 참석하여 기념성회를 축하하였다. 또한 이날 기념성회에서는 기념 선언문을 통한 지난날의 과오를 참회하면서 성결인의 정체성 회복과 성결교회의 새로운 다짐과 함께 초기 정체성을 구현하기 위하여 동아시아를 넘어 세계로까지 선교하는 교단으로서 주님 오시는 날까지 중생, 성결, 신유, 재림의 복음을 전파함으로써 한국교회와 세계 교회를 주도해 나아가는 영광스러운 교단으로서의 역할을 강조하였다.

1. 예수교대한성결교회 100주년 선언문[109]

오늘 우리는 이 땅에 사중복음을 전파한지 100주년을 맞이하여 하나님께 영광을 돌리고 앞으로 100년 새로운 시대에 성결교인의 사명을 다

---

109 http://www.sungkyul.org/(일반자료실)

짐하기 위하여 여기에 모였다. 우리는 일제의 박해와 6.25전쟁, 그리고 분단의 역사 속에서도 거룩한 순교의 전통을 이어가며 성경적 신앙전통인 사중복음을 이 땅에 전파하여 우리의 민족과 역사에 사랑의 수고를 다하여 왔음을 자부한다.

그러나 과연 우리는 성결교인의 사명을 다하여 왔는가? 우리도 교파의 분열과 반목에서 자유롭지 못하였으며 때로는 불의한 권세 앞에서 침묵하였고 죄악으로 어두워져가는 이 시대에 성결의 빛을 온전히 발하지 못하였음을 통렬히 회개한다. 무엇보다 성결은 온전한 사랑인바 우리가 서로 사랑하지 못하고 서로에게 상처를 주고받았던 과거의 부끄러움을 진심으로 고백한다. 그러나 그럼에도 불구하고 우리는 이 모든 죄에서 우리를 용서하시고 회복시키시는 하나님의 속죄의 은총을 믿는다. 이제 우리 성결교인은 지나온 100년을 감사와 회개로 마감하고 이제 영광스런 100년의 미래를 향하여 힘차게 전진하고자 한다. 이를 위하여 우리의 자랑스런 사중복음의 유산을 새 시대에 새롭게 적용함으로서 우리의 정체성을 회복하여야 할 것이다.

중생, 우리는 십자가의 대속과 부활을 통한 중생의 복음을 선포하는 것은 우리시대의 가장 긴급한 사역임을 확인한다.

성결, 우리는 이 시대의 모든 인본주의적이고 세속적인 신학과 삶을 거절하고 오직 성령충만한 성결한 삶을 회복하고자 한다.

신유, 우리는 피조물의 고통을 초래한 모든 형태의 인간의 죄와 탐욕을 회개하고 오직 성령의 능력에 의존하여 인간과 자연을 포함한 모든 피조세계를 치유해 나갈 것이다.

재림, 우리는 이 땅에 하나님 나라의 온전한 도래를 고대하면서 온갖 비진리와 불의에 대항하며 다시 오실 그리스도의 주되심을 선포할 것이다.

오늘 우리는 100주년을 맞이하는 이 자리에서 성결성회복과 복음전도 운동으로 우리의 정체성을 회복하고, 그리스도의 온전한 사랑인 성결의 복음으로 우리 안에 있는 온갖 갈등과 반목을 극복하고 예수교대한성결교회의 평화와 화합과 일치를 선언한다.

나아가 2020년 300교회 100만 성도 전도운동의 시작을 선언한다. 나아가 북한과 아시아와 전 세계에 선교한국의 네트워크를 구축하여 성결교회 세계화의 기반을 세울 것을 선언한다.

이제 우리는 앞으로 100년의 역사 속에서도 주님의 영광스러운 재림을 고대하며 살아갈 성결교인으로서 이 '온전한 구원'의 복음을 전파하여 21세기 교회사의 새로운 장을 열어나갈 것임을 온 교회와 사회 앞에 엄숙히 선언하는 바이다.

주후 2007년 5월 20일

예수교대한성결교회 교역자와 성도일동

2. 한국성결교회 100주년의 역사적 의의[110]

　이 땅에 사중복음 전파를 목적으로 정빈과 김상준 두 전도자의 자생적 개척에 의해 시작된 한국성결교회가 하나님의 은총 가운데 올해로 100주년을 맞이하게 되었습니다. 한국교회의 3대 주요 교단 가운데 하나로 우뚝 서기까지 성장과 부흥을 지속적으로 경험한 오늘날 한국성결교회의 자랑스런 모습은 전적으로 하나님의 은총과 사랑의 결과입니다.

　지난 한 세기 동안 한국성결교회는 하나님의 영광을 드러내기 위해 눈물과 수고의 길을 걸어왔지만, 한편으로는 하나님과 역사 앞에 부끄러운 모습을 보였던 과거가 있었음을 고백하지 않을 수 없습니다.

　돌이켜보면, 일제 말 신사 망령 앞에 비록 교단적 결의는 하지 않았다 해도, 생명을 걸고 거부하지 못한 채 부일행각에 동조하였습니다. 곁길로 들어선 형제를 끝까지 인내하지 못하고, 교권주의의 유혹을 뿌리치지 못하여 한 형제가 둘로 갈라섰고, 군사정권 아래 자행된 반민주화의 행태들에 대해서도 역사의 책임적 주체로서 바른 목소리를 내지 못하였습니다.

　오늘 한국성결교회는 100년을 마감하고 새로운 100년을 시작하는 역사적인 자리에 섰습니다. 이 자리에서 우리는 하나님의 은총에 감사하기 위해 엎드리면서, 먼저 과거의 잘못된 일들을 하나님 앞에 고백하고 참회

110　정상운, "한국성결교회 100주년의 역사적 의의", (2007. 05. 20) 예성백주년기념대회 팜플렛.

합니다. 하나님께서는 우리의 얼룩진 과거를 던져버리시고, 미래를 향해 힘차게 전진하도록 도우실 것입니다.

오늘날 우리는 21세기 변화의 중심에 서 있습니다. 따라서 수구적이며 답보적인 자세를 버리고 선교 지향적 사중복음의 내연(內燃)을 현시대 속에서 민족적, 사회적, 문화적 외연(外延)을 통해 자기표현과 실현으로 구체화시켜 나가야 할 것입니다.

한국성결교회는 한국인의 자생적 개척에 의해 세워진 교단으로서 민족적 긍지를 갖고, 사중복음의 신학화, 문학화, 생활화를 통해 성결교단 신학과 신앙전통을 수립해야 합니다. 또한 세속주의와 배금주의를 청산하는 '성결성 회복운동'을 통하여 성결교회로서의 자리매김을 분명히 함으로써 이 땅에 하나님의 형상을 회복하고, 하나님 나라를 확장하는 소망스런 교단으로 거듭나야 할 것입니다. 그리고 우리는 형제교단과 한국교회와의 연합과 협력을 통해 민족복음화의 극대화를 꾀하고, 양성평등과 환경의 보존과 치유를 도모할 뿐만 아니라 남북의 민족통일과 평화를 정착시키는 일에 앞장서야 할 것입니다. 또한 초기 정체성을 구현하기 위해 동아시아를 넘어 세계로까지 선교하는 교단으로서, 전 세계로 흩어진 디아스포라 한인교회와 네트워킹을 통해 주님 오시는 날까지 중생, 성결, 신유, 재림의 복음을 전파함으로써 한국교회와 세계 교회를 주도해 나가야 할 것입니다.

한국성결교회는 지난 100년동안의 성과를 바탕으로 오늘에 이어서 장래에 이르기까지 하나님과 세계, 그리고 이 민족과 한국교회 앞에 역동적으로 일하는 교단으로서, 미래의 새 역사를 열어가는, 작지만 큰 일을 하는 영광스럽고 자랑스런 교단이 되어야 할 것입니다.

"100년 한국성결교회! 성결교회는 이 세상의 기쁨과 소망입니다."

성결교회와 역사연구소 소장 · 성결대학교 총장 정상운 목사

3. 예수교대한성결교회 100주년 메시지 [111]
:꿈꾸는 자가 오는도다 (창세기 37장 9절)

"일이 많으면 꿈이 생기고 말이 많으면 우매자의 소리가 나타나느니라"(전 5:3)

"계시가 없으면 백성이 방자히 행하거니와 율법을 지키는 자는 복이 있느니라"(잠 29:18)

오늘 예수교 대한성결교회에 주시는 하나님의 음성입니다. 선교 1세기를 마감하고 선교 2세기 새로운 선교지평을 열어가는 예수교대한성결교

---

111 신화석, "꿈꾸는 자가 오는도다(창세기 37장 9절)". (2007. 05. 20) 예성백주년기념대회 팜플렛.

회 일이 참으로 많습니다. 그래서 꿈이 많습니다. 하나님의 계시된 vision이 있기에 우리에게는 규모있게 행하는 성결한 삶이 요구되고 있습니다. 말이 많으면 우매자의 소리가 교단을 혼란스럽게 하고 꿈이 없는 사람들이 방자히 말하고 행동을 해서 교단을 어지럽게 하는 것입니다.

오늘 읽은 성경은 요셉을 바라보며 말이 많은 우매자요 꿈이 없고 계시가 없는 요셉의 형들이 비아냥거리는 소리입니다. "꿈꾸는 자가 오는도다" 다른 말로 표현하면 "허풍쟁이가 오는도다"라고도 이해할 수 있습니다. 그러나 요셉은 성실하게 일하는 사람이었으며 계시(꿈)가 있기에 어디서든지 어떤 환경에서든지 절제되고 규모있는 신앙인의 삶을 살았습니다. 그리고 그 꿈을 이루어 큰 나무가 되었고 그 그늘아래 우매자들도 방자히 행한 자들의 자손도 모두 안식을 얻고 행복을 누리는 은총을 입었습니다.

요셉의 생애는 예수교대한성결교회의 역사와 유사한 점이 있기에 요셉을 통해서 계시해주시는 예수교대한성결교회의 과거와 현재와 미래의 음성을 들어보는 시간이 되었으면 좋겠습니다.

첫째, 오늘 읽은 짧은 성경 속에서 요셉의 과거를 보게됩니다.

한 아버지 아래 네 명의 부인을 통해 열 두명의 이복형제들이 살고있는 복잡한 집안이었습니다. 그러나 이들 중 위대한 꿈을 꾸는 사람이 있었습니다. 본인이 꿈을 만든 것이 아니라 하나님이 꿈을 주셨습니다. 그것은 위대한 지도자가 되는 것이었습니다. 요셉은 이 꿈을 가슴에만 담아두지 않고 입으로 말하였습니다. 우리 성결교단에 사중복음의 꿈을 안고 정빈, 김상준이 무교동에서 1907년 씨를 심었습니다. 이 땅을 변화시켜가기 시작했습니다.

그런데 많은 지도자들이 있었습니다. 신앙의 색깔이 각기 달랐습니다. 그 중에 철저한 보수신앙을 꿈꾸는 김응조 목사님이 계셨습니다. 6.25 이후 신앙사상의 혼란이 한국교계에 불어닥쳤고 성결교단도 예외가 아니었을 때 김응조 목사님께서는 신앙 보수의 꿈, 성결의 신앙으로 세상을 변화시키는 위대한 꿈을 꾸었습니다. 그리고 그의 사저에서 초라하기 그지없게 제자양성에 들어가셨습니다. 모두가 "꿈꾸는 자가 오는도다"라고 비아냥거리는 행동을 하셨습니다.

이제 선교 2세기를 맞이하면서 우리는 예성 vision 2020의 꿈을 꾸고 있습니다. 건강하고 행복한 신앙 공동체의 성결한 삶과 전도자의 삶으로 이 땅에 vision을 주는 힘 있고 능력 있는 교단으로의 꿈을 꾸고 있습니다. 이같은 꿈이 없는 외부에서 보기에는 초라한 모습이지만 우리들은 요셉처럼, 정빈, 김상준처럼, 김응조처럼 당당하고 힘찬 발걸음을 내어 딛고 있습니다.

둘째, 오늘 읽은 짧은 성경 속에서 요셉의 현재를 바라보게 됩니다.

아버지의 뜻을 따라 형들을 찾아온 요셉의 현실은 냉소와 비아냥거림과 생명의 위협이 기다리고 있었습니다. 형들을 향해 애정과 존경을 갖고 있는 요셉은 꿈꾼다는 것 하나 때문에 미움과 질시의 대상이 되었고, 급기야는 죽이기로 결심을 한 형들이 있었습니다. 다른 가문의 사람들도 이방 세계의 사람들도 아니었습니다. 피를 나눈 형제들이 냉소하고 질시하고 죽이기로 결정한 것입니다.

예수교대한성결교회의 현실은 어떠했습니까? 예수교대한성결교회의 아픔이 타교단으로부터 이방 세계로부터 오지 않았습니다. 피를 나눈 형제처럼 사중복음을 함께 나눈 한 뿌리 한 형제로부터였습니다. 많은 상처들이 있었습니다.

요셉을 서로 죽이겠다고 결심을 하고 행동에 옮겼습니다. 그중에 요셉을 살려보고자 노력한 르우벤과 유다가 있었습니다. 그들의 노력이 있었기에 요셉은 죽음을 면하고 노예로 팔려갔습니다.

그 이후 노예로서 죄수로서 요셉이 겪은 13년의 세월은 견디기 힘든 모욕과 누명과 멸시였습니다. 그래도 요셉은 방자히 행하지도 않았습니다. 절망과 좌절도 하지 않았습니다. 복수의 칼도 갈지 않았습니다. 그 이유는 하나님이 주신 꿈이 있었기 때문입니다. 규모 있게 살았습니다. 성결한 삶을 살았습니다.

성결교회의 아픔 속에서 르우벤 같은 유다 같은 분들이 있었습니다. 그래서 지금의 모습을 유지하고 하나님이 주신 꿈들을 바라보며 성장해가고 있는 것입니다. 예수교대한성결교회여! 현실을 바라보고 좌절도 절망도 복수의 칼도 갈지 맙시다. 힘들었습니다. 상처 많이 받았습니다. 창피하기도 했습니다. 죽음의 고비도 있었습니다. 그러나 꿈꾸는 자되어 규모 있고 성결한 모습으로 한 걸음씩 한 걸음씩 인내하며 나아갑시다.

셋째, 오늘 읽은 짧은 성경 속에서 요셉의 미래를 보게 됩니다.

하나님의 방법으로 꿈이 성취되었습니다. 꿈꾸는 자는 성취감도 맛보게 되는 것입니다. 일이 많으면 꿈이 생긴다는 전도서의 말씀 기억하시죠? 꿈이 있는 사람은 또한 말보다 일을 하게 됩니다. 요셉은 애굽의 총리대신이 되었습니다. 하나님의 이름을 애굽에 드러냈습니다. 애굽의 백성을 살려냈습니다. 부모와 형제들의 생명도 살려냈습니다. 해와 달과 열 한 별이 요셉의 별을 향해 절을 하고 열 한단의 곡식단이 요셉의 곡식단을 향해 절을 하였습니다.

꿈이 성취되었습니다.

요셉은 죽이겠다고 나선 형들에게 복수하지 않았습니다. 그 많은 시련과 눈물의 세월을 가져다 준 형들을 향해 사랑을 베풀었습니다. 두려움에 떨고 있는 형제들에게 도리어 위로하고 안심시키고 형들 때문에 지금의 내가 있게 되었고, 하나님이 형들을 통해 우리 가족을 살리시려고 나를 미리 이곳으로 보냈다고 그 아픔을 도리어 행복으로 이야기했습니다. 그래서 꿈꾸는 사람입니다. 그래서 큰 나무입니다.

예수교대한성결교회의 미래가 요셉과 같기를 원합니다. 예성 Vision 2020이 이루어지고 우리 모두 아픔과 상처가 치유되고 용서와 사랑이 어우러지고 헤어져있던 부모형제가 하나가 되고 예성이라는 큰 나무아래서 이 땅의 성결 가족이 하나가 되고, 사랑을 나누고 이 땅을 살려내는 그 날을 기대해봅니다.

이것은 우리들의 꿈이 아니라 하나님의 꿈입니다.
예수교대한성결교회여! 꿈꾸는 자 되어라.
예수교대한성결교회여! 요셉처럼 큰 나무되어라.
예수교대한성결교회여! 이 땅을 살려내어라.

총회장 · 안디옥성결교회 신화석목사

III. 성결교회 백주년과 21세기 비전

한국성결교회는 지금까지 살펴본바 한국에서 선교의 장을 열었던 장로교, 감리교의 교파형 선교와는 다르게 외국 선교사를 중심으로 시작하여 세운 교단이 아니었다. 한국성결교회는 한국에서 일본으로 건너가 동경성서학원을 졸업하고, 1907년 5월 2일 이 땅에 다시 돌아와 동양선교회 복음전도관이란 간판을 붙이고 성결교회를 세운 한국인 두 전도자 정빈과 김상준의 자생적 개척에 의해 시작되었다. 한국성결교회는 2007년을 역사적 기점으로 창립 백주년이라는 장족의 세월 가운데 바야흐로 다른 세기 즉 새천년이라는 새로운 변화된 시대를 맞이하게 되었다. 21세기 새로운 변화를 맞이한 성결교회는 지난 백년 과거 역사에 대한 냉철한 평가와 함께 다음 한 세기를 위한 새로운 비전과 더불어 감당해야 할 성결교회 본연의 역할과 사명에 대해 더욱 분발하여 진력하여 나가야 할 것이다.

가. 100년 성결교회 유산과 역사적 평가

1. 사중복음과 웨슬리 신학에 대한 신학적 평가

한국성결교회는 초기 개척에 있어서 한국인의 주체적인 동인의 역할을 하였지만 미국신학의 이식성 즉, 19세기 성결운동을 통한 동양선교회(OMS)의 교리에서 벗어날 수 없다. 그것은 한국성결교회가 강조하고, 주창하는 신학은 성서적이고, 전통적인 복음주의 신학전통의 맥을 잇는 것으로써 19세기 북미성결운동의 다양한 강조점들이 20세기 초 동양선교회를 통해 직접적으로 반영된 것이기 때문이다. 따라서 지난 과거의 웨슬리 신학 편중이나 반대로 사중복음 편중에서 벗어나 칼빈주의와는 대조적인 면에 있어서 웨슬리 알미니안 신학전통에 서있으나 창립 때부터 지금까지 성결교회의 판별적 전통으로 견지하고, 주창된 사중복음의 신학화와 생활화로 나아가야 한다.

2. 성결교회 성장에 대한 목회적 평가

1907년 복음전도관에서 출발하여 1921년 기성교단으로 전환한 한국성결교회는 복음전도 지향의 목회정책으로 100년이라는 한 세기간 괄목할 성장과 발전을 가져왔다. 그 결과 복음전도에서 목회본위의 성결교회의 양적 성장은 교세에 있어서 한국교회의 대표적인 교단의 하나로까지 부상하였다. 그러나 교단 정체성에 입각한 참된 불가시적 교회로서 하나님 나라 확장에 따른 교회 성장이라기 보다는 시류에 따른 가시적 양적 성장에 치중한 지난 과거의 행보에 대한 갱신이 뒤따라와야 한다.

3. 성결운동에 대한 평가

1921년 성결교회로 교단 명칭 변경과 더불어 사중복음 중의 성결의 복음에 대한 강조는 성결교회를 성결교회로 만들고, 규정하는 복음의 원동력이다. 따라서 개인의 성결체험은 시대의 변화에 따른 사회적 도전과 상황에 대한 사회적 성결(성화)의 복음으로 이어지고, 연계되어 열매를 맺어야 한다. 그러나 지난 백년 격랑과 혼돈의 시대에서 우리 사회의 다양한 도전과 위기에 대해 그 역할을 다하지 못하였다. 일제 강점기 신사참배 강요에 순응하였고, 유신

독재시절 민주화에 대한 열망에 부응하지 못하고 침묵으로 일관하였다. 따라서 몰역사 의식에 대한 철저한 반성 가운데 지난 과거를 청산하고 이제는 새로운 미래를 향해 힘차게 나가야 한다. 개인, 사회 간의 통전적인 성결복음의 확산이 세속적 가치에 침잠되어가는 이 시대에 유일무이한 희망과 대안이 되도록 강력한 성결운동을 일으켜야 한다.

4. 성결교회와 복음 선교에 대한 평가

성결교회의 생득적인 특성은 처음 출발부터 복음 선교를 지향하는 선교적 강조점에 두고 있다. 따라서 초기 동양선교회가 동아시아를 넘은 세계 선교의 중심센터로서 비전을 일본, 한국, 중국에서 전 세계로 확장한 것과 같은 연장선에서 세계 선교에 대한 구체적이며, 현실적인 정책과 실행으로 이어져야 한다. 이 일에 대한 국내전도와 세계 선교에 대한 구체적인 21세기 선교정책의 일원화, 협업화, 전문화가 뒤따라야 한다.

5. 교단 분립과 일치에 대한 평가

1936년 하나님의 교회와 1962년 예성, 기성 두 교단 분립을 통한 성결교회의 교단적 파국과 아픔을 넘어서서 이제는 서로 간의 잘못을 밝히고 논하기보다는 1907년 한 뿌리 동근생 교단으로서 화해를 넘어서 선의의 협력과 교류를 통해 상호 발전과 부흥을 꾀하는 실질적인 노력을 다해야 한다. 이 시대 한국성결교회에 부여된 역사적 사명과 역할을 감당하기 위해서는 지난 과거 서로를 이해하고 이제는 손을 맞잡고 하나님나라를 확장하며 미래를 향하여 성경적인 교회일치와 협력운동으로 나가야 한다. 이 점에 있어서 현재 한국성결교회연합회의 역할을 좀 더 강화시켜 현실적으로 발전시킬 필요가 있다.

나. 21세기 새로운 변화와 성결교회의 사명

우리가 맞이한 21세기 새천년은 과거 오랜 시간 경험하지 못한 변화가 몇 달 또는 몇 시간에 이루어지는 변화의 시대이다. 바야흐로 몇 천년동안에도 경험하지 못한 변화들을 우리는 한세대에 겪게 되었다. 오늘 우리 앞에 펼쳐지는 세계는 다양한 지역화와 세계화가 맞물려 지방화와 세계화가 연계되어 세계가 하나를 지향하고, 글로벌의 기치 아래 경제효율의 법칙들이 정치, 사회, 문화 제반을 지배하는 현상으로 나가고 있다. 과학 기술과 산업화의 폐해로 지구촌 구석마다 환경이 파괴되어 생존이 위협받고, 종교다원주의로 인해 기독교 우월성과 예수 그리스도 한 분을 통한 구원의 유일성이 심각하게 도전받아 종교혼합주의가 득세하는 시대로 이

미 들어섰다.[112]

급변하는 21세기 새로운 변화와 도전에 직면하여 이 땅에서 한국성결교회가 해야 할 사명과 역할은 무엇인가? 새천년 시대 우리가 나아갈 방향을 모색하기 전에 무엇보다도 우선적으로 한국성결교회는 성결교회로서의 본연의 정체성 회복이 요구된다. 지금까지 일백년의 장구한 성결교회 역사가 우리에게 비전으로 제시하는 사명은 5가지로 정리된다.

첫째, 21세기 성결교회성 회복과 확산이 시급하다.

1907년 성결교회가 이 땅에 시작할 때 창립자들의 의지와 개척 정신은 100년 한국성결교회에 이르기까지 자생적 개척 교단으로 그 정체성을 자리매김해 주고 지나간 역사 속에서 성결인들로 하여금 무한한 민족적, 주체적인 자긍심을 가지게 해주었다. 따라서 주께서 성결교단에 허락하신 사중복음 전파라는 천부적인 신앙유산인 성결교회성을 계승, 복원시키고 다원화된 현 시대에 뿌리내림으로서 이 시대를 변화시키는 복음의 동인이 되게 하는데 있어서 우리의 책임을 다해야 할 것이다.[113]

---

112 정상운, "새천년을 향한 한국성결교회의 신학적 과제," 『성결교회와 역사』 1집(성결대학교 성결교회와 역사연구소, 1999), 64-65.
113 정상운, "예수교대한성결교회의 신학적 배경과 역사 및 현황," 『성결교회와 신학』(서울신학대학교(2001년)을 보라.

둘째, 성결교회가 받은 신앙적 유산인 사중복음의 생활화와 이에 대한 체계적인 교육과 신학화 작업이 요청된다.

한국성결교회는 21세기 종교다원주의시대 성경적 복음주의의 요체인 사중복음을 신앙의 유산뿐만 아니라 삶에 있어서 생활 속에 적용하고, 이를 확장하여야 한다. 이 일을 위해 사중복음의 체계적인 신앙교육과 현대적 재해석을 위한 작업이 지속적으로 시행되어 교단의 미래적 역할과 방향을 제시해야 한다.

셋째, 성결복음의 체험과 함께 사회적 책임이 균형있게 강조되고 실행되어야 한다.

한국성결교회는 본연적으로 교단의 특성인 성결복음의 체험을 강조하면서도 성결인들의 체험적 신앙과 복음 전도의 정열이라는 내연을 민족적, 사회적 외연으로 확장하는 일에도 열린 교단으로 나가야 한다. 그것은 지난 100년 격랑의 과거 역사 속에서 민족적, 사회적인 책임을 다하지 못한 반성을 딛고 일어나 이 민족과 우리 사회를 사중복음의 외연화를 통해 이끌어야 할 책임이 오늘 우리에게 주어졌기 때문이다.

넷째, 성결교회의 본연의 선교적 사명을 통해 동아시아를 넘어 세계로 선교하는 교단이 되어야 한다.

한국성결교회의 생득적 특성은 명칭부터 복음전도관으로서 처음 출발부터 보여준 바, 선교우선주의를 지향한다. 따라서 21세기 들어와서 더욱 두드러지고 있는 타종교와의 대화를 넘어선 종교혼합주의와 종교다원주의적 시대적 사조 가운데에서도 더욱 성경적 복음(고전15:3-4)을 강조하고 주창할 뿐만 아니라 동아시아를 넘어 세계로까지 선교하는 교단으로서 예수 그리스도의 지상명령에 부응하는 선교적 책임을 다하는 소망스런 교단으로 나가야 한다.

다섯째, 양분된 성결교단들의 선의의 협력과 하나됨을 위해 노력해야 한다.

한국성결교회는 1936년과 1961년 분립으로 양분된 동근생 교단들과의 성결교회의 하나됨을 위하여 상호간에 인내를 가지고 노력해야 한다. 무엇보다도 정치적인 타결에 앞서서 미래의 밝은 발전적인 한국성결교회의 위상과 역할을 위하여, 각 교단의 저변에서부터 동질성을 회복하고, 선의의 협력과 일치를 통하여 신뢰와 공감대 형성에 주력해 나가야 할 것이다.

부록

부록1. 예수교대한성결교회 역대 총회장 현황

년 도	이 름	직 책 명
1933년	이명직	총회장
1934년	이명직	총회장
1936년	변남성	총회장
1945년	천세광	의장(재흥총회)
1946년	박현명	총회장
1949년	최석모	총회장
1951년	이명직	총회장
1953년	김창근	총회장
1955년	강송수	총회장
1956년	김응조	총회장
1957년	배문준	총회장
1958년	오영필	총회장
1960년	김정호	총회장
1961년	김홍순	총회장
1962년	황성택	총회장
1963년	한보순	총회장
1964년	최학철	총회장
1965년	황성택	총회장
1966년	이대준	총회장
1967년	황성택	총회장
1968년	김광빈	총회장
1969년	임영재	총회장
1970년	이대준	총회장
1971년	장기원	총회장
1972년	이대준	총회장
1973년	이낙현	총회장
	손택구	총회장
1974년	최화정	총회장
	이명열	총회장

년 도	이 름	직책명
1975년	기창모	총회장
	손택구	총회장
1976년	조병창	총회장
	김명현	총회장
1977년	조두만	총회장
	유사근	총회장
1978년	김소암	총회장
	김봉업	총회장
1979년	이철용	총회장
	노봉래	총회장
1980년	강용조	총회장
	오희동	총회장
1981년	이규진	총회장
	노태철	총회장
1982년	박상규	총회장
	이민구	총회장
1983년	송재석	총회장
	장흥수	총회장
1984년	이철용	총회장
1985년	조병창	총회장
	손택구	총회장
1986년	이민구	총회장
	손택구	총회장
1987년	김재용	총회장
	손택구	총회장
1988년	강용조	총회장
	손택구	총회장
1989년	오희동	총회장
1990년	김무석	총회장
1991년	이상준	총회장
1992년	양광석	총회장
1993년	송재석	총회장
1994년	우선구	총회장
1995년	이강호	총회장

년 도	이 름	직 책 명
1996년	위광필	총회장
	이제원	총회장
1997년	이제원	총회장
1998년	김재용	총회장
1999년	장흥수	총회장
2000년	노태철	총회장
2001년	강의구	총회장
2002년	최성균	총회장
2003년	김재송	총회장
2004년	위광필	총회장
2005년	윤종관	총회장
2006년	조원집	총회장
2007년	신화석	총회장
2008년	백병도	총회장
2009년	한양수	총회장
2010년	노희석	총회장
2011년	석광근	총회장
2012년	김두성	총회장
2013년	나세웅	총회장
2014년	이종복	총회장
2015년	송덕준	총회장
2016년	이동석	총회장
2017년	김원교	총회장
2018년	윤기순	총회장

부록 2. 예수교대한성결교회 역대 장로 부총회장 현황

년 도	이 름	직 책 명
1966년	김영순	부총회장
1982년	이용호	부총회장
1983년	양성욱	부총회장
1983년	최재술	부총회장
1985년	민기태	부총회장
1986년	고순호	부총회장
1986년	이 기	부총회장
1987년	서성호	부총회장
1988년	최재술	부총회장
1989년	김예환	부총회장
1990년	서의택	부총회장
1991년	황명주	부총회장
1992년	양성욱	부총회장
1993년	최금규	부총회장
1994년	이우호	부총회장
1995년	고순호	부총회장
	최병안	부총회장
1996년	윤희수	부총회장
1997년	안익학	부총회장
1998년	이 훈	부총회장
1999년	윤희수	부총회장
2000년	한상기	부총회장
2001년	손주덕	부총회장
2002년	강상섭	부총회장
2003년	한인석	부총회장
2004년	유광현	부총회장
2005년	김영복	부총회장
2006년	김용규	부총회장
2007년	이종훈	부총회장
2008년	홍성표	부총회장
2009년	서종로	부총회장

년 도	이 름	직 책 명
2010년	탁 수 명	부총회장
2011년	신 영 목	부총회장
2012년	신 치 순	부총회장
2013년	이 철 구	부총회장
2014년	이 종 수	부총회장
2015년	강 규 열	부총회장
2016년	강 환 준	부총회장
2017년	최 승 덕	부총회장
2018년	김 종 상	부총회장

부록 3. 예수교대한성결교회 역대 총무 현황

년 도	이 름	직 책 명
1945년	황성택	총무
1951년	안창기	총무
1954년	천순봉	총무
1956년	김영용	총무
1958년	한명우	총무
1961년	손택구	총무
1963년	이성호	총무
1965년	김순목	총무
1966년	이석호	총무
1967년	최명환	총무
1969년	이명열	총무
1972년	백의호	총무
1973년	조병창	총무
1973년	노태철	총무
1973년	김소암	총무
	양광석	총무
1976년	김철욱	총무
1978년	이상준	총무
1979년	한양수	총무
1980년	박건용	총무
1981년	김재용	총무
	차명근	총무
1983년	김종열	총무
1984년	백병도	총무
1985년	김선기	총무
1986년	엄호섭	총무
1993년	차명근	총무
1996년	이상준	총무
1997년	엄호섭	총무
2004년	허광수	총무
2008년	최귀수	총무
2012년	조일구	총무
2016년	이강춘	총무

부록 4

창립자 정빈(鄭彬)의 생애와 사상

정 상 운 박사

I. 여는 글

동양선교회(The Oriental Missionary Society, 약칭하여 OMS)의 창립자인 카우만(C. E. Cowman)과 킬보른(E. A. Kilbourne)은 극동 지방에 선교할 목적으로 1901년에 일본 동경에 선교 단체를 만들어 그 뜻을 펴기 시작했다.

> 本 宣敎會는 主 降生 一千九百一年 二月에 하나님의 明白한 使命

---

1 지금까지 나타난 사료에 의하면 창립자 정빈(鄭彬)은 목사 안수를 받지 않았다. 따라서 목사로 지칭하여 사용함은 잘못된 표현이다. '鄭彬論(鄭彬의 생애와 사상)'에 관한 논문은 필자가 최초로 『韓國基督敎史硏究』 제18호(1988. 2. 5)에 발표하였고, 이것이 『活泉』 428호(1988. 3. 4)에 다시 발표되었을 때 필자의 원고와는 상관없는 '목사' 칭호가 첨가되었고, 이와 같은 잘못은 『성청』 제67호에서도 '목사'로 반복해서 나타나고 있다. 필자는 聖潔敎 창립의 주역이며 경성성서학원의 최초의 한국인 교수와 武橋町 福音傳道館 주임교역자인 정빈에게 목사라는 칭호를 붙여 쓴 적이 없다. 목사 칭호를 붙이는 것은 창립자에 대한 극진한 예우(?)로서 이해는 가지만, 사료로 나타나기 전까지는 정빈에게 목사라는 칭호나 표제 붙임은 바른 표현이 아니라고 생각된다.

과 聖神의 지시하심을 받아 일어난 團體인데, 그 目的은 東洋 모든 나라에 純福音을 傳하고자 함이라.[2]

동양선교회는 선교 정책 및 방법에 있어서 토착민 전도자 양성을 주로 하여 양성된 전도자들을 전도에 직접 종사하게 하였고, 설립된 교회는 자립 자급하도록 유도하여 후원하였다.[3]

이 같은 선교 정책의 일환으로 1901년 동경에 동양선교회 복음전도관을 세우고 이듬해인 1902년에 동경성서학원(Tokyo Bible Training Institute)을 개설하여 일본 전역에서 선교의 열매를 맺기 시작했다. 하나님의 크신 섭리는 어디에 있었는가? 동양선교회가 일본에서 미처 눈을 떼기도 전인 1907년 5월 30일 구한 말 주변 열강의 횡포로 날로 쇠약해져 가는 암울한 조선 땅에 동경성서학원을 졸업하고 귀국한 정빈, 김상준(金相濬) 두 한국 젊은이에 의해 한국성결교회가 태동하게 되었다.[4]

동양선교회에서 한국에 초대 감독으로 파송한 외국 선교사인 영국인 토마스(John Thomas) 목사는 이미 진남포(鎭南浦) 전도관

2　東洋宣教會 聖潔教會 理事會, 『聖潔教會臨時約法』(京城: 東洋宣教會 聖潔教會 出版部, 1933), 1.

3　OMS(Oriental Missionary Society, 東洋宣教會)의 주한 선교부 실행위원회의 Everett N. Hunt는 OMS의 세 가지 기본 계획을 1. 모든 피조물에게 복음을 전한다. 2. 피선교지 국민을 교역자로 훈련한다. 3. 피선교지 국민 스스로의 교회를 설립케 한다."로 설명한다. 『活泉』 통권 323호, 25.

4　李明稙, 『朝鮮耶蘇教 東洋宣教會 聖潔教會 略史』(京城: 東洋宣教會 聖潔教會 出版部, 1929), 143. 이하 『略史』로 줄임.

부록 4　533

(1908년), 개성전도관(1909년)이 설립된 후인 1910년 4월[5]에 조선에 부임하게 되었다.[6]

한국성결교회 창립의 주역을 맡아 사역하다가 무명의 전도자로 생을 마친 복음의 선구자 정빈, 그는 한국성결교회사에서 차지하는 비중이 가장 크다고 할 수 있는데도 그 동안 사료의 빈곤이나 연구의 무관심으로 역사의 그늘에 가려져 장년 한국성결교회 선교 80주년을 보낸 이 시점에서도 아쉽게도 뚜렷한 글로 표명된 것이 없다.[7]

---

[5] 하나님께서는 놀랍도록 한국을 위하여 역사하셨다. 이 새로운 과업을 위하여 선교사가 필요하였는데, 주께서는 John과 Emily Thomas 등 영국에 있는 선택한 두 영혼 위에 손을 얹으사 새로운 선교 사업을 맡기시기 위하여 한국에 보내셨다." L. B. Cowman, *Charles E. Cowman: Missionary Warrior* (LA : OMS Press, 1946), 207.

[6] 韓國聖潔敎會의 창립의 주역은 정빈(鄭彬)과 김상준(金相濬)이다. 정빈은 韓國聖潔敎會의 모체인 福音傳道館의 주임 교역자였으며, 한국인으로서는 최초로 경성성서학원의 교수로 사역하였다. 韓國聖潔敎會 창립자의 이름이 보통 가나다 순인 김상준, 정빈 또는 김상준만으로 말해지거나 글로 쓰여지는데 이것은 정빈, 김상준의 순서로 써야 함이 옳다. 성결교 창립시에 김상준은 武橋町 福音傳道館의 부교역자였고 정빈을 도와 사역에 힘썼다. 김상준은 1912년이 되어서야 정빈에 이어 주임 교역자가 되었고, 경성성서학원 교수직도 정빈이 1914년 교수직을 사임할 때 비로소 맡게 되었다. *Charles E. Cowman: Missionary Warrior*나 *In these Mortal Hands*에 보면 영문으로 Kim(김상준)에 앞서서 Jung(정빈)이 먼저 나온 것을 볼 수 있고, 또한 반대로도 나타난다. 그러나 1929년에 발간된 韓國聖潔敎會 최초의 교회사 책인『朝鮮耶蘇敎 東洋宣敎會 聖潔敎會 略史』에 보면 김, 정과 같은 고정적인 순서로 언급되는데, 이것은 아마도 이명직 목사의 집필 과정에서 다른 어떤 사료적 근거 없이 주관적인 생각에 따라 기록한 것으로 생각된다.

[7] 다만 1987년 이전『기독교 대백과 사전』(13권)의 '정빈' 항목에 간단히 몇 줄로 정리되어 있을 뿐이다.

II. 정빈의 생애

1. 성장과 입신

정빈(鄭彬)은 1871년 척화비(斥和碑)가 이 땅에 세워지고 신미양요(辛未洋擾)의 여파로 인해 천주교에 대한 박해가 계속 심화되어 가는 중인 1873년경[8] 황해도 해주(海州)[9]에서 태어났다. 그는 8세부터 서당에 들어가 학문을 배우기 시작했고, 계속해서 자기 적성에 맞는 대로 외국어와 산술, 그리고 또 다른 학문까지 익히기 시작했다. 정빈은 학문에 대한 남다른 열의가 있어서 신학문을 습득하는 데 열심을 다하여 주력하였다. 『달편지』[10]에 보면 다음과 같은 글이 있다.

> 八歲부터 入學하야 漢文으로 始作하고 算術과 또다른 學術까지 研究하고 자나깨나 이것들의게 종사하야 와스되[11]

---

8 『달편지』 1936년 3월 17일자(김영관, "쇼생은 행년 육십 여세에 온전히 아는 바는 오직 한아뿐이요, 숨님(성령님) 안으로 과거 삼십 년간을 도라보아.")

9 『略史』 145.

10 매월 동아기독교(동아기독대) 총부에서 개교회로 보냈던 교단 기관지 성격을 띤 월보로 교단 소식, 교역자 이동, 간증 등이 기록되어 있다.

11 『달편지』(1936년 3월 17일자), 활자 관계로 표기할 수 없는 현대체가 아닌 이하의 원문의 글은 필자가 임의로 바꿔 썼음.

동기는 확실히 모르나 그는 나이어린 10살쯤에 이미 기독교로 입신하게 되어 교회에 나가 신앙생활을 하였다.[12]

정빈은 일본으로 유학을 가기 전에는 1893년에 선교사 모삼열(牟三悅, Moore)과 조사 김영옥(金泳玉), 천광실(千光實)의 전도로 인해 그 이듬해에 세워진 연동(蓮洞)교회의 청년 신자였다.[13] 정빈은 이미 일본 유학을 떠나기 전에 성경 말씀에 대한 지식과 신앙의 깊이가 있었다.[14] 「그리스도 신문」에 보면 아래와 같은 글이 있다.

> 나도 믿는 날브터 오늘까지 新約은 사오 편을 보와셔 舊約보다 매우 갓갑게 지내 여 왓사외다. … 예수를 자기 쥬로 아는 쟈면 이 몃 가지는(救援, 聖潔, 神魔, 再臨의 四重福音을 말함) 밧셔 그 흉중에 예산한 거신즉 실샹은 (朝鮮에서) 드른 거시 업사외다.[15]

2. 동경성서학원과 일본에서의 활동

정빈은 1905년 7, 8월경에 일본으로 건너갔다. 정빈이 일본 유학을 떠난 지 3, 4개월 후인 1905년 11월 17일 서울에서는 을사조

---

12 Ibid.
13 車載明, 『朝鮮예수敎長老會史記』(京城: 新門內 敎會堂, 1928), 20.
14 *The Oriental Missionary Standard*, Dec. 1915, vol 14 No. 2 참조.
15 『그리스도 신문』, 1906년 5월 10일자.

약(乙巳條約)이 굴욕적으로 체결되고 교회의 비통은 극에 도달하였다.[16] 정빈은 이 당시 시국을 바라보면서 다음과 같은 글을 썼다.

> 대뎌 차셰샹에서 한국 사람이 되고 엇지 깃븜이 잇스며 엇지 감사함이 잇스리오. 오늘날 우리의 디위가 어느 디경에 니르럿는지 말할 수 업시 외국가 잇는 쟈나 내디. 에 잇는 쟈나 이 셰샹 영광은 조곰도 업스니 … 지금 우리들이 만 번 어려운 가온대 쳐하였슬지라도 내디 젼경의 실낫 갓흔 명맥이 아니며 … 신의 날개 아래로 모흐시는 때오. 은혜를 가지시고 비 주듯시 하려 하시는 시졀이라. 이제부터는 락심된 쟈가 위로를 밧을 때오. 울든 쟈가 쟝차 우슬 날이 잇슬 터인데 하나님의 집사 여러 자매 형뎨의 소임이 엇지 분쥬치 아니하리오.[17]

정빈은 구한 말 일본에서 제국주의의 횡포와 침략을 막아 내지 못하고 조선이 일본의 식민지로 전락할 불운한 위기에 처하게 되자 기독교로의 입신을 통하여, 즉 한민족의 회생의 기회를 기독교 안에서 발견하고자 하였다.

정빈의 유학 시절은 일제에 의해 주권을 사실상 빼앗기고 침략

---

16 閔庚培, 『韓國基督敎會史』(서울: 大韓基督敎書會, 1982), 508.
17 『그리스도 신문』, 1906년 3월 8일자.

의 마각이 여실히 노출된 울분과 참담의 시기였다.

1894년 갑오경장(甲吾更張) 이후로 신문물을 수용하기 위해 도일한 초기 일본 유학생들은 자연히 그들 스스로의 조직과 일종의 민족적 사명감에서 하나의 집단적 활동체를 필요로 하였다. 이에 일본에서 조직된 최초의 일본 유학생 단체가 '조선인 일본 유학생 친목회'였다.

그러나 이 단체가 해체되고 제국청년회가 새로 조직되었는데, 얼마 후 다시 해체되었다. 이후에 약간의 공백기 뒤에 지연 중심으로 여러 갈래의 학파로 분파되면서 다시 유학생 조직이 결성되었는데, 그 중의 한 단체로 1905년 겨울 경에 조직된 것이 태극학회(太極學會)[18]였다.

이 태극학회는 주로 관서 지방의 유학생들이 주류를 이루었다. 이 학회는 일본에 처음 발을 들여놓은 유학생들의 일어 학습을 돕는 것이 발단이 되어 유학생들의 친목과 학술 연구에 목적을 두는 것으로 시작되었으나, 이런 창립 의도와는 달리 사실상 그 이면에는 민족 주체의식의 확립과 철저한 국가 관념 속에 외침(外侵)으로부터 무너지는 위태로운 조국 현실을 직시하여 구원하고 해결하고자 하는 데 그 목적을 두고 있었다.

정빈은 태극학회의 청을 받아 매 주일마다 태극학회 회원 가운데

---

18 太極學會 이외에도 낙동강 친목회, 공수회, 한양회 등이 있었다.

기독교를 알기 원하는 유학생들에게 설교를 하는 시간을 가졌다.

> 本會 會員이 基督敎를 硏究하기 위하여 聖書學院에셔 聖書 專攻하시는 鄭彬氏게 每日 總會日에 三十分式 設敎하기를 囑託하다.[19]

이렇게 태극학회에 연결되어 성서를 가르치는 중에 기독교를 전하면서 그들의 모임에 자주 회동하였으나, 정빈은 일제에 대항하는 정치적 구국 운동에 다른 깊은 관계를 갖지 아니하였다. 왜냐하면 정빈은 십자가 외에 다른 것에서는 이 나라의 소망스런 전정(前程)을 생각할 수 없었기 때문이었다.

> 그러나 나의 짓브고 감샤한 거슨 다름이 아니라 이왕브텨라도 우리의 전경은 예수교로야 뎌를 완전히 할 줄노 생각하고 교회가 장성하기만 기도하며 바라더니[20]

가족을 뒤로 남겨둔 채 도일(渡日)한 1905년 가을 어느 날,[21] 정빈은 김상준과 함께 외국인에게는 낯선 전통 한국식 복장으로 동

---

19 『太極學報』 창간호(1095), 53.
20 『그리스도 신문』 1906년.
21 Ibid.,. '본국을 떠난 후 칠팔삭 동안에'로 보아 일본에 도착한 것은 1905년 7, 8월경이었고, 그 해 가

경성서학원에 나타났다. 호기심에 찬 선교사들과 일본 사람들이 뛰어나오자 두 한국인은 웃으며 넙죽 인사하였다. 아무도 그들의 신원을 알 수 없었는데, 갑자기 한국인 두 사람 중의 하나가 큰 웃음을 지으며 '할렐루야!' 라고 소리치자, 킬보른이 이에 "아멘!"으로 화답하였다.[22]

곧 두 사람은 동경성서학원의 교수, 학생들(중국인 학생 1인)과 한 가족이 되어 신학 수업을 받기 시작했다. 정빈은 새벽부터 밤늦게 까지 일본 말을 배우기 위해 노력했고,[23] 얼마 안 가서 그는 일본어로 말하고 이해할 수 있게 되었다.

> 그들은 일본에서 전격적으로 복음을 전하기 위하여 학생들을 훈련시킨다는 동경성서학원에 대한 소식을 들었다. 그들의 이름은 한국에서 잘 알려진 이, 김, 그리고 정 씨 성의 사람들이었다. 일본어에 서툴렀으나 그들은 학생으로서 입학이 허락되었다. 얼마나 그들이 일본어를 배우는 데 열성을 다했든지 짧은 시간에 그들은 드문 드문 회화

을 정도 입학했을 것으로 사료된다. (Robert D. Wood, *In These Mortal Hands: The Story of the Oriental Missionar Society The first 50 years*에는 1904년 어느 날 정, 김 두 사람이 동시에 동경에 나타난 것으로 기록되었는데, 이것은 연대를 잘못 계산한 것으로 생각된다.)

22   Robert D. Wood, *In These Mortal Hands: The Story of the Oriental Missionar Society The first 50 years* (Greenwood, Indiana: OMS International, Inc., 1983), 75.

23   Ibid., 76.

뿐만 아니라 강의까지 이해하게 되었다.[24]

정빈은 당시 남녀 학생을 합하여 50인 정도가 공부한 동경성서학원의 형편과 학과 수업에 대해 고국의 성도들에게 「그리스도 신문」을 통해 다음과 같이 소개하였다.

> 동경성서학원은 륙년 전에 창립한 거신대 교사는 미국 사람 길보른 래호 이돈니 량씨와 일본 사람 중전중치와 셰미철삼랑이니 학원의 교수하는 일은 이 두 사람이 쥬쟝하고 학도는 남녀 병하여 오십 여인인데… 성경 공부는 등급이 업시 다 일층으로 교슈하고, 과정은 신구약 중에서 혹 신학과도 잇고 강의도 잇서서 오전 구시브터 십일 시까지 교사가 특별히 가라치고 그 외에는 자기가 각기 공부하고 오후면 번차례로 남녀가 패패로 갈나 나아가서 길 전도도 하고 밤이 되면 전도관이 따로 잇서서 그 곳스로 모혀 개회하고 전도하다가 밤 열 시가 지나야 잘 자리로 도러오고[25]

정빈은 동경성서학원에서 주로 성경에 관한 공부와 노방 전도

---

24 Lettie B. Cowman, *Charles E. Cowman: Missionary Warrior*, 205.
25 「그리스도 신문」, 1906년 3월 15일자.

및 호별 방문 등 전도 실습에 대한 것을 배웠는데, 특별히 심프슨 (A. B. Simpson)에 의해 주창되고, 후에는 웨슬리(Wesely)신학과 함께 한국성결교회의 교단신학으로 형성된 '사중복음(The Fourfold Gospel)'[26]에 대해서 공부하게 되었다.

> 이곳서 밋는 목덕의 데일 특별한 됴목은 네 가지이니, 데일은 救援이오, 데이는 聖潔이오, 데삼은 神庵(약 아니 쓰고 기도만 하여 나음을 받는다)요, 데사는 再臨이라는 것시 다른 敎會보다 다르다.[27]

정빈이 입학한 지 얼마 되지 않아 세 번째 한국 유학생으로 이장하(李章夏)가 동경에서 그들과 합류하였다.[28] 이장하는 여가의 시간에 찬송가를 한국어로 옮겼고, 정빈은 많은 책들을 번역하는 작업을 하였다.[29]

3. 동양선교회 복음전도관의 개척

---

26 A. B. Simpson에 의해 처음 밝혀지고 주창된 四重福音은 東京聖書學院에서 주요한 과목으로 가르쳐 왔는데 이것은 19세기 성결-오순절운동을 통해서는 '4대 표제(four themes)'로 말해진다. 일본에서는 나카다 쥬우지의 『四重の福音』이 1938년에 책으로 출간되었는데, 이에 앞서서 그의 제자인 한국의 金相濬 목사가 먼저 『四重敎理』(1921. 6. 13.)라는 책을 출판하였다.
27 『그리스도 신문』 1906년 3월 15일자.
28 Wood, *In These Moral Hands*, 76.
29 Ibid.

1907년 5월 2일, 정빈은 김상준과 함께 동양선교회 소속 동경성서학원을 졸업하고 귀국하였다. 정빈은 그 해 5월 30일에 김상준과 함께 경성 종로 염곡(谷)에 위치한 다 쓰러져 가는 조선식 기와집 몇 간을 세내어 '동양선교회 복음전도관'이라는 간판을 붙이고 복음전도관을 개설하니, 이로써 한국 땅에 외국 선교사의 도움 없이 독자적으로 성결교회가 정식으로 출범하게 된 것이다.[30]

물론, 한국에 선교를 시작하기 전에 동양선교회(OMS)는 인적, 재정적인 부족으로 인해 일본 선교에 있어서도 큰 성과를 이루지 못한 개척기였다. 동양선교회의 기관지인 *Eletric Messages*에서는 처음 전도관을 매입할 때 재정적인 원조를 했다고 말하나,[31] 실상 그것을 다 인정한다 해도 염곡에 다 쓰러져 가는 집 몇 칸을 전세로 빌리게 되는 정도였고, 정빈은 이곳에서도 쫓겨나 셋집을 몇 번이나 옮겨 다니는 재정적인 어려움에 처하게 되었다.[32] 카우만과 킬보른은 1907년 내한 후 조선에서 선교 가능성을 탐지한 뒤 2주 만에 일본으로 돌아갔다. 이처럼 동양선교회가 조선에서의 선교 사업을 시작할 만한 여유를 가지지 못할 때에 최초로 한국성결교회를 창립함으로써 자국인으로서 모국 선교의 장을 열었던 정빈은

---

30 『活泉』통권 83호, 44.
31 *Electric Messages*, vol. 7, No. 2(1908, 12).
32 『略史』 51.

이미 동경 유학 시절 그 곳 복음전도관에서 한 주간에 수십 명씩 결신하는 부흥의 모습을 보면서 그의 가슴 속에 한국 땅에서의 복음전도의 청사진을 가지고 있었다.

쥬 압헤 일을 맛혀 가지고는 … 우리 나라 敎會에도 이와 갓치 하엿스면 됴겠다 하였소.[33]

동족이 동족에게 직접 복음을 전함으로써 자국인에 의한 동족선교의 장을 연 선교적 주체로서의 역할 감당은 외국 선교사의 주도로 이루어진 장·감과는 다른 모습으로 이 민족사에 비추어졌다.

한국 성결교 창립의 주역인 정빈은 처음부터 특정한 교파 의식을 갖지 않고, 일본에서 공부하고 실습하여 익힌 전도 방식으로 악대와 가두 전도 연설, 호별 방문에서 복음을 전하여 결신시키고, 결신자들은 인근 다른 교파 교회로 인도하였다.[34] 이명직(李明植) 목사는 『略史』에서 아래와 같이 적고 있다.

그런데 그 名稱을 福音傳道館이라 함은 다름이 아니라 最初에 東

---

33 『그리스도 신문』 1906년, "쥬일이면 남녀가 사처로 허여져 나가서 길에서 찬미하여 라발도 불어 사방으로 사람을 모화고 남녀가 차례로 연설 한번식 돌녀가며 모든 사람에게 이갓치 전도하고"
34 『略史』 16.

洋宣教會 創立者인 카우만, 길보른 總理들의 精神을 教派를 세운다든지 또는 宣教事業이라는 野心에 잇는 것이 아니라 순연히 救援의 福音을 未信者에게 넓히 傳하여야 되겠다는 精神으로 좃차 잇게 된 名稱이엿나니라. 그래서 처음으로 오직 傳道로만 主張을 삼고 牧會에는 注力치 아니하엿슴으로 教會를 組織하지도 아니하고 따라서 政治도 업섯다.[35]

따라서 초기 한국성결교회의 출발은 단일한 하나의 기성 교파로 시작하지 않고 복음전도관, 문자 그대로 복음전도를 위한 선교 동기에서 시작되었다. 이에 민경배(閔庚培) 교수는 "초교파적인 동양 선교를 위한 단체에서 출발하여 경화(硬化)된 교회가 성결교회였다."고 규명하고 있다.[36]

부교역자 김상준과 함께 매일 저녁 한 사람은 장등을 들고 한 사람은 북을 치며 황토현(黃土峴)에 가서 "믿기만 하오. 믿기만 하오."[37] 찬송을 부르며 전도를 하였다. 그러나 이같은 직접 전도 방법은 많은 오해를 빚기도 했다.

---

35 Ibid., 16.
36 閔庚培, 『韓國基督教會史』, 161.
37 중앙성결교회 출판위원회, 『중앙교회 70년사』 (서울: 중앙성결교회, 1978), 33.

> 未信者는 물론하고 信者의 眼目에도 萬物의 때와 갓치 보일 뿐 아니라 '굿중패' 나 '남사당패' 와 갓다고 하였더라. 그러나 金, 鄭 량인은 엇더한 方法이던지 령혼을 救함에는 개가죽이라도 무릅쓸 경우에는 그것이라도 사양치 아니하겠다는 主義로 오직 忠誠을 다하야 역사하는 중에 하나님께서 權能으로 함께 하셨더라.[38]

이같이 노방전도는 갖은 조롱과 비판 중에도 그 성과가 커서, 한말 불운한 역사의 뒤안길에서 한 가닥의 소망을 찾는 많은 이 땅의 사람들을 그리스도 앞으로 인도하였고, 1908년에 이르러 구리개(현 무교동)[39]에 한옥을 마련하여 전도관으로 사용하게 되었다.

1907년 평양, 원산, 목포를 중심으로 일어난 신앙부흥운동의 불길은 1908년 서울로 확산되어, 그 해 겨울에는 무교정(武橋町) 복음전도관에 많은 사람이 몰려들고 신도나 선교사, 교역자 할 것 없이 모인 회중들이 각기 죄를 통회 자복하고 성령의 능력을 받는 대역사가 일어났다.

한국성결교회의 오순절(伍旬節)과 같은 대신앙부흥의 역사는 특

---

38 『略史』 51.
39 당시의 무교정은 여인네들의 머리 장식과 갓을 파는 장사치들로 붐비는 곳이었고, 가까이 인접한 다동은 경성에서는 기생촌으로 유명한 환락적인 유곽(遊廓) 지대였다.

별히 연동 장로교회의 부흥의 도화선이 되었다.[40] 이로 인해 연동교회의 조사[41]인 이명헌(李命憲), 집사 원세성(元世性), 배선표(裵善), 박용희(朴容羲) 여조사인 원경신(元儆信, 원세성의 부인) 등이 성결교회로 이명하여 성결교회 초창기의 한 일원이 되었다.[42]

연동교회의 조사인 이명헌과 원세성 등 많은 사람이 동양선교회 복음전도관에 참석하여 설교를 듣고 큰 은혜를 받아 이명을 하자, 배동석(裵東奭) 이라는 청년은 단순한 민족주의적 감정에 치우쳐 미처 기독교를 알기도 전에 복음전도관을 미신과 친일의 집단으로 매도하여 복음전도관과 그 추종자들을 파괴, 암살하고자 하는 계획을 가지고 있었으나 실행에는 옮기지 못하였다.

> 동경셩셔학원에서 卒業하고 처음으로 경성에 건너와셔 구리개에다가 동양션교회 聖潔敎會(福音傳道館)를 設立하고 傳道하는 중에, 셩신의 큰 復興이 니러나셔 각 敎會 교역쟈와 신쟈들이 만히 참예할 때에 련동교회 조사 리명헌 씨와 집사 원셰성 씨도 참예하고 큰 恩惠를 밧아 가지고 자기 敎會에 가셔 간증하는 중에, 그 敎會에셔도 또한 만흔 신쟈들이 은혜를 밧아 가지고 悔改하며 自服하게 되었다. 이

---

40 『活泉』 통권 83호, 45.
41 당시의 조사(助事)는 오늘날의 전도사와 같은 직책으로 한 선교사에 예속되지 않고 형편에 따라 다른 선교사와 함께 사역을 하기도 하였는데, 당시에는 한국 교회의 유일한 한국인 지도자였다.
42 『略史』 53.

때에 愛國心이 팽창한 배동석 군의 눈에는 아모 것도 아니게 보였다. 배군은 큰 감정을 품고 생각하기를 宗敎는 國家를 文明케 하고 샤회를 改良하며 愛國心을 培養하는 것이어늘 뎌 동양션교회는 國家와 샤회를 해롭게 하고 사람을 迷信으로 引導하니 맛당히 폭발탄을 던져서 破滅케 하고 또한 그 迷信에 침혹된 원셰셩, 리명헌 두 사람은 暗殺하리라고 작뎡을 하엿셨다.[43]

부흥의 역사가 한창 일어나던 즈음 어느 주일 정빈이 설교하는 중에 이렇게 말하였다.

소위 信者로서 조고마한 병에 걸리게 되면 한갓 藥이나 의사에게만 의지하고 하나님의 權能을 잊고 기도하는 일을 하지 못하는 것은 불가한 일이라.[44]

이것을 들은 당시의 대한매일신보 기자는 1909년 9월 14일자 『대한매일신보』 논설을 통하여 전도관은 어리석은 백성들을 유혹하여 일본에 복종케 하는 음험한 마귀의 단체라는 근거없는 비판

---

43 『活泉』 통권 제3호, 38.
44 『活泉』 통권 제83호, 45.

적인 오해를 담은 글을 실었다.

> 소위 동양전도관이라는 거시 나기로 우리는 처음에 됴량하기를 이것도 젼하고 진실한 뎐국의 젹자와 진졍한 구셰쥬의 신도를 모화 샹데를 찬양하는 처소인가 하야 노래를 부르고 이 젼도관을 환영코져 하였더니 이제 듯건대 음험하다 이 젼도관이여 참 독하다 …이 젼도 관이여 그 도를 젼하는 관이 아니라 화를 젼하는 관이니 … 이에 동양 젼도관을 설시하여 한국 동포를 속이는대, 첫째는 한국 동포의 자유 하는 생각을 막아셔 아모됴록 형편되어 가는 대로 행동을 하도록 하며 비루하고 굴복하는 거슬 됴흔 거스로 알도록 하고져 함이니 음험 하고도 참 독하다 이 젼도관이여 쥬의 말슴을 외오며 쥬의 일흠을 빌어져 그 마귀의 슐업을 행하는도다.[45]

이미 『대한매일신보』에서는 4월 21일자 논설을 통하여 정빈과 김상준을 남산의 늙은 여우와 같은 종교계의 요물로 단정하며 그들은 일본에서 공부 하고 귀국한 친일파이며 과학을 무시하고 의약을 죄악시하는 미신적 행위를 조장하는 자들이라고 중상적인 모략을 행하였다.

---

45 Ibid., 45.

> 슬흐다 종교계에 요물이 생겼고나 오호라 종교계에 요물이 횡행하는도다 … 물은 엇던 물건이 하면 기독교 신쟈라 하는 소위 일본 동경성서학원에서 졸업하였다 자칭하고 전도하는 한인 모모 수삼 인이 곳 이것이니라.[46]

이로 인하여 을사조약 이후 반일 사상이 극도에 달한 경향 각지 인들에게 의혹과 실책을 사게 되었지만, 이것은 부질없는 중상모략으로 드러났다.

주의 은혜와 주임 교역자인 정빈과 부교역자인 김상준, 이장하, 박기반(朴基磐)의 헌신적인 노력으로 무교정전도관은 계속 부흥일로를 걷게 되었다. 1911년 3월 경성 무교정전도관 안에 임시로 성서학원이 개설되었는데,[47] 이때 정빈은 한국인으로서는 최초로 성서학원의 교수가 되어 학생들을 가르치게 되었고, 내한한 조선 감독 토마스 목사는 원장이 되었다.

이듬해인 1912년 3월 죽첨정(竹添町, 현 충정로) 3정목(丁目) 35번지에 정식으로 성서학원이 신축되어 이전하자,[48] 정빈은 무교정전도

---

46 『대한매일신보』 1909년 4월 21일자.
47 『略史』 34.
48 Ibid.,

관 주임 교역자직을 사임하고 신학 교육에만 전념하게 되었다.[49]

1914년 9월 30일에 정빈에 이어 무교정 복음전도관 주임 교역자가 된 김상준은 무슨 이유인지는 모르나 정빈과 서로 의견 충돌을 일으키게 되었다. 정빈은 성서학원 강당 칠판에 김상준에 대한 12개 조문을 기록하고 킬보른 총리에게 송사를 요구하였다. 이에 킬보른은 칠판에 기록한 것을 취소하고 서로 주 안에서 화해할 것을 권하였다. 김상준이 정빈에게 찾아가 용서를 빌었으나, 정빈은 송사에 대한 판결을 요구하며 끝내 사직서를 제출하고 북간도로 떠나고 말았다.[50]

4. 정빈과 대한기독교회(동아기독교)

북간도로 건너간 정빈은 아무런 제약 없이 복음을 전하다가 3년 후인 1917년 다시 성결교회(동양선교회)로 돌아와 동양선교회의 파송을 받고 안성(安成)교회를 창립하였다.[51]

정빈은 당시 경기도 3대 읍 중의 하나인 4천 세대 정도가 사는 안성 읍에 파송되어 다른 부교역자 없이 교회 개척에 착수하였고,[52]

---

49 『기독교 대백과 사전』, '정빈' 항목.
50 『略史』 36.
51 Ibid., 146.
52 Ibid., 75.

1년 동안 열심으로 순복음(사중복음)을 전하면서 수십 명의 결신자를 얻게 되었다. 1922년 경기 지방 감리목사 이명헌의 보고에 따르면 안성교회는 120명의 신자를 가진 대교회로 성장하였음을 알 수 있다. 1919년 9월에 정빈은 인천교회에 다시 파송되어 부교역자 김흥수(金興洙), 최병애(崔丙愛) 전도사와 함께 율목리에서 3년간 목회하였다.[53]

이후 1921년 9월 종래에 사용하던 복음전도관이라는 명칭을 폐지하고 교회를 조직하여 교회의 명칭을 성결교회로 바꿔 교단으로 경화되어 갈 무렵, 그는 인천교회를 사직하고 다시 북간도로 떠났다.[54]

정빈이 성결교회를 떠난 사건은 창립자에 대한 여러 가지 안타까움과 함께 부정적인 평가(교단 의식의 미약)와 또한 여러 의문을 던져 준다. 그러나 처음 이 땅에 복음전도관(성결교회)을 세울 때에 두 가지 선교 원칙(첫째, 어떠한 새 교단을 만들지 않는다. 둘째, 복음을 받아들이지 않는 곳에 가서 직접 복음을 전한다.)에 입각한 행동의 발로이지 않았나 생각된다. 1921년 재차 북간도로 건너간 정빈은 나라를 잃고 실의에 젖어 단지 생존만을 위해 살아가는 대다수의 재만(在滿) 한국인들에게 중생, 성결, 신유, 재림의 사중복음을 전하

---

53 Ibid., 81-82.
54 Ibid., 16.

였다. 기독교는 당시 치안 부재와 사회 불안의 이국(異國) 만주 땅에서 한 가닥의 생로를 찾아 영하 40도의 혹한이 주는 고통을 이겨내며 질병과 굶주림 속에서 심리적, 정신적 안정을 갈구하는 재만 한인들에게 커다란 안식처를 제공하였다.

조선 말기 계속되는 흉년과 관리들의 착취, 1912년부터 1920년까지 시행된 이래 토지 수탈 정책으로 경제적 기반을 잃고 몰락한 농민들의 대거 이주, 그리고 일제 강점과 3·1 운동으로 일어난 민족주의자들의 정치적 망명으로 1920년 재만 한인의 총수는 46만 명을 헤아렸다. 그리고 1930년에는 61만 명에 달하였으니 선교 정책적인 면에서 볼 때 만주 땅은 1930년 전후 그 시대가 만들어 낸 선교의 황금어장이었다.[55] 따라서 1920년대부터 국내 교회의 만주 선교는 본격적이고 조직적인 선교활동을 펼치기 시작했다. 기독교는 1934년에는 교회당 162곳, 교인 31,886명이었고, 2년 후인 1936년에는 233교회, 38,251명 신자를 가진 재만 한인사회에서 가장 유력한 종교로 등장하게 되었다.[56]

정빈은 두만강 대안(對岸)의 북간도에서 동아기독교회의 한 일원이 되어 전도활동을 펼쳐 나갔다.[57] 정빈은 1921년 북간도에 오

---

55 1945년에는 2,100,000명에 달하였다.
56 玄圭煥, 『韓國流移民史』(上) (서울 : 語文社, 1967), 520-1.
57 '동아기독교회'는 현 기독교 한국 침례교회의 교단 명칭이다. 일제통치 아래서 한국침례교회는 몇

기 전에 이미 1914년 처음 북간도를 밟았을 때 동아기독교의 전신인 대한기독교회의 일원이 되었다. 그는 대한기독교회가 훈춘 지역에서 왕청(旺淸) 지역으로 교회 설립을 확장하는 시기인 1915년 왕청현 하남교회를 개척하였고,[58] 그 해 봄에는 감로(監老)로서[59] 새로 창립된 200명 교인을 가진 나자구교회의 주임으로 이춘보 전도사와 함께 사역하였다. 따라서 재차 동아기독교회에 온 정빈은 감로로서 북만주 간도의 용정(龍井)교회에서 시무하였는데, 이 교회는 1922년 봄에 박노현의 전도로 창립 된 30여명의 교인을 가진 개척교회였다.

정빈은 용정교회에서[60] 복음을 전하는 일 외에 1921년 이종덕(李鍾德) 감목의 뜻에 따라 만주 종성동에 세워진 종성동성경학원에서 교수로서 성경을 가르치는 일을 하였다.

차례의 교단명칭 변경이 있었다. 대한기독교회(1906-1921년) → 동아기독교회(1921-1933년) → 동아기독대(1933-1940년) → 동아기독교회(1940-49년)

58 김태식, "재만 동아기독교 선교활동에 대한 연구"(석사 학위논문, 침례신학대학교 대학원, 1986), 36.

59 감로(監老)는 동아기독교의 개교회나 지방 구역(지방회 전도)에서의 일반 교인들의 직분이다.

60 김태식, "재만 동아기독교 선교활동에 대한 연구," 40.
대한기독교회 교구는 제2장 '교역 및 그 성독(聖督)'에 보면 대한 기독교회의 임원은 감목 1인 아래에 목사 약간을 두고, 목사 아래에 감로(안수 받아야 감로 직분을 받을 수 있음), 그 다음에 교사, 전도인(또는 전도사) 당원으로 구성하였다. 감목과 안사는 대한기독교회 목사에 한해서 주어졌고 그 이하의 직분은 지방 목회(개교회)의 산하에 두어 시행하였다. 아래의 글은 감로의 직분에 대해 자세히 설명해 주고 있다. 제8조, 감로는 목사의 지휘를 받아 월 2회씩 당해 구역 내에 있는 교우의 가정을 순회하여 신앙을 향상토록 권장하고 교회에 대한 헌금을 관리하며 목사가 침례 및 성찬을 베풀 때 목사를 보좌한다. 목사 부재시에는 혼·장의 집례를 대행한다." 『대한 기독교 침례회사』, 17.

만주 종성동에서 성경학원을 실시하고 남북 각지에서 남녀 다수의 학생들을 모집하여 이감목 원장과 정빈(鄭彬) 씨(일본 청산학원 신학부 출신, 무명 전도로 일생을 바친 분) 제 선생으로 유지(維持)왔으나 3년 후 3월 말에 부득이한 사정으로 인하여 중지하였다.[61]

이종덕 감목은[62] 1949년 3월 1일에 다시 강경(江景)에서 교역자 양성의 필요로 성경학원을 개원하였으나, 이때 교수의 명단 중에는 정빈의 이름이 빠져 있다. 이로 미루어 보아 정빈은 1949년 이전에 주께 부름 받은 것으로 사료된다.

1949년 3월 1일 강경에서 성경학원을 설치하고 원장 이종덕 목사와 교사로 김용해, 한기춘, 장일수, 제 목사, 이건창 선생과 전국 각 구역에서 응모(應募)된 伍十二인의 수강생으로 개원되어 1기 과정을 수료하였다.[63]

---

61 김용해 편, 『대한기독교 침례회사』 (서울 : 대한기독교침례회 총회, 1964), 38.
62 이종덕 목사(1884~1950년 순교)는 한국침례교회의 전신인 동아기독교의 2대 감목으로 동아 기독교 초창기에 펜윅(M. C. Fenwick)과 함께 한국짐례교회를 이끌어 간 핵심적인 중심 인물이다. 한국 침례교회를 세우는 데 결정적인 역할을 담당한 그는 탁월한 정치적인 두뇌로 정교분리 원칙을 고수했고, 순복음을 가르치고자 후진 양성을 위해 만주 종성동에 성경학원을 세웠다. 1950년 7월 25일 강경 금강 연변의 갈대밭에서 공산당에 의해 순교를 당했다.
63 Ibid., 79.

1931년 만주사변(滿洲事變) 이후 괴뢰 정권인 만주국이 만주 내에 있는 기독교를 하나로 통합하려고 할 때, 정빈은 동아기독교와의 관계는 계속 유지하면서 다만 복음의 교사와 전도자로서 수다한 영혼들을 주 앞으로 인도하는 일[64]에만 전력을 다하다가 끝내는 60이 넘는 노년의[65] 무명 전도자로서 이름 없이 빛도 없이 생명이 있는 동안 복음만 전하다가 아골 골짝 빈들과 같은 황막한 만주 땅에서 주 오시는 날까지 잠들게 되었다.

Ⅲ. 정빈의 사상

한국성결교회는 앞서 살펴본 바와 같이 1907년 5월 30일 정빈과 김상준에 의한 주도적인 자생적 개척을 통해 시작되었다. 그러나 성결교회 창립자 2인 중의 한 사람인 김상준과는 달리 정빈에 대해서는 창립 80년이 지나도록 단 한 편의 글도 나오지 않았다. 따라서 정빈 사상의 연구에 대한 시도는 지금까지 거의 황무지와 같았다. 왜냐하면 지금까지 한국 성결교 창립자 정빈의 생애에 대한 언급조차도 없었던 것이 지나간 한국성결교회의 역사연구의 현

---

64 『그리스도 신문』에 게재한 자신의 글 중에서.
65 『달편지』 1936년.

실이었고, 1987년에야 비로소 필자의 정빈론을 통해 처음으로 지상에 발표되었기 때문이다. 박명수 교수는 정빈 연구에 대해 다음과 같이 말하고 있다.

> 정상운 교수는 수 년 전부터 성결교회의 자료를 발굴하기 위하여 노력하여 왔다. 특별히 그는 성결교회 최초의 전도자인 정빈에 관한 새로운 자료를 발굴하여 초기성결교회의 연구에 큰 공헌을 하였다. 지금까지 성결교회의 자료가 『活泉』을 중심으로 맴돌았는데 그는 그 지평을 일반 교계 신문과 일반 문헌에까지 확대하여 성결교회 역사 연구의 폭을 넓혔다.[66]

이 글이 암시하는 바와 같이 그 동안 창립자 정빈이 가졌던 사상의 윤곽조차도 그려낼 수 없었던 것이 성결교회의 과거의 모습이었다. 그것은 사료의 한계(사료의 귀중성 인식 부족과 이로 인한 보관 및 발굴에 대한 소극성)와 한국교회사에서 성결교회만이 가진 타 교회(교단)와 다른 독특한 특성인 성결교회성에 대한 역사의식의 빈곤에서 연유되었음을 솔직히 인정하지 않을 수 없다. 따라서 1987년 창립 80주년 이전에는 성결교회를 이 땅에 심고 거름을 준

---

66 박명수, "서평, 정상운 교수의 『새벽을 깨우는 사람들-인물로 본 성결교회사』", 『들소리 신문』, (1996. 9. 8.), 6면.

부록 4   557

정빈에 대해서는 앞에서 지금까지 쓰여진 단편적인 글들을 통하여 역사적 사실과는 다르게 굴절된 시각으로 보이거나 빈 공백으로 보일 수밖에 없었다. 그러므로 그동안 이것은 성결의 후학들에게 실증사적인 분석과 비판 없이 다음의 내용으로 잘못 받아들여져야 했다.

> 당시 북간도에는 많은 애국 독립운동가와 그 가족이 몰려와 살았는데 정빈 씨는 그 곳에 가서 자유롭게 전도하는 한편 독립운동에 투신하고 싶은 충동을 받고 떠났다고 한다.[67]

이것은 서울신학대학교 교수논문집에서도 동일한 내용으로 반복되고 있다.

> 정빈: 정확한 자료는 없고 황해도 해주 출생, 개화사상의 영향받아 기독교 입교, 1905년 성서학원, 1907년 귀국, 1912년 성서학원 교수로 봉직하였다. 의견 충돌로 1914년 사임, 북간도 구령 사업에 종사, 후설에 의하면 독립운동을 하였다 함.[68]

---

67 기독교대한성결교회 역사편찬위원회, 『성결교회사』 제1집: 기초 집필 초 (서울: 기독교대한성결교회, 1981), 58.
68 崔熙範, "서울神學大學70年史 小考", 『神學과 宣敎』 제7집, (1981): 12.

이 같은 내용의 글은 정빈이 성결교를 떠나 자유 전도뿐만 아니라 독립운동에 투신했다는 암시를 주고 있는데, 이것은 사실과 전혀 다른 내용이다. 따라서 정빈에 대한 지금까지의 연구는 필자의 논문이 발표되기 전까지는 위의 내용으로 만족해야만 했고, 이것은 통설에 가까운 내용으로 후학들에게 무비판적으로 받아들여져야만 했다.

이러한 사료 한계의 현실에서 일부분 남아 있는 정빈의 글들을 통해 그의 사상을 조명해 보려는 시도가 무리인 듯싶으나 그가 성결교 창립과 초기 선교활동에서 차지하는 비중이 크고, 바야흐로 선교 2세기를 앞둔 한국성결교회의 정체성 규명과 미래적 방향 설정에 다소나마 유익을 줄 것으로 기대되어 그 동안 수집한 사료(史料)를 중심으로 그의 사상을 다음과 같이 3가지로 나누어 살펴보고자 한다.

1. 순복음(純福音)이라 불리운 사중복음의 강조

정빈은 한말 일제에 의해 한민족의 주체성이 점점 상실되어 가는 불운한 역사적 정황 앞에서 당시의 민족적 과제였던 개화와 민중의 요망인 반봉건적 의식 개혁과 사회 개혁을 선교의 과제로 삼기에 앞서서 이 민족 구원의 첩경을 기독교의 수용에서 찾았다.[69] 그래서 구국(救國)은 정빈에게 있어서는 곧 복음 수용으로 받아들여졌다.

그는 일본이라는 새 침략세력 앞에서 반일적 감정과 민족의식을 형성하고자 하는 대중적인 정치운동(자주독립사상과 충군 애국적인 신앙 고백 등)을 통해 이 민족의 구원과 자유의 길을 모색하지 않았다. 그는 한말이라는 역사적인 상황과 현실에 타협하여 복음이 자기 본질을 상실하고 변질됨으로써 기독교가 민족 구원의 혼합 종교로 전락됨을 방지하고자 노력하였다.

정빈에게 있어서 민족 구원의 복음이란 사회 구원의 복음과 정치 구원의 복음이 아닌 영혼 구원의 복음이었다. 따라서 그에게 있어서는 종교 개혁에서 주창된 복음적 사상이 한말과 일제 강점이라는 우리 한민족의 역사적 현실 앞에서 그 순수성을 잃어버리지 않는, 초기 한국 감리교와는 다른, 실로 인상적이며 전통적인 기독교 신학 정수인 순복음 신앙으로 나타났다. 정빈이 초기 복음전도관 시대에 주창한 순복음 내용은 동경성서학원에서 처음부터 가르치고 전하여 온 사중복음(초기에는 순복음으로도 사용되었고 『活泉』에 나타나는 빈도도 사중복음과 같이 많이 나오고 있음)이었다.

---

69 宋吉燮, 『韓國神學思想史』 (서울 : 大韓基督敎出版社, 1987), 92.

정빈은 고국에 보내는 글 가운데 동경성서학원을 소개하며, 그곳에서 새로운 가르침으로 배운 사중복음을 다음과 같이 말하고 있다.

> 또한 이곳에서 믿는 目的에 第一 特別한 條目은 네 가지이니, 第一은 救援이요, 第二는 聖潔이요, 第三은 神癒(藥아니 쓰고 祈禱만 하여 나음을 받는다고 함)요, 第四는 再臨이라는 것이 다른 敎會보다 다를 수 있소. 예수를 자기 主로 아는 자면 이 몇 가지는 벌써 그 흉중에 예산한 것인즉 실상은 들은 것이 없습니다.)[70]

심프슨(A. B. Simpson)의 표현을 빌리자면, 사중복음이란 '기독교 교리(복음) 가운데 중요한 4가지 메시지로, 그리스도께서 우리에게 주시는 축복을 가장 완전한 방법으로 요약한 것' 이었다.[71] 심프슨이 1887년 올드 오차드(Old Orchard) 총회의 첫 번째 설교에서 '사중복음(The Fourfold Gospel)' 이라는 제목으로 설교를 했을 때 처음으로 사중복음이라는 용어를 사용하였다.[72]

그러나 사중복음의 4중 유형, 또는 더 나아가서 5중 유형의 5중 복

---

70 鄭彬, "성서 학원 형편", 『그리스도 신문』, 1906년 3월 8일자.
71 A. B. Simson, *The Four-Fold Gospel*, (Harriesburg: Christian Pub., 1925년), 4.
72 *The Word, The Work and The World*, 1887, Supplement, 4.

음이라는 형태는 심프슨 고유한 독점물이 아니다. 데이튼(Dayton)의 설명을 빌리자면 '온전한 복음(The Full Gospel)'[73]이라는 용어는 오순절운동(Pentecostalism)에서 특징적으로 사용되는 것으로서, 북미 오순절협회(Pentecostal Fellowships of North America, 약칭 PFNA)의 광범위한 교리 선언 속에서 일부분이 침잠되어 있는 테마군(Constellation of themes)을 말한다.[74]

따라서 구원, 성결(성령 세례), 신유, 재림이라는 4중 유형의 4가지 테마는 19세기 말 성결-오순절 운동(Holiness-Pentecostal Movement)에서 유래된 교회들로부터 다소간 신학적 차이를 드러내면서도 온전한 복음(순복음, full Gospel 또는 Whole Gospel)이라는 용어로 각 교단(교회)들마다 강조하였다. 이것은 19세기 심프슨을 통하여 성결-오순절 운동의 복잡한 발전 과정의 마지막 단계와 정점을 이루게 되었다.[75]

동양선교회 제1대 총리인 나카다 쥬우지(中田重治)는 사중복음이라는 용어를 처음 말한 자가 확실히 '그리스도인과 선교사 동맹(Christian and Missionary Alliance)'의 심프슨임을 말하며, 그의 용어를 빌려 일본에서 동양선교회의 처음 출발부터 사중복음의 전파를 최

---

73 '온전한 복음(The Full Gospel)'이라는 용어는 초기 한국성결교회의 저작물에서는 '순복음'으로 번역되어 사용되었고, 이것은 동시에 '사중복음'을 의미하기도 했다.
74 Donald W. Dayton, *The Theological Roots of Pentecostalism* (Peabody. Hendrickson Publishers, 1994), 15.
75 Ibid., 22.

고, 최대의 과제로 삼았다.[76] 나카다 쥬우지는 다음과 같이 말한다.

> 우리 敎會(필자 주 : 동경성서학원)는 只今부터 33年前 神田表 神保町에서 福音을 傳하고 가르친 當初부터 四重福音을 目標로 하여 싸워 온 것을 여러분이 알고 있다. 以後에도 더욱더 이 깃발을 높이 들고 前進할 생각이다.[77]

정빈은 1907년 5월 2일 귀국하면서 일본 동경성서학원에서 교수들로부터 배운 사중복음을 이 땅의 백성들에게 전하기 시작했다.[78] 지금까지 발굴된 사료를 통하여 재림의 복음을 제외하고 우리는 다음과 같이 사중복음에 대한 그의 사상을 엿볼 수 있다.

1) 중생(重生)

정빈은 십자가 복음에서 이 민족의 구원을 바라보며 실의에 젖어 있는 일본 유학생들과 고국의 백성들에게 교계 신문과 유학생 잡지를 통해 문자 그대로 복된 소식(Good News)인 십자가 중생의 복음을 전하였다. 다음의 글은 태극학회(太極學會)에 실린 '면면(面

76　米田勇編, "四重福音,"『中田重治全集』第2卷(東京: 中田重治全集刊行會, 昭和50), 282.
77　Ibid., 283.
78　Mrs. C. E. Cowman, How the Korean Work Began". *Electric Messages*, Vol. 2(1908. 12), 13.

부록 4　563

面) 그리스도' 의 글 중의 일부이다.

  그런데 지금은 이 쟈유 두 글자를 모르는 사람이 업고 그듭에라도 이 두 글자를 목마른듯시 사모하는 나라는 대개 아라사와 청국과 우리 한국이라. 이럼으로 아라사의 동쟈는 쟈유의 꿈을 꾸고 청국 처녀들은 자유의 노래를 부르고 한국은 오척 동자라도 쟈유를 바라는 사상이 간절함으로 사람 사람이 날마다 머리를 동편으로 돌니고 태평양에서 건너오는 배만 기다리며 금번에난 혹 쟈유실은 배가 올가 하고 이갓치 渴望을 품엇도다. … 중략 … 그러나 만일 그 나라에서 쟈유를 허락할지라도 그거시 온전한 쟈유라고 하지 못타리니 이는 무타라 사람들이 다 죄를 가지고 잇는 연고요. 죄인의게는 쟈유가 업느니 셩경말씀에 내가 원하는 션은 행치 아니하고 원치 아니하는 악은 행하는도다(羅七O十九), … 중략 … 그런즉 참 쟈유가 별한 곳에 잇는 것시 아니오 곳 하나님 말삼 속에 잇나니 구코져 할진대 곳 사람 사람의 발 압헤 잇는거시라. 엇지 먼 곳까지 가리오. 이는 세상이 어리석게 녁이고 낮게 보는 십자가에서 흘닌 예수의 피가 사람 마음 가온대 비상한 능력을 행하야 죽은 쟈를 살니고 병든 쟈를 곳치고 마귀의 결박밧은 쟈들을 自由解放하나니.[79]

---

79 太極學會, 『太極學報』 第4號 (光武10年), 41-43.

동아기독교(현, 침례교) 총부에서 개교회로 보냈던 초기 침례교회 교단 기관지인 「달편지」에 보면 다음과 같은 글이 있다.

> 져로 온젼히 깨닷게 하시고 의심업게 하시고 그 우에 또 담대케 하심을 밧으온거슨 죄인이 구쥬님의 높흐신 십자 공로뿐 밋으오면 누구던지 텬당으로 영접함을 밧으올 일 이것 한가지 온젼히 아온 거시올시다.[80]

「그리스도 신문」에는 다음의 글이 나와 있다.

> 이 글(성경)을 읽어야 십자가의 피가 자기와 엇더케 샹관되는 거슬 분명히 깨다를 거시오 주 예수께서 우리 구원의 쥬가 되시고 영원한 약속의 쥬가 되시는 줄을 깨다를 거시오.[81]

위의 글을 보면 하이델베르크(Heidelberg)논쟁에서 진정한 신학이란 십자가 신학이며,[82] 의인(Justification)의 개념을 십자가 신학과 동일한 것

---

80 「달편지」, 1936년 3월 17일자.
81 鄭彬, "성경 읽은 경험." 『그리스도 신문』, 1906 5월 10일자.
82 Paul Althaus, *The Thoelogy of Martin Luther*, Trans by Robert C. Schultz, (Philadelphia: Fortress Press, 1988), 25.

으로 간주한 루터(M. Luther) 및 16세기 종교개혁자들과 마찬가지로 정빈은 십자가 대속의 공로에 대한 믿음으로 구원받음을 강조하였다.[83] 그리고 그는 한말 한국 민족의 참 자유는 영혼 구원에서 비롯됨을 확신하고 있었다. 정빈의 중생관(重生觀)은 동양선교회에서 1925년에 출간한 『敎理及條例』의 '칭의(稱義, The Justfication of Man)'에서도 동일한 개념으로 나타난다.

> 사람이 하나님 앞에 옳다 함을 얻는 것은 우리의 善行과 功勞로 얻을 수 없고, 오직 예수 그리스도의 功勞와 우리의 信仰으로 말미암아 義롭다 하심을 얻나니 明白한 敎理도 되고 마음에 眞正한 安心도 얻는다.[84]

2) 성결(聖潔)

정빈은 중생 후에 오순절 성령의 불, 즉 성령 세례로 마음 가운데 적고 큰 모든 더러운 죄악(원죄에서 씻음)을 온전히 멸해야 됨을 말하고 있는데, 그는 이것을 가리켜 '오순절 은혜' 또는 '오순절에

---

83 Ibid 32. "누구든지 그 마음에 알고 있는 그리스도를 믿고 있으면 그를 주께서 의롭다고 여기신다. 이것이 은혜가 죄용서를 받고 의로워지는 방법이며 공로이다."
84 吉寶崙, 『東洋宣敎會 聖潔敎會 敎理及條例』(京城: 東洋宣敎會 本部, 1925), 12. 이하 『敎理及條例』으로 줄임.

예비하신 2차 은혜'라고 말한다.[85] 다음의 글은 「그리스도 신문」에 기고한 정빈의 글이다.

> 또 여기서 밋는 사람의 특별히 배흘 대건사가 잇스니 곳 오순절 은혜라. 밋는 사람이 흔히 회개하는 은혜만 밧으면 족한 줄도 알고 이만 하였스면 족히 련국에 가겟다 하나 이는 만족치 못한 생각이라. 회개하는 은혜만 밧으면 젼 모양보다 좀다른 거시 잇기는 하나 그 마음 가온대 영원한 안식은 엇지 못하노니 이런 사람은 신심이 든든치 못하야 밋기 전보다 괴로운 형편은 더 만을 터이오, 하나님과 종시 친근한 관계를 엇지 못하여 기도를 할지라도 힘은 업스니 그럼으로 이 오순절에 예비하신 둘재 은혜를 밧아야 하나님과 갓가워져서 그의 깃브게 밧으시는 완전한 제물을 드릴 수가 잇고 성신의 불노 마음 가온대 젹고 큰 모든 더러운 거슬 온전히 소멸하여 바린 후에 아름다운 새사람을 입을 수가 잇노니 그런 연후에야 영원한 안식에 드러가 정결한 생의 가운데 날을 보내는 즐거움이 잇슬 터이오, 영원한 긔업을 내 거스로 든든히 바라는 마음이 잇슬 것이니 엇지 아름답지 아니하리오. 이 은혜는 우리 밋는 자의 데일 필요하고 크게 상관되는 대건사로 생각하옵니다.[86]

---

85   『그리스도 신문』, 1906년 5월 10일자.
86   Ibid.,

이러한 성결론에 대해 가졌던 정빈의 사상은 18세기 웨슬리의 직접적인 영향이라기보다는 19세기 중엽 미국의 성결-오순절 운동의 영향을 받아 이루어졌다. 19세기 중엽 미국교회가 대부분 급진적인 자유주의 신학으로 오염되고 교회가 혼돈 속에 빠져 제 구실을 못할 때 한 세기전 영국에서 일어난 웨슬리의 부흥운동을 회복하고자 일어난 운동으로, 순복음의 제목 아래 구원(중생), 성결(성령 세례), 신유, 재림(전천년설)이라는 4중 유형을 제창하며, 특별히 그것은 구원얻은 자들의 중생 이후에 주어지는 성결이라는 2차 은혜(Second Blessing)를 받아야 함을 강조하였다. 정빈은 19세기 말 성결파에서 나타나는 성결의 이해와 마찬가지로 중생 이후에 2차적 은혜로 주어지는 성결의 체험은 오순절 성령 세례를 통하여 인간 내면에 있는 모든 부패성이 소멸(제거)되어지는 것으로 생각하였다.

동양선교회는 19세기 후반부 미국 서부 지역에서 풍미하던 성결운동의 강조점을 초기 설립 때부터 재강조하기 시작했다.[87] 특별히 동양선교회는 성결은 성령의 능력, 즉 성령 세례로 이어진다는 웨슬리안 성결론을 주장한 만국사도성결연맹과 기도동맹의 영향을 받았다. 따라서 정빈의 성결론은 『敎理及條例』에서도 다음과 같이 동일하게

---

87 J. J. Merwin, "The Oriental Missionary Society Holiness Church in Japan 1901-1983, D. Miss. Dissertation, Fuller Theological Seminary, 1983, 73-74.

나타남을 볼 수 있다.

> 完全한 聖潔이라 함은 그리스도로 말매암아 聖神의 洗禮를 밧음이니, 卽 거듭난 後에 信仰으로 瞬間밧을 經驗이니라.[88]

3) 신유(神癒)

동양선교회는 19세기 말 성결파에서 공통적으로 나타나는 4중 유형 중의 하나인 신유(Divine Healing)를 교리적 강조점의 하나로 받아들였다. 이것은 『教理及條例』에 다음과 같이 기록되어 있다.

> 聖經에 病을 곳치는 敎理가 記錄되어 잇슴은 우리가 밋는 바라, 마가 16章 17~18節과 야고보 5章 14節~15節의 말삼대로 하나님의 子女들이 信仰으로 祈禱하야 病곳침을 밧을 特權이 잇나니라.[89]

신약 성서의 증거대로 하나님의 자녀들이 믿음으로 기도하여 고침을 받는 신유의 역사를 인정하는 동양선교회의 교리와 같이 정빈은 염곡복음전도관 때부터 신유의 복음을 강조하였다. 초기

---

88 『教理及條例』, 12.
89 Ibid., 16-17.

복음전도관 시절 부흥의 역사가 일어날 때, 정빈은 설교 중에 다음과 같이 말하였다.

> 소위 信者로서 조고마한 병에 걸니게 되면 한갓 藥이나 의사에게만 의지하고 하나님의 權能을 잊고 기도하는 일을 하지 못하는 것은 불가한 일이라.[90]

이것을 들은 당시의 대한매일신보 기자는 1909년 9월 14일자 논설을 통하여 다음과 같이 전도관은 어리석은 백성들을 유혹하여 일본에 복종케 하는 음험한 마귀의 단체라는 근거없는 비판적인 오해를 담은 글을 실었다.

> 소위 동양전도관이라는 거시 나기로 우리는 처음에 료량하기를 이것도 전하고 진실한 뎐국의 적자와 진정한 구세쥬의 신도를 모화 샹대를 찬양하는 쳐소인가 하야 노래를 부르고 이 전도관을 환영코져 하였더니 이제 듯건대 음험하다. 이 전도관이여, 참 독하다. 이 전도관이여. 그 도를 전하는 관이 아니라 화를 전하는 관이니 … 이에 동양 전도관을 설시하여 한국 동포를 속이는데, 첫째는 한국 동포의 자유

---

90 武橋町敎會, "武橋町敎會의 略史,"『活泉』통권 83호(1929년 10월), 45.

하는 생각을 막아서 아모됴록 형편 되어가는 대로 행동을 하도록 하
며 비루하고 굴복하는거슬 됴혼 거스로 알도록 하고져 함이니 음험하
고도 참 독하도다. 이 젼도관이여, 쥬의 말슴을 외오며 쥬의 일흠을 빌
어셔 그 마귀의 슐업을 행하는도다.[91]

이미 『대한매일신보』에서는 4월 21일자 논설을 통하여 정빈과
김상준을 남산의 늙은 여우와 같은 종교계의 요물로 단정하여, 그
들은 일본에서 공부하고 귀국한 친일파이며 과학을 무시하고 의약
을 죄악시하는 미신적 행위를 조장하는 자들이라는 중상적인 악평
을 하였다.[92]

2. 복음전도(Evangelization) 우선주의

이러한 정빈의 복음주의 사상은 교파 의식을 배제하고 복음전
도 우선주의를 지향한 직접 복음전도로 일관되어 초기 한국성결교
회의 본연적인 생리적 특성을 형성하게 하였다. 따라서 정빈과 김
상준 두 사람에 의해 시작된 한국성결교회는 출발 당시로부터 교
파 의식을 지양하여 특별한 교단 명칭을 갖지 않고 구령 제일과 전

---

91 『대한매일신보』 1909년 9월 14일자.
92 『대한매일신보』 1909년 4월 21일자.

도 본위의 복음전도관으로서 출발하였다.

그리하여 한국성결교회는 하나님만 오로지 의지하고 구원의 복음을 불신자에게 전해야겠다는 신앙 선교(Faith Mission) 정신으로 오직 전도에만 주장을 삼고 목회를 하지 않고 10여 년 동안 선교 단체로 있다가 1921년 9월에서야 조선야소교 동양선교회 성결교회(朝鮮耶蘇敎 東洋宣敎會 聖潔敎會)로 개칭하게 되었다. 그러므로 처음부터 정빈의 심중에는 어떤 특정한 교단의 교리 선전이나 교파의 교세 확장. 또는 서구 신학사상의 단순한 소개나 무비판적인 이식이 아닌 일본 동경성서학원에서 배운 바 성서에 근간되는 사중복음 전파를 그의 최고, 최대 과제로 삼았다. 따라서 김상준과 함께 정빈이 초기에 전도활동을 할 때 이들이 가졌던 두 가지 선교원칙은 다음과 같은 내용의 것이었다.

> 정, 김 두 사람이 복음전도관을 세우고 전도를 시작할 때 이들은 두 가지 선교원칙을 세웠다. 하나는 새 교단을 만들려는 것보다는 그들이 받은 바 신앙체험을 아직도 복음을 받아들이지 않는 동족에게 전하려는 것이었고, 또 하나는 직접적인 전도, 즉 노방 전도였던 것이다.[93]

---

93 宋吉燮,『韓國神學思想史』170.

이들의 선교 방법은 당시로서는 대담한 방법으로 세인(世人)들로부터 '남사당패', '뜸패' 라는 비난에 찬 말을 듣기도 하였다.

정빈은 한말(韓末)이라는 불운한 시대적 상황에서 이것에 대한 깊은 인식과 책임을 통감하여 목회 활동에 앞서서 선교활동에, 이차적인 교육보다는 일차적인 전도에 주력하였다. 그래서 밤에는 노방에서 가두 전도를 하거나 부흥 집회를 열어 결신자를 얻고, 낮에는 이들의 가정을 호별 심방하여 교파에 상관됨 없이 건전한 교회이면 가까운 교회로 인도하여 주었다. 다음의 글은 이것에 대해 잘 말해준다.

이 名稱을 사용하게 된 동기는 東洋宣敎會 창립자 카우만 길보른 總理들의 정신을 따라 교파를 세운다든지 혹은 선교 사업을 한다는 사업적 정신보다도 순전히 구원의 福音을 듣지 못한 불신자들에게 전하여야 되겠다는 救靈熱에 불타서 일어난 단체이므로 名稱까지도 福音傳道館이라고 命名한 것이다. 따라서 傳道方法도 간접적 방법을 지양하고 직접적 방법을 택하여 밤에는 노방에서 樂隊를 앞세우고 宣傳하여 會館으로 모으고 福音을 외쳐 결심자를 얻고 낮에는 그들을 訪問하여 敎派에 구애됨이 없이 가까운 敎會로 지도하곤 하였는데, 이 傳道가 每日 계속하게 되었으니 초시대 傳道者들의 救靈熱은 大端하였던 것이니 敎會 조직이나 교세 확장이 아니고 日久月深 救靈傳道에

만 全力하였으니 이것이 聖潔敎會의 母體인 福音傳道館이다.[94]

    장로교와 감리교에 비해 복음 전도에 우선하여 직접 전도에 주력하게 된 초기 한국성결교회의 모습은 오늘의 상황에서보다는 그 당시의 상황에서 다시 새롭게 해석되고 조명되어야 한다. 성결교회가 개인 영혼구원에 관심을 갖고 직접 전도에 주력하다 보니 상대적으로 사회적 관심을 통한 간접 전도의 소홀성을 나타냈고, 더 나아가서는 다분히 타계주의적이며 개인 구원에 집착하는 모습으로 한국 교회사에 비쳐진 것은 사실이다. 따라서 오늘에 와서는 직접 전도로 일관된 초기 전도 방법의 문제점과 개선책에 대한 논의가 성결교회 자체 내에서 일어나고 있고, 간접 전도로 인한 효율성도 강조되고 있다.

    그러나 20여 년이란 기간 동안 앞서서 선교사들의 도움 아래 이 땅에 교회의 뿌리를 내리고, 장·감 위주의 선교 구역 분계선이 그어지며 간접 전도가 이루어진 상태에서, 또한 1907년 동양선교회로부터 정식 선교사가 파송되기도 전에 시작한 초기 선교의 어려움과 열세를 생각해 볼 때 당시 정빈이 가졌던 복음 전도 우선의 직접 전도 방법은 매우 인상적이고 효과적인 전도 방법이었고, 당시의 정빈과 김상준이 취할

---

94 이천영, 『성결교회사』(서울: 기독교대한성결교회 출판부, 1970), 26.

수 있었던 최선의 전도 방법이었다.[95] 다음 글은 초기 부흥의 모습을 보여 준다.

> 그리하야 그 소문이 각 교회(各敎會)에 전파되자 모든 교회 사람들이 아 - 그 북치고 길가에서 전도하는 전도관이야 하고 모혀와서 집회(集會)에 참예하야 설교를 듯게 되엿는데 一千九百八年 겨울(冬)에 성신의 크신 부흥의 역사(復興의 役事)가 니러나는 때에 온 경성 교회가 다 움직이게 되엿고 모든 교회 교역자(敎役者)와 선교사(宣敎師)들까지 참석(參席)하야 기도하는 중 성신의 능력(能力)이 나타나시는 때에 각각 뎌희 죄를 통회자복(痛悔自服)하고 거듭나는 은혜와 성결(聖潔)의 은혜를 밧고는 깃븜을 이기지 못하야 손바닥을 치며 찬미를 부르고 굴네버슨 송아지와 갓치 뛰게 되엿더라.[96]

아쉽게도 정빈은 한국성결교회의 주도적인 자생적 개척이라는 큰 공헌을 했음에도 불구하고 끝까지 성결교회에 남아서 지키지 못했다는 비판적 지적을 후학들로부터 받고 있다. 김상준 목사도

---

95 북장로교 선교사인 엘린우드(F. F. Ellinwood)는 1890년에 쓴 글에서 "우리 선교 지역 중에는 특수 지대에 과잉 집중하는 과오를 범한 줄 안다. 우리는 한국에서 새로운 선교 정책을 실시하여 지리적 분산과 복음의 광포를 기하려 한다. 우리는 한국 전역에 선교사 상주처를 설치할 터이다."라고 말하였다. W. M. Baird, "Our Mission in Korea," *Woman and Mission*, Vol. 3., No. 2 (February, 1927), 403: 백낙준, 『한국 개신교사』, 187에서 재인용.

96 『略史』 52.

이 일에 있어서는 마찬가지였다.

정빈은 1914년 9월 30일에 이유는 알 수 없으나 김상준과 의견충돌을 일으키게 되었고, 킬보른 총리의 중재와 김상준이 용서를 구함에도 불구하고 칠판에 12개 조문을 기록한 채 성결 교회를 떠나 만주의 대한기독교회(현, 침례교)로 자리를 옮기게 되었다. 그 후 1917년 다시 돌아와서 안성교회(1917년)를 창립하고, 1919년에 다시 인천교회를 창립하였다. 그러나 1921년 재차 성결교회를 사직하고 북간도로 넘어가 대한기독교회의 일원이 되었다.

정빈이 성결교회를 재차 떠난 이유가 무엇이었을까? 처음 창립 때 성결교 땅에 개간하고 싶은 그 개척의 각별한 애정마저도 버리게 한 이유가 무엇이었을까? 이 일은 우리에게 궁금증과 함께 아쉬움을 가져다준다. 정빈과 김상준이 불화를 일으킨 사건은 12개 조문을 통해서 분명히 알 수 있으나 이것이 사료를 통한 기록으로 남겨지지 않았기 때문에 당시 상황과 정빈의 분명한 사상을 구체적으로 알 수 없다. 그러나 우리는 1914년과 1921년 이 두 해에 초기 성결교회에서 행해졌던 일과 정빈의 성결교회를 떠난 사건이 서로 맞물려져 있는 사건임을 알 수 있다.

1914년 4월 22일에는 한국성결교회에서 최초로 1907년부터 염곡, 무교정복음전도관에서 함께 사역했던 김상준이[97] 이장하, 강태온, 이명직, 이명헌과 함께 목사 안수를 받았다.[98] 당연히 초기 목사 대상자 명단에 들어가 있어야 할 정빈의 이름이 누락되어 있다. 1914년에 이어서 두 번째 떠난 해인 1921년은 1907년부터 사용했던 복음전도관이라는 명칭을 버리고 기성교단의 조직인 '동양선교회 조선야소교 성결교회'로 경화되어 가는 바로 그 해였다. 따라서 우리는 1914년, 1921년 이 두 해로 부터 다음과 같은 내용을 도출해 낼 수 있다.

그것은 이 두 해가 성결교회(복음전도관)도 기성 교회와 같이 목사라는 성직 제도와 교단 조직을 가진 기성 교단, 즉 제도화된 전통 교회의 성격을 지니게 되는 해였는데, 이것에 대해 정빈은 회의적인 생각을 갖고 있었다.

처음 성결교회를 떠난 정빈은 1914년부터 1917년까지, 그리고 1921년 이후 동아기독교로 재차 옮겨 많은 교회를 개척하였고, 당시 펜윅(Fenwick)에 이어 동아기독교의 한국인 최초 지도자였던 이종덕 감목과 치밀한 교분을 쌓으며 함께 사역했다. 그는 이종덕 감

---

97   김상준(金相濬)은 1907년부터 1912년까지 무교정복음전도관(武橋町福音傳道館)의 부교역자를 맡았고, 주임 교역자는 정빈(鄭彬)이었다. 정빈이 1912년 복음전도관을 사임하고 한국인 최초로 경성성서학원 교수가 되었을 때, 비로소 무교정 복음전도관 주임 교역자직을 맡았다. 따라서 1914년 당시에도 초기 한국성결교회의 비중은 김상준이 아닌 정빈에게 더 치중되어 있음을 알 수 있다.

98   土肥昭夫,『日本プロテスタンドキリスト教史』(東京: 新教出版社, 1980), 154.

목이 시무하였던 만주 종성동교회의 성경학원 교사가 되었는데, 그때도 처음 떠날 때 목사직이 아닌 감로(監老)의 직분과 다를 바 없는 평신도급의 지도자로 머물러 있었다.

그리고 정빈이 성결교회를 떠나게 된 원인 중의 하나는 일본에서 공부할 때 자신에게 가르침을 준 사사오 목사의 영향에서 받은 결과로도 볼 수 있다. 사사오 목사는 1911년 일본성교단(日本聖教團) 사건 이후 나카다 쥬우지가 일본의 토착교회 설립에 박차를 가했으나 사사오 목사는 1913년 4월 선교회가 교단이 된다는 사실을 알고 이것이 동양선교회 초기의 근본 취지로부터 이탈하는 것으로 생각하였다.[99] 실제로 이러한 일이 진행될 때 사사오 목사는 동양선교회 및 성서학원 교수직을 사임하고 일본 각지로 순회 전도자로 떠났고, 1914년 12월 30일 과로로 인해 46세의 나이로 소천하였다.[100]

사사오는 회심자를 얻거나 이들을 모아 특정한 지역에 교회를 설립하는 것이 일차적인 목표가 아니었다. 임박한 그리스도의 재림을 앞두고 오로지 복음만을 직접 불신자에게 전파하는 것이 생의 주요 목표였다. 이같은 양상은 19세기 말에 일어났던 신앙선교

99　山崎鷲夫, 千代崎秀雄, 『日本ホーリネス教團史』(東京: 日本ホーリネス教團, 昭和45), 33.
100　Ibid.,

회의 특징이 반영된 형태의 것이었다.

특별히 사사오 목사는 1890년부터 영국에서 일본으로 건너와 성결운동을 일으키며 선교 사역을 행하였던 벅스톤(Barclay Fowell Buxton)의 제자로서 특정한 한 지역에 선교활동의 범위를 제한시키는 것을 지양한 그의 영향을 크게 받기도 하였다. 또한 이것은 동양선교회 형성에 지대한 영향을 끼쳤던 만국성결연맹 및 기도동맹(1897년)이 교파적인 교권 형성을 반대하고 진실한 하나님의 교회, 즉 새로운 신약 성서의 교회에 대한 표방의 반영이기도 하였다.

정빈은 동경성서학원 수학할 당시 존경하고 따랐던 동경성서학원 원장이며 동양선교회 초대 부총재였던 사사오와 마찬가지로 계급 사회적인 성직 제도나 이것이 더 구체적인 가시적 조직으로 드러난 기성 교단의 형성에는 회의적인 생각을 가지고 있었다.

정빈의 스승이었던 사사오 목사가 일본성교단을 떠나고 죽은 일이 정빈의 사역지 변경에 전혀 영향을 주지 않은 무관한 일은 아니었을 것이다. 따라서 1914년과 1921년에 19세기 신앙 선교 단체와 비슷한 초기 복음전도관의 특징을 갖고 있었던 동아기독교로의 전향은 정빈이 당시에 취할 수 있는 최상의 선택으로 나타났다.

3. 구습(舊習)에 대한 개화사상

기독교는 19세기 초(1832년, Karl Gutzlaff)부터 20세기 초엽까지 서세동점의 역사와 더불어 한국에 전파되었다. 안으로 정치, 경제, 사회의 여러 분야에 있어서 아직 외세를 맞이할 준비가 공고히 이루어지지 못했던 이 나라는 이때 자주화와 개화를 동시에 추진하지 않을 수 없었다. 이것은 물밀듯이 들어오는 외세를 적절히 통제하여 자기 체질화시키는 작업이었기 때문에 외래 문화의 수용을 통한 개화와 함께 주체성이 강조되었다.[101] 따라서 이 땅에서는 기독교의 전래와 함께 개화의 중요성이 강조되었다.

사료의 한계로 정빈의 구체적인 개화 의지를 살펴볼 수는 없지만 정빈은 개화의 한 방편으로서 교육의 필요성을 주장하였고 또한 당시 한국 사회의 구습에 젖어 생성된 한국교회의 의식 구조와 비합리적인 생활에 대하여 자신의 개화 의지를「그리스도 신문」을 통해 고국의 성도들에게 펼쳐 보였다.

정빈은「그리스도 신문」을 통해 일본의 유학 생활 가운데 한국보다 앞서서 개화의 문을 연 일본 사회의 여러 모습을 자세히 관찰하여 구습에 젖은 한국 교회에 서구적 합리주의와 기독교적인 새로운 윤리관을 제시하였다. 그는 조상 대대로 내려온 과거의 전통적인 구습이라도 그것이 해(害)하고 이(利) 하지 못하면 과감히 수

---

101 李萬烈,『韓國基督敎文化運動史』(서울: 大韓基督敎出版社, 1987), 4.

정하고 개혁해야 함을 다음과 같이 역설하였다.

> 우리는 구습이 되어 그리하고라도 예수만 잘 밋엇스면 쓰지 혹 이러케 생각들어 가나 외국을 와셔 남의 풍속을 보고 그 일에 대해야 올코 그른 것과 이기고 지는 형편을 비교하여보니 우리들의 이왕한 모든거시 다 지혜업는 일이오 또 첫째로 쥬의 뜻세도 합당치 아니하여이다. 혹 누가 말하기를 수백년 나려온 풍속을 일죠일석에 곳칠 수가 잇나 그렁뎌렁 지내며 보지 이러케 말하는 이가 만흘터이나, 아름답지 못한 규모는 오란거시라도 곳쳐야 올코 또는 일을 행한는 날이 업스면 엇지 열매 잇는 날이 잇겟소.[102]

정빈은 이에 조선에 있는 서울교회들이 교회당 안에 휘장을 치고 남녀를 구분하여 앉히는 유교 전통의 구습에 젖은 당시의 부조리한 형편을 다음과 같이 지적하며 교회 안의 휘장 철폐론을 주장하였다.

> 또한 말삼은 다름 아니라 내가 이곳 와셔 보니 성경 공부할 때나 기도회로 모일 때나 남녀 학도들이 한 방안에 좌우로 갈라안고 기도

---

102 『그리스도 신문』 1906년 3월 8일자.

찬미하고 그중에 깃븜을 엇은 자나 근심이 잇는 쟈나 회중에 니러서고 혹 자복도 하고 혹 증거도 하면 여러 형뎨 자매가 듯고 그 중 근심하는 쟈는 위하여 기도하야 그 마음에 평안함을 엇도록 간졀히 간구하고 또 깃븜으로 증거하는 쟈의게는 일시 찬송하야 그 밋음과 깃븜을 더욱 배양한즉 우리 갓흔 외국 사람의게까지 애졍이 균일하게 밋침으로 향샹 위로함을 밧삽나이다. 이것슬 보고 우리 교회의 형편을 생각하니 다른 곳슨 널니 보지 못하엿슨즉 자세히 아지 못하거니와 셔울도 말하야도 이런 풍속이 젹고 또한 이때까지 회당 한복판에다가 휘장을 치고 내외를 불통하야 삼사년을 회당에 단녀도 어느 형뎨와 어느 자매지를 아지도 못하고 지내는 사람들이 만흐니 이러케 서로 막고 통하정이 업서야 엇지 애졍이 생기며 교회가 엇지 진보될 수가 잇소.[103]

전통 사회의 이변으로도 받아들여질 당시 교회 안의 휘장 철폐 문제는 1913년 예수교 장로회 조선총회에서 조심스럽게 다루어져 개교회 당회의 사정과 형편대로 해야 한다는 신중론이 나왔다.

또한 졍빈은 직접 복음전도에 우선하여 동경에서나 무교정 복음전도관에서도 개인 전도, 노방 전도, 심방 전도를 통해 복음을 전

---

103   Ibid.,

하여 상대적으로 병원이나 문서 매체를 통한 간접 전도의 소홀성을 보이기도 했지만, 교육을 통한 구국(救國)의 가능성을 일본에서 공부하는 유학생들을 통해서 내다보았다.

> 지금 동경서 한국 유학생의 수효가 한 삼백여명 된다는대 그 중에 각각 목뎍이 잇셔셔 혹 신학 전문하는 이도 잇고 혹 실업 전문하는 이도 잇고 다른 보통 학과 사학에 일참된 사람도 잇는대 그 공부에 경도는 일본 사람들의 말을 드러도 어학은 각국 사람 중에 뎨일 수히 깨닷고 공부의 진보가 매우 속하다 하옵니다. 실제 내가 목도하여 보는 대도 한국 학생의 등급이 조곰도 일본 사람의게 느리지 아니하니 매우 감샤한 일이오 우리의 쟝래 젼정이 다 이곳셔 유학하는 쳥년들의게 잇는 줄노 분명히 밋샴니다.[104]

정빈은 또한 종래 한국의 남존여비 구습으로 당시의 사회적 통념이 여자들을 무슨 물건같이 여겨 집안에 가두고 자식이나 낳게 하고 음식이나 만들게 하며 잘잘못간에 구박이나 하며 심하면 두드려 주며 여편네가 주제넘게 한다 하며 평생에 날빛을 못보게 하

---

104 『그리스도 신문』 1906년 3월 15일자.

는 여자에 대한 봉건적 생각에서 탈피하였다.[105] 여성이 국가 산업에 미치는 막대한 영향을 일본에서 실업에 종사하는 삼십만 명의 숫자를 제시하며, 설명하고, 국가 사회에 미치는 여성의 역할과 그 지위 향상에 대한 개화사상을 피력하였다.

> 일본은 동경 안에 실업에 종사하는 녀자만 삼십여만 명이라는대 금년 정월에 이곳 셩셔 학원에서 한쥬일 동안 전도할 일도 각처각지에셔 다 모혀 의론하였는데 각기 그 디방을 좃차 그녀자들의게 전도하기로 결심하는 거슬 보니 우리나라 교회 갓흐면 엇지 이런 괴회가 있어서 수다한 령혼을 쥬압흐로 인도할 수 있겠소.[106]

당시 이러한 일련의 개화파 선각자들에 의한 여권 신장론은 한말까지 유교적 전통에 입각하여 남존여비의 가족 윤리를 수령하게 하고 남녀의 평등한 의무와 권리를 향유하는 계기를 가지게 하였다. 정빈의 이같은 개혁 의지는 한국성결교회가 1911년 3월에 경성 무교정복음전도관에 임시로 성서학원을 개원하였을 때 남녀 공학제의 제도를 받아들여 남자들처럼 여성들도 입학을 허용하여 구

---

105 『대한그리스도인 회보』, 1899년 2월 15일자.
106 『그리스도 신문』 1906년 3월 8일자.

가정교육 외에도 이와 다른 신교육을 받게 하였다.

> 략1년 동안을 시내 전도관(市內傳道館)에서 十여명의 남녀 수양생을 모화서 교수하다가 一千九百十二年 三月에 죽첨뎡 三뎡목(竹添三丁目) 三十伍번디에 신축중(新築中)이던 성서학원이 고성(固成)되매 봉헌식(奉獻式)을 거행하고 신축 학원으로 이전하였더라. 이때는 넘녀 공학제(男女共學制)가 되어 남녀 학생이 한 강당(講堂)에서 배호게 되니, 교실(敎室), 교수(敎授), 경제(經濟) 문뎨에는 유익되는 방면이 업지 아니하나, 남녀 지식 뎡도의 우열(優劣)의 차이가 현수(縣)하야 곤란한 점이 만핫고 또는 조선의 녀자들이 구가뎡 교육(舊家庭敎育)을 밧은 외에는 다른 교육이 업슴으로 ….[107]

따라서 1912년부터 1922년까지의 경성성서학원의 총 졸업생 80명 중에서는 여학생들이 1/4에 해당하는 22명을 차지하였고, 이들은 남자 교역자와 함께 졸업하여 초기 전도 사역에 큰 역할을 감당하게 되었다.

---

107 『略史』 34-35.

IV. 닫는 글

한국성결교회의 모체인 염곡(무교정) 복음전도관은 동양선교회의 부분적인 경제적 협력도 있었지만 구령 제일과 뜨거운 전도 열정을 가진 자생적 개척의 장을 주도적으로 펼친 정빈에 의하여 시작되었다. 한국성결교회가 자국인에 의해 시작되어 동족에게 복음을 전파하게 된 것은 한국 개신교 선교 역사상 자주 찾아볼 수 없는 특이한 일이었다. 한국성결교회는 이제 1996년 이후 11년이 지나면 창립 100주년을 맞는 성숙기에 와있다. 따라서 자국인에 의해 한국성결교회가 처음 세워졌다는 주체적인 창립의 긍지와 더불어 더 나아가서 선교 우선주의라는 교단의 생리적 특성과 목회 본위의 사중복음을 주창하는 교단으로서 선교 2세기를 향한 한국성결교회의 역할과 책임에 대한 진지한 논의를 하여야 한다. 그러나 이 일은 무엇보다도 성결교회 초기 신학적 정체성의 규명이라는 작업 위에서 전개되어야 한다. 따라서 창립자 정빈의 사상 이해는 그 중요성을 더해 준다.

정빈은 19세기 말 성결운동에서 주창되어 온 중생, 성결(성령세례), 신유, 재림이라는 4중 유형이 심프슨의 그리스도인과 선교사동맹(C&MA)과 냎(Martin Wells Knapp) 및 리스(Seth Cook Rees)의

[108] 만국성결연맹 및 기도동맹(International Holiness Union and Prayer League)을 통하여 일본 동양선교회(동경성서학원)에서 재차 강조된 순복음(온전한 복음)이라 불린 사중복음 전파를 자신의 선교활동을 통하여 재현시켰다. 이것은 곧 19세기 선교회들이 추구한 신앙 선교에서 나타나는 제도적인 성직제도 거부와 전통 교회의 교파주의에 대한 지양성으로 나타났고, 직접 전도를 통한 선교 본위의 신앙 단체로 초기 성결교회(복음전도관)를 고착화시키는 결과를 갖게 하였다.

그러나 직접 전도 우선으로 시작된 한국성결교회는 현 시점에서는 다원화하고 급변하는 현대 문명 속에 엄청나게 늘어나는 사회학적 관심과 요구에 능동적으로 대처하는 복음 전도의 역동성과 다양성이 있어야 한다. 그것은 정빈이 가졌던 초기 직접 전도 우선의 정신이 간접 전도의 다양한 현실성으로 함께 묶어져 직·간접 전도 방법으로 병행되어 실시되어야 한다는 것이다. 즉, 간접 전도 방법에 있어서는 직접 복음전도의 정신과 내용이 분명히 부각되어야 하고, 직접 전도 방법에 있어서는 간접 전도 방법의 다양성이 고려되어야 한다.

또한 정빈은 직접 복음전도를 통한 영혼 구원에만 치중하거나 이와 달리 반대로 치병이나 교육 사업을 통한 사회 구원으로만 치

---

108 심프슨의 애찬자로, C&MA의 미시간 지역회장을 지냈고, 후에 '만국성결연맹 및 기도동맹'의 초대 회장에 피선됨.

닫는 양극단에 치우치지 않았음을 우리에게 보여 준다. 물론 해방 이전까지 성결교회의 밖으로 비친 교단적 특성은 사중복음의 전파, 성결의 체험 강조, 재림 신앙의 고취라는 보수적 내세 지향의 교단으로 자타에게 인식되었다. 그러나 정빈의 개화사상을 통해 성결교회 초기의 모습은 개화와 구국이라는 민족적 과제 앞에 신앙적 편협성에 찌든 단순한 직접 복음전도로만 점철되었던 교단이라는 단순한 비판적 인식을 불식시킨다. 그것은 정빈이 복음의 영혼 구원이라는 신앙 열정뿐만 아니라, 구한말 기독교의 교육 역할에 대한 강한 의지를 동시에 갖고 있었기 때문이다. 이것은 지금까지 연구를 통하여 초기 성결교회 지도자들이 직접 복음전도에 치중하여 사회 구원과 개혁을 등한시했다는 일반적인 비판적 통설을 깨는 이례적인 면이다.

정빈은 당시 역사적 정황에서 민족 과제인 개화 문제를 인식하면서도 개화와 반봉건적 의식 개혁과 사회 개혁에 앞서서, 민족 회생의 유일한 방편을 기독교로의 입신, 즉 순복음이라는 사중복음의 수용을 통해서 가능한 것으로 보았다.

(*생애 부분은 『韓國基督敎史 硏究』제18호(1988.2.5.), 신학사상 부분은 1988년에 성결교신학대학 교지, 『聖潔』3집에 발표되었으나, 연구 정도가 미비하여 성결신학연구소 논문집인 『聖潔神學硏究』제1호〈1996.11.〉에 보완되어 발표되었다.)

대표 집필자, 집필 위원 소개

〈대표 집필자, 집필 위원 소개〉

지은이(대표 집필): **정상운 박사**

현재 성결대학교 신학부 역사신학 교수(1987년-현), 성결교회와 역사연구소 소장, 예성백년사집필위원장, 한국신학회 회장, 대학총장포럼 회장, 베트남 Hongbang International University 명예총장으로 있다.

성결대학교 신학과, 한양대학교 석사, 동대학원 사학과(한국사 전공) 문학 박사 수료, 침례신학대학교 석사, 동대학원 신학과(교회사 전공) 철학 박사(Ph.D), Free International University of Moldova 명예 인문학 박사(Doctor Honoris Causa)를 취득했다.

미 Yale University 연구교수, 한국성결교회연합회 신학위원장, 성결교회와 역사문학회 회장, 한국복음주의역사신학회 회장, 한국성결신학회 회장, 2005세계한인신학자대회 대회장, 한국복음주의신학대학협의회 회장, 전국기독교대학교 대학원장협의회 회장, 한국신학대학 총장협의회(교육과학기술부 대교협) 부회장, 성결대학교 교목실장, 성결신학연구소장, 영암신학연구소장, 신학대 학장, 신학대학원장, 목회대학원장, 선교대학원장, 총장(4-5대) 등을 역임하였다.

주요 저서로는 『성결교회사』(1997, 은성), 『새벽을 깨우는 사람

들: 인물로 본 성결교회사』(1995, 은성), 『교회사의 사람들』(1995, 이 레서원), 『영암 김응조목사와 신사참배』(2001, 이레서원), 『성결교회 와 역사연구』 1~5권(1997-2004년, 은성, 한국복음문서간행회), 『사중 복음』개정판(2010, 성결교회와 역사연구소), 『성결교회역사총론』 개 정판(2012, 성결교회와 역사연구소), 『한국교회사』(2016, 소망플러스), The Four-fold Gospel(IKSCH, 2010) 등, 공저로 『신유』(2002, 바울서 신), 『알기쉬운 교회사』(2000, 이레서원), 『천주교는 개신교와 무엇 이 다른가』(2019, 한국신학회, 킹덤북스) 등 30여 권과 다수의 논문이 있다.

집필위원

강명국 박사

부천 늘사랑교회 담임목사이며, 성결대 겸임교수를 역임하고, 성결대학교 법인이사를 겸하고 있다. 성결대 신학대학원(M.Div), 평 택대 대학원(Th.M), 성결대 대학원에서 신학 박사(Th.D)을 취득했 다. 박사 논문으로는 "1907년 대부흥운동이 한국교회의 신앙 양태 형성에 끼친 영향: 성령 체험의 역사를 중심으로"(2007)가 있으며, 연구물로는 "평양대부흥운동에 나타난 성령운동의 성격과 한국교 회에 끼친 영향"(2004), "1907년 평양장대현교회에 나타난 오순절

의 역사: 회개의 기도와 성령 임재의 역사를 중심으로"(2005) 등이 있다.

김기헌 목사

서대문교회 담임목사이며, 성결교회 역사와 문학연구회 회장을 역임하였다. 성결대학교, 성결대 대학원, 일 東京聖書學院, Asia Graduate School Theology에서 수학했다.

김상식 박사

광은교회 담임목사이며, 성결대학교 강사이다. 성결대학교 신학과, 연세대학교 철학과(B.A), 서울신대 신학대학원(M.A, Th.M), 연세대 대학원에서 철학 박사(Ph.D)을 취득했다. 박사 논문으로는 "한국 군종제도 설립에 대한 연구"(2015)가 있다.

김택진 박사

성결대학교 겸임교수를 역임하였다. 인천대학교 경영학과, 성결대학교 신학대학원(M.Div, Th.M), 성결대학교 대학원에서 철학 박사(Ph.D)를 취득했다. 연구물로는 "한국성결교회 분립에 대한 비교(2001)", "한국성결교회의 신학형성 과정(2007)", "노인 자원봉사의 활성화 방안(2010)" 등이 있다.

안을수 박사

충남지방회 공주제일교회 담임목사이며, 성결대학교 겸임교수이다. 침례신학대학교, 성결대 신학대학원(Th.M), 성결대 대학원에서 신학 박사(Th.D)를 취득했다. 저서『굿모닝 전도』(2004)를 비롯하여 박사 논문으로는 "한국성결교회의 성결론 이해에 대한 역사적 연구: 예수교대한성결교회 중심으로"(2008)가 있다.

이광열 박사

김포 마조교회 담임목사이며, 성결대학교 객원교수이다. 성결대 신학전문대학원 목회학 박사(D.Min)을 취득했다. 박사 논문으로는 "예수교대한성결교회 교단 발전방안"(2009)이 있다.

전상욱 박사

군포 우리교회 담임목사이며 성결대학교 겸임교수이다. 성결대학교 신학과, 서울신대 대학원, 미 Oral Roberts University 목회학 박사(D.Min)를 취득했다.

황성환 목사

성광교회 담임목사이며 성결대학교, 신학대학원 겸임교수를 역임하고 성결교회와 역사연구소 총무, 성결대학교 법인이사로 있다. 성결대학교 신학과, 침례신학대학교 대학원(M.Div, M.A)을 졸업했으며 호서대학교 대학원(Ph.D)에서 수학했다.

간사

윤형석 목사

성결대학교 신학과, 신학대학원(M.Div.), 미 Nyack College Alliance Theological Seminary(M.A.), 성결대 신학대학원(Th.M.), 일반대학원 역사신학 박사(Ph.D.)과정 중.

강슬기 전도사

성결대학교 신학과, 연세대학교 사학과, 대학원(M.A)졸업, 성결대 신학대학원(M.Div/Th.M 통합과정) 재학 중.

물질로 후원해주신 분들

- 김원교 목사(참좋은교회)
- 김종현 장로(참좋은교회)
- 박근주 장로(동인교회)

한국성결교회 백년사
100th
One Hundred Year History of
the Korea Holiness Church
1907–2007

참고 문헌

한국어 단행본 및 논문

Dale M. Yocum, 손택구 공저. 『성결과 예정: 성결교신학교에 관련된 교리적 고찰』. 서울: 성청사, 1972.

강만길. 『한국근대사』. 서울: 창작과 비평사. 1984.

강명국. "1907년 대부흥운동이 한국교회의 신앙 양태 형성에 끼친 영향-성령 체험의 역사를 중심으로-."성결대 박사 학위논문, 2007.

강원용. 『빈들에서: 나의 삶. 한국현대사의 소용돌이』. 서울: 열린문화. 1993.

강인철. "미군정기의 국가와 교회: 기독교를 중심으로." 『해방 후 정치세력과 지배구조』 한국 사회사학회 편. 서울: 문학과 지성사. 1995.

고려대학교 한국사연구소. 『한국사』. 서울: 새문사. 2014.

기독교교양과목위원회. 『이야기교회사』. 안양: 성결대학교 출판부. 2009.

기독교대백과사전편찬위원회 저. 『기독교대백과사전』 제9권. 서울: 기독교문사. 1983.

기독교대한성결교회 군산중앙교회. 『군산중앙성결교회 65년사』. 군산: 기독교대한성결교회 군산중앙교회. 1997.

기독교대한성결교회 역사편찬위원회. 『한국성결교회사』. 서울: 기독교대한성결교회 출판부. 1992.

기독교대한성결교회 증경총회장단 편. 『기독교대한성결교회 의정사 1945-1993』. 서울: 도서출판 일정사. 1994.

吉寶崙. 『東洋宣敎會 聖潔敎會 敎理及條例』. 京城 : 東洋宣敎會本部. 1925.

김광수. 『한국민족기독교백년사』. 서울: 기독교출판사. 1978.

金相濬, 『但以理書講義』. 1932年 11月.

_____, 『示錄講義』. 京城: 朝鮮耶蘇敎監理會, 1918.

_____.『四重教理』. 京城: 東洋宣教會聖書學院, 1921.

김동춘.『역사비평 – 한국 전쟁 60년. 한반도와 세계』. 서울: 역사비평사. 2010.

김성호 편.『한국성결교회사』. 서울: 기독교대한성결교회 출판부. 1992.

김수진.『6·25전란의 순교자들』. 서울: 대한기독교출판사. 1981.

김승태.『한국기독교와 신사참배문제』. 서울: 한국기독교역사연구소. 1991.

김양선『한국기독교 해방 10년사』. 서울: 대한예수교장로회 총회교육국. 1956,

김영재.『한국교회사』. 서울: 도서출판 이레서원. 2004.

김응조.『나는 기도해서 얻었다』. 서울: 예성출판사, 1993.

_____,『성서적 정통신학』. 서울: 성청사, 1969.

_____,『성서대강해』. 서울: 성청사, 1981.

_____,『은총 90년』. 서울: 성광문화사, 1983.

_____,『황야의 과객』. 서울: 성청사, 1968.

김인수.『간추린 한국교회의 역사』. 서울: 장로회출판사. 1998.

_____,『한국 기독교회의 역사 2』. 서울: 쿰란. 2012.

김흥수.『한국 전쟁과 기복신앙 확산연구』. 서울: 한국기독교 역사연구소. 1999.

도히 아키오.『일본기독교사』. 김수진 역. 서울: 기독교문사. 1991.

민경배.『한국기독교 교회사』. 서울: 대한기독교서회. 1982.

박명수.『근대복음주의의 주요 흐름: 한국성경교회의 배경에 대한 연구』. 서울: 대한기독교서회, 1998.

_____,『초기성결교회사』. 서울: 기독교서회, 2001.

_____,『한국교회부흥운동연구』. 서울: 한국기독교역사연구소, 2003.

박용규.『평양대부흥이야기』. 서울: 생명의 말씀사. 2005.

_____.『한국기독교회사 2』. 서울: 생명의 말씀사. 2004.

박창식.『대신대학교사: 1954-2012』. 대구: 도서출판 NEWLOOKS. 2012.

배가례.『성결교회 여성사』. 서울: 기성출판부. 1987.

배덕만. "한국성결교회의 재림사상에 대한 역사적인 고찰."『신덕교회창립 70주년 기념 성결교회 관련논문집』. 서울: 도서출판 일정. 1997.

배본철.『한국교회사』. 서울: 문서선교 성지원, 2002.

_____.『한국교회와 성령세례』. 안양: 성결대학교출판부, 2004.

백낙준.『한국개신교사』. 서울: 연세대학교출판부. 1973.

사와 마사히코.『일본기독교사』. 서울: 대한기독교서회. 1995.

서울신학교대학교 성결교회신학연구위원회.『성결교회 신학』. 서울: 기독교대한성결교회 출판부. 2007.

서울신학대학교 성결교회역사연구소.『한국성결교회 100년사』. 서울: 기독교대한성결교회 출판부. 2007.

서정민. "초기 한국교회 대부흥운동의 이해".『한국기독교와 민족운동』. 서울: 종로서적. 1989.

_____.『한일기독교 관계사 연구』. 서울: 대한기독교서회. 2002.

성결교회역사연구소.『성결교회관련 불경사건공판기록』. 임용희 옮김. 부천: 서울신학대학교 성결교회역사연구소. 2000.

성결대학교 40년사 편찬위원회.『아름다운 대학교 성결대학교 40년사』. 안양: 성결대학교 출판부. 2002.

송기식.『순교자 박봉진 목사 전기』. 서울: 기성출판부. 1996.

宋吉燮.『韓國神學思想史』. 서울 : 大韓基督敎出版社. 1987.

신화석. "대회사" 양광석 외.『예성세계 선교대회』. 서울: 예수교대한성결교회 총회. 1992.

아현교회.『阿峴七十年』. 서울: 아현교회. 1984.

안수훈.『한국성결교회 성장사』. LA: 기독교 미주 성결교회 출판부. 1981.

양낙흥.『한국장로교회사: 형성과 분열과정. 화해와 일치의 모색』. 서울: 생명의말씀사. 2008.

여교역자회전국연합회.『기독교대한성결교회 여교역자회 80년사』. 서울: 여교역자회전국연합회 역사편찬위원회. 2014.

예수교대한성결교회 청년회전국연합회.『성청사』. 서울: 성청사. 1965.

오대용.『대한기독교 하나님의교회 50년 정사』. 서울: 하나님의 총회. 1986.

오영필.『성결교회 수난기』. 서울: 기성출판부. 1971.

이 건.『성서인물강화』. 동양선교회성결교회 출판부, 1933.

_____.『체험의 신앙, 갈나듸아서 강의』. 동양선교회성결교회 출판부, 1933.

_____.『진리의 강단』. 동양선교회성결교회 출판부, 1936.

이경숙 외 5인.『기독교와 세계』. 서울: 이화여자대학교출판부. 2007.

이균성.『성결교회 수난사』. 서울: 기독교대한성결교회 출판부. 1994.

이대준.『은총85년』. 서울: 아태. 1995.

이만열.『한국 기독교와 민족운동』. 서울: 보성. 1986.

_____.『韓國基督教文化運動史』. 서울: 대한 기독교 출판사. 1987.

이명직.『성결교회약사』. 경성: 동양선교회성결교회 출판부, 1930.

_____.『구약사천년사』. 경성: 동양선교회성결교회 출판부, 1931.

_____.『기독교의 대강령』. 서울: 성결교회출판부, 1939.

_____.『기독교의 사대복음』. 서울: 기독교대한성결교회출판부, 1952.

_____.『신학대강』. 서울: 기독교대한성결교회출판부, 1952.

이상규. "교회재건운동과 고려파의 형성.1945-1952)"『고신대학 논문집』제

　　　　　12권. 부산: 고신대학교. 1986.

이상근. 『등대가 있는 외딴 섬』. 서울: 두란노. 2002.

이성주. 『사중복음』. 안양: 성결교신학교 출판부. 1988.

＿＿＿. 『웨슬리 神學』. 서울: 성광문화사. 1988.

이영헌. 『한국기독교사』. 서울: 컨콜디아사, 1988.

이응호. "문을 두드리는 이". 『이응호 박사 회갑 기념문집』. 서울: 성결교신학교 출판부. 1987.

이응호. 『한국성결교회사 논집』. 서울: 성결교신학교. 1987.

＿＿＿. 『한국성결교회의 역사 2』. 서울: 성결문화사. 1992.

이종무 · 송기식 · 채준환. 『교회학교 50년사』. 서울: 기독교대한성결교회 교회학교전국연합회. 2001.

이천영. 『성결교회사』. 서울:기독교대한성결교회출판부. 1970.

이태식. "최덕지 목사의 삶을 통해 본 재건운동과 재건교회." 『진리에 목숨 걸고: 산사참배 반대운동과 재건교회』. 서울: 대한예수교 장로회 재건교회 총회. 2006.

장병욱. 『6 · 25 공산남침과 교회』. 서울: 한국교육공사. 1984.

장영옥. 『6 · 25공산 남침과 증언』. 서울: 한국교육공사. 1983.

전영식. 『예지예정과 성결』. 서울: 성광문화사. 1984.

전택부. 『한국교회 발전사』. 서울: 대한 기독교 출판사, 1987.

全澤鳧. 『韓國敎會發展史』. 서울: 大韓基督敎出版社. 1987.

정동제일교회 역사편찬위원회. 『정동제일교회 125년사』. 서울: 정동삼문출판사. 2011.

정상운. 『사중복음』. 안양: 성결교회와 역사연구소, 2010.

＿＿＿. 『성결교회 역사총론』. 서울: 한국복음문서간행회, 2004.

_____. 『성결교회 역사총론』.(개정판) 안양: 성결교회와 역사연구소, 2012.

_____. 『성결교회와 역사연구(1)』. 서울: 이레서원, 1997.

_____. 『성결교회와 역사연구(2)』. 서울: 이레서원, 1997.

_____. 『성결교회와 역사연구(3)』. 서울: 한국복음문서간행회, 2001.

_____. 『성결교회와 역사연구(4)』. 서울: 한국복음문서간행회, 2002.

_____. 『성결교회와 역사연구(5)』. 서울: 한국복음문서간행회, 2004.

_____. 『새벽을 깨우는 사람들: 인물로 본 성결교회사』. 서울: 이레서원, 1995.

_____. 『쉽게 풀어쓴 한국교회사』. 서울: 소망플러스, 2016.

_____. 『영암 김응조 목사와 신사참배』. 서울: 이레서원, 2001.

_____. 『한국성결교회사.1)』. 서울: 도서출판 은성, 1997.

중앙성결교회 출판위원회. 『중앙교회 70년사』. 서울: 중앙성결교회. 1978.

차재명. 『朝鮮예수敎長老會史記』. 京城 : 신간내 교회당. 1928.

최 훈. 『참된 삶』. 서울: 성광문화사. 1979.

최종규. "韓國基督敎 再建運動史." 『崔鍾圭 牧師 古稀記念文集: 오직 진리 오직 재건』. 서울: 교음사. 1987.

친일반민족행위진상규명위원회. 『친일반민족행위진상규명보고서 Ⅲ-3』. 서울: 현대문화사. 2009.

한국기독교백주년기념사업협의회. 『여성. 깰지어다. 일어날지어다. 노래할지어다』. 서울: 대한기독교출판사. 1985.

한국기독교사연구회. 『한국 기독교의 역사 Ⅰ』. 서울: 기독교문사. 1992.

한국기독교역사연구소. 『한국기독교의 역사 Ⅱ』. 서울: 기독교문사. 1990.

한국기독교역사학회 편. 『한국기독교의 역사 3』. 서울: 한국기독교연사연구소. 2011.

한국성결교회연합회 신학분과 위원회 편. 『이명직. 김응조 목사의 생애와 신학사상』. 서울: 도서출판 바울서신. 2002.

한석희. 『일제의 종교침략사』. 김승태역. 서울: 기독교문사. 1990.

한영제. 『한국 기독교 문서 운동 100년』. 서울 : 기독교문사, 1987.

허명섭. 『.해방 이후) 한국 교회의 재형성: 1945-1960』. 부천: 현대기독교역사연구소: 서울신학대학교 출판부. 2009.

_____. 『해방 이후 한국 교회의 재형성: 1945-1960』. 서울: 서울신학대학교 출판부. 2009.

한국어 학술논문

김승태. "일제말기 기독교계의 변질 개편과 부일협력." 『한국기독교와 역사』 제24호. 2006년 봄호.

김춘기 외 3인. "영남신학대학교 60년의 발자취: 1950 – 2014." 『신학과 목회』 39. 2013. 5

박명수. "경성성서학원의 초기역사.1907-1921)" 『한국기독교와 역사』. 제12호. 2000. 3.

_____. "동양선교회와 한국성결교회: 동양선교회와 한국성결교회의 관계 - 역사적인 고찰을 중심으로" 『성결교회와 신학』 4권. 2000.

_____. "세계 성결운동과 한국 성결교파들: 제 2차 세계대전 이후" 『신학과 선교』 30집. 2004.

박보경. "1950년 한국 전쟁 당시 한국교회의 역할". 『선교와신학』 26권 26호. 2010.

배본철. "성결교회 역사 연합과 분열." 『성결교회와 신학』. 제13호. 2005 봄.

_____. "예수교대한성결교회에 나타난 선교와 에큐메닉스의 역사." 『성결신학연구』. 제1집. 성결대학교출판부. 1996.

_____. "한국성결교회의 분열과 일치의 역사".『성결신학연구』제5집. 61.

서정민. "일제말 일본기독교조선교단 형성과정."『한국기독교와 역사』16호. 2002. 2.

_____. "한국 기독교의 반공 입장에 대한 역사적 이해."『기독교사상』355호. 1988. 7.

이덕주. "남부대회의 조직과 소멸."『한국기독교역사연구』30호. 1990.

이승준. "한경직 목사와 한국 전쟁".『한국기독교와 역사』제13호. 2001.

이호우. 김대영. "교회재건운동과 재건교회 형성에 관한 연구."『역사신학논총』제20. 2010년 12월.

정상운. "교회사에서 본 성결교회와 세대주의."『성결교회와 세대주의』성결대 개교37주년 기념세미나 논문집. 성결대학교 출판부, 1999.

_____. "김응조 목사 신사참배 주장에 대한 비판."『신학지평』7집. 안양대학교 신학연구소, 1998.

_____. "김응조 목사의 생애."『이명직, 김응조 목사 생애와 신학사상』. 한국성결교회연합신학분과위원회(바울서신), 2002.

_____. "사중복음의 역사적 유래."『성결신학연구』특집호. 성결대학교 성결신학연구소, 1998.

_____. "사중복음의 전래와 21세기 한국성결교회."『성결신학논총』2집. 한국성결신학회, 2005.

_____. "사중복음과 한국성결교회의 신학적 배경."『한국기독교와 역사』제8호, 1998.

_____. "성결교회 의회제도 연구-1945년 해방 이전을 중심으로-."『성결신학연구』26집. 성결대학교 성결신학연구소, 2014.

_____. "세대주의적 전천년설과 성결교회 재림론."『한국기독교와 역사』제11호, 한국기독교역사학회, 1998.

_____. "세속화시대의 성결신학". 『한국기독교와 역사』 16집, 한국기독교역사학회, 2002.

_____. "새천년을 향한 한국성결교회의 신학적 과제." 『성결교회와 역사』 1집. 성결대학교 성결교회와 역사연구소, 1999.

_____. "영암신학의 이해." 『성결교회와 역사』 3집. 성결대학교 성결교회와 역사연구소, 2001.

_____. "영암신학의 이해: 사중복음을 중심으로," 『영암의 신학사상』.김응조 목사 소천 10주기 기념. 성결교회와 역사연구소(바울서신), 2001.

_____. "『예수교대한성결교회 헌장』에 대한 연구." 『성결신학연구』 24집. 성결대학교 성결신학연구소, 2012.

_____. "정빈의 사상(2)." 『성결신학연구』 27집. 성결대학교 성결신학연구소, 2015.

_____. "한국성결교회 부일행위에 대한 연구." 『성결신학연구』 25집. 성결대학교 성결신학연구소, 2013.

_____. "한국성결교회 성결론에 대한 교회사적 이해." 『성결교회와 역사』. 제2집. 성결교회와 역사연구소, 2000.

_____. "한국성결교회 신유론의 역사." 『성결교회와 역사』. 제4집. 성결교회와 역사연구소, 2002.

_____. "한국성결교회 신학교육 기관의 역사." 『역사신학논총』. 제3집, 한국복음주의 역사신학회, 2001.

_____. "한국성결교회 세례이해." 『성결신학논총』 1집. 한국성결신학회(바울서신), 2004.

_____. "한국성결교회 여성사역에 대한 연구-여메례 생애를 중심으로-." 『성결신학연구』 28집. 성결대학교 성결신학연구소, 2016.

최신덕. "유사종교의 특이성." 『기독교사상』. 1965년 4월.

하도균. "교단 분열 이전의 한국성결교회 전도활동에 관한 연구 - 1945

년-1961년". 『신학과 선교』 제45집. 2014.

_____. "교단 분열 이전의 한국성결교회 전도활동에 관한 연구. 1945년-1961년". 『신학과선교』 45권 45호. 2014.

허명섭. "한국성결교회 제도의 변천과정." 『성결교회와 신학』 제8호. 2002. 가을.

_____. "해방과 한국 전쟁 그리고 성결교회". 『활천』 vol.642. no5. 2007.

외국어 단행본 및 논문자료

米田勇 編. 『中田重治典集』 全 3券.東京: 中日重治典集刊行會. 明治50年. 第1券.

米田勇編. "四重の福音." 『中田重治全集』 第2券. 東京 : 中田重治全集刊行會. 昭和50年.

山崎鶯夫. 千代崎秀雄. 『日本ホーリネス教団史』. 東京; 日本ホーリネス教団. 昭和 四十五年.

A. E. Thomson. *A. B. Simpson – His Life and Work*. Harrisburg: Christian Publication. 1960.

Charles E. Cowman. *God's Prescription for our Sanctification*. LA. O.M.S. International. 1921.

A. B. Simpson. *The Four-Fold Gospel*. New York: Christian Alliance Publishing Co. 1925.

A. B. Simpson. *The Four-Fold Gospel*. Harriesburg: Christian Pub. 1925.

A. M. Hills. *A Hero of Faith and Prayer: Life of Rev. Martin Wells Knapp*. Cincinnati: Mrs. M. W. Knapp. 1902.

Abel Stevens. *A Compendious History of American Methodism*. New York: Calton and Porter. 1863.

Albert C. Outler. ed. *John Wesley*. New York: Oxford University Press. 1964, ix.

C. O. Moulton. "*Brother and Sister Moulton.*" God's Revivalist. April 17. 1902.

Charles Edwin Jones. *A Guide to the Study of the Holiness Movement*. Metuchen: the Scarecrow Press. 1974.

David F. Hartzfeld. and Charles Nienkirchen ed. *The Birth of Vision*. Buena: Book Servies. 1986, 7. 20.

David Shavit. The United States in Asia: *A Historical Dictionary*. New York: Green Press. 1990.

Donald W. Dayton. *The Theological Roots of Pentecostalism*. Peabody: Hendrickson Publishers. 1994.

Edward & Esther Erny. *No Guarantee But God.* Greenwood: The Oriental Missionary Society. 1986.

G. S. McCun. *Opening Day at the Theological Seminary.* The Korea Mission Field. Vol. 3. No. 6. 1907. 6. 89.

George C. Bedell. Leo Sandon. Jr. and Charles T. Wellborn. *Religion in America*. New york: Macmillan Publishing Co. 1982.

George G. Smith. *The History of Georgia Methodism from 1786 to 1866*. Atlanta: n. p. 1913.

H. G. Underwood. *The Call of Korea.* New York: Fleming. H. Revell. Com. 1908.

Harry A. Rhodes and Archibald Campbell. *History of the Korean Mission Presbyterian Church in the U.S.A Volume II.* Seoul: The Presbyterian Church of Korea. 1965.

J. A. Wood. *Autography of Rev. J. A. Wood*. Chicago: Christian Witness Co. 1904.

J. S. Ryang. *Southern Methodism in Korea: Thirtieth Anniversary*. Seoul: Methodist Episcopal Church, South Korea. 1929.

John J. Merwin. "*The Early Development of the Oriental Missionary Society. 1991-1917.*"『神學과 宣敎』제10집. 1985.

John Jennings Merwin. "*The Oriental Missionary Society Holiness Church in Japan, 1901-1983.*". D. Miss. Dissertation. Fuller Theological Seminary. 1983.

Lettie B. Cowman. *Missionary Warrior: Charles E. Cowman*. LA: O.M.S. International. 1989.

Melvin E. Dieter and Lee M. Hainses, Jr. *The Days of Our Pilgrimage; The History of the Pilgrim Holiness Church*. Marion: The Wesley Press. 1976.

Merwin. "*The OMS and its Founders in Relation to the Holiness Movement.*"『神學과 宣敎』. 第9輯. 1984.

Myung Soo Park. "*Concepts of Holiness in American Evangelicalism: 1835-1915*". Ph. D. Dissertation. Boston University. 1992.

Richard Wheatly. *The Life and Letters of Mrs. Phoebe Palmer*. New York: W. C. Palmer, Jr. 1876.

Roben D. Wood. *In These Mortal Hans: The Story of the Oriental Missionary Society the First 50 Years*. Greenwood: OMS International Inc. 1984.

Robert Z. Chiles. *Theological Transition in American Methodism: 1790-1935*. Nashville: Abingdon Press. 1965.

Rodger R. Venzke. *Confidence in Battle, Inspiration in Peace: The United States Army Chaplaincy 1945-1975. Vol.5*. Washington, D.C: Department Of The Army. Office Of The Chief Of Chaplains. 1977.

Thomas. Paul Westphal and Paul William. *The Days of Our Pilgrimage: The History of the Pilgrim Holiness Church*. Marion: The Wesley Press. 1976.

Tuttle. Robert G.Jr *John Wesley. His Life and Theology*. Michigan: Zondervan Pulishing House. 1978.

Vinson Synan. *The Holiness-Pentecostal Movement in the United States*. Grand Rapids: William B. Eerdmans Publishing Company. 1971.

W. M. Baird. "*Our Mission in Korea*." Woman and Mission. Vol.3. No.2. February. 1927.

William P. Woodard. "*Religion-state relation in Japan*." Contemporary Japan. Vol. XXIV. Nos. 10-12.

Williston Walker. *A History of the Christian Church*. New York: Charles Scribner's Sons. 1969.

John J. Merwin. *The Oriental Missionary Society Holiness Church in Japan. 1901-1983*. Diss. Fuller Theological Seminary. 1983.

Robert L. Niklaus. John S. Swain. Samuel J. Stoesz. *All for Jesus: Got at Work in the Christian and Missionary Alliance for More than 125 Years*. PA: Christian and Missionary Alliance.

Wesley. John. *The Journals of Rev. John Wesley*. A.M. edited by Nehemiah Curnock. 8 vols. London: The Epworth Press. 1738.

한국어 정기 및 부정기간행물

『교회연합신문』

『그리스도 신문』

『기독공보』

『基督敎思想』

『기독신문』

『기독신보』

『기쁜소식』

『달편지』

『대한 그리스도인 회보』

『동아일보』

『미군정법령집』

『복음진리동지회 회의록』

『성결신문』

『聖化』

『수원성결교회70년사』

『어린양』

『전주성결교회사50년사』

『조선연감』

『조선일보』

『조선총독부 통계연보』

『크리스찬신문』

『太極學報』

『活泉』

외국어 정기 및 부정기 간행물

Electric Messages

KMF(The Korea Mission Field)

OMS. Outreach

Oriental Missionary Standard

The Revivalist

웹사이트

http://bongsan.net. 2018년 8월 21일.

http://es.or.kr/sub/m12.html. 2018년 8월 21일.

http://news.kmib.co.kr/article/view.asp?arcid=0923853432. 2018.8.20.

http://www.cogh.net/about/holiness-heroes/yocum. 2018.8.25.

http://www.sungkyul.org/. 일반자료실